NOTE ET RAPPORT

Note de synthèse, note administrative, propositions opérationnelles • Catégories A et B

ADMIS FONCTION PUBLIQUE

CONCOURS 2019-2020

2e édition

NOTE ET RAPPORT

Note de synthèse, note administrative, propositions opérationnelles • Catégories A et B

Méthode et entraînements

40 annales corrigées

Fabienne Geninasca
Attachée territoriale principale
Formatrice au CNFPT et à l'IGPDE

Avec la contribution d'**Olivier Bellégo**

Vuibert

Ressources numériques

Téléchargez gratuitement 25 sujets corrigés supplémentaires sur
www.Vuibert.fr/site/206463

ISSN : 2114-9305
ISBN : 978-2-311-20646-3

Crédit photographique : AntonioGuillem/Getty Images
Conception de la couverture et de l'intérieur : Séverine Tanguy
Composition : Michelle Bourgeois

Site Internet : http://www.vuibert.fr

Sommaire
pour se repérer

Travail réalisé

Catégorie A

Note et Rapport

Note avec propositions et Rapport avec propositions

Mode d'emploi

Vous avez décidé de passer un concours ou un examen professionnel de la fonction publique.

Votre choix implique d'organiser votre travail de préparation, en prévoyant des entraînements réguliers et, notamment, la rédaction de copies dans la perspective des épreuves écrites.

La note et le rapport sont des épreuves fréquentes dans les concours et examens professionnels. Elles permettent de repérer les qualités d'analyse et de rédaction des candidats sans faire appel à leur culture générale, ce qui les différencie de la dissertation et du commentaire composé.

Depuis quelques années, au vu du nombre croissant de candidats, du contexte financier de plus en plus contraint dans les administrations publiques et des réorganisations permanentes de l'architecture territoriale, les concours se complexifient, et les niveaux d'exigence, et donc de sélection, sont de plus en plus élevés.

Réussir un concours sans se préparer plusieurs mois à l'avance **est difficilement possible aujourd'hui**.

Cet ouvrage a pour objectif de vous donner des **repères**, des **outils** et des **clés méthodologiques** pour **optimiser vos chances de réussite**.

En effet, il est indispensable de parvenir à surmonter certaines difficultés inhérentes à la note et au rapport, en apprenant notamment à :

- gérer le temps ;
- lire en diagonale un volume de documents ;
- analyser et sélectionner les informations essentielles ;
- organiser les informations sélectionnées selon un plan logique, structuré en deux parties et deux sous-parties de deux ou trois paragraphes chacune ;
- rédiger de façon claire, percutante et dynamique, avec des titres et des phrases d'accroche stratégiques.

Dans un premier temps, vous êtes invité à consulter les **notes de cadrage** des épreuves écrites du concours ou de l'examen professionnel que vous voulez obtenir, afin d'en connaître les modalités précises de déroulement. Ces documents vous aideront à préparer au mieux les épreuves écrites. Ils vous éclaireront sur les attendus du jury, sur les exigences de forme et de fond, ainsi que sur les axes de travail à privilégier au cours de votre préparation.

Vous trouverez ces notes de cadrage notamment sur le site Internet du Centre national de la fonction publique territoriale, www.cnfpt.fr, des centres de gestion (ex. : www.cdg01.fr) et du portail de la fonction publique, www.fonction-publique.gouv.fr.

Dans un second temps, lisez **cet ouvrage** dont la méthodologie est efficace au vu des résultats obtenus par les candidats qui l'ont appliquée lors des différents concours et examens professionnels.

Bonne préparation et bonne réussite !

PARTIE 1

Se préparer aux épreuves de note et de rapport

Présentation des épreuves

1. La note et le rapport

1. Le libellé de l'épreuve

L'épreuve de note a pour objet de vérifier l'aptitude des candidats à l'**analyse d'un dossier soulevant un problème relatif à un domaine de compétences.**

Il importe de vous référer aux **notes de cadrage** de l'épreuve, publiées par les centres de gestion organisateurs (concours de la fonction publique territoriale) et les IRA organisateurs (concours de la fonction publique d'État), pour connaître le libellé précis et réglementaire qui peut comporter quelques variantes, selon le type de concours (concours ou examen professionnel), la catégorie (A ou B) et la filière.

À titre indicatif, voici les libellés de l'épreuve de note de quelques concours de la fonction publique territoriale et de la fonction publique d'État.

- **Catégorie B**

Concours	Voie	Libellé	Durée/ Coef.
Animateur	Interne et 3e concours	Rédaction d'une note à partir des éléments d'un dossier portant sur l'animation sociale, socio-éducative ou culturelle dans les collectivités territoriales, permettant d'apprécier les capacités du candidat à analyser une situation en relation avec les missions dévolues aux membres du cadre d'emplois.	3 heures Coef. 1
Assistant de conservation du patrimoine	Externe, interne et 3e concours	Rédaction d'une note à l'aide des éléments d'un dossier portant sur la spécialité choisie par le candidat au moment de l'inscription. Chaque concours peut être ouvert dans **quatre spécialités** : – musée ; – archives ; – bibliothèque ; – documentation.	3 heures Coef. 3

Rédacteur	Externe	Rédaction d'une note à partir des éléments d'un dossier portant sur des notions générales relatives aux missions, compétences et moyens d'action des collectivités territoriales.	3 heures Coef. 1
	Interne et 3e concours	Rédaction d'une note à partir des éléments d'un dossier portant sur l'un des domaines suivants, au choix du candidat lors de son inscription : a) les finances, les budgets et l'intervention économique des collectivités territoriales ; b) le droit public en relation avec les missions des collectivités territoriales ; c) l'action sanitaire et sociale des collectivités territoriales ; d) le droit civil en relation avec les missions des collectivités territoriales.	3 heures Coef. 1
Technicien	Externe et interne	Élaboration d'un rapport technique rédigé à l'aide des éléments contenus dans un dossier portant sur la spécialité au titre de laquelle le candidat concourt.	3 heures Coef. 1

Catégorie A

Concours	Voie	Libellé	Durée/ Coef.
Attaché	Externe	Rédaction d'une note ayant pour objet de vérifier : – pour la spécialité administration générale : l'aptitude à l'analyse d'un dossier soulevant un problème d'organisation et de gestion rencontré par une collectivité territoriale ; – pour la spécialité gestion du secteur sanitaire et social : l'aptitude à l'analyse d'un dossier soulevant un problème sanitaire et social rencontré par une collectivité territoriale ; – pour la spécialité analyste : l'aptitude à l'analyse d'un dossier portant sur la conception et la mise en place d'une application automatisée dans une collectivité territoriale ; – pour la spécialité animation : l'aptitude à l'analyse d'un dossier soulevant un problème relatif au secteur de l'animation dans une collectivité territoriale ; – pour la spécialité urbanisme et développement des territoires : l'aptitude à l'analyse d'un dossier soulevant un problème relatif au secteur de l'urbanisme et du développement des territoires rencontré par une collectivité territoriale.	4 heures Coef. 4

Attaché de conservation du patrimoine	Externe	Une note de synthèse à partir d'un dossier composé de documents à caractère scientifique dans le champ patrimonial concerné, selon la spécialité du candidat choisie au moment de l'inscription au concours : – archéologie ; – inventaire ; – archives ; – musées ; – patrimoine scientifique, technique et naturel. Cette épreuve ne comporte pas de programme réglementaire.	4 heures Coef. 3
IRA	Interne	• Rédaction, à partir d'un dossier à caractère administratif, d'une note permettant de vérifier les qualités de rédaction, d'analyse et de synthèse du candidat ainsi que son aptitude à dégager des solutions appropriées. • Réponse à une ou deux questions qui peuvent être en rapport avec le dossier documentaire et permettant de vérifier les connaissances générales du candidat et sa connaissance de la gestion des ressources humaines dans les administrations publiques.	4 heures Coef. 4 dont coef. 1 pour la ou les questions
	3e concours	• Rédaction d'une note de synthèse sur dossier sur un sujet d'ordre général portant sur la place des pouvoirs publics et leur rôle dans les grands domaines de l'intervention publique (société, économie, emploi, santé, culture, territoires, relations extérieures…) permettant d'évaluer l'ouverture au monde des candidats, leur aptitude à l'analyse et au questionnement ainsi que leur capacité à se projeter dans leur futur environnement professionnel. • Réponse à une ou deux questions qui peuvent être en rapport avec le dossier documentaire et permettant de vérifier les connaissances générales du candidat et sa connaissance de la gestion des ressources humaines dans les administrations publiques.	4 heures Coef. 4 dont coef. 1 pour la ou les questions

2. Les objectifs de l'épreuve

L'épreuve de note revêt une **dimension professionnelle**. Elle entend mesurer votre aptitude à exercer les missions dévolues au cadre d'emplois.

La note vise, **exclusivement** à partir d'**un dossier**, à **informer rapidement, clairement et de façon structurée** un destinataire – en général, en position d'autorité hiérarchique – sur un enjeu qui fait l'objet d'interrogations au sein d'une collectivité territoriale ou d'un établissement.

Le dossier comporte **entre 6 et 13 documents**, selon la catégorie du concours ou de l'examen professionnel et le type de fonction publique.

À titre indicatif, voici le nombre de pages du dossier de l'épreuve de note en fonction des différents concours ou examens professionnels.

Fonction publique	Catégorie	Nombre de pages
Territoriale	B	22-28
	A	36-38
État	-	20-22

La note s'inscrit souvent **dans un processus de prise de décision** : identifier et analyser le ou les problèmes posés et les réponses possibles à ce ou ces problèmes, en sélectionnant et en hiérarchisant les informations contenues dans le dossier. La note n'est donc **pas un résumé** de chacun des documents constitutifs du dossier.

Après avoir repéré les informations essentielles apportées par le dossier, vous devez élaborer un **plan** qui reflète les principales informations du dossier, selon une chronologie et/ou une hiérarchie stratégique.

Il faut partir du « postulat » que **le destinataire ne connaît rien au sujet** ; il ne doit pas avoir besoin de se référer au dossier pour comprendre le sujet et la problématique ; il suffit qu'il s'appuie sur votre note pour étayer sa réflexion, voire sa décision.

Vous ne devez pas vous contenter d'énoncer une information, il faut la développer.

Ne faites pas référence aux documents du dossier dans la note (document 1, document 2, etc.). Le dossier « disparaît » en tant que tel lors de la rédaction, vous n'en conservez que les informations essentielles.

Le sujet vous indique précisément la **situation professionnelle** dans laquelle la rédaction de la note prend place.

Le dossier comporte des documents de nature (documents juridiques, documents de vulgarisation juridique, articles de revues professionnelles, etc.) et de forme (textes, documents graphiques, etc.) variées dont vous devez mesurer la « juste » importance. Si les informations peuvent être redondantes d'un document à l'autre, **aucun document n'est totalement inutile**, il n'y a pas de document « parasite » ou piège.

En aucun cas, des éléments extérieurs au dossier ne doivent figurer dans votre copie. Toutes les informations dont vous avez besoin sont contenues dans le dossier. L'utilisation d'informations ne figurant pas dans le dossier sera fortement **pénalisée**.

2. La note et le rapport avec propositions

1. Le libellé de l'épreuve

Le libellé est généralement le suivant : « *Rédaction, à l'aide des éléments d'un dossier, d'un rapport faisant appel à l'esprit d'analyse et de synthèse du candidat, à son aptitude à situer le sujet traité dans son contexte général et à ses capacités rédactionnelles, afin de dégager des solutions opérationnelles appropriées* ».

La durée de l'épreuve varie selon la catégorie concernée : **3 heures** pour les concours et examens professionnels de **catégorie B**, **4 heures** pour les concours et examens professionnels de **catégorie A**.

Il importe de vous référer aux **notes de cadrage** de l'épreuve qui figurent sur les sites des centres de gestion pour appréhender le libellé précis, selon le type de concours ou examen professionnel et la catégorie.

La partie 1 de l'épreuve de note/rapport avec propositions repose sur la méthodologie « traditionnelle » de la note tandis que la partie 2 fait appel à vos connaissances personnelles et professionnelles en lien avec l'action publique locale.

Vous devez vous positionner comme un **agent public en situation professionnelle**.

À titre indicatif, voici les libellés des épreuves de note/rapport avec propositions de quelques concours de la fonction publique territoriale.

- **Catégorie B**

Concours ou examen professionnel	Voie	Libellé	Durée/ Coef.
Assistant socio-éducatif (spécialités CESF et ES)	Externe	Rédaction d'un rapport, à partir des éléments d'un dossier dans la spécialité, assorti de propositions opérationnelles, portant sur une situation en relation avec les missions exercées par les membres du cadre d'emplois et notamment sur la déontologie de la profession.	3 heures Coef. 1
Éducateur de jeunes enfants	Externe	Rédaction d'un rapport, à partir des éléments d'un dossier, assorti de propositions opérationnelles, portant sur une situation en relation avec les missions exercées par les membres du cadre d'emplois, et notamment sur la déontologie de la profession.	3 heures Coef. 1
Rédacteur principal	Externe, interne et 3e voie	Rédaction d'un rapport à partir des éléments d'un dossier portant sur les missions, compétences et moyens d'action des collectivités territoriales, assorti de propositions opérationnelles.	3 heures Coef. 1

Catégorie A

Attaché	Interne et 3e concours	• **Spécialité administration générale** : rédaction, à l'aide des éléments d'un dossier soulevant un problème d'organisation ou de gestion rencontré par une collectivité territoriale, d'un rapport faisant appel à l'esprit d'analyse et de synthèse du candidat, à son aptitude à situer le sujet traité dans son contexte général et à ses capacités rédactionnelles, afin de dégager des solutions opérationnelles appropriées. • **Spécialité gestion du secteur sanitaire et social** : rédaction, à l'aide des éléments d'un dossier soulevant un problème sanitaire et social rencontré par une collectivité territoriale, d'un rapport faisant appel à l'esprit d'analyse et de synthèse du candidat, à son aptitude à situer le sujet traité dans son contexte général et à ses capacités rédactionnelles, afin de dégager des solutions opérationnelles appropriées. • **Spécialité analyste :** rédaction, à l'aide des éléments d'un dossier, d'un rapport faisant appel à l'esprit d'analyse et de synthèse du candidat, à son aptitude à concevoir et à mettre en place une application automatisée dans une collectivité territoriale. • **Spécialité animation :** rédaction, à l'aide des éléments d'un dossier relatif au secteur de l'animation dans une collectivité territoriale, d'un rapport faisant appel à l'esprit d'analyse et de synthèse du candidat, à son aptitude à situer le sujet traité dans son contexte général et à ses capacités rédactionnelles, afin de dégager des solutions opérationnelles appropriées. • **Spécialité urbanisme et développement des territoires :** rédaction, à l'aide des éléments d'un dossier soulevant un problème relatif au secteur de l'urbanisme et du développement des territoires rencontré par une collectivité territoriale, d'une note faisant appel à l'esprit d'analyse et de synthèse du candidat, à son aptitude à situer le sujet traité dans son contexte général et à ses capacités rédactionnelles, afin de dégager des solutions opérationnelles appropriées.	4 heures Coef. 4
Attaché principal	Examen profession-nel	Rédaction d'une note, à partir d'un dossier de mise en situation professionnelle, ayant pour objet de vérifier l'aptitude du candidat à l'analyse et la capacité à proposer des solutions opérationnelles argumentées.	4 heures Coef. 1

2. Les objectifs de l'épreuve

Les objectifs de l'épreuve de note/rapport avec propositions sont précisés dans les notes de cadrage.

L'épreuve de note/rapport avec propositions vise à évaluer **vos capacités** à :

– analyser une commande afin de traiter correctement le sujet ;

– **sélectionner** dans le dossier les informations répondant au sujet ;

– **hiérarchiser** ces informations selon leur importance ;

– les **structurer** ;

– mobiliser votre expérience et vos connaissances des missions, compétences et moyens d'action des collectivités territoriales dans les domaines relevant de la spécialité que vous avez choisie pour proposer des **solutions opérationnelles** ;

– produire en un temps limité un document synthétique parfaitement compréhensible.

A. Une note/un rapport rédigé à l'aide d'un dossier

a. Une commande précise

Le sujet est présenté sous la forme d'une **commande** qui vous met précisément en situation, en vous donnant notamment des informations sur la collectivité territoriale et sur l'établissement public local concerné.

Cette commande indique précisément la ou les questions que la note/le rapport devra traiter et vous invite, en fonction de la situation décrite, à dégager des **solutions opérationnelles adaptées** au problème posé.

Elle est suivie d'une **liste signalétique des documents** du dossier, mentionnant le titre, l'auteur, la source, la date et le nombre de pages de chaque document.

b. Un dossier

Le dossier rassemble **entre 8 et 13 documents**, selon la catégorie du concours ou de l'examen professionnel.

À titre indicatif, voici le nombre de pages approximatif du dossier de l'épreuve de note/rapport avec propositions en fonction des concours ou examens professionnels.

Catégorie ou concours	Nombre de pages
B	22-28
A	36-42

Le dossier est composé de documents de nature (documents juridiques, documents officiels, articles de presse spécialisée ou non, etc.) et de forme (textes, documents graphiques ou visuels, etc.) variées dont vous devez mesurer l'importance et les finalités.

Si des informations peuvent être redondantes d'un document à l'autre, **aucun document n'est totalement inutile**, il n'y a pas de « document piège ».

B. Une note/un rapport qui requiert une mobilisation de vos connaissances et les compétences attendues du cadre d'emplois

L'épreuve revêt un caractère **professionnel**. Contrairement à l'épreuve de la note, l'épreuve de note/rapport avec solutions opérationnelles vous impose de **mobiliser votre expérience des collectivités territoriales et vos connaissances professionnelles**.

Cette expérience et ces connaissances sont nécessaires pour :

– comprendre le contexte décrit et le rattacher le cas échéant à un contexte plus général ;

– identifier en fonction de ce contexte les informations importantes à valoriser ;

– proposer des solutions réalistes en adéquation avec les moyens et les compétences des collectivités ;

– assurer un caractère opérationnel aux solutions proposées ;

– veiller à l'ajustement des solutions avec le niveau de compétences attendu du cadre d'emplois.

C. Une note/un rapport qui informe efficacement et propose des solutions opérationnelles appropriées

a. Informer un destinataire de manière fiable et structurée

La note/le rapport avec ses solutions opérationnelles vise à **informer rapidement et efficacement** un destinataire – en général en position d'autorité hiérarchique – sur un enjeu qui fait l'objet d'interrogations au sein d'une collectivité ou d'un établissement public local. Il s'inscrit souvent dans un processus de prise de décision.

Le destinataire est supposé ne pas connaître précisément le sujet sur lequel porte la note/le rapport, ne pas disposer du dossier et n'avoir entre les mains **que votre note/rapport** pour s'informer et étayer sa réflexion, voire sa décision. Aussi, il est exclu de restituer les informations de manière allusive ou de faire référence aux textes pour se dispenser d'en exprimer le contenu.

Vous ne devez pas faire apparaître dans la note/le rapport des références aux documents (doc. 1, doc. 2, etc.). On considère que le dossier disparaît en tant que tel lors de la rédaction de cette note/ce rapport : vous devez n'en conserver que les **informations essentielles**.

La note/le rapport doit également se garder de juxtaposer les résumés successifs des documents. Vous devez valoriser les informations utiles au traitement du sujet en les **synthétisant** et en les **organisant** au moyen d'un plan pertinent.

b. Proposer des solutions opérationnelles appropriées

Des solutions…

L'analyse et la compréhension du problème rencontré par la collectivité, et l'exploitation d'informations du dossier et de vos propres connaissances doivent vous permettre d'identifier les informations utiles pour dégager des solutions, comme :

- le cadre juridique ;
- le cadre financier ;
- les ressources humaines ;
- les orientations politiques ;
- les expériences éclairantes conduites par différentes collectivités territoriales.

■ … opérationnelles…

Vous devez être capable de dégager des **solutions réalistes**, réellement opérationnelles, et de préciser les moyens de leur réalisation : moyens humains et financiers, échéances, contraintes réglementaires, faisabilité, etc.

Vous devez prendre appui sur votre expérience professionnelle (notamment votre connaissance des causes d'échec possibles et des facteurs de facilitation) pour valoriser le **caractère opérationnel** des solutions que vous avancez.

■ … appropriées

Les solutions doivent être ajustées aux éléments de **contexte** précisés dans le sujet et au contexte général dans lequel agit la collectivité ou l'établissement qui fait l'objet de la mise en situation.

Les solutions viennent en réponse à des questions soulevées par la commande et le dossier. Vous devez donc repérer les **enjeux** qui émanent, explicitement ou implicitement, de ces questions.

Vous devez également être capable de prendre la mesure des **responsabilités** qui vous incombent dans une situation professionnelle correspondant au grade visé, en termes d'encadrement, d'expertise et de conduite de projet, dans un secteur opérationnel ou fonctionnel.

Les propositions formulées doivent donc être en **adéquation** avec les compétences et les moyens (juridiques, financiers, humains, etc.) des collectivités territoriales et de leurs établissements, leur organisation et leur fonctionnement.

Présentation et rédaction de la copie

1. Les règles communes

Il importe de respecter des exigences formelles dans un souci d'efficacité, de lisibilité et de communication. En quelques secondes, le correcteur va balayer du regard la copie afin de voir si les règles de forme sont respectées, et se faire une première idée de la qualité de la copie. Si des règles ne sont pas respectées, le correcteur en déduira d'emblée que la copie sera, indépendamment du fond, déjà en dessous de la moyenne.

1. L'en-tête, ou timbre

L'en-tête, également appelé timbre, indique l'**unité administrative** qui émet la note. Il identifie la collectivité, éventuellement la direction ou le service dans lequel « vous » êtes censé travailler. Il reprend des informations que vous allez trouver en première page du sujet dans la commande et la liste signalétique des documents au dossier.

L'en-tête doit tenir sur la **première demi-page de la copie**, l'autre moitié étant réservée à la partie « administrative ».

Le correcteur **pénalisera de 0,5 point le non-respect des règles formelles de présentation de l'en-tête**.

A. Le « lieu » de la commande

Deux **cas de figure** peuvent se présenter :

■ **1er cas de figure**

L'énoncé mentionne **clairement** un type et un nom de collectivité. Vous devez reproduire ces informations **en haut et à gauche de la première page de la copie**.

Exemple : « *Vous êtes attaché territorial à la commune d'Alphaville...* » Il est attendu du candidat qu'il appose la mention « Commune d'Alphaville » en haut à gauche de la première page de la copie.

■ **2e cas de figure**

L'énoncé identifie **partiellement** la collectivité dans laquelle « vous » êtes censé travailler en ne mentionnant aucun nom propre. Vous ne devez reproduire dans l'en-tête **aucun nom de collectivité**, sous peine d'annulation de votre copie !

Exemple : « *Vous êtes attaché territorial à la communauté d'agglomération de....* » ou bien « *Vous êtes attaché territorial à la commune de X...* ». Il est attendu du candidat qu'il appose la mention « Communauté d'agglomération de... » ou « Commune de X... » en haut à gauche de la première page de la copie.

B. La date

Inscrivez la date de l'épreuve en haut à droite de votre copie. Ce sera la **date du jour du concours**.

Exemple : Le 1er janvier 2017.

C. La nature du document

Vous devez préciser la nature du document (note ou rapport) avant le nom du destinataire sous le lieu de la commande et sous la date, au centre de la copie.

Exemple : Note à l'attention de...

D. Le destinataire

Vous devez reproduire le nom du destinataire qui figure dans l'énoncé de la commande.

Exemple : Note à l'attention de Monsieur le directeur des ressources humaines.

E. L'objet

Il doit permettre au destinataire d'identifier immédiatement le contenu du dossier, ce sur quoi il va porter. Vous devez présenter cette information sous le nom du destinataire.

Exemple : Le télétravail dans la fonction publique.

F. Les références

Ce sont les **textes juridiques** (lois, décrets, arrêtés, circulaires, etc.) applicables à l'objet de la note ou de la note/du rapport avec propositions, et **mentionnés ou reproduits** dans le dossier.

Ne mentionnez **que les deux ou trois textes les plus importants**.

Si les intitulés des textes juridiques sont trop longs, ne mentionnez que les **numéros** et les **dates** de ces textes.

Respectez la **hiérarchie des normes**, en commençant par le texte de rang le plus élevé et en terminant par celui de rang le moins élevé. À titre indicatif, voici un classement hiérarchique des textes auxquels vous pouvez être confronté : traités et accords internationaux, lois organiques, lois ordinaires, ordonnances, décrets, arrêtés, circulaires.

Si plusieurs références sont de même rang juridique, mentionnez-les par **ordre chronologique**.

Voici un aperçu de l'en-tête de votre copie.

> Collectivité émettrice
>
> Le
>
> **Note / Rapport à l'attention de Monsieur (ou Madame) le (la)**
>
> **Objet :**
> **Références :**

LES SIGNES DISTINCTIFS À PROSCRIRE

- Ne mentionnez pas le nom d'une collectivité existante ou fictive si elle n'est pas mentionnée dans la commande !
- N'indiquez pas, en fin de copie, une mention du type « l'attaché à la direction de... » !
- Ne signez jamais la copie !

Ces mises en garde peuvent sembler superflues mais chaque année des candidats se voient attribuer une **note de 0/20** pour ces motifs.

2. Le plan

La note et la note/le rapport avec propositions doivent comporter une **introduction** d'environ **20-25 lignes**, dont la structure s'apparente à celle d'une composition ou dissertation :

- **entrée en matière**, avec la définition des termes du sujet ;
- présentation de la **problématique**, avec contextualisation du sujet ;
- **annonce du plan.**

Le **développement** est organisé en **deux parties et deux sous-parties.**

La **conclusion** est facultative, mais recommandée. Elle ne doit jamais valoriser des informations oubliées dans le développement.

Présenter une copie **clairement structurée** est une façon de **respecter le lecteur** (en l'occurrence le correcteur). Dans un concours, rien ne ressemble plus à une copie qu'une autre copie. La clarté de la copie donne une première impression positive au correcteur.

Lorsque le correcteur feuillette la copie avant de la lire, il cherche une analyse en **pyramide** :

INTRODUCTION
– contexte – problématique – annonce des parties

DÉVELOPPEMENT			
Partie I		Partie II	
Annonce des sous-parties		Annonce des sous-parties	
Sous-partie A	Sous-partie B	Sous-partie A	Sous-partie B
Paragraphes Phrase de transition en I-A et I-B	Paragraphes Phrase de transition en I-B et II	Paragraphes Phrase de transition en II-A et II-B	Paragraphes

CONCLUSION

CONSEILS DU FORMATEUR

• Sautez au moins deux lignes entre l'introduction et la partie I, entre la sous-partie A et la sous-partie B, et entre la partie I et la partie II.

• Sautez une ligne, avec un retrait de marge, à chaque nouveau paragraphe (à titre indicatif, un paragraphe doit compter environ 20 lignes).

Le plan doit être clairement matérialisé : les titres des parties et des sous-parties doivent être **soulignés**.

Les paragraphes ne doivent pas être numérotés.

Un plan visible est au service d'une **communication efficace**. Il permet au correcteur de **repérer immédiatement si vous avez compris le sujet, si la structure de votre travail est cohérente, si les parties sont équilibrées et si la copie est manifestement terminée.**

CONSEIL DU FORMATEUR

Forgez des titres signifiants et dynamiques. Un adjectif qualificatif permet souvent d'éviter le titre banal.

Exemple : « Un cadre juridique contraignant, au service d'une nouvelle dynamique d'engagement citoyen » est à privilégier par rapport à « Cadre juridique » ou « Contenu de la loi ».

À titre indicatif, voici le nombre de pages attendu de la copie en fonction de la catégorie du concours visé.

Épreuve	Catégorie	Nombre de pages	Nombre de copies doubles
Note	B	5-6 pages	Une copie double et demie
	A	environ 10 pages	Environ deux copies doubles et demie
Note/rapport avec propositions	B	8 pages	Deux copies doubles
	A	environ 10 pages	Environ deux copies doubles et demie

3. L'expression écrite

La copie doit être **intégralement rédigée. Le style télégraphique, les tirets et, plus généralement, le style « prise de notes » sont proscrits.**

Allez à l'essentiel ! Privilégiez les **phrases de deux ou trois lignes au maximum**. Éliminez les propos redondants, les périphrases, le surcroît d'éléments secondaires et les exemples trop nombreux.

CONSEIL DU FORMATEUR

Rythmez votre écriture en alternant des phrases « longues » exposant les idées complexes et des phrases très courtes exprimant les idées fortes.

Afin que vos phrases soient liées les unes aux autres, utilisez des **connecteurs logiques**.

Exemples :

Pour introduire une idée	à cet effet, en effet, dans ce cadre, dans cette perspective, dans cette optique
Pour passer d'une idée à une autre	d'une part, d'autre part, en premier lieu, en second lieu, tout d'abord, de plus, en outre, d'ailleurs, de ce fait, de même, par ailleurs
Pour préciser ou nuancer une idée	en ce qui concerne, s'agissant de, notamment, plus concrètement, or, toutefois, cependant, néanmoins, bien que, pour autant, pourtant, inversement, il n'empêche que, nonobstant
Pour conclure	ainsi, enfin, en conséquence, somme toute

Utilisez un **vocabulaire précis**, à la fois usuel mais aussi **administratif**. Cela mettra en valeur la clarté de votre pensée.

La copie doit être rédigée à la **troisième personne du singulier**. On peut également utiliser des **tournures impersonnelles** comme « il serait opportun de ».

Les **sigles** doivent être expliqués la première fois qu'ils sont utilisés. Déroulez le nom de l'organisme ou du service, puis écrivez entre parenthèses le sigle. Vous pourrez par la suite utiliser directement le sigle.

Exemple : établissement public de coopération intercommunale (EPCI)

Le **niveau de maîtrise de la langue** du candidat fait partie intégrante de la notation. On distingue deux cas de figure :

– les copies dans lesquelles les fautes d'orthographe et de syntaxe participent d'un défaut global d'expression. Ces copies ne sauraient obtenir la moyenne. Elles peuvent même se voir attribuer une **note éliminatoire** ;

– les copies qui, malgré quelques fautes d'orthographe et de syntaxe, témoignent d'une maîtrise de la langue correcte. Un système de **pénalités** s'applique alors en fonction du nombre de fautes.

4. L'écriture

La copie doit être rédigée en **une seule couleur d'encre** (**noire ou bleue**). Les titres doivent être soulignés de la même couleur que l'encre utilisée pour la rédaction. Ne changez pas de couleur à l'intérieur de la copie, **ni même un autre noir ou un autre bleu** dont la différence serait visible. Ceci sera considéré comme un signe distinctif et risque d'entraîner une note de **0/20**.

Écrivez lisiblement. Le correcteur ne doit pas faire d'effort pour déchiffrer votre écriture.

Globalement, **soignez la présentation de votre copie**.

5. Les pénalités

La copie est d'abord évaluée sur le fond avant que des points ne soient éventuellement retirés pour non-respect des règles d'orthographe et de syntaxe, et de présentation.

À titre indicatif, voici un exemple de barème de pénalités.

Critère de notation	Pénalités
Copie négligée (soin, calligraphie, présentation)	0,5 point
À partir de onze fautes d'orthographe ou de syntaxe	1 point (catégorie B) 2 points (catégorie A)

À RETENIR

Les aptitudes évaluées sont les suivantes :

- la **lecture** rapide, active et sélective ;
- l'**analyse** puis la **synthèse** de documents, distinguant l'essentiel de l'accessoire ;
- la neutralité, la simplicité et la précision de l'**expression** ;
- la **reformulation**.

2. Les règles spécifiques à la note

Une note **devrait obtenir la moyenne ou plus** lorsqu'elle répond aux trois exigences suivantes :

– elle constitue pour son destinataire un moyen d'information et, le cas échéant, d'aide à la décision, valorisant les problématiques du sujet ;

– elle reprend les informations essentielles des documents en les ordonnant autour d'un plan clair et structuré ;

– elle est rédigée dans un style correct, s'appliquant à reformuler et non à recopier les informations.

A contrario, une note **ne devrait pas obtenir la moyenne** si elle présente l'une des caractéristiques suivantes :

– elle expose de manière désordonnée et imprécise quelques éléments tirés du dossier, laissant apparaître une incapacité à discerner et à valoriser l'essentiel ;

– elle s'avère impropre à valoriser les informations utiles pouvant aider à la décision ;

– elle ne constitue qu'une juxtaposition de résumés des documents du dossier ;

– elle est fondée sur des informations qui ne figurent pas dans le dossier ;

– elle présente une grave incohérence entre le plan annoncé et le plan suivi ;

– elle est rédigée dans un style particulièrement incorrect ou à partir de passages entièrement recopiés ;

– elle présente un caractère inachevé (une ou plusieurs sous-parties très insuffisamment développées ou manquantes témoignant d'une mauvaise gestion du temps).

3. Les règles spécifiques à la note et au rapport avec propositions

Une note/un rapport avec propositions **devrait obtenir la moyenne ou plus** lorsqu'il **répond aux cinq exigences suivantes :**

– il identifie les questions essentielles soulevées par le sujet et les présente de manière synthétique ;

– il valorise les informations pertinentes du dossier et mobilise des connaissances et des acquis professionnels précis et adaptés pour indiquer des solutions ;

– il propose au destinataire des solutions opérationnelles pertinentes en regard des réalités locales et des moyens de l'administration territoriale ;

– il est organisé à partir d'un plan clair et structuré ;

– il est rédigé dans un style correct, s'appliquant à reformuler et non à recopier des informations et faisant preuve d'une bonne maîtrise de la langue.

A contrario, une note/un rapport avec propositions **ne devrait pas obtenir la moyenne** s'il présente l'une des caractéristiques suivantes :

– il élude les enjeux essentiels du sujet ou les solutions prioritaires à envisager ;

– il laisse apparaître, tant dans l'analyse des problèmes que dans les propositions de solutions, une méconnaissance des réalités territoriales et une absence d'expertise dans la spécialité ;

– il ne démontre pas une capacité de synthèse et d'organisation ;

– il présente une grave incohérence entre le plan annoncé et le plan suivi ;

– il est rédigé dans un style incorrect ;

– il présente un caractère inachevé (une ou plusieurs sous-parties très insuffisamment développées ou manquantes témoignant d'une mauvaise gestion du temps).

Méthodologie et conseils

La méthode de la note et de la note/du rapport avec propositions comprend six opérations regroupées en deux phases : la phase préparatoire et la phase rédactionnelle.

Chaque opération doit être minutée. L'une des difficultés des épreuves de note et de note/rapport avec propositions est la **gestion du temps**.

Selon la catégorie et le type du concours ou de l'examen professionnel, vous disposez de 3 heures ou de 4 heures pour rédiger une copie de 5 à 10 pages à partir d'un dossier comprenant entre 20 et 40 pages. Il est donc impératif de **travailler avec une montre sous les yeux**.

À titre indicatif, voici un minutage des épreuves de note et de note/rapport avec propositions en 3 heures.

Phase	Opérations	Durée	
Préparatoire	La compréhension du sujet	30 min	1 h 25
	Le survol de la page de sommaire		
	Le survol du dossier, l'affectation des documents et l'élaboration du plan		
	La prise de notes	55 min	
Rédactionnelle	La rédaction au propre du devoir	1 h 30	1 h 35
	La relecture du devoir	5 min	

À titre indicatif, voici un minutage des épreuves de note de synthèse et de note/rapport avec propositions en 4 heures.

Phase	Opérations	Durée	
Préparatoire	La compréhension du sujet	40 min	1 h 40
	Le survol de la page de sommaire		
	Le survol du dossier, l'affectation des documents et l'élaboration du plan		
	La prise de notes	1 heure	
Rédactionnelle	La rédaction au propre du devoir	2 h 15	2 h 20
	La relecture du devoir	5 min	

1. La phase préparatoire

1. La compréhension du sujet

Le sujet équivaut au « cahier des charges ». C'est une partie de la grille de lecture du dossier. La lecture du sujet n'a pas pour seul intérêt de préparer la phase de lecture. Elle peut également permettre d'orienter la construction du plan.

Cette phase est absolument impérative. La lecture du sujet permet d'éviter une mauvaise interprétation, de ne pas répondre à la commande et de faire un hors-sujet.

Le sujet se compose, en principe, de trois éléments distincts :

– l'**énoncé**, qui précise l'objet de la demande ;

– la **liste des documents** constitutifs du dossier ;

– le **dossier** lui-même, dont le nombre de pages varie selon la catégorie du concours (A ou B) et le type de l'épreuve (note ou note/rapport avec propositions).

A. L'énoncé

L'**énoncé** du sujet précise les éléments de la mise en situation :

– le type d'écrit attendu : une note à l'appui **exclusivement** des éléments du dossier, ou bien une note ou un rapport avec propositions opérationnelles à l'aide des documents du dossier ;

– la qualité de l'auteur de l'écrit : attaché, attaché principal, rédacteur, rédacteur principal, éducateur de jeunes enfants, etc. ;

– le destinataire : celui ou celle qui demande la rédaction de l'écrit, par exemple le maire, le directeur ou le chef du service ;

– le lieu de la commande : le type de collectivité, la taille de la collectivité, le ministère, etc. ;

– le thème du dossier, le contexte et la consigne.

L'énoncé précise donc le **cadre professionnel** dans lequel vous êtes censé rédiger la note ou la note/le rapport avec propositions.

Exemple (note) : « *Vous êtes attaché au sein de la direction des nouvelles technologies de la préfecture de… . Votre chef de bureau vous informe qu'il doit participer à une réunion interministérielle portant sur l'open data, l'ouverture des données publiques.*

Dans cette perspective, il vous demande de rédiger à son attention, exclusivement à partir des éléments du dossier, une note synthétique sur l'open data en mettant en évidence les enjeux liés à l'ouverture des données publiques. »

Exemple (rapport avec propositions) : « La commune de X *(15 000 habitants) envisage de créer une aire d'accueil des gens du voyage de vingt places sur son territoire, afin de répondre à ses obligations. Le maire souhaite en particulier inscrire cette démarche dans une dynamique d'intégration sociale et de lutte contre l'exclusion.*

Pour ce faire, dans un premier temps, et exclusivement à partir des documents du dossier, vous ferez un rapport sur les modalités d'accueil des gens du voyage.

Dans un second temps, vous ferez des propositions opérationnelles en vue de proposer un cadre d'accueil digne des gens du voyage sur la commune. »

REMARQUE DU FORMATEUR

L'énoncé peut imposer des perspectives prioritaires, qu'il ne faut pas confondre avec les parties d'un plan.

Exemple : « En matière de santé au travail, la prévention des risques psychosociaux (RPS) est un sujet d'une actualité forte dans la fonction publique. Soucieux de répondre à la demande du maire de faciliter le bien-être au travail des agents municipaux, le directeur des ressources humaines vous demande de lui rédiger une note à ce sujet. Vous mettrez en particulier en évidence les obligations incombant aux administrations publiques ainsi que les manifestations et conséquences des RPS. »

Vous pourriez être tenté de voir, dans la dernière phrase, une sorte de plan. Or, l'épreuve vise à évaluer votre capacité à structurer l'ensemble des informations contenues dans le dossier. **Le plan n'est donc pas préfabriqué ni préétabli.**

B. La méthode QQOQCP

Vous devez vous poser les questions sous-jacentes à la commande : qui, quoi, où, quand, comment, pourquoi ? C'est la **méthode QQOQCP.**

- **Qui ?** Qui est concerné ? Qui sont les bénéficiaires d'un dispositif ?
- **Quoi ?** Quel est le contenu d'un dispositif ou d'une loi ? Quels en sont les apports ? Quel est le cadre juridique existant ?
- **Où ?** Quels lieux sont concernés ? S'agit-il d'espaces publics, privés, de territoires communaux, intercommunaux, départementaux ?
- **Quand ?** Quel est le calendrier ? Quels sont les délais ?
- **Comment ?** Quels sont les outils utilisés ? Quels sont les moyens humains auxquels il faut faire appel ? Combien cela coûte-t-il ? Existe-t-il un bilan du cadre juridique et des outils mis en place ?
- **Pourquoi ?** Quels sont les objectifs poursuivis ? Quels sont les enjeux d'un dispositif ou d'une nouvelle loi ?

Cette méthode est une **grille de lecture du sujet** permettant d'appréhender toute la dimension de la commande, et ce dès sa prise de connaissance. Cette méthode doit être appliquée **systématiquement**, car elle va également vous servir de fil conducteur pour le survol ou la lecture rapide du dossier.

La compréhension de la commande permet de rédiger l'en-tête de la note et de la note/du rapport avec propositions.

Appliquée à l'énoncé du sujet sur l'open data reproduit précédemment, cette méthode permet de rédiger l'en-tête suivant :

> Préfecture de ... Le ...
>
> **Note à l'attention de Monsieur le chef de bureau**
>
> **Objet :** point sur l'open data, l'ouverture des données publiques.
>
> **Références :** loi CADA du 17 juillet 1978 ; directive PSI du 26 juin 2003 ; projet de loi pour une République numérique.

2. Le survol de la page de sommaire

Après la première opération de compréhension du sujet, **ne vous plongez pas immédiatement dans la lecture des documents**, les uns à la suite des autres. Cette erreur est commise par la quasi-totalité des candidats. En procédant ainsi, il n'est pas possible d'obtenir une note satisfaisante.

Le survol de la page de sommaire ne doit pas prendre plus de **2 à 3 minutes**.

Il consiste à identifier le nombre de documents constitutifs du dossier, le type de textes (texte juridique, revue professionnelle, etc.), les dates des documents et leur ordonnancement chronologique.

Ce survol permet d'apporter des premiers éléments de réponse aux questions que vous vous êtes posées à la lecture de la commande grâce à la méthode QQOQCP.

3. Le survol du dossier, l'affectation des documents et l'élaboration du plan

A. Pourquoi survoler le dossier ?

L'opération de survol du dossier vise trois objectifs :

1. identifier la problématique ;
2. identifier les caractéristiques des différents documents et déterminer leur importance ;
3. anticiper le plan.

Cette opération permet de **classer** les documents selon leur thématique et leur importance. Ce classement est l'outil méthodologique grâce auquel vous allez aboutir à une vision globale des informations utiles du dossier, et à un plan logique.

B. Comment survoler le dossier ?

a. La méthode des six items

La méthode d'affectation des documents dans un **tableau composé de six items** est une **méthode éprouvée et efficace**. En suivant les conseils ci-dessous, vous allez très rapidement prendre toute la dimension du dossier, construire un plan cohérent, logique et structuré, vous permettant de valoriser l'essentiel des informations utiles du dossier.

> **NOTE DU FORMATEUR**
> Cette méthode vous garantit l'obtention d'une bonne, voire d'une **très bonne note, sous réserve d'un entraînement régulier.**

Les six items dans lesquels vous allez ranger les informations utiles du dossier sont les suivants :

- **1. Objectifs et enjeux**

Rangez dans cet item les informations faisant état des **finalités d'un dispositif ou d'une loi.**

- **2. État des lieux et situation antérieure**

Prenons comme exemple le thème de la précarité énergétique. Rangez dans cet item les **personnes** qui sont concernées par la précarité énergétique, les **causes** de la précarité énergétique et les **conséquences** de celle-ci.

Rangez également dans cet item ce qui concerne la situation antérieure, ce qui a précédé la mise en œuvre d'un nouveau dispositif ou d'une nouvelle politique.

> **NOTE DU FORMATEUR**
> Les items 1 et 2 vont servir à constituer l'introduction

- **3. Cadre juridique et outils juridiques**

Rangez dans cet item les **textes juridiques** (lois, décrets, circulaires, arrêtés) mettant en évidence les droits, les obligations ou les sanctions, et les dispositifs obligatoires ou incitatifs.

Rangez également dans cet item les **textes de vulgarisation juridique**, c'est-à-dire les textes expliquant le contenu d'une loi, d'un dispositif.

- **4. Partenaires et acteurs institutionnels**

Rangez dans cet item les **acteurs institutionnels** qui aident à la mise en œuvre du cadre réglementaire ou du nouveau dispositif, par exemple la CAF, l'ADEME, l'ANAH, le CNFPT, etc. Il y a deux grandes catégories de partenaires : ceux qui apportent de l'**ingénierie technique** et ceux qui apportent des **aides financières**.

5. Bilan

Rangez dans cet item les avantages, les points forts, les apports, les éléments de succès, mais aussi les difficultés, les inconvénients, les limites, les dérives constatés dans la mise en œuvre d'un dispositif, ainsi que les points de vue critiques.

> **NOTE DU FORMATEUR**
>
> Un bilan est toujours issu d'un document dont la date est postérieure à celle de la loi, du décret qui constitue le point de démarrage du cadre juridique. Il est issu d'un rapport (cf. rapport parlementaire, rapport de la Cour des comptes, etc.), d'une enquête menée au niveau national (cf. enquête de l'AMF, enquête de la *Gazette des communes*, enquêtes IPSOS, etc.).

Un bilan est une **analyse des conséquences de la mise en œuvre du cadre juridique**. Le bilan peut être : quantitatif ou qualitatif ; côté bénéficiaires ou côté structures « employeurs » ; organisationnel, managérial ou financier.

6. Perspectives d'amélioration et exemples de pratiques

Rangez dans cet item les **préconisations** et les **exemples d'actions locales**.

b. La procédure en cinq étapes

1. Prenez **deux feuilles de brouillon**, format paysage, afin d'aboutir au schéma suivant pour la réalisation des tableaux des six items.

Sur la feuille 1

Objectifs et enjeux	
État des lieux et situation antérieure	
Cadre juridique et outils juridiques	

Sur la feuille 2

Partenaires et acteurs institutionnels	
Bilan	**NOTE DU FORMATEUR** Divisez en deux la case BILAN : réservez la première partie aux points positifs et la seconde partie aux points négatifs. Vous gagnerez ainsi du temps dans la structuration des informations.
Perspectives d'amélioration et exemples de pratiques	

Les items doivent toujours être présentés dans cet ordre.

En fonction de la façon dont le dossier est configuré, tous les items ne seront pas forcément remplis ; il est possible de n'avoir que deux, trois ou quatre items remplis.

2. Désagrafez la page de sommaire du dossier et posez-la sur votre gauche. Placez le reste du dossier sur votre droite, ou inversement si vous êtes gaucher.

3. Lisez chaque document dans l'ordre proposé par le dossier. Commencez par son intitulé et repérez sa date. Survolez-le en comptant une minute par page. Limitez-vous à une lecture des **informations mises en évidence**, qui vous « **sautent aux yeux** ». C'est la **méthode dite des aspérités et des extrémités** : synthèse introductive, titres des textes, intitulés des paragraphes, encadrés, passages en italique ou en caractères gras, etc. Vous repérez ainsi les principales informations et vous en déduisez l'item ou les items dans lequel ou lesquels vous allez affecter le document.

4. Prenez la feuille sur laquelle vous avez réalisé le tableau des items et affectez le document dans l'item *ad hoc*. Inscrivez « doc n°... », avec la ou les pages correspondantes, et qualifiez en quelques **mots-clés** les principales informations à retenir.

5. À la suite des étapes 3 et 4, vous verrez quels items sont remplis, le nombre de documents qui s'y rattachent et le volume d'informations correspondant. Vous percevrez alors quels sont les principaux volets du dossier et vous parviendrez à élaborer le plan :

– les deux parties et leurs deux sous-parties pour la note ;

– la première partie et ses deux sous-parties pour la note/le rapport avec propositions.

> **NOTE DU FORMATEUR**
> Le plan doit toujours suivre l'ordre de remplissage des items du tableau.

> **NOTE DU FORMATEUR**
> Pour une note ou un rapport avec propositions, **le tableau des items ne vaut que pour la première partie « informative ».**
> La seconde partie est consacrée au développement de la méthodologie de projet (2-A) et au développement des propositions concrètes (2-B), au nombre de trois quelle que soit la catégorie du concours ou de l'examen professionnel. **Le plan sera donc toujours identique pour la partie 2**, quel que soit le sujet.

Exemple (note sur l'open data) : téléchargez gratuitement les documents du sujet « Open data » sur www.vuibert.fr/site/206463

Items	Documents
Objectifs et enjeux	**DOC 1** (p. 1) : transparence, revitalisation démocratie, enjeu innovation, contribution à croissance, amélioration vie quotidienne **DOC 5** (p. 10) : renforcer démocratie, moderniser action publique, soutien innovation économique et croissance, construire droit aux données publiques et droit des données publiques

État des lieux et situation antérieure	**DOC 1** : origines open data, naissance du concept
Cadre juridique et outils juridiques	**DOC 2** (p. 3, 4, 5) : droit accès aux docs administratifs, directive européenne 2003, création APIE en 2007, Plan France numérique 2012, portail unique data.gouv.fr, décret février 2011, circulaire de mai 2011 sur stratégie d'ouverture des données publiques **DOC 3** (p. 7, 8) : loi 17 juillet 1978, droit à l'information, conditions réutilisation des informations publiques, possibilité versement redevances) **DOC 5** (p. 10) : rappel droit accès aux docs administratifs reconnu par loi « CADA » 17 juillet 1978, création Haute Autorité transparence vie publique **DOC 6** (p. 13) : adhésion France à OGP (partenariat pour un gouvernement ouvert) **DOC 7** (p. 14) : loi 17 juillet 1978, modifiée en 2005, droit de réutilisation des données publiques, possibilité fixer redevances
Partenaires et acteurs institutionnels	**DOC 2** (p. 4, 5, 6) : mission Etalab, 2 axes, APIE : assistance à élaboration d'un jeu de licences et licences spécifiques, portail unique data.gouv.fr. **DOC 5** (p. 10) : mission Etalab, poste administrateur général des données **DOC 6** (p. 12, 13) : création fonction d'administrateur général des données, 4 missions principales
Bilan : points forts, avantages et succès	**DOC 4** (p. 9) : positionnement de France au niveau mondial, 9 places gagnées dans accessibilité données publiques et 1re place pour certains résultats **DOC 7** (p. 14) : open data, sujet qui fait consensus quant à ses atouts, transparence, développement marché de l'information, création de nouveaux services, exemples de réalisation **DOC 9** (p. 19, 20) : une ouverture qui se généralise, par exemple, le succès de l'appel à projet « Industrialisation mise à disposition des données ouvertes » avec 22 projets retenus
Bilan : points faibles, limites, écueils et inconvénients	**DOC 7** (p. 14, 15, 16) : 5 types de risques, risques liés à la transparence, à la vie privée, à la marchandisation des données, à la fiabilité et la complexité des données, à une utilisation massive et abusive des données **DOC 8** (p. 17, 18) : rapport du Sénat, faible entrain des administrations à ouvrir leurs données, inertie, frilosité, refus (cf. blocage du ministère Intérieur sur réserve parlementaire) **DOC 10** (p. 21, 22) : rapport du Sénat, persistance d'obstacles, techniques, méthodologiques pour ouvrir données publiques, résistances administratives, données consultables, exploitables
Perspectives d'amélioration et exemples de pratiques	**DOC 5** (p. 11) : projet loi pour une République numérique, 5 objectifs et 3 principales dispositions **DOC 8** (p. 17, 18) : propositions rapport Sénat, consacrer un « droit effectif » d'accès aux docs administratifs, pouvoir de saisine du juge administratif par la CADA, publication liste des « mauvais élèves » par la CADA, propositions susceptibles d'être intégrées dans le droit français avec la transposition de la directive européenne de 2013, d'ici mi-2015, dans projet de loi numérique en cours de préparation **DOC 10** (p. 22) : recommandations rapport du Sénat, 6 recommandations principales vers une démarche raisonnée d'ouverture des données publiques

Au vu du tableau d'affectation des documents, on peut faire les constats suivants :

– un faible niveau d'informations dans les items 1 (Objectifs et Enjeux) et 2 (État des lieux et Situation antérieure) : ces informations seront à utiliser dans le deuxième volet de l'introduction consacré à la contextualisation du sujet, le premier « volet » étant constitué par la définition des termes du sujet ;

– un niveau assez important d'informations dans l'item 3 (Cadre juridique et Outils juridiques) : ces informations constitueront la sous-partie I-A ;

– un niveau assez important d'informations dans l'item 4 (Partenaires et Acteurs institutionnels) : ces informations constitueront la sous-partie I-B ;

– un niveau assez important d'informations dans l'item 5 (Bilan) : ces informations constitueront la sous-partie II-A, qui mettra en avant les points « positifs », les avancées, mais aussi les limites et les freins au déploiement de l'ouverture des données publiques ;

– un niveau assez important d'informations dans l'item 6 (Perspectives d'amélioration et Exemples de pratiques) : ces informations constitueront la sous-partie II-B, qui mettra en avant d'une part les préconisations du rapport des sénateurs, et d'autre part le projet de loi pour une République numérique.

À RETENIR

La lecture de survol permet d'avoir une vision globale du dossier et poursuit trois objectifs :
1. identifier la **problématique** ;
2. identifier les **caractéristiques** des différents documents et déterminer leur **importance** ;
3. élaborer le **plan**.

4. La prise de notes

A. La préparation des feuilles de brouillon

Après avoir rempli le tableau des items et déterminé le plan, prenez soit quatre feuilles de brouillon soit cinq, selon le concours :

Note	5 feuilles	1 feuille	Introduction
		1 feuille	I-A
		1 feuille	I-B
		1 feuille	II-A
		1 feuille	II-B

Note/rapport avec propositions	4 feuilles	1 feuille	Introduction
		1 feuille	I-A
		1 feuille	I-B
		1 feuille	Propositions

Découpez chaque ligne de votre tableau des items et agrafez-les en haut de chaque feuille de brouillon qui correspondra à une sous-partie de votre note ou de votre rapport.

Vous n'avez donc plus les deux feuilles du tableau d'affectation des documents. Les tables d'examen étant très petites, l'objectif est d'avoir le moins de feuilles possible en sus de celles du dossier.

Vous êtes désormais prêt pour la prise de notes qui va résulter de la seconde lecture du dossier, une lecture plus approfondie et sélective.

B. La prise de notes proprement dite

Il est important de repérer **rapidement**, et donc **de façon sélective**, les informations utiles du dossier.

a. Comment lire ?

Une attention soutenue sera portée **aux titres et sous-titres**, aux débuts, milieux et fins des paragraphes.

NOTE DU FORMATEUR

Tout nouveau paragraphe correspond généralement à une idée nouvelle.

Le rédacteur d'un document énonce toujours l'idée clé en **début de paragraphe**. La suite du paragraphe est consacrée aux informations complémentaires, aux explications et aux illustrations.

La **dernière phrase d'un paragraphe** représente souvent la transition, c'est-à-dire le bilan de ce qui vient d'être dit et l'introduction de l'idée suivante.

Votre regard va exercer ensuite un balayage rapide de l'intérieur du paragraphe en portant cependant une attention particulière :

– à la structure argumentative du texte indiquée par les mots de liaison exprimant l'addition (d'une part, d'autre part, tout d'abord, ensuite, enfin, etc.), la cause (en effet, car, etc.), la conséquence (donc, ainsi, etc.), l'opposition et la réfutation (mais, néanmoins, cependant, toutefois, malgré, en revanche, etc.) ;

– aux mots ou expressions valorisant une idée (il est essentiel de…, il convient de noter, notamment…) ;

– au « cœur » de la phrase, en faisant la distinction entre la proposition principale (sujet, verbe et complément), qui doit être l'objet prioritaire de votre lecture, et les subordonnées ;

– à l'objectivité de certaines données (règles de droit, chiffres généraux, etc.) et à la subjectivité d'autres données (opinions, points de vue, exemples spécifiques, etc.) ;

– à l'emploi des mots ou des **expressions clés du sujet**.

Vous devez certes lire vite, et améliorer vos capacités de lecture rapide, mais également être capable de **comprendre** et de **retenir** les données du dossier.

Cette dernière exigence est particulièrement importante. Les documents proposés comportent nécessairement des thématiques communes et des redondances. L'objectif de l'épreuve est de **croiser des informations dispersées**.

La capacité de mémorisation permet de travailler efficacement. Elle s'exerce en **s'entraînant deux à trois fois par semaine** à lire un ou plusieurs documents en un temps limité :

– un document de 1 ou 2 pages en 2 minutes au maximum ;
– un document de 2 ou 3 pages en 3 minutes au maximum ;
– un document de 3 à 5 pages en 5 minutes au maximum ;
– un document de 5 à 8 pages en 10 minutes au maximum.

À la suite de votre lecture, résumez « oralement » les principales informations contenues dans le document que vous venez de lire : cela correspond pratiquement à votre prise de notes.

À RETENIR

La lecture approfondie comprend deux phases :

1. La lecture des extrémités (débuts et fins de paragraphes), qui permet de distinguer les passages essentiels, sur lesquels il faudra ralentir sa lecture, des passages secondaires voire inutiles.
2. La lecture du contenu des paragraphes, très utile lorsque le texte est difficile à appréhender en raison de sa longueur et/ou de sa complexité ; elle permet d'appréhender progressivement un texte, sans se noyer dans les informations.

b. Quelles informations retenir ?

Deux lectures complémentaires sont conseillées :

– la lecture par objet ou thème : Quel est l'objet ou le thème du texte ? De quoi parle le texte ?

– la lecture par idée ou information : Quelle est l'idée ou l'information essentielle mise en évidence dans le texte ? S'il n'y avait qu'une information à retenir, quelle serait-elle ? Quelles sont les autres informations à retenir ?

Entraînement

Art. L. 2212-6 CGCT.

I.- Dès lors qu'un service de police municipale comporte au moins cinq emplois d'agent de police municipale [...], y compris d'agent mis à disposition de la commune par un établissement public de coopération intercommunale dans les conditions prévues au cinquième alinéa de l'article L. 2212-5, une convention de coordination est conclue entre le maire de la commune, le président de l'établissement public de coopération intercommunale le cas échéant, et le représentant de l'État dans le département, après avis du procureur de la République. Cette convention peut également être conclue, à la demande du maire, lorsqu'un service de police municipale compte moins de cinq emplois d'agent de police municipale.

II.- Lorsque les agents de police municipale sont mis à disposition de plusieurs communes par un établissement public de coopération intercommunale en application du cinquième alinéa de l'article L. 2212-5, une convention intercommunale de coordination peut être conclue, à la demande de l'ensemble des maires concernés, en substitution des conventions prévues au I du présent article. L'acte est signé par les maires, le président de l'établissement et le ou les représentants de l'État dans le département, après avis du ou des procureurs de la République territorialement compétents.
III.- La convention de coordination précise la nature et les lieux des interventions des agents de police municipale. Elle détermine les modalités selon lesquelles ces interventions sont coordonnées avec celles de la police et de la gendarmerie nationales.
L'accord du président de l'établissement public de coopération intercommunale prévu aux I et II ne porte que sur la mise à disposition des agents de police municipale et leurs équipements.
À défaut de convention, les missions de police municipale ne peuvent s'exercer qu'entre 6 heures et 23 heures, à l'exception des gardes statiques des bâtiments communaux et de la surveillance des cérémonies, fêtes et réjouissances organisées par la commune ou par l'établissement public de coopération intercommunale.
Un décret en Conseil d'État détermine les clauses d'une convention type.

Question

Appliquez à ce texte les deux méthodes de lecture énoncées précédemment.

Corrigé

Lecture par objet ou thème

Thème de l'article : la convention de coordination État et commune.
Thèmes par paragraphe : champ d'application (principe) ; champ d'application (cas particuliers) ; contenu ; effets de l'absence.

Lecture par idée ou information

Idées principales : une convention pour coordonner l'action des forces de l'ordre locales et nationales.
Idées complémentaires : une obligation pour les communes qui comptent au moins cinq agents de police, une faculté de choisir pour les autres ; une convention pour préciser les modalités de coordination ; l'interdiction de travail de nuit en l'absence de convention.

c. Une prise de notes efficace

Il n'y a pas de technique unique et universelle de prise de notes. Cette capacité est personnelle, et liée à votre type de mémoire.

Vous devez élaborer, à l'aide des conseils qui suivent, votre propre méthode, selon vos modalités de mémorisation.

Les techniques utilisées, la nature et l'organisation des notes vont aussi dépendre de la nature des documents constitutifs du dossier et de leur « lisibilité ».

Il s'agit de conserver la mémoire des informations lues et sélectionnées.

Il y a plusieurs « techniques ».

Le surlignage

Cette technique est à privilégier si vous avez une bonne capacité de **mémorisation visuelle**. Vous emmagasinez dans votre mémoire les informations principales, au fur et à mesure que vous les surlignez.

Il est aussi judicieux d'utiliser un **code couleur** pour surligner les informations à l'intérieur d'un item. Utilisez par exemple un surligneur bleu pour les éléments « positifs » d'un bilan, un surligneur rouge pour les éléments « négatifs » du bilan, etc. Utilisez un surligneur vert pour présenter un dispositif côté « bénéficiaires », un surligneur orange pour présenter le dispositif côté « structures employeurs ».

Les mots-clés

La prise de notes sur les feuilles de brouillon se fait généralement par **mots-clés** : vous noterez de façon très synthétique l'information principale, en indiquant la page et le numéro du document. Il faudra donc revenir dans les documents pour la rédaction du devoir, en « direct ».

L'annotation des documents

Vous pouvez aussi mettre des annotations sur les documents. Il peut s'agir :

- d'un sigle ou d'un mot-clé identifiant l'idée principale ;
- de signes d'alerte et d'indices hiérarchiques (ex. : signalement dans la marge du nombre d'avantages, du nombre d'inconvénients d'un dispositif, etc.) ;
- de liens avec d'autres documents (ex. : complément DOC 3) ;
- d'un point pour identifier l'idée principale ;
- d'un tiret pour marquer l'information complémentaire ;
- d'une parenthèse pour l'accessoire.

La prise de notes plus « rédigée »

Cette technique est plus adaptée et nécessaire **si vous avez besoin d'écrire pour mémoriser les informations que vous venez de lire.**

Vous allez noter document par document, non seulement les informations principales mais également le **« résumé » du développement de chacune des informations principales**. Pour rendre cette prise de notes efficace et économiser le temps nécessaire à la rédaction, vous êtes encouragé à :

- écrire en style télégraphique en abrégeant les phrases, en supprimant ce qui ne nuit pas au sens et à la compréhension (ex. : articles, prépositions, etc.) ;
- utiliser des abréviations, des mots raccourcis en supprimant les voyelles et parfois quelques consonnes d'un mot (ex. : « tt » pour « tout », « nbr » pour « nombre », « cnes » pour « communes », « créat » pour « création », « tjs » pour « toujours », « pcq » pour « parce que », etc.) ;
- adopter un système de signes et de symboles rapides à réaliser avec la constitution d'un lexique des signes les plus courants (ex. : « // » pour parallèlement, « ? » pour le doute, « ?? » pour l'interrogation, « ??? » pour l'incompréhension, etc.). Pensez en particulier à utiliser les signes issus des mathématiques (ex. : « → » pour marquer la relation de causalité, « < » pour marquer l'infériorité, etc.). Ceci relève de votre propre façon de faire, mais **il est important que vous puissiez vous relire aisément**. Car, avec cette méthode, vous ne reviendrez plus dans les documents du dossier, vous rédigerez votre copie à partir de cette prise de notes.

NOTE DU FORMATEUR

Fixez-vous comme objectif de repérer trois à cinq idées essentielles, au maximum, par document.

RAPPEL

La prise de notes doit se faire document par document, en lien avec le plan que vous avez déterminé.

2. La phase rédactionnelle

1. La rédaction au propre du devoir

Cette phase consiste en la rédaction de trois volets :
- l'introduction ;
- le développement structuré ;
- la conclusion.

A. L'introduction

L'introduction est une étape essentielle de cette phase puisque c'est par elle que le correcteur « entre » dans votre devoir.

Elle est **obligatoire**.

À titre indicatif, voici la longueur de l'introduction sans l'annonce de plan en fonction de la catégorie.

Catégorie	Longueur de l'introduction
B	15 lignes
A	20-25 lignes

Elle s'articule en **trois temps**.

Définition des termes de la commande

L'introduction doit répondre à la question : de quoi parle-t-on ?

Exemple (note sur l'open data) : Expression utilisée pour la première fois en 1995 dans une publication du *National Research Council* américain relative à l'ouverture des données physiques et environnementales, l'open data véhicule l'idée de bien commun. Sa définition repose sur un ensemble de critères techniques, juridiques et économiques. L'open data est un concept anglo-saxon qui signifie que tout le monde peut avoir accès gratuitement aux données produites ou reçues par les organismes ayant une mission de service public, grâce à un format technique le plus ouvert possible.

Contexte du sujet

L'introduction doit préciser l'évolution historique, les données chiffrées, les enjeux locaux, les objectifs et la problématique.

Exemple : L'open data poursuit trois objectifs principaux : la transparence, la démocratie participative et la modernisation de l'action publique. La France s'est résolument engagée dans la dynamique d'ouverture et de partage des données publiques. Le partage de nombreuses données est au cœur de la vie démocratique et économique, et inclut l'accès des citoyens aux documents administratifs, reconnu depuis 1978. L'ouverture des données publiques est un élément stratégique et moteur de la modernisation de l'État et des services publics, les nouvelles technologies transformant le quotidien des citoyens, fortement demandeurs d'informations. La France est l'un des grands pays de l'open data, à la troisième place au classement mondial.

■ **Annonce du plan**

L'introduction annonce les deux grandes parties.

Exemple : L'open data est une nouvelle stratégie volontariste, cadrée et portée par des acteurs et des outils pluriels (I). Toutefois, tout en étant bénéfique, l'open data comporte des risques et des freins certains nécessitant des améliorations pour réussir durablement l'ouverture des données publiques (II).

B. Le développement structuré

Le développement est l'outil qui met en évidence la cohérence du raisonnement, la bonne compréhension du sujet, de la commande et du dossier, la valorisation des principales informations et, exclusivement pour la note et le rapport avec propositions, la connaissance de la conduite du projet et la pertinence des propositions faites.

Un développement efficace et pertinent est constitué de **deux parties comportant chacune deux sous-parties.**

Les parties doivent être équilibrées.

Les **titres des parties et sous-parties sont essentiels** : c'est la **colonne vertébrale du devoir,** guidant le lecteur dans la présentation de la problématique. Les titres doivent donc être **dynamiques et stratégiques**.

Il est impératif de regrouper les principales informations autour de **paragraphes thématiques** : **deux ou trois paragraphes par sous-partie au maximum.**

• La spécificité de la note/du rapport avec propositions

Le développement de la seconde partie est normé et pratiquement immuable, quel que soit le sujet.

a. La partie II-A

Partie II-A : méthodologie de projet	1er paragraphe : la structuration du pilotage	– chef de projet – comité technique – comité de pilotage
	2e paragraphe : la « méthode de travail »	– diagnostic et état des lieux – détermination d'objectifs – élaboration d'indicateurs de suivi au titre d'une démarche d'évaluation

Les **variables** vont être l'identité du chef de projet, la composition du comité technique et celle du comité de pilotage. Mais la présentation des rôles respectifs de ces trois instances sera toujours **identique**.

Il en est de même de la méthode de travail où les différentes étapes seront toujours semblables. Ce qui va varier ce sont les types de données que vous allez proposer de recueillir au titre du diagnostic, les objectifs stratégiques que vous allez fixer et les indicateurs de suivi que vous allez déterminer.

À titre indicatif, voici une proposition d'ossature de la partie 2-A que vous pouvez adapter à votre style rédactionnel.

II. Réussir la mise en œuvre de… : une nécessaire démarche structurée, participative, au service d'une politique globale de…

La mise en œuvre de… implique de recourir en premier lieu à une stratégie d'action structurée et structurante au sein de… (A). Réussir la mise en place de… repose également sur un plan d'actions global sur le territoire (B).

A. Mettre en place un dispositif de… : une nécessaire dynamique méthodologique partagée et participative

La mise en place de… passe principalement par deux axes majeurs et essentiels à la réussite de la démarche.

Le premier axe consiste à organiser la ressource et la mobilisation des acteurs en interne, pour piloter le projet. Il est d'abord essentiel que l'autorité territoriale affirme son volontarisme politique et affiche clairement l'importance que constitue… Pour ce faire, le DGS ou le DGAS *(ceci va varier selon l'importance de la problématique posée)* désignera un chef de projet dont une des missions principales sera d'organiser et de piloter, en qualité de « référent », la dynamique globale du projet de… Compte tenu des compétences requises et du projet à réaliser, le chef de projet pourrait être le responsable du service ou de la direction… Il sera plus particulièrement chargé de définir le cadre de travail, le planning, les différentes étapes de mise en œuvre, les moyens financiers et matériels, qui seraient nécessaires, ainsi que les partenariats pouvant être noués. Dans cette fonction d'animation, le chef de projet s'appuiera sur deux instances, à savoir un comité technique et un comité de pilotage.

Le comité technique pourra se diviser en groupes de travail thématiques, afin d'aider le chef de projet dans la mise en œuvre des actions. Le comité de pilotage, qui aura pour objectif de valider les principales étapes méthodologiques, serait composé notamment, du DGS, du maire, de l'élu délégué à…, de représentants des associations locales…

Il y aura des partenaires institutionnels à identifier dans le comité de pilotage selon le sujet, tout comme des représentants des personnels, également selon le sujet.

Le deuxième axe consiste en la mise en œuvre des différentes étapes nécessaires pour mener à bien le projet. Le chef de projet mènera la démarche, selon trois étapes principales. En transversalité et concertation étroite avec l'ensemble des directions opérationnelles et autres directions « fonctionnelles » de la collectivité, il conviendra de réaliser un diagnostic, un état des lieux de… d'identifier et de définir les besoins ; il conviendra également de recenser les pratiques des autres collectivités territoriales dans le domaine de… Des questionnaires et des enquêtes pourront être réalisés auprès de… *Il faudra particulièrement développer cette première étape, identifier les différentes données à recueillir pour construire le diagnostic, phase préalable indispensable à toute détermination d'objectifs et de propositions d'actions concrètes.*

Une fois cette phase de diagnostic réalisée et validée par le comité de pilotage, la deuxième étape consistera à définir les objectifs stratégiques et les actions concrètes qui en résultent. À ce titre, la première année, l'objectif de… pourrait être fixé. *Attention, le ou les deux objectifs que vous allez proposer doivent tous être chiffrés, mesurables et quantifiables.*

Durant la première année de mise en œuvre, le chef de projet, avec les membres du comité technique, devront assurer un suivi des actions réalisées, à partir d'indicateurs, du suivi et des tableaux de bord. Le chef de projet établira ensuite une évaluation et un bilan détaillé à présenter au comité de pilotage à des fins de validation. Des ajustements et des correctifs pourront être apportés par le comité de pilotage au bilan annuel ainsi élaboré, dans la perspective de la préparation budgétaire de l'année N+1.

Mais au-delà de la nécessaire structuration du projet d'accueil, réussir la mise en place de… implique également de recourir à une démarche partenariale et globale sur le territoire, permettant de mettre en place plusieurs actions opérationnelles.

b. La partie II-B

Dans la **partie II-B**, trois propositions sont attendues au niveau développement.

- **Première proposition :** plan de communication en interne et souvent en externe.
- **Deuxième proposition :** il importe de lui donner un titre dynamique et stratégique (ex. : « élaborer un schéma directeur de…, élaborer une politique globale de… comportant principalement deux axes ») et de développer chacun des axes qui correspondra à une « micro-proposition ».
- **Troisième proposition :** accompagnement à la conduite du changement et élaboration d'un plan de formation.

NOTE DU FORMATEUR

L'ensemble des propositions de corrigés figurant dans cet ouvrage vous permettra de mieux appréhender la rédaction attendue de la seconde partie de la note/du rapport avec propositions.

C. La conclusion

La conclusion est facultative mais **recommandée**.

Ne donnez pas une nouvelle information, ni une nouvelle proposition.

La conclusion doit être **brève**, synthétisant les idées directrices du devoir et se terminant, le cas échéant, par une perspective.

Sa longueur ne doit pas excéder **quatre lignes.**

Ne jamais signer sa copie !

2. La relecture du devoir

Lorsque vous avez terminé de rédiger la copie de concours, consacrez les dernières minutes de l'épreuve à la relecture intégrale de votre travail. Corrigez les fautes d'orthographe et de syntaxe afin que votre copie soit lue avec fluidité.

PARTIE 2

S'entraîner avec 40 annales corrigées

NOTE DU FORMATEUR

Les propositions de corrigé incluent des références explicites aux documents et à la structure du devoir dans un souci pédagogique. Elles apparaissent en italique ou entre parenthèses. Nous rappelons que ces références ne doivent en aucun cas apparaître dans la copie de concours !

Catégorie B

DURÉE

3 HEURES

SUJET N° 1 : Note

Animateur, concours interne et 3e voie
Session 2017

DURÉE : 2 HEURES

Sujet

Vous êtes responsable des activités extra et périscolaires de la commune d'Animville : 10 000 habitants et 1 300 enfants scolarisés en écoles primaires répartis au sein de 8 groupes scolaires.

Le maire désirant conserver l'esprit de « ville à la campagne » pour sa commune a fait acquérir 3 hectares de terrain agricole au cœur de la ville, afin de développer des projets et actions de sensibilisation à l'écocitoyenneté et au bien-manger. En particulier, il souhaite que les enfants de la commune soient largement sensibilisés et associés à sa démarche.

Le directeur général des services vous demande, exclusivement à l'aide des documents joints, de rédiger une note à son attention faisant état des pratiques et expériences liées à cette thématique.

Liste des documents

Document 1 : Extrait de *Guide méthodologique - Les jardins familiaux* - 5 pages

Document 2 : Extrait de *Guide de la restauration collective responsable* - Fondation Nicolas Hulot - « Les enjeux et le contexte de la mise en place de la restauration collective responsable » - www.civam.org-www.fnf.org - 3 pages

Document 3 : Extrait de fiche pratique - « L'hygiène alimentaire en restauration collective » - CDG 60 - 2 pages

Document 4 : « Montmorency. Les jardins familiaux sortent de terre » - www.gazettevaldoise.fr - 10/09/2013 - 2 pages

Document 5 : Extrait de *Créer un jardin pédagogique à l'école - Fermes pédagogiques* - 2 pages

Document 6 : Extrait de *Guide pratique pour bâtir des activités de jardinage* - TAP - 4 pages

Document 7 : Extrait de *Livret pédagogique - Pourquoi faire un jardin pédagogique ?* - 2 pages

Téléchargez gratuitement les documents sur www.vuibert.fr/site/206463

Proposition de corrigé

Commune d'Animville Le ...

Note à l'attention de Monsieur le Maire

Objet : la sensibilisation à l'écocitoyenneté et au bien-manger.

Références :

- Article L. 651-1 du code rural ;
- Règlement (CE) n° 852/2004 du Parlement européen et du Conseil du 29 avril 2004 relatif à l'hygiène des denrées alimentaires ;
- Décret n° 2009-1121 du 16 septembre 2009 ;
- Arrêté du 8 octobre 2013.

Une consommation respectueuse de l'environnement est aujourd'hui plus que jamais à l'ordre du jour. La commune d'Animville entend s'inscrire dans cette démarche, à la fois pour permettre aux enfants de bien manger mais aussi pour en faire des citoyens respectueux de la planète. L'acquisition par la commune de trois hectares de terrain agricole en cœur de ville va jouer un rôle déterminant dans ce projet.

Comment la commune peut-elle réussir ce pari ? Quels moyens précis mettre en œuvre pour sensibiliser les enfants et leurs parents à l'éco-citoyenneté et au bien-manger ?

(I) L'apprentissage du bien-manger et de l'écocitoyenneté peut passer par la restauration collective, lieu de transmission des règles d'hygiène (A) et de consommation respectueuse de l'environnement (B). (II) On prendra toute la mesure du « bien-manger » et de l'écocitoyenneté à l'école grâce aux jardins pédagogiques (A) et en famille au sein des jardins familiaux (B).

I. La restauration collective, lieu d'apprentissage de l'hygiène alimentaire et de l'écocitoyenneté

A. La restauration collective repose avant tout sur le respect des règles d'hygiène

Le « bien-manger » repose sur le respect des règles d'hygiène dans la restauration collective : les denrées alimentaires brutes doivent être transformées et distribuées en empêchant la multiplication des microbes responsables de l'altération des denrées et de maladies alimentaires dénommées toxi-infections alimentaires collectives (TIAC). Les responsables d'établissements sont en conséquence astreints à une obligation de résultat en matière d'innocuité et d'absence d'altération des produits.

Une nouvelle législation européenne relative à l'hygiène est entrée en application le 1er janvier 2006 et a été inscrite dans le droit français au moyen d'un décret du 16 septembre 2009 et d'un arrêté du 8 octobre 2013. La mise en œuvre dans la restauration collective de la méthode HACCP (*Hazard Analysis Critical Control Point*, ou « analyse des dangers - points critiques pour leur maîtrise ») permet l'identification, l'évaluation et la maîtrise des principaux dangers en matière de sécurité alimentaire. Fondée sur sept principes et une démarche en douze étapes, cette méthode permet de maîtriser à la fois les dangers microbiologiques, les dangers physiques et les dangers chimiques qui pourraient compromettre la bonne sécurité des aliments.

B. Une restauration collective responsable forme à l'écocitoyenneté

Par restauration collective « responsable », on entend une restauration favorisant la durabilité, c'est-à-dire la protection et la mise en valeur de l'environnement, le progrès social et le déve-

loppement économique. Cette « responsabilité » suppose également une participation de tous les acteurs à la démarche et son appropriation par tous sur un territoire donné.
La restauration collective peut à la fois former au goût et à une alimentation facteur de bonne santé et sensibiliser à l'importance d'une production respectueuse de l'environnement et d'un approvisionnement de proximité. Elle permet de faire prendre conscience à ses usagers que leurs choix d'alimentation quotidiens ont un impact fondamental sur l'environnement. Approvisionner les restaurants en produits locaux issus de l'agriculture durable ou biologique contribue à une alimentation diversifiée de grande qualité et à un développement de systèmes de production artisanaux respectueux de l'environnement. La qualité, la proximité, la saisonnalité sont ainsi les règles essentielles d'une restauration collective responsable.
Ainsi, la restauration collective ouvre non seulement au « bien-manger » mais aussi à l'écocitoyenneté. La commune peut sensibiliser bien davantage les enfants et leurs parents en développant des jardins.

II. Aller plus loin dans ces apprentissages grâce aux jardins pédagogiques et aux jardins familiaux

A. Le jardin pédagogique, un lieu d'apprentissages multiples

Mis en place dans des écoles, les jardins pédagogiques permettent d'éduquer les enfants à l'environnement, la gestion de l'eau et des déchets, de leur faire connaître de nouvelles espèces, de les inciter à manger des fruits et légumes, d'être sensibilisés à la saisonnalité des plantes. Un jardin pédagogique ouvre également à de nombreux apprentissages fondamentaux : découverte du monde, maîtrise de la langue, structuration du temps, structuration de l'espace, utilisation des mathématiques.

La réalisation d'un tel jardin dans une école maternelle ou élémentaire requiert un dialogue entre les enseignants et la commune afin d'obtenir l'accord de cette dernière et de déterminer le lieu d'implantation, dans l'école ou à proximité. L'aménagement et l'entretien du jardin pendant les périodes de congés scolaires seront décidés en concertation avec les agents de la commune. Il pourra être fait appel aux parents et grands-parents pour obtenir des outils, graines et plantes, aux agriculteurs pour fournir de la bonne terre. Des ateliers-cuisines, des pique-niques avec les produits du jardin pourront être organisés le moment venu.
Le jardinage permet aux enfants de nombreux apprentissages dès la maternelle, et peut être décliné en activités tout au long de l'année, de la création d'espaces à la récolte en passant par le semis, la plantation, l'entretien. Il peut s'inscrire dans un partenariat avec d'autres écoles disposant déjà d'un jardin, ce qui permet de mutualiser les moyens, d'enrichir les projets pédagogiques et d'associer un grand nombre de parents. Une réunion en mairie avec tous les acteurs concernés par le projet est un bon moyen de mobiliser les écoles. Nombreux sont les partenaires qui pourront être sollicités : les services techniques, les parents d'élèves, les retraités, les jardineries, pépiniéristes et horticulteurs, les lycées horticoles, les animations locales de jardiniers.

B. Des apprentissages partagés et amplifiés au sein de jardins familiaux

L'article L. 561-1 du code rural dispose que « peuvent être dénommés "jardins familiaux" des terrains divisés en parcelles, lesquelles sont affectées à des particuliers y pratiquant le jardinage pour leurs propres besoins et ceux de leur famille, à l'exclusion de tout usage commercial. [...] L'affectation d'une parcelle résulte du contrat d'adhésion à l'association qui est chargée de gérer le groupe de jardins familiaux considéré et éventuellement d'y entreprendre des actions pédagogiques et de vulgarisation horticole. » Les parcelles privées sont incluses dans des espaces collectifs comprenant des allées, des massifs d'agrément et, parfois, des espaces de jeux. Les gestionnaires de ces espaces doivent inventer des modes d'attribution, de fonctionnement et d'animation qui permettent l'épanouissement de leurs usagers et favorisent les échanges. Le meilleur moyen de parvenir au respect des règles communes est que celles-ci soient fixées en concertation avec les jardiniers. Il faut donc permettre la prise de parole et l'écoute de chacun, faire naître une véritable animation permettant à chacun d'inscrire son projet individuel dans le projet collectif du jardin familial.

La ville de Montmorency, par exemple, a attribué par tirage au sort trente parcelles de 120 m^2 équipés par une association respectant un cahier des charges imposé par la ville, avec des caisses à outils en bois et des espaces pour les personnes à mobilité réduite ; cette association donne en outre des conseils aux personnes qui cultivent.

Ainsi, la commune d'Animville peut jouer un rôle déterminant dans l'apprentissage du « bien-manger » et de l'écocitoyenneté, non seulement par les enfants, mais aussi par les adultes grâce à la restauration collective et aux jardins pédagogiques et familiaux. Elle y réussira d'autant mieux qu'elle saura faire vivre de nombreux partenariats.

SUJET N° 2 : **Note**

DURÉE : 2 HEURES

Assistant territorial de conservation du patrimoine et des bibliothèques principal de 2e classe, concours externe, interne et 3e voie, session 2016, spécialité bibliothèques

Sujet

Vous êtes assistant territorial de conservation du patrimoine et des bibliothèques principal de 2e classe à la médiathèque de la commune de Cultureville.
Votre directrice vous demande de rédiger à son attention, exclusivement à l'aide des documents joints, une note sur la valorisation des sciences et techniques en bibliothèque-médiathèque.

Liste des documents

Document 1 : « Développement et diffusion de la culture scientifique et technique » (extraits), rapport Emmanuel Hamelin - *Documentation française* - novembre 2003 - 2 pages.

Document 2 : « Sciences et techniques : le versant obscur des bibliothèques publiques » (extraits), Bertrand Calenge - *Bibliothèques, revue de l'Association des bibliothécaires de France n° 34135* - octobre 2007 - 5 pages.

Document 3 : « De la vulgarisation à la culture scientifique » (extraits), Roland Schaer - *Bibliothèques, revue de l'Association des bibliothécaires de France n° 34135* - octobre 2007 - 3 pages.

Document 4 : « Quelques questions à propos de trois grandes dames parisiennes » (extraits), Philippe Raccah - *Bibliothèques, revue de l'Association des bibliothécaires de France n° 34135* - octobre 2007 - 4 pages.

Document 5 : « Un problème mal posé ? La formation scientifique et techniques des bibliothécaires » (extraits), Jean-Philippe Lamy - *Bibliothèques, revue de l'Association des bibliothécaires de France n° 34135* - octobre 2007 - 2 pages.

Document 6 : « BibNum, bibliothèque numérique d'histoire des sciences » (extraits), Alexandre Moatti - *Bulletin des Bibliothèques de France (BBF) T55 n° 3* - 2010 - 1 page

Document 7 : « Organiser la médiation des collections scientifiques » (extraits), Justine Ancelin - *Bulletin des Bibliothèques de France (BBF) T58 n° 3* - 2013 - 3 pages.

Document 8 : « L'Essonne fête la science » (extraits), Marylène Larrière Cabiran - *Bibliothèques, revue de l'Association des bibliothécaires de France n° 34135* - octobre 2007 - 2 pages.

Téléchargez gratuitement les documents sur www.vuibert.fr/site/206463

Proposition de corrigé

Commune de Cultureville   Le ...

Note à l'attention de Madame la directrice de la médiathèque

Objet : valorisation des sciences et techniques en bibliothèque-médiathèque.

Les bibliothèques, au titre de leurs missions, doivent favoriser la diffusion de l'information scientifique et technique, notamment auprès des jeunes qui représentent 20 % du public *(doc. 1)*. Or, déjà en 1992, puis de nouveau en 1997, le Conseil supérieur des bibliothèques mettait en évidence l'absence des questions scientifiques et techniques dans l'offre de collections et de services des bibliothèques : les trois quarts des bibliothèques possèdent un fonds scientifique représentant moins de 7,5 % du fonds total.
Au sein des bibliothèques de lecture publique, les sciences occupent donc une part très faible du point de vie du fonds et de sa mise en valeur *(doc. 7)*.
Mais les bibliothèques-médiathèques ont un rôle essentiel dans la diffusion de la culture et de l'information scientifique auprès de l'ensemble des usagers, notamment les jeunes qui représentent 20 % de leur public.

Annonce du plan Force est de constater que la part de la culture scientifique et technique demeure encore assez faible dans les bibliothèques-médiathèques de lecture publique, alors même que l'engouement du public est grandissant (I). Aussi, depuis quelques années, tant au niveau national qu'au niveau local, de réelles politiques volontaristes et ambitieuses sont déployées au service de la diffusion et de la vulgarisation de la culture scientifique et technique dans les bibliothèques-médiathèques (II).

I. Une situation contrastée et ambivalente : des bibliothèques qui peinent à développer la culture scientifique et technique alors que l'intérêt du public est croissant

Annonce des sous-parties Les bibliothèques-médiathèques sont confrontées à des difficultés multiples dans la valorisation de la culture scientifique et technique (A). Pourtant, force est de constater un engouement grandissant du public pour la culture scientifique et technique (B).

A. Les difficultés des bibliothèques à développer des fonds scientifiques et techniques

La faiblesse de représentation des sciences dans les bibliothèques s'explique par plusieurs facteurs convergents.

a. Côté professionnels, la prédominance de la culture littéraire et la difficulté à répondre à la diversité des besoins et aux coûts qui en résultent

Cette faible représentation a été mise en évidence notamment par le rapport Hamelin de novembre 2003 *(doc. 1)*. Dans les grandes bibliothèques (Bibliothèque nationale de France, Centre Georges-Pompidou, Cité des sciences et de l'industrie), l'offre est certes abondante quantitativement et qualitativement, mais cette situation est marginale au regard des 3 097 bibliothèques publiques du territoire, dans lesquelles les sciences et techniques ne représentent que 7 % des collections d'imprimés. Ceci s'explique d'abord par la prédominance de la culture littéraire et humaniste. Ceci s'explique aussi par la critique systématique, dans les années 1970, de la notion de vulgarisation scientifique, en lien avec la crise de l'idée de progrès *(doc. 3)*. Au cours de cette décennie ont émergé des controverses entre d'une part le progrès et les connaissances scientifiques, et, d'autre part, le bien-être, le bonheur, l'équité, la liberté, l'environnement et la santé. De plus, les profils des usagers sont très différents : professionnels, grand public, amateurs, étudiants, etc. Il s'ensuit que leurs attentes sont variées et qu'il est difficile d'y répondre *(doc. 1)*. Ceci amène à devoir fréquemment renouveler les ouvrages dans des domaines évoluant très vite comme l'informatique, avec des montants d'achat élevés pour des ouvrages spécialisés, des risques de vols, etc. *(doc. 1)*

b. Des professionnels peu formés et des scientifiques sous-représentés (doc. 2 et 5)

Les bibliothécaires n'ont généralement pas de formation scientifique. Ceci a été souligné de façon récurrente par de nombreuses études réalisées sur plusieurs années, notamment celle de l'Inspection générale des bibliothèques de 2001. Seulement 13 % des bibliothécaires sont titulaires d'un baccalauréat C ou D, et ce pourcentage tombe à 3 % pour les diplômés de l'enseignement supérieur. La réforme apportée dans le contenu des concours a peu d'effets : en 2005, seulement 104 candidats sur 969 ont choisi l'une des deux spécialités portant sur les sciences et techniques. De plus, l'épreuve de composition continue de « désavantager » les candidats de formation scientifique. Le taux de réussite des scientifiques aux concours de catégorie A entre 1994 et 2000 ne s'élève qu'à 3 %. Il est aussi mis en évidence un manque de curiosité des professionnels, notamment dans les petites et moyennes bibliothèques *(doc. 5)*. En outre, il est difficile pour les professionnels de proposer un classement simple des ouvrages *(doc. 4)*, ce qui n'incite pas à la consultation.

B. Parallèlement, on constate un intérêt croissant du public pour la culture scientifique et technique

a. Le développement de la culture scientifique et technique (doc. 2)

Ce développement s'explique d'abord sur le plan économique, l'innovation étant au cœur de la croissance. Il est indispensable que toute la société, et plus particulièrement les jeunes, soit confrontée aux processus de l'innovation technique. De plus, il y a eu la prise de conscience de l'impact étroit de la recherche scientifique sur la société : la « scientifisation » de la société, un développement rapide de nombreuses technologies qui nécessite une appropriation de leurs évolutions, quant à leurs usages quotidiens par les populations. Tout ceci a abouti à multiplier les actions publiques en faveur du développement de la culture scientifique et technique.

b. Le développement de la vulgarisation scientifique (doc. 2 et 3)

On assiste d'abord au développement d'une production éditoriale de qualité par certains éditeurs, telles les éditions EDP Sciences, Platypus Press et Le Pommier *(doc. 2)*. On constate une augmentation significative du nombre de revues, de magazines écrits et audiovisuels de vulgarisation scientifique. L'édition du livre de sciences est en pleine mutation, notamment dans le secteur de la jeunesse. Parallèlement, il y a aussi la masse d'informations, fiables et très accessibles, proposée *via* Internet, par les organismes de recherche et ceux de médiation. De même, la production de films documentaires de sciences renouvelle ses formes. On assiste, depuis plusieurs années, à une profonde transformation dans le secteur muséologique *(doc. 3)*. Des musées d'histoire naturelle et des techniques, on est passé à des « centres de sciences » interactifs qui privilégient l'expérience perceptive directe de confrontation aux phénomènes et placent le visiteur en position « *hands on* » *(doc. 3)*. Cette vulgarisation est accentuée aussi par le renforcement de la langue française, comme l'atteste la politique documentaire de la Bibliothèque nationale de France (BnF) et de la Bibliothèque publique d'information (BPI), où la part du français va actuellement, selon les secteurs, de 70 % (sciences exactes) à 98 % (médecine). Cette vulgarisation est aussi facilitée par le développement des usages à distance *(doc. 4)* : succès du dispositif BiblioSés@me à la BPI, du Guichet du Savoir, à la bibliothèque municipale de Lyon, et du service d'information des bibliothécaires à distance (SINDBAD) à la BnF.

II. De réelles politiques volontaristes au service de la diffusion de la culture scientifique et technique, menées depuis quelques années

Annonce des sous-parties Pour développer et promouvoir la culture scientifique et technique, une politique volontariste est menée au niveau national (A). De plus, des politiques locales ambitieuses sont également déployées pour contribuer à la diffusion de la culture scientifique et technique (B).

A. Une politique volontariste au niveau national pour promouvoir la culture scientifique et technique

a. La création au niveau national de plusieurs « outils » (doc. 2)

Il y a d'abord la création emblématique, en 1985, de la Cité des sciences et de l'industrie, complétée par la multiplication des centres de culture scientifique, technique et industrielle, actuellement au nombre de trente-quatre, auxquels plusieurs bibliothèques sont associées. Puis, il y a eu la mise en place, début 2004, d'un plan national pour la diffusion de la culture scientifique et technique, piloté par les ministères chargés de la Culture, de l'Éducation nationale et de la Recherche. Ce plan prévoit notamment la diffusion d'une bibliographie de référence pour toutes les bibliothèques publiques, la formation des bibliothécaires à la culture scientifique, la bonification des subventions versées par le Centre national du livre et la mise à disposition de l'expertise de la médiathèque de la Cité des sciences et de l'industrie. Il y a aussi les appareils d'assistance aux professionnels des bibliothèques publiques apportés notamment par la médiathèque de la Cité des sciences et de l'industrie à la demande du ministère de la Culture : des bibliographies, des outils d'analyse, des sélections thématiques, etc. sont, de façon dématérialisée, mis à la disposition des bibliothécaires municipaux pour développer des fonds scientifiques et techniques *(doc. 2)*.

b. Le développement des bibliothèques numériques

Il y a, à titre d'exemple, la BibNum, bibliothèque numérique d'histoire des sciences créée en 2008 par le Centre de ressources et d'information sur les multimédias pour l'enseignement supérieur (CERIMES), en partenariat avec le Centre national de la recherche scientifique (CNRS) et le Centre de recherche en histoire des sciences et des techniques (CRHST) *(doc. 6)*. L'objectif poursuivi est de valoriser, auprès d'un public le plus large possible, les textes scientifiques importants, en les faisant commenter par des scientifiques actuels, afin de montrer leur actualité dans la science, la technologie et l'économie d'aujourd'hui. Ce projet est soutenu par l'Agence nationale de la recherche, la Fondation de l'École polytechnique et l'Observatoire de Paris. Il s'agit de faire rayonner les institutions d'enseignement supérieur par la valorisation de leur patrimoine scientifique. Fin 2009, cette bibliothèque était dotée de cinquante textes commentés, relevant des sciences exactes, des sciences de la vie et des sciences humaines et sociales. Le plus ancien texte est celui de Blaise Pascal, « Avis [...] avec une lettre dédicace au chancelier Séguier », le plus récent est celui de Richard Feynmann, prix Nobel de physique, extrait des *Leçon de physique*.

B. Des politiques locales également plus ambitieuses sont déployées et contribuent à la diffusion de la culture scientifique et technique

a. Une évolution du métier de bibliothécaire vis-à-vis du fonds scientifique (doc. 7).

Les professionnels deviennent depuis quelques années des « médiateurs scientifiques », et ce, selon deux approches. Pour certains bibliothécaires, il s'agit de « permettre la régulation et le contrôle par les citoyens du développement technoscientifique et son impact sur les hommes », ceci se faisant au travers de conférences-débats, cafés des sciences, actions nécessitant peu de matériel et peu de préparation. Ces événements rencontrent un réel succès comme en témoignent les conférences sur les mathématiques avancées proposées par la bibliothèque municipale de la Part-Dieu, qui attirent soixante-dix personnes. Ces événements n'ont toutefois pas d'impact significatif sur l'augmentation des usages des collections scientifiques. Pour d'autres bibliothécaires, il s'agit de mettre en avant la connaissance des sciences et techniques en les pratiquant, au travers d'actions partenariales avec des associations telles que « les Petits Débrouillards ». Ceci relève de « l'*empowerment* individuel et méthodologique », grâce aux ateliers pratiques. De grandes bibliothèques municipales comme à Lyon, Marseille et Toulouse créent un département sciences et techniques dans leurs collections.

b. L'implication des bibliothèques municipales dans plusieurs manifestations annuelles afin de développer l'engouement pour la culture scientifique (doc. 7 et 8)

Il y a d'abord une forte implication dans l'événement le plus connu, la « Fête de la science ». Les bibliothèques développent alors des partenariats avec l'ensemble de la communauté scientifique et acteurs de la culture scientifique et technique. En 2012, on recense plus de 1 400 projets sur le territoire, dont plus de 13 % impliquant des bibliothèques de lecture publique : on peut citer l'implication du département de l'Essonne, à forte identité scientifique *(doc. 8)*. Ce sont ainsi, chaque année, près de quarante projets qui sont soutenus financièrement à 50 % du montant total, avec un plafond de 15 000 euros. Et un nombre important des bibliothèques essonniennes allient la Fête de la science à un autre événement national, Lire en fête. On peut donner des exemples de collaboration entre bibliothèques et partenaires scientifiques dans d'autres manifestations. En 2011, le Centre de culture scientifique, technique et industrielle (CCSTI) du Rhône a organisé des rencontres dans les trois médiathèques de Vaulx-en-Velin, dans le cadre de l'opération « Oufs d'astro ». On peut également mentionner la collaboration entre le CCSTI et les médiathèques de Saint-Ouen pour l'événement « Livre ta science » *(doc. 8)*. Il y a aussi les actions menées par l'association « À fond la science » avec des bibliothèques de lecture publique *(doc. 2)*.

Conclusion Une politique documentaire ambitieuse dans le domaine des sciences et techniques implique de mettre en place un programme stratégique orienté vers une diversification des contenus et des supports des collections, vers la médiation partenariale. Les bibliothécaires sont les ressources essentielles et majeures de cette stratégie *(doc. 2)*.

SUJET N° 3 : Note

DURÉE : 3 HEURES

Assistant territorial de conservation du patrimoine et des bibliothèques principal de 1re classe, examen professionnel d'avancement de grade, session 2014, spécialité bibliothèques

Sujet

Vous êtes assistant territorial de conservation du patrimoine et des bibliothèques à la médiathèque de Cultureville. Votre supérieur hiérarchique vous demande de rédiger à son attention, exclusivement à l'aide des documents ci-joints, une note sur l'offre de service en bibliothèques-médiathèques.

Liste des documents

Document 1 : « Les bibliothèques à la reconquête de leurs publics » - *Archimag n° 264* - mai 2013 - 6 pages.

Document 2 : « Nouveaux bibliothécaires, bons pour le service ! » *Archimag n° 245* - juin 2011 - 3 pages.

Document 3 : « Usagers et bibliothécaires : concurrence ou co-création ? » - *Bulletin des Bibliothèques de France n° 4* - 2012 - 3 pages.

Document 4 : « Bibliothèques : sous le signe de la polyvalence » - *Livres Hebdo n° 952* - vendredi 3 mai 2013 - 2 pages.

Document 5 : « Ivry révise son bac en bibliothèque » - *La lettre du cadre territorial n° 467* - 1er juillet 2013 - 2 pages.

Document 6 : « Quel avenir pour les espaces publics ? » - *Documentaliste Sciences de l'information vol. 46* - 2009 - 1 page.

Document 7 : « Formation, emploi. Des missions émergentes » - *La Gazette des communes* - 3 juin 2013 - 3 pages.

Téléchargez gratuitement les documents sur www.vuibert.fr/site/206463

Proposition de corrigé

NOTE DU FORMATEUR

Ce corrigé est donné sous la forme d'un plan très détaillé.

Commune de Cultureville Le ...

Note à l'attention du responsable de service

Objet : point sur l'offre de services en bibliothèques-médiathèques.

Le monde qui entoure les bibliothèques change profondément. L'avènement d'Internet, du numérique bouleverse les conditions de production, de diffusion, d'appropriation et d'accès au savoir. Les pratiques culturelles des usagers évoluent également.
Depuis plusieurs années, les bibliothèques font le constat d'une baisse des inscriptions, d'une diminution des emprunts de documents, les usagers préférant les écrans numériques. À titre d'exemple, en France, la part de la population inscrite dans une bibliothèque stagne à 18 % alors qu'elle est de 66 % aux États-Unis, avec une nette désaffection de la tranche des 15-35 ans. Face à cette situation, les bibliothèques doivent aller chercher le public et donc repenser leur offre de services, dans une dynamique de « lieu de vie » en proximité.
Dans un contexte de mutation des comportements et des usages des publics, les bibliothèques-médiathèques doivent repenser leurs missions, en co-construction avec les usagers (I). De nombreuses actions innovantes sont mises en place, faisant évoluer le métier de bibliothécaire vers plus de polyvalence et de médiation (II).

I. Face à la mutation des comportements et usages des publics, les bibliothèques-médiathèques françaises doivent repenser, réorienter leurs missions

Annonce des sous-parties Il est constaté une mutation des comportements, des usages et des typologies des publics, et un certain « désamour » des bibliothèques-médiathèques (A). Les bibliothèques doivent réorienter leurs missions, en co-construction avec les usagers (B).

A. La mutation des comportements et usages des publics, des bibliothèques en « désamour »

- Mettre d'abord en évidence *(doc. 1)* les résultats de l'étude menée en 2011 par le Motif, organisme chargé d'observer les comportements des usagers dans les bibliothèques d'Île-de-France. On ne peut plus parler d'un public, pour les bibliothèques, mais d'une pluralité de publics regroupés autour de six profils types ; d'où des attentes et des pratiques diversifiées. Il y a d'abord les adultes accompagnés d'enfants, notamment les mères, qui viennent en majorité les mercredis et aussi le week-end, avec un taux élevé d'emprunts. Dès 10 ans, les enfants, plus autonomes, viennent plutôt en groupes ; le public étudiant et scolaire de plus de 15 ans continue d'être très assidu mais peu consommateur des collections stockées dans les lieux. Il y a ensuite les demandeurs d'emploi, les retraités (peu nombreux en soirée, mais présents à toute heure de la journée), les actifs fortement ou peu diplômés (nombreux le week-end). Il est à noter que seulement 49 % des usagers sont favorables à une ouverture le dimanche. Il y a aussi un nouveau public, les « séjourneurs » *(doc. 6)*, qui utilisent les espaces publics des bibliothèques comme lieux de convivialité ou lieux de travail soit individuels soit collectifs, sans utilisation des ressources offertes.

- Montrer ensuite la remise en cause de la culture légitime et donc des lieux qui y sont « dédiés » (*doc. 2 et 3*). On constate une évolution culturelle de la société et du rapport à la connaissance. Avec l'essor des pratiques culturelles amateurs, on assiste à une désacralisation de la culture. De plus, l'offre traditionnelle des bibliothèques axées sur les collections « physiques » ne permet pas de répondre aux besoins ponctuels, factuels ou spécifiques d'information. Enfin, avec le développement du numérique, du web participatif, les contenus culturels en format papier ne sont plus attractifs et ils font passer les bibliothèques comme des lieux ringards et inutiles. Avec l'idée d'une disponibilité permanente et aisée à tous les contenus culturels sur Internet.

Transition Face à la mutation des usages et la diversité des publics, les bibliothèques doivent repenser et réorienter leurs missions.

B. Les bibliothèques doivent réorienter leurs missions, en co-construction avec les usagers

- Face à l'évolution des publics et de leurs pratiques, certes les bibliothèques doivent continuer de mener leurs missions traditionnelles, à savoir la politique documentaire, les suggestions d'achats, l'organisation des espaces et la politique de lecture publique. Mais, elles doivent redéfinir, réorienter leurs missions autour de nouveaux objectifs, autour de la **question centrale de l'accueil du public et de la facilitation de son quotidien** (*doc. 1 et 3*). À ce titre, les bibliothèques doivent développer des actions, de nouveaux services, en co-construction avec les usagers. Une telle approche permettrait d'abord de faire évoluer l'image des bibliothèques, en lui donnant un visage plus humain et plus accessible, utile à tous. C'est aussi un moyen d'instaurer un dialogue plus « égalitaire » entre les utilisateurs des services proposés, ceux-ci n'étant plus de simples consommateurs dans un relationnel « hiérarchique » avec les bibliothécaires « savants ». Ceci rejoint la conception de la bibliothèque « troisième lieu ».
- De façon plus concrète (*doc. 3*), s'agissant de leur **mission culturelle**, il serait opportun que les bibliothèques renforcent leur rôle dans la vie culturelle locale en développant davantage d'actions moins « institutionnalisées », plus informelles et plus participatives. Ainsi, les usagers pourraient participer aux ateliers/groupes de travail avant leur réalisation. Les bibliothèques pourraient devenir un lieu de pratiques culturelles amateurs : lecture de contes par des usagers, pratiques de « *bookcrossing* ». Au niveau de leur **mission éducative**, les bibliothèques pourraient développer davantage d'actions liées aux échanges de savoirs, notamment en développant des partenariats avec des associations locales. De même, s'agissant de leur mission sociale, les bibliothèques devraient devenir un lieu d'entraide, dans le domaine de l'emploi-insertion, en accentuant leur appui à la recherche d'emploi.

Transition Pour reconquérir les publics, de nombreuses actions innovantes sont mises en place, aboutissant à faire évoluer les pratiques des professionnels vers plus de polyvalence et de médiation (II).

II. Une offre de services renouvelée dans les bibliothèques, faisant évoluer le métier de bibliothécaire vers plus de polyvalence et de médiation

Annonce des sous-parties Pour reconquérir les publics, les bibliothèques s'engagent dans de nouvelles initiatives innovantes, plus diversifiées et plus intégrées dans les différentes politiques publiques (A). Le métier de bibliothécaires est « réinterrogé » : vers plus de polyvalence, de transversalité et de médiation (B).

A. Une nouvelle logique d'offre de services, plus innovante, plus diversifiée et plus intégrée dans les différentes politiques publiques

Transition Les effets conjugués de la mutation des usages et pratiques des publics, du développement du numérique et de la diversification de l'offre de services impactent en profondeur le métier de bibliothécaire.

B. Le métier de bibliothécaires est « réinterrogé » : vers plus de polyvalence, de transversalité et de médiation

- Le métier de bibliothécaire évolue d'abord vers **une plus grande polyvalence, un travail plus en transversalité, et une fonction de médiation renforcée et diversifiée** (*doc. 3 et 4*) rs.
- **La nécessaire dynamique partenariale et de nouvelles pratiques professionnelles** *(doc. 3, 5, 7)*. Le bibliothécaire devient le facilitateur de démarches. Il identifie le besoin, mobilise les compétences auprès de partenaires locaux, il vient en appui avec ses ressources documentaires. De plus en plus de bibliothèques nouent des partenariats avec des acteurs locaux, professionnels des secteurs de l'emploi et de la formation. De plus, le développement de nouveaux services amène les professionnels à travailler de plus en plus en équipe, à se sentir plus solidaires, mais aussi à se réinterroger, de façon collective, sur le sens de leurs actions, sur le positionnement des bibliothèques dans la ville.

Conclusion Les bibliothèques-médiathèques deviennent, en raison des nouveaux services offerts, et des nouvelles pratiques des professionnels qui en résultent, des lieux moteurs de la transversalité de l'action publique. Elles deviennent des lieux de vie multiforme se rapprochant ainsi toujours plus du concept de troisième lieu.

SUJET N° 4 : Note

DURÉE : 3 HEURES

Assistant territorial de conservation du patrimoine et des bibliothèques principal de 1re classe, examen professionnel d'avancement de grade, session 2014, spécialité musée

Sujet

Vous êtes assistant territorial de conservation du patrimoine et des bibliothèques principal de 1re classe au sein de la commune de Cultureville.

Au moment de la réflexion autour du projet national de l'Éducation artistique et culturelle et conformément à la loi 2002-5 relative aux musées de France, la commune de Cultureville souhaite créer un service culturel pour son musée.

Votre directeur vous demande de rédiger, exclusivement à l'aide des documents joints, une note sur le rôle éducatif des musées.

Liste des documents

Document 1 : Félix Vicq d'Azyr, « Instruction sur la manière d'inventorier et de conserver, dans toute l'étendue de la République, tous les objets qui peuvent servir aux arts, aux sciences et à l'enseignement », février 1794 (Ventose an II), in Françoise Choay, *Le patrimoine en questions. Anthologie pour un combat*, Seuil, 2009 - 2 pages.

Document 2 : Jean-Michel Tobelem, *Le nouvel âge des musées : les institutions culturelles au défi de la gestion*, Armand Colin, 2005 - 2 pages.

Document 3 : Serge Chaumier, François Mairesse, « Mise en question de la médiation » in *La médiation culturelle*, Armand Colin, septembre 2013 - 2 pages.

Document 4 : Michel Colardelle, « La mission sociale des musées et son illustration au cœur du projet scientifique et culturel du futur musée des civilisations de l'Europe et de la Méditerranée (MUCEM) », in *La collaboration entre les musées de France et les fédérations d'éducation populaire*, Actes du colloque du 21 mars 2006 au Musée national de la Renaissance à Ecouen, ministère de la Culture et la Communication, 2007 - 1 page.

Document 5 : Françoise Buffet, « Entre école et musée : le temps du partenariat culturel éducatif ? » in *Publics et musées* n° 7, 1995, Musée et éducation (sous la direction de Daniel Jacobi et Odile Coppey) - 2 pages.

Document 6 : « Politiques ministérielles : Éducation artistique / Mission éducative / Musées » in site Internet du ministère de la Culture et de la Communication (http://www.culturecommunication.gouv.fr), 21 mai 2012 - 2 pages.

Document 7 : « L'éducation artistique et culturelle dans les musées et monuments nationaux. Projet national de l'Éducation artistique et culturelle : pour un accès de tous les jeunes à l'art et la culture », rapport de la mission confiée au musée du Louvre par la ministre de la Culture et de la Communication. Juillet 2013 - 5 pages.

Document 8 : Anik Meunier, « Les outils pédagogiques dans les musées : pour qui, pour quoi ? » in *La lettre de l'OCIM*, n° 133, janvier-février 2011 (extrait) - 3 pages.

Document 9 : La politique éducative et culturelle académique, Dispositif partenarial avec le musée Granet 2013-2014 (extrait), document édité par le ministère de l'Éducation nationale, de la Jeunesse et de la Vie associative, le ministère de l'Enseignement et de la Recherche et l'académie d'Aix-Marseille, septembre 2013 - 4 pages.

Téléchargez gratuitement les documents sur www.vuibert.fr/site/206463

Proposition de corrigé

Commune de Cultureville — Le ...

Note à l'attention de Monsieur le directeur

Objet : le rôle éducatif des musées.

Les musées ont trois fonctions principales. La première mission est liée à la transmission, de génération en génération, du patrimoine et des collections et des valeurs qui y sont attachées. La deuxième mission consiste à valoriser et à diffuser les contenus correspondant aux collections. La troisième mission vise à susciter plaisir et délectation, il s'agit de la vocation culturelle désintéressée des musées. Les musées ont donc un rôle éducatif au sens large. Cette fonction éducative est inscrite dans la définition des missions des musées depuis leur création à l'époque révolutionnaire.

Ils sont le lieu par excellence de la légitimation culturelle. Ils favorisent en effet la construction de l'esprit critique et la déconstruction des idées reçues. Développer les actions éducatives à destination de tous les publics, et pas seulement au profit des publics scolaires, revêt aussi un enjeu de développement de la fréquentation du musée et un enjeu d'ouverture du musée à la société.

Annonce du plan Analyser le rôle éducatif des musées, c'est d'abord montrer que, même si les musées voient leur fonction éducative affirmée dès le XVIIIe siècle comme vecteurs de l'identité citoyenne, ce n'est que progressivement et récemment qu'ils se sont ouverts sur le monde (I). De plus, les musées ont ancré leur fonction éducative, par la dynamique partenariale engagée avec l'Éducation nationale, mais leur fonction artistique et culturelle reste encore à affirmer (II).

I. Malgré une fonction éducative affirmée dès le XVIIIe siècle comme vecteur de l'identité citoyenne, l'ouverture au monde des musées est récente et progressive

Annonce des sous-parties La fonction « éducative » est entendue d'abord comme le moyen de construire l'identité citoyenne et, plus récemment, comme un outil à penser le monde (A). À partir du XXe siècle, les musées s'ouvrent progressivement et davantage sur la société (B).

A. Une fonction « éducative » entendue d'abord comme le moyen de construire l'identité citoyenne et, plus récemment, comme un outil à penser le monde

Avec la Révolution de 1789 et l'*Instruction* de 1794, les institutions muséales et patrimoniales sont pensées comme un outil « politique », avec une fonction visant à permettre un égal accès de tous aux œuvres conservées, mais également à transmettre le plus largement possible tous les objets d'art et les sciences utiles à l'enseignement. Le savoir, les sciences et les objets d'art doivent être accessibles à tous les citoyens, ils ne doivent pas rester dans les mains des élites et des privilégiés, ils doivent être visibles dans les bibliothèques, les musées, dans les collections nationales, car ils font partie de l'histoire commune des hommes et des peuples. Ils véhiculent les leçons du passé pour les transmettre à la postérité. C'est un moyen de rendre les citoyens responsables et défenseurs du patrimoine national. L'*Instruction* de 1794 met en évidence que tous ces objets doivent aussi être partie prenante d'une instruction généralisée solide et forte du peuple, afin que celui-ci devienne éclairé, que sa raison se fortifie. Ils doivent dorénavant servir à l'instruction publique des citoyens, à leur éducation, à former des citoyens à être acteurs de leur devenir et à être des ardents défenseurs des valeurs de la République. L'inventaire et la conservation de tous ces objets, dans toute l'étendue de la République, deviennent pour le peuple « un moyen puissant de régénération et de gloire, [...] un moyen [...] pour soulever les nations, pour ébranler les trônes et renverser à jamais les monuments de l'erreur ».

Plus récemment, des réflexions mettent l'accent sur le rôle social et de médiation culturelle des musées qui, tout en étant des lieux de légitimation culturelle, ont le devoir de remettre en cause les idées reçues. Ils doivent être des lieux qui s'ouvrent au présent et qui permettent la compréhension de la diversité des cultures. Les musées doivent devenir des outils « philosophiques », permettant de penser le monde, de se penser dans le monde, de construire son identité. Les musées ne doivent plus seulement se considérer comme des institutions de valorisation des collections et du patrimoine, ils doivent s'inscrire dans une mission sociale, comme outil de réflexion sur l'humain et sur le social, en développant une certaine acuité critique. Ce sont les réceptacles des valeurs de la vie sociale. Ils sont des « agents facilitateurs » culturels. Ils permettent l'échange, la liberté d'expression, la critique et la rencontre des valeurs ; ils participent à la production de sens, en construisant des relations humaines et un espace civique de citoyenneté et de démocratie. La médiation est donc au cœur de la construction du vivre ensemble.

B. À partir du début du xxe siècle, les musées s'ouvrent progressivement et davantage sur la société

Cette évolution est d'abord perceptible dans les pays anglo-saxons, notamment aux États-Unis et au Royaume-Uni. Ainsi, au début du xxe siècle, les musées américains s'ouvrent sur la société, élargissant ainsi leurs missions à une fonction éducative, et non plus seulement à la seule conservation des collections. En 1939, un rapport du président de la fondation Carnegie met bien en évidence ce déplacement d'un rôle des musées « cantonné » à la conservation des collections à celui d'un rôle éducatif majeur et reconnu. Au Royaume-Uni, suite à la publication d'un rapport sur l'éducation dans les musées, la volonté est clairement affirmée de supprimer les « barrières » physiques (personnes handicapées ou âgées), intellectuelles et culturelles (populations de culture différente), comportementales et financières qui empêchent la population de fréquenter les musées.
S'agissant des musées français, cette ouverture vers la société et l'affirmation de leur rôle éducatif se fait progressivement. Le premier service éducatif des musées nationaux est créé en 1949. À partir des années 1970, les musées passent d'une conception savante et académique des expositions permanentes à une nouvelle approche visant à séduire, intéresser et émouvoir les publics, et donc à placer les visiteurs au cœur de leur projet de communication culturelle. Les visiteurs doivent s'approprier les contenus. Ceci explique la généralisation des dispositifs « d'aide à l'interprétation ». Puis, dans les années 1990, les musées mettent en place des services culturels structurés, avec le concours d'une part de l'Éducation nationale, et d'autre part des élus locaux qui prennent conscience de l'importance du rôle des musées dans le développement de la vie culturelle locale. Au travers de la pluralité des actions menées (conférences, ateliers d'enfants, concerts, expositions itinérantes, etc.), les services culturels poursuivent plusieurs objectifs : rendre les musées attractifs, multiplier le nombre de visiteurs, fidéliser les publics et développer les actions pédagogiques à destination des scolaires et des adultes en formation, mais aussi impliquer plus largement les visiteurs, en faisant de l'action éducative une priorité, comme outil de pérennisation des musées.

II. La dynamique partenariale avec l'Éducation nationale ancre la fonction éducative des musées mais la fonction artistique et culturelle reste encore à affirmer

Annonce des sous-parties Le partenariat avec l'Éducation nationale s'affirme progressivement et s'ancre dans la fonction éducative des musées (A). La place et les moyens dédiés à l'éducation artistique et culturelle demeurent encore insuffisants (B).

A. Le partenariat avec l'Éducation nationale s'affirme progressivement et s'ancre dans la fonction éducative des musées

À la fin du xixe siècle, le corps enseignant est le maître du savoir, avec une dimension d'enfermement-protection de l'école républicaine ; les systèmes de valeurs et les logiques d'actions sont en opposition, en confrontation (l'école c'est l'effort, l'apprentissage de savoirs nouveaux ; la sortie au musée, c'est du plaisir, du spectacle, de la consommation). Les relations du monde enseignant avec les musées demeurent ambiguës. Mais, face aux évolutions sociétales, à partir des années 1970, l'école commence à « s'ouvrir sur la vie », notamment au niveau des collèges,

mais aussi avec la création des zones d'éducation prioritaire (ZEP) en 1981 et l'extension des projets d'action éducatifs (PAE) aux écoles primaires en 1982. Ainsi, la coopération entre les deux institutions devient plus fréquente, elle s'inscrit dans les programmes d'éducation et de formation des enseignants (BOEN du 28 novembre 1990). Parallèlement, les musées développent des programmes spécifiques pour les publics scolaires. Ils ne sont plus seulement une illustration des cours des enseignants, mais des partenaires éducatifs. Le concept de partenariat émerge.
Avec la loi du 4 janvier 2002 relative aux musées de France, les missions éducatives des musées sont précisées et il est prévu un service dédié dans chaque musée. En 2006-2007, le Gouvernement incite fortement à poursuivre la mise en place des services éducatifs dans les musées, en partenariat avec les collectivités territoriales. Aujourd'hui, ce sont plus de 450 musées qui sont dotés d'un service éducatif, avec une offre variée d'actions (cycles de visites, ateliers, animations et médiation culturelles, actions hors les murs, etc.). Ainsi, 4 millions de visites sont effectuées dans les musées français, dans le cadre scolaire, sur un total de 9 millions de jeunes visiteurs de moins de 15 ans. L'école initie un jeune sur cinq à la visite de musées, soit 30 % de la fréquentation des musées. On peut citer l'exemple de l'académie d'Aix-Marseille et du musée Granet, dans le cadre d'un projet éducatif et culturel de territoire se déclinant en projets éducatifs annuels. Il s'agit de permettre aux élèves de s'approprier un lieu de culture, d'inclure la visite du musée dans un projet pédagogique plus large, de familiariser les enseignants avec les ressources pédagogiques du musée et de permettre la rencontre directe des élèves avec les œuvres et le musée.

B. La place et les moyens dédiés à l'éducation artistique et culturelle demeurent encore insuffisants

En décembre 2012, la ministre de la Culture et de la Communication confie au musée du Louvre une mission visant à identifier les moyens de mieux développer l'éducation artistique et culturelle, et de mieux l'intégrer dans la politique scientifique et culturelle des institutions patrimoniales. L'éducation artistique et culturelle est, en effet, une mission centrale des établissements patrimoniaux. Or, le diagnostic établi par le musée du Louvre a mis en évidence une nette dégradation de la place de l'éducation artistique et culturelle et des moyens qui lui sont alloués. Il existe aussi d'importantes disparités selon la taille et les moyens des établissements nationaux, au point que l'éducation artistique et culturelle est totalement absente de certains établissements, faute de moyens, de personnels et d'espaces disponibles. Les grands musées parisiens ne parviennent pas à satisfaire la demande, qui est bien plus forte que dans d'autres établissements. De plus, l'absence de pratiques d'évaluation empêche d'avoir une connaissance précise des publics et des actions insuffisamment valorisées.
Face à la tension des relations avec le monde de l'Éducation nationale, de nouvelles politiques ont été déployées, tout en demeurant insuffisantes. En effet, il existe de réelles tensions entre les objectifs d'éducation poursuivis par l'Éducation nationale, à savoir couvrir le programme scolaire, et ceux de médiation portés par les institutions culturelles, à savoir développer la curiosité pour la culture et une vision humaniste du monde. D'un côté, il y a des objectifs « fonctionnels » d'éducation et, de l'autre, des objectifs de curiosité culturelle plus larges. Aussi, il importe de prendre en compte, dans la politique artistique et culturelle, les quatre objectifs suivants. D'abord diversifier les catégories de publics (enfants accueillis en péri et extrascolaires, adolescents, familles, etc.). Ensuite, élargir les champs des partenaires (théâtres, entreprises, etc.). Puis, augmenter les temps de l'éducation artistique, notamment dans le cadre de la réforme des rythmes scolaires. Enfin, développer les actions hors les murs et les actions éducatives virtuelles.

Conclusion L'éducation muséale vise non seulement à familiariser les publics avec le patrimoine, à apprendre à visiter, mais aussi à valoriser et diffuser les contenus. Elle évolue depuis quelques années vers une dimension plus partenariale en vue de construire des projets culturels fédérateurs de territoires interdisciplinaires.

SUJET N° 5 : **Note**

DURÉE : 3 HEURES

Assistant territorial de conservation du patrimoine et des bibliothèques principal de 2e classe, concours externe, interne et 3e voie, session 2013, spécialité archives

Sujet

Vous êtes assistant territorial de conservation du patrimoine et des bibliothèques de la ville de X. Votre directeur vous demande de rédiger à son attention, exclusivement à l'aide des documents ci-joints, une note sur l'organisation des archives dans le cadre de l'intercommunalité.

Liste des documents

Document 1 : « Elbeuf, pionnière en matière d'archives intercommunales », *Archimag* n° 220, décembre 2008/janvier 2009 - J. Aumüller - 3 pages.

Document 2 : Instruction DPACI/RES/2009/016 de la Direction des Archives de France : « Archives de l'intercommunalité - modèles de convention », M. de Boisdeffre, 21 juillet 2009 - 4 pages.

Document 3 : H. Girard, « À Béthune, archivistes municipaux et intercommunaux marchent vers la mutualisation », *La Gazette des Communes*, 1er octobre 2012 - 2 pages.

Document 4 : Évolution du nombre de groupements de communes depuis 1972, extrait du bilan statistique des EPCI à fiscalité propre de la Direction générale des Collectivités locales, 13 février 2013 - 3 pages.

Document 5 : Les archives des intercommunalités : principes de conservation, note d'information n° 12.34 du Centre de gestion de la fonction publique territoriale de l'Isère, 12 novembre 2012 - 6 pages.

Document 6 : « Les Fonds » - site Internet du service des Archives de la Communauté d'agglomération Pau-Pyrénées - consulté le 20 avril 2013 - 2 pages.

Téléchargez gratuitement les documents sur www.vuibert.fr/site/206463

Proposition de corrigé

Commune de X Le ...

Note à l'attention de Monsieur le directeur

Objet : l'organisation des archives dans le cadre de l'intercommunalité.

Référence :
- loi du 15 juillet 2008 ;
- instruction n° DPACI/RES/2009/016 du ministère de la Culture.

Éléments d'introduction « L'intercommunalité est une chance historique pour combler le retard du réseau communal des archives en France », selon le ministre de la Culture, lors de sa présentation du Plan archives et territoires, en juillet 2002. L'intercommunalité est devenue, en quelques années, un élément majeur de l'organisation territoriale de la France. Celle-ci a commencé surtout au milieu du XXe siècle et connaît un nouvel essor avec la loi du 16 décembre 2010. Entre 1972 et 2013, on est passé de 466 EPCI à fiscalité propre à 2 456. Actuellement, 93 % du territoire national est couvert par des établissements publics de coopération intercommunale (EPCI) à fiscalité propre ou sans fiscalité propre, avec des objectifs de mutualisation et de meilleure gestion.

Les archives sont de plus en plus concernées par cette intercommunalité croissante, que ce soit les archives directement produites par les EPCI ou celles des communes membres gérées en commun. La première intercommunalité à avoir créé un service d'archives intercommunal fut la communauté d'agglomération d'Elbeuf, en 2004, avec la construction d'un bâtiment dédié, accueillant à la fois les fonds de l'agglomération et ceux des communes membres.
Avant la promulgation de la loi du 15 juillet 2008, l'existence de services intercommunaux d'archives n'avait toutefois pas de fondement juridique. Pour pallier cette situation, des dispositions législatives, codifiées dans le code du patrimoine, ont été prises quant aux modalités de gestion des archives intercommunales *(doc. 1, 2, 4 et 5)*.

Annonce du plan Après avoir présenté le cadre juridique et organisationnel qui prévaut pour une gestion optimisée des archives intercommunales (I), les conditions d'une mutualisation réussie des archives dans le cadre intercommunal ainsi que les bénéfices attendus seront mis en avant (II).

I. Les archives à l'heure de l'intercommunalité : un cadre juridique dorénavant défini selon une organisation rigoureuse

Annonce des sous-parties La loi du 15 juillet 2008 crée un fondement juridique aux archives intercommunales (A) et, complétée par l'instruction du 21 juillet 2009, elle pose des principes d'organisation assez stricts (B).

A. La loi du 15 juillet 2008 procure un fondement juridique aux archives intercommunales

a. Un cadre juridique pour les archives intercommunales

La loi du 15 juillet 2008 définit un cadre juridique pour les archives intercommunales, qui est désormais inscrit dans le code du patrimoine *(doc. 1 et 5)*. Les archives intercommunales, qui sont des archives publiques, doivent respecter trois critères. D'abord, les locaux doivent être adaptés aux normes de conservation des archives et avoir des magasins distincts de la salle de lecture et des bureaux du personnel. Il est nécessaire d'avoir un budget individualisé. Le personnel permanent doit être dirigé par un agent de catégorie A ou B, diplômé d'archivistique ou ayant une expérience archivistique approfondie.

b. Trois possibilités de gestion

Trois possibilités de gestion s'offrent dans le cadre intercommunal (*doc. 1 et 6*). D'abord, les EPCI créent leur service d'archives, ils sont alors responsables, en termes d'organisation, de conservation, de communication et de mise en valeur des fonds produits. Ensuite, les EPCI peuvent confier, par convention, la conservation et la gestion de leurs archives soit à une commune membre du groupement déjà pourvue d'un tel service, soit aux archives départementales dont ils dépendent (article L. 212-6). Enfin, dans une logique de réciprocité, la loi confère à une commune membre de l'EPCI la possibilité de transférer la gestion et la conservation de ses fonds au service intercommunal nouvellement créé (on peut citer l'exemple des communes de l'agglomération de Pau), qui a dans ce cas un rôle centralisateur, à la commune désignée par ce dernier par convention (articles L. 212-11 et 212-12) ou au service départemental d'archives. Pour les communes de moins de 2 000 habitants, la loi de 2008 assouplit les règles de la loi du 21 décembre 1970 ; celles-ci peuvent, par dérogation, sur arrêté du préfet, déposer toutes leurs archives auprès de l'EPCI dont elles font partie ou auprès de la commune membre désignée par l'EPCI pour accueillir ses archives.
Quel que soit le mode de gestion choisi, les communes déposantes restent propriétaires de leurs archives, il s'agit d'une mutualisation de moyens, le dépôt étant défini dans une convention.

B. Une organisation qui doit être définie de façon rigoureuse *(doc. 2 et 5)*

a. Une convention individuelle de dépôt

Conformément à l'instruction n° DPACI/RES/2009/016 du ministère de la Culture et de la Communication, la prise en charge des archives d'une commune par l'EPCI ou par la commune membre désignée pour accueillir ses archives se fait essentiellement sur la base d'une convention individuelle de dépôt dont la direction des archives de France propose des modèles types selon le mode de gestion choisi. Ces conventions organisent les relations entre les parties, déterminent leurs responsabilités respectives et définissent les droits et devoirs de chaque partie comme la gratuité ou non de la prise en charge des archives déposées, les modalités financières de remboursement des frais liés au dépôt, etc. *(doc. 2)*

b. Le respect des règles fondamentales (doc. 5)

Des règles fondamentales doivent être respectées. Le transfert, toujours révocable, s'accompagne d'un procès-verbal précisant la prise en charge des archives concernées et leur descriptif. Les fonds d'archives de chaque collectivité doivent toujours restés distincts (conditionnement, cotation, rangements) pour bien distinguer les documents de l'intercommunalité de ceux appartenant aux communes. Les parties à la convention doivent donner leur accord en cas de proposition d'élimination d'un fonds conservé aux archives départementales ou de communicabilité d'un document non librement communicable. En cas de dissolution d'un EPCI, les archives ne peuvent être détruites car elles sont imprescriptibles. Dans ce cas, il y a lieu de mettre en place ce qui a été prévu selon la convention ou d'étudier les possibilités inscrites dans le code du patrimoine, l'essentiel étant de ne pas démanteler le fonds. De plus, en cas de transfert de siège, il importe de regrouper les archives en un seul lieu de conservation.

II. La création réussie d'un service d'archives par l'intercommunalité : une préparation nécessaire en amont et qui est porteuse de réels avantages

Annonce des sous-parties La création d'un service d'archives communautaire implique une préparation en amont, avec l'appui d'interlocuteurs privilégiés (A). Cette création est réellement porteuse d'avantages pour le service public (B).

A. La création réussie d'un service communautaire : une nécessaire préparation en amont, avec l'appui d'interlocuteurs privilégiés *(doc. 1, 2 et 5)*

a. Un projet à analyser en amont (doc. 1 et 3)

La création d'un service intercommunal est un projet à analyser en amont. Une relation de confiance entre les acteurs peut permettre de lever les craintes éventuelles des communes lorsqu'il y a transfert à l'intercommunalité en rappelant que les archives restent toujours propriété communale. Il est aussi conseillé de présenter les avantages pour les communes aussi bien en termes de sécurité d'accès que de conservation. On peut prendre l'exemple de la démarche adoptée par la communauté d'agglomération d'Elbeuf. Ainsi, il importe d'établir un état des lieux des archives, de leur récolement et de leur inventaire avant leur transfert à l'intercommunalité. De plus, il est conseillé de transférer également le personnel à l'EPCI. Il est indispensable de définir des objectifs communs en vue d'améliorer le service public pour le territoire. Il importe de bien définir les moyens financiers, humains et matériels qui seront mutualisés, et de proposer des formations en gestion documentaire aux agents communaux et intercommunaux.

b. L'appui de deux interlocuteurs privilégiés (doc. 2 et 5)

Lors de la création d'un service d'archives intercommunal, deux interlocuteurs privilégiés servent d'appui. Il y a d'abord les directions des archives départementales qui, par leur contrôle scientifique et technique, effectuent des classements, vérifient les conditions de conservation et de fonctionnement, et donnent des avis notamment sur l'aménagement des locaux et la rédaction des conventions de dépôts ; elles donnent des conseils sur tous les domaines du traitement archivistique. Elles s'assurent aussi régulièrement des qualifications professionnelles des responsables des services. Il y a également les centres de gestion de la fonction publique territoriale qui proposent des services « itinérants » moyennant une participation financière. On peut prendre l'exemple du centre de gestion de l'Isère : des archivistes se déplacent et peuvent effectuer plusieurs types de missions comme le traitement des archives, la formation des référents archives, et la mise en place d'outils et de procédures de gestion des archives.

B. Les avantages d'un service d'archives intercommunal *(doc. 1 et 3)*

a. La valorisation du patrimoine écrit, de façon sûre

La création d'un tel service permet d'abord de valoriser le patrimoine écrit, de façon sûre. Cela permet une meilleure gestion des documents produits par l'EPCI, de participer ainsi au fonctionnement des services, entre élimination régulière et classement pertinent, comme pour toutes les autres archives. Les fonds sont conservés de façon plus sécurisée, par une structure adaptée et professionnelle. La conservation de ces fonds revêt également une valeur juridique, une valeur probante pour faire valoir ses droits en matière de propriété foncière ou immobilière.

b. L'affirmation plus accentués de l'identité du territoire (doc. 3)

Cette mutualisation contribue aussi à l'affirmation plus accentués de l'identité du territoire. En effet, le service peut participer plus largement au développement culturel en lien avec d'autres acteurs, tels que les musées et les services du patrimoine. La valorisation du territoire communautaire permet de faire connaître les actions menées, de participer à une identité, souvent nouvelle, et de développer des partenariats (cf. ville de Béthune). Le tourisme et la recherche sont deux secteurs intéressés aussi par les fonds conservés, en vue de promouvoir le patrimoine ou pour mener des études historiques, environnementales, etc.

c. Une plus grande efficacité en termes de ressources (doc. 3)

Par ailleurs, cette organisation mutualisée est source d'une plus grande efficacité en termes de ressources. D'abord d'un point de vue technique, avec le partage des ressources numériques et la mise en place de plateformes communes de stockage informatique. Mais aussi sur le plan des ressources humaines avec des moyens déployés à une plus grande échelle et un enrichissement intellectuel. Ceci est particulièrement vrai en milieu rural, la création d'un service intercommunal répond alors aux difficultés de nombreuses communes dépourvues de budget.

SUJET N° 6 : Note

Rédacteur territorial, concours externe, session 2017

DURÉE : 3 HEURES

Sujet

Vous êtes rédacteur territorial au sein du pôle santé et sécurité au travail de la direction des ressources humaines de la commune d'ADMIVILLE qui compte 2 500 agents.

Les syndicats ont souhaité mettre à l'ordre du jour d'un prochain comité d'hygiène, de sécurité et des conditions de travail (CHSCT) la question des conséquences d'une utilisation accrue des outils numériques sur la santé et les conditions de travail des agents afin de dégager des pistes de travail.

Afin de préparer cette réunion, la directrice des ressources humaines vous demande de rédiger à son attention, exclusivement à l'aide des documents joints, une note sur l'utilisation des outils numériques par les services.

Liste des documents

Document 1 : « Numérique et conditions de travail : les enjeux d'une transformation en marche » (extraits) - *Travail & changement - n° 362 - réseau ANACT* - janvier/mars 2016 - 6 pages.

Document 2 : « E-déontologie du fonctionnaire. Entre tradition juridique et modernité des questionnements » - Samuel DYENS - *Dossiers juridiques de la Gazette des communes* - mis à jour le 25 février 2014 - 5 pages.

Document 3 : « Le droit à la déconnexion : comment faire ? » (extraits) - Patrick Thiébart - *Cabinet d'avocat Jeantet - jeantet.fr* - 6 pages.

Document 4 : « Loi Travail : le droit à la déconnexion à l'épreuve de la réalité » - *Paris Normandie.fr* - Publié 06/01/2017 - 3 pages.

Document 5 : « Bientôt un « droit à la déconnexion » pour les agents ? » - *la gazette.fr* - mis à jour le 16 janvier 2017 - 2 pages.

Document 6 : « Du meilleur usage des outils de communication numérique dans les entreprises » (extraits) - *Observatoire de la Responsabilité Sociétale des Entreprises* - janvier 2015 - 4 pages.

Téléchargez gratuitement les documents sur www.vuibert.fr/site/206463

Proposition de corrigé

NOTE DU FORMATEUR

Ce corrigé est donné sous la forme d'un plan très rédigé.

Commune d'ADMIVILLE Le 2018

Note à l'attention de Madame la Directrice des ressources humaines

Objet : l'utilisation des outils numériques par les services.

Références :
- article 55 de la loi Travail ;
- loi 13 juillet 1983.

Définition (doc. 1) Le numérique est un ensemble d'outils « sociotechniques », c'est-à-dire qu'il comprend d'immenses possibilités techniques, riches en matière d'interactions sociales.

Contextualisation du sujet / problématique (doc. 4, 5, 7 et 8) Utilisation croissante des outils numériques à usage professionnel depuis les années 90. 45,8 % des travailleurs sont dits « connectés », avec une intensité d'usage variable selon la profession et le secteur et 16,9 % sont des utilisateurs dits « mobiles » ; en 1998, l'usage professionnel des outils informatiques était de 50,9 % ; en 2013, il a atteint 71,1 % (étude DARES publiée en juin 2018). Depuis le 1er janvier 2017, la loi Travail (art. 55) oblige les entreprises de + 50 salariés à ouvrir des négociations sur le droit à la déconnexion ou le droit de ne pas répondre à ses courriels ou messages professionnels hors temps de travail. Cette obligation de régulation imposée au secteur privé ne vaut pas pour le secteur public. Le droit à la déconnexion n'est pas rendu obligatoire à ce jour pour les employeurs publics. Toutefois, selon le président de l'association des DRH des grandes collectivités, les collectivités se doivent d'avoir une réflexion sur cette question. La transition numérique bouleverse l'ensemble des dimensions du travail, tout l'écosystème économique.

Annonce du plan L'utilisation accrue et incontournable des outils numériques est à la fois porteuse de risques individuels et collectifs, mais aussi une réelle opportunité de repenser les organisations collectives de travail (I). Des actions négociées sont possibles et d'ores et déjà mises en place pour réguler l'usage de ces outils, pour une meilleure qualité de vie au travail (II).

I. Le numérique : une « révolution digitale » source de nombreux risques individuels et collectifs, mais aussi porteuse d'une nouvelle culture managériale

Annonce des sous-parties L'usage des outils numériques est assurément un vecteur de nombreux risques tant individuels que collectifs (A). Toutefois, il comporte aussi des atouts, générateurs d'une nouvelle culture managériale (B).

A. L'utilisation intensive du numérique : de réels et nombreux risques individuels et collectifs

a. Les risques individuels (doc. 1, 2,3 et 7)

- Savoir concilier liberté d'expression et déontologie, obligations statutaires *(doc 2)*.

Principe statutaire et constitutionnel (art. 6, loi juillet 1983) de libertés fondamentales, libertés d'opinion, d'expression. Les propos tenus dans des publications numériques doivent respecter l'obligation du secret professionnel, la discrétion professionnelle, le devoir de neutralité (pas

de propagande), l'obligation de réserve (obligation rappelée à maintes reprises par la Cour européenne des droits de l'homme, notamment s'agissant des fonctionnaires). Rappel de la CNIL quant à la plus grande vigilance des contenus mis sur les réseaux sociaux. Sachant que les sanctions éventuelles doivent rester proportionnées à la nature des propos tenus.
- Un risque majeur de détérioration des conditions de travail *(doc. 1, 3, 7 et 8).*
Multiplication exponentielle des informations, notamment les courriels, rapidité de circulation des informations aboutissant à l'émergence d'une culture de l'urgence permanente, de l'immédiateté ; surinformation. Amoindrissement des capacités de concentration, de créativité, face à la frénésie quantitative des courriels. Abolition des frontières vie privée/vie professionnelle. Atteintes à la santé, usure professionnelle, risques psychosociaux, souffrance au travail.
Forte charge mentale, sentiment de pression et de contrôle renforcé.

b. Les risques collectifs (doc. 1 et 3)

- La transition numérique fait « exploser » le principe d'unité de temps et de lieux, base de la construction des cadres organisationnels ; dislocation spatio-temporelle ; les frontières dans la relation d'emploi et du travail tendent à se brouiller.
- Baisse de productivité des agents.
- Mise sous tension de la structure pyramidale traditionnelle ; déstructuration des cadres organisationnels classiques.
- Tensions autour des enjeux d'autonomie et de contrôle.

B. L'usage accru des outils numériques : des atouts et une opportunité de créer une nouvelle culture managériale

a. Des impacts organisationnels positifs (doc. 1 et 8)

- De nouveaux horizons possibles pour le travail collaboratif et l'intelligence collective.
- Moyen de penser et repenser l'organisation des modes de travail et modes décisionnels ; moyen de réinterroger les modèles de production et de management, le rapport au travail.
- Facilitation des échanges, accès ouvert aux données.
- Souplesse dans la gestion des temps.
- Moyen de développer une plus grande autonomie pour les agents et plus de reconnaissance professionnelle.
- Permet d'avoir des conditions de travail plus favorables, des contraintes moindres en termes de pénibilité du travail.
- Soutien social plus important de la part de la hiérarchie.

b. Des conditions à bien appréhender pour réussir la transformation numérique et créer une nouvelle culture managériale (doc. 1)

- Rôle fondamental du management de proximité : lui donner le temps et les moyens de remplir son rôle ; faire comprendre aux encadrants qu'il faut laisser du temps aux salariés, leur donner une autonomie suffisante pour échanger, transmettre leurs savoir-faire ; il faut reconnaître le rôle contributif des cadres et de leur expertise professionnelle. Ceci devrait aboutir à une valorisation salariale et des possibilités d'évolution de carrière ; à la formation des managers aux nouveaux modes de management, aux nouveaux modes de fonctionnement (télétravail, partage des informations). L'enjeu porte vraiment sur l'évolution, la reconnaissance et la consolidation du statut de l'encadrement.
- Intégrer le numérique dans l'offre de formation ; éduquer les agents à l'utilisation des outils numériques.

II. Les solutions négociées existantes, déjà mises en place pour réguler l'usage des outils de communication numérique

Annonce des sous-parties Pour réguler l'utilisation de la communication numérique, des solutions concertées ont été négociées (A). Cette réglementation n'interdit pas pour autant le droit à la déconnexion, usage dont nous listerons les avantages (B).

A. La mise en place de démarches de progrès concertées et négociées *(doc. 6)*

Face aux effets paradoxaux de l'utilisation des outils numériques, il est nécessaire d'accompagner ce changement de mode de communication, et ce de deux façons : avec méthode et formations.

a. Une démarche de progrès en dix étapes *(doc. 6)*

- Établir un diagnostic interne des pratiques de communication électronique.
- Rédiger une charte de bon usage.
- Mieux réguler le volume des courriels échangés dans les administrations.
- Promouvoir l'exemplarité des encadrants.
- Mettre en œuvre des actions de communication interne.
- Intégrer les bonnes pratiques d'usage des outils numériques dans les formations managériales et techniques.
- Définir et mettre en place un volet stratégique propre aux outils numériques dans les administrations : réflexion autour des questions d'organisation, de durée de travail, de méthodes managériales.
- Établir des indicateurs de suivi.

b. Un accompagnement impliquant de nombreux acteurs, notamment les instances du dialogue social (doc. 1 et 6)

Il importe d'impliquer, dans la mise en place de solutions appropriées à un usage raisonné des outils numériques, les responsables des ressources humaines, des services informatiques, des services juridiques, les correspondants CNIL, l'ensemble de l'encadrement, surtout celui de proximité.
Il importe aussi d'intégrer la question du numérique comme un chantier majeur du dialogue social, notamment avec le comité d'hygiène, de sécurité et des conditions de travail (CHSCT). Intégrer les problématiques liées aux transformations numériques et à leur impact sur le corps social dans les discussions relatives à la gestion prévisionnelle des emplois, des effectifs et des compétences (GPEEC). Relancer aussi les négociations sur la qualité de vie au travail, sur l'identification des besoins essentiels des agents, sur la digitalisation et la charge de travail, sur l'organisation du travail à distance, sur l'adaptation des formations, sur la régulation efficace des outils de communication numérique.

B. Le droit à la déconnexion, vecteur de qualité de vie au travail *(doc. 3, 4, 5 et 6)*

a. Certes, la loi n'impose pas la mise en place d'un outil technique qui couperait l'accès aux courriels ou à l'Intranet en dehors du temps de travail et pendant les congés. Mais instaurer ce droit est fortement préconisé. Il s'agit de promouvoir une utilisation raisonnable des outils numériques, qu'ils appartiennent à l'employeur ou à l'agent, tant pendant le temps de travail qu'en dehors. Ceci doit se faire de façon concertée entre les RH, les responsables des systèmes d'information, le CHSCT, le médecin du travail.
Côté agents, ce droit peut se concrétiser de deux manières :
- Limiter/décrocher la fonction « répondre à tous » : opter pour une diffusion ciblée et simplifier les dispositifs existants ; se ménager des plages de déconnexion.
- Désacraliser le courriel : aucune réponse ne doit et ne peut être attendue immédiatement ; pas d'obligation à répondre à la messagerie professionnelle les soirs, les week-ends, pendant les congés ; savoir gérer les priorités.

b. Côté employeurs, ce droit à la déconnexion peut se traduire également de deux manières :
- Former et sensibiliser les agents et « e-mailers compulsifs » ; mener des actions de prévention et mettre en place des organisations adaptées pour prévenir les risques psychosociaux engendrés par la surcharge communicationnelle.

- Mise en place de règles de bonnes pratiques, de « modes d'emploi de la déconnexion », de « chartes » (cf. Ville de Paris) : détermination de plages horaires pendant lesquelles l'envoi de courriels doit être évité, conventions sur leur longueur (cf. la Charte du temps de la direction générale du Trésor).

Conclusion (doc. 5 et 8) L'usage des outils numériques a assurément des effets bénéfiques pour les employeurs et les agents. Il importe toutefois de rester vigilant quant à leur utilisation excessive, pouvant accroître les risques professionnels. Le sujet de la « déconnexion » des agents pourrait faire l'objet d'une traduction réglementaire, dans une ordonnance prise en application de la loi égalité et citoyenneté.

SUJET N° 7 : Note

Rédacteur territorial, concours externe, session 2015

DURÉE : 3 HEURES

Sujet

Vous êtes rédacteur territorial au service communication de la commune d'ADMIVILLE, commune de 7 500 habitants.

La directrice générale des services de votre collectivité vous demande de rédiger à son attention, exclusivement à l'aide des documents joints, une note sur l'ouverture des données publiques.

Liste des documents

Document 1 : Loi n° 78-753 du 17 juillet 1978 portant diverses mesures d'amélioration des relations entre l'administration et le public et diverses dispositions d'ordre administratif, social et fiscal (extrait) - legifrance.fr. - 2 pages.

Document 2 : « Open data : une démocratie plus ouverte et de nouveaux biens communs » - contribuez.cnnumerique.fr - 2 novembre 2014 - 1 page.

Document 3 : « Un laboratoire de l'open data dans une petite commune » - Grégoire Normand - *La Gazette des communes, des départements, des régions* n° 2175 - 27 mai 2013 - 3 pages.

Document 4 : « La France en 3e place sur le podium de l'open data mondial » - Bruno Texier - archimag.com - 10 décembre 2014 - 1 page.

Document 5 : « Open data : le Sénat dénonce la mauvaise volonté de l'administration » - Benoît Méli - journaldunet.com - 12 juin 2014 - 2 pages.

Document 6 : « Open data : le service public augmenté - L'atout de la mutualisation » (extrait) - Frédéric Ville - lagazettedescommunes.com - mis à jour le 8 mars 2013 - 2 pages.

Document 7 : « L'open data, véritable voie de modernisation pour les administrations » - Sabine Blanc - lagazettedescommunes.com - 24 mai 2013 - 4 pages.

Document 8 : « Open data : la nouvelle révolution française ? » (extrait) - latribune.fr - 17 juillet 2014 - 3 pages.

Document 9 : « Open data : quels coûts pour les collectivités territoriales ? » - S. Blanc - *La Gazette des communes* - 22 juillet 2013 - 3 pages.

Document 10 : « Open data local : chercher un second souffle » - Bruno Texier - archimag n° 279 - novembre 2014 - 2 pages.

Document 11 : « Open data : le nouveau cadre européen publié » - blog.grandesvilles.org - 2 juillet 2013 - 1 page.

Téléchargez gratuitement les documents sur www.vuibert.fr/site/206463

Proposition de corrigé

Commune d'ADMIVILLE Le ...

Note à l'attention de Madame la directrice générale des services

Objet : l'ouverture des données publiques.

Références :
- loi CADA du 17 juillet 1978 ;
- directive PSI du 26 juin 2013.

Accroche L'État partage déjà de nombreuses données, qui sont au cœur du pacte démocratique et de la vie économique et sociale comme les données juridiques, statistiques, météorologiques, géographiques, etc. Mais le développement numérique rend nécessaire l'accélération de l'ouverture des données publiques, le partage des données à titre gratuit, dans des formats ouverts, avec liberté de réutilisation *(doc. 1)*.

Problématique Les trois g rands objectifs de l'open data sont de renforcer la démocratie et la transparence de l'action publique, de soutenir l'innovation économique et sociale, ainsi que la croissance économique, et de rendre l'action publique plus efficace et plus moderne, tant au niveau de l'État qu'au niveau des collectivités territoriales *(doc. 7)*.
L'ouverture des données est assez récente puisqu'elle date de 2010, avec la création d'une mission permanente, Etalab, d'un poste d'administrateur général des données et de l'adhésion de la France au Partenariat pour un gouvernement ouvert (*Open Government Partnership*) *(doc. 2)*. Mais l'open data en est encore à ses balbutiements en France.

Annonce du plan L'open data repose sur un cadre juridique évolutif et sur une volonté forte de l'État d'être à l'avant-garde (I). Toutefois, freiné par des difficultés et des réticences, l'essor de l'open data passe par des actions au niveau national et par l'engagement local des collectivités (II).

I. L'open data repose sur un cadre juridique évolutif et sur une volonté forte de l'État d'être à l'avant-garde

Annonce des sous-parties L'open data repose sur un cadre juridique évolutif (A) et sur une volonté forte de l'État d'être à l'avant-garde (B).

A. Un cadre juridique évolutif encadrant l'ouverture et l'accès aux données publiques

a. La loi CADA du 17 juillet 1978 (doc. 1)

La loi n° 78-753 du 17 juillet 1978 portant diverses mesures d'amélioration des relations entre l'administration et le public et diverses dispositions d'ordre administratif, social et fiscal pose le principe général du droit de toute personne à accéder à l'information. Elle précise que les informations figurant dans des documents administratifs, c'est-à-dire produits ou reçus par les administrations, peuvent être réutilisées par toute personne, à condition que ces informations soient considérées comme publiques. Si ces informations sont réutilisées, alors elles ne doivent pas être dénaturées. Des informations publiques comportant des données à caractère personnel peuvent être réutilisées, sous réserve du consentement de la personne concernée, ou si l'information peut être rendue anonyme. Les informations nominatives, personnelles ou protégées par la loi sont exclues du champ des données pouvant être rendues publiques, sauf si la loi le prévoit. La réutilisation des données publiques peut donner lieu au versement d'une redevance. Dans ce cas, il est délivré une licence. Les données publiques produites par les administrations figurent dans un répertoire auquel les usagers peuvent accéder.

b. Le nouveau cadre européen, la « directive PSI » du 26 juin 2013 (doc. 11)

La directive du 26 juin 2013 concernant la réutilisation des informations du secteur public (dite « directive PSI ») propose un cadre juridique harmonisé à l'échelle de l'Europe en vue de faciliter le développement de l'ouverture et de la réutilisation des données publiques en Europe. Les données entrant dans le champ de la directive doivent « être réutilisables pour des usages commerciaux et non commerciaux ». La directive fait entrer dans son champ d'application les bibliothèques, les musées et les archives. Elle incite à l'utilisation de formats ouverts et lisibles par des machines, et accompagnés de leurs métadonnées. Elle encadre par ailleurs les modalités de calcul des redevances.

B. L'open data : une volonté affirmée de l'État d'ouvrir davantage les données publiques en considération des atouts qui en résulteront

a. Le classement du Global Open Data Index (doc. 2, 4 et 8)

Selon le classement du *Global Open Data Index*, la France passe de la douzième place en 2013 à la troisième place en 2014 pour l'ouverture de ses données publiques. Ce classement évalue dans une centaine de pays la disponibilité et l'accessibilité des données publiques, notamment les données liées aux transports, aux dépenses gouvernementales et aux statistiques nationales. La France est à la première place pour les résultats électoraux, le budget gouvernemental et les données liées à la pollution. La mission Etalab, en charge du déploiement de l'open data sur le territoire, a déjà publié plus de 13 000 jeux de données sur son portail data.gouv.fr. Depuis 2011, l'État mène une politique volontariste, avec la création du poste d'administrateur général, l'adhésion à l'*Open Government Partnership* et la création de la Haute Autorité pour la transparence de la vie publique. On peut également citer la création en 2010 du site KelQuartier (kelquartier.com), qui rassemble les données publiques de près de 42 000 quartiers en France, permettant ainsi à l'internaute de trouver le meilleur endroit pour s'installer.

b. Les atouts de l'open data (doc. 7, 8 et 9)

L'open data présente de nombreux avantages. Ses enjeux financiers et économiques sont importants : transparence de l'action publique, croissance économique et levier de modernisation de l'administration, notamment des collectivités territoriales. La Commission européenne estime que le marché de l'information publique pourrait atteindre prochainement 140 milliards d'euros par an, contre 30 milliards actuellement. D'après une étude menée en octobre 2013 par l'institut McKinsey, les retombées économiques en termes de services nouveaux et de gains de productivité atteindraient entre 3 200 et 5 400 milliards de dollars dans le monde, dont 900 milliards en Europe, dans sept secteurs clés, dont l'éducation, les transports et les produits de consommation. L'open data constitue également une réelle voie de modernisation pour les administrations : pratique de décloisonnement, efficacité des interservices, méthode du *crowdsourcing* et amélioration des services publics. Même si les retombées d'une démarche open data sont à ce jour difficilement quantifiables, cette dernière contribue à la richesse et à l'image de la collectivité. Elle recouvre donc des enjeux d'identité politique, de marketing territorial, d'innovation politique et d'attractivité du territoire.

II. L'essor de l'open data passe par des actions au niveau national et par l'engagement local des collectivités

Annonce des sous-parties Des difficultés et des réticences freinent l'open data (A). Pour assurer son essor, des actions au niveau national sont nécessaires, tout comme l'engagement des collectivités territoriales (B).

A. Des difficultés et des réticences freinent l'open data

a. L'inertie de l'administration (doc. 5)

Un rapport du Sénat du 12 juin 2014, à la suite de quatorze semaines d'audition, pointe une réelle réticence de l'administration à communiquer ses données et ses documents aux citoyens.

« *La communication des documents est encore loin d'être considérée par l'administration comme une priorité* ». Même si des avancées sont incontestables, elles sont encore bien en deçà des attentes de la société civile dans un contexte de plein essor de l'open data. Cette inertie de l'administration se traduit notamment par une interprétation extensive de la portée des secrets et des intérêts protégés par la loi, par des refus dénués de tout fondement juridique, par des délais de réponse trop longs, par des livraisons de données dans des formats fermés (par exemple PDF) pour en limiter la réutilisation et par des absences de réponse ou des refus nets et ce, en toute violation de la loi CADA. Le blocage du ministère de l'Intérieur sur la réserve parlementaire en est un exemple flagrant. Seulement 10 % à 20 % des données publiques sont actuellement accessibles.

b. Des complexités organisationnelles et culturelles (doc. 7, 8, 9 et 10)

L'open data pâtit de complexités organisationnelles et culturelles, comme la transmission des données, notamment celles des opérateurs en délégation de service public qui agissent dans un contexte commercial (par exemple SEM, sociétés privées) ou dont la culture, en raison de leur service, est très éloignée des sujets numériques. Le manque de collaboration entre les différentes collectivités pour la libération des données est également un facteur de difficulté. L'absence de personnel qualifié et le manque d'accompagnement technique (choix des outils techniques, carence de logiciels adaptés) et financier, notamment au niveau des petites communes, les empêchent souvent de concrétiser la démarche d'ouverture des données publiques et d'implication citoyenne. Libérer des données représente un investissement humain et matériel. Il est difficile de chiffrer les retombées économiques de l'open data, avec des retours sur investissement hasardeux. Il existe une grande élasticité des prix qui sont difficilement comparables et qui peuvent aller jusqu'à 300 000 euros et plus. Peu d'applications créées à partir de données publiques sont rentables. Seulement 10 % à 20 % des données publiques sont accessibles gratuitement. Il est donc nécessaire de surmonter des freins psychologiques, notamment celui de la culture du secret, encore très ancrée dans l'administration.

B. L'essor de l'open data passe par des actions au niveau national et par l'engagement des collectivités territoriales

a. Les préconisations au niveau national

Le Conseil national du numérique a trois préconisations principales *(doc. 2)*. La première est d'adopter des règles lisibles et incitatives à l'ouverture des données publiques. La transposition de la directive européenne « PSI » devrait être l'occasion de parvenir à cette simplification. La deuxième est de permettre à l'open data de devenir un levier pour des politiques publiques servant l'ensemble des citoyens. La troisième est de créer de nouveaux biens communs informationnels. D'autres textes législatifs sont en préparation. Ainsi, un troisième projet de loi de décentralisation prévoit l'obligation pour les collectivités locales de plus de 3 500 habitants d'ouvrir leurs données publiques, ou du moins l'accès sous format électronique, de façon gratuite. Un projet de loi numérique est en cours d'élaboration *(doc. 8)*. Le Conseil d'État et le Sénat encouragent l'adoption d'une charte d'engagement et des bonnes pratiques signée par l'État, les associations de collectivités territoriales et les représentants des utilisateurs des données publiques *(doc. 5 et 10)*. Ils souhaitent également obliger les collectivités à avoir des standards de qualité et à adopter un modèle général d'anonymisation. Ils préconisent enfin que la CADA soit dotée d'un pouvoir de saisine en référé du juge administratif dans des situations récurrentes de blocage et que soit publiée une liste des « mauvais élèves ».

b. Les actions au niveau local

L'ouverture des données s'inscrit pour certaines collectivités dans une logique de coproduction participative. La commune de Brocas (800 habitants), dans les Landes, s'est ainsi lancée dans l'ouverture de ses données publiques. Ses habitants et huit associations sont associés à la récolte des données *(doc. 3)*. Le projet est baptisé « Opération Libre ». Le travail s'effectue en concertation avec le conseil général de la Gironde, qui a mis en place le portail datalocale.fr de mutualisation des données sur le prix de l'eau, sur le nombre d'enfants scolarisés et sur les parcelles forestières. L'adoption de standards facilitant la mise à disposition de données sous des formats exploitables permet de partager, de créer et d'adapter librement les données. Pour d'autres collectivités, l'ouverture des données s'inscrit dans le cadre de démarches de mutualisation *(doc. 6)*. Les villes de Rennes, Toulouse, Nantes, et leurs intercommunalités respectives ont ainsi réalisé un site commun, une même plateforme, avec un financement partagé. La mutualisation de l'ingénierie et de la technique, en facilitant la réutilisation des données, est source de gain de temps et de réduction des coûts d'investissement et de fonctionnement. C'est également le cas du portail régional Open Paca.

Conclusion L'open data est un mouvement encore peu connu de la grande majorité des citoyens français. L'État français est très bien positionné au niveau mondial. Il est à souhaiter que les collectivités territoriales s'emparent de ce mouvement, à l'image du portail gouvernemental « data.gouv.fr ».

SUJET N° 8 : Note

DURÉE : 3 HEURES

Rédacteur territorial, concours interne et 3e voie, session 2017, domaine droit public en relation avec les missions des collectivités territoriales

Sujet

Vous venez d'être nommé rédacteur territorial au sein de la direction des ressources humaines de la communauté d'agglomération d'Admiville.

Le président de la communauté souhaite réviser le règlement intérieur applicable au personnel de l'établissement public.

À cette fin, votre directrice vous demande de rédiger, exclusivement à partir des documents joints, une note synthétisant les apports de la loi du 20 avril 2016 en matière de déontologie.

Liste des documents

Document 1 : « Analyse détaillée de la loi déontologie. Impacts statutaires - FPT » - *portail.cdg35.fr* - 10 octobre 2016 - 2 pages.

Document 2 : « Rapport sur le projet de loi relatif à la déontologie et aux droits et obligations des fonctionnaires » (extrait) - A. Vasselle - *senat.fr* - 16 décembre 2015 - 2 pages.

Document 3 : Loi n° 2016-483 du 20 avril 2016 relative à la déontologie et aux droits et obligations des fonctionnaires (extrait) - *legifrance.fr* - 3 pages.

Document 4 : « L'entrée de la déontologie dans le titre Ier du statut général. Vers une meilleure prévention des risques dans la fonction publique ? » - E. Aubin - *Actualité juridique Droit administratif n° 26* - 18 juillet 2016 - 3 pages.

Document 5 : « Loi "déontologie" : Mise en place de la procédure du lanceur d'alerte » - *lagazette.fr* - 28 novembre 2016 - 2 pages.

Document 6 : « Rapport sur le projet de loi relatif à la déontologie et aux droits et obligations des fonctionnaires » (extrait) - F. Descamps-Crosnier - *senat.fr* - 1er octobre 2015 - 1 page.

Document 7 : « Le droit d'alerte : signaler, traiter, protéger » - (extrait) - Étude du Conseil d'État adoptée le 25 février 2016 - *conseil-etat.fr* - 2 pages.

Document 8 : « L'entrée de la déontologie dans le titre Ier du statut général. Vers une meilleure prévention des risques dans la fonction publique ? » (Extrait) - E. Aubin - *Actualité juridique Droit administratif n° 26* - 18 juillet 2016 - 2 pages.

Document 9 : « Mieux accompagner les fonctionnaires sur les problématiques de la laïcité » - A. Vovard - *lagazette.fr* - 4 mars 2015 - 1 page.

Téléchargez gratuitement les documents sur www.vuibert.fr/site/206463

Proposition de corrigé

Communauté d'agglomération Admiville Le ...

Note à l'attention de Madame la Directrice des ressources humaines

Objet : nouvelles règles déontologiques posées par la loi « déontologie » de 2016.

Références :
- loi n° 83-634 du 13 juillet 1983 ;
- loi n° 2016-483 du 20 avril 2016.

Contextualisation du sujet / problématique Les droits et obligations des fonctionnaires ont été fixés par la loi n° 83-634 du 13 juillet 1983, qui vaut statut général des fonctionnaires. Mais, face aux évolutions qui ont marqué le service public, depuis plus de 30 ans, il s'est avéré nécessaire de réaffirmer et d'actualiser certaines valeurs, afin de mieux répondre aux besoins des agents et des citoyens.
Avec la loi du 10 avril 2016, sur la déontologie et les droits et obligations des fonctionnaires, le gouvernement a voulu clarifier certaines règles statutaires, renforcer l'exemplarité des agents dans l'exercice de leurs missions quotidiennes et des employeurs publics, au service d'une fonction publique de qualité.

Annonce du plan La loi du 20 avril 2016 entend renforcer l'unité du statut général, en consolidant certaines valeurs de service public et en rénovant des principes déontologiques et des garanties fondamentales (I). De plus, afin de faire respecter ces différents dispositifs, plusieurs acteurs institutionnels sont mobilisés (II).

I. La loi du 20 avril 2016 : des valeurs de service public, des principes déontologiques renforcés et une nouvelle culture de la déontologie

Annonce des sous-parties La loi de 2016 relative la déontologie et aux droits et obligations des fonctionnaires renforce les valeurs fondamentales de la fonction publique (A). En quoi apporte-t-elle une nouvelle déontologie (B) ?

A. Le renforcement des valeurs fondamentales de la fonction publique acté par la loi de 2016

Pour la première fois, le législateur, avec la loi du 20 avril 2016, consacre certaines valeurs fondamentales du service public (art. 1). Les fonctionnaires doivent exercer leurs missions avec intégrité, probité et impartialité, gages de la confiance des citoyens et aussi du respect dû par les citoyens aux agents publics. Ainsi, l'agent ne doit pas porter atteinte à la réputation de son administration ; il ne doit pas utiliser ses fonctions pour en tirer un bénéfice personnel ; il doit exercer ses missions de façon désintéressée ; pour traiter les dossiers, il doit adopter une attitude impartiale, objective. La loi consacre également juridiquement le principe de neutralité qui s'impose aux agents afin de garantir l'égalité de traitement et la liberté de conscience des usagers/administrés. Le fonctionnaire ne doit pas faire état de ses convictions ni faire du prosélytisme. La loi d'avril 2016 légalise ainsi statutairement les obligations de comportement. L'exemplarité des fonctionnaires est ainsi renforcée. Et, il appartient au chef de service de veiller au respect de ces principes qui peut les adapter aux missions du service (art. 1). Le non-respect de ces principes est passible de sanctions disciplinaires.

Le respect du principe de laïcité devient aussi une obligation statutaire professionnelle inscrite dorénavant dans le statut général des fonctionnaires. Le fonctionnaire doit, en toutes circonstances, exercer ses fonctions dans le respect de ce principe à valeur constitutionnelle. Il doit également s'abstenir de manifester, dans l'exercice de ses fonctions, ses opinions religieuses. La loi de 2016 reprend ainsi la jurisprudence selon laquelle « un enseignant portant un signe destiné à marquer son appartenance à une religion manque à ses obligations ». Le fonctionnaire doit traiter de façon égale toutes les personnes et respecter leur liberté de conscience (art. 1).

B. La loi de 2016 : l'apport d'une nouvelle culture de la déontologie

Le législateur a voulu, par la prévention des conflits d'intérêts (art. 2 et 4), promouvoir la place de la déontologie dans la fonction publique, modifiant profondément la loi du 13 juillet 1983 en ses articles 25 bis et 25 ter. Il s'agit de garantir l'exercice impartial, indépendant et objectif des missions. Selon la nature des fonctions ou son niveau hiérarchique, le fonctionnaire est soumis à trois types d'obligations déclaratives. Il y a la transmission à l'autorité de nomination, d'une déclaration d'intérêts, avant la nomination dans certains emplois, dont la liste a été fixée par le décret du 28 décembre 2016 (art. 2 et 3) : par exemple, les emplois de chefs de service, les fonctions d'inspection générale ou de contrôle.

La déclaration d'intérêts doit respecter un certain formalisme. Pour les fonctionnaires exerçant des responsabilités financières ou économiques, ceux-ci doivent justifier auprès de la Haute autorité pour la transparence de la vie publique (HATVP) des mesures prises afin d'exclure tout droit de regard de leur part pendant la durée de leurs fonctions sur la gestion des instruments financiers. Il y a aussi l'obligation de déclaration de situation patrimoniale à la HATPV (totalité des biens propres et ceux acquis par la communauté), pour certains fonctionnaires, dans les deux mois suivant leur nomination et dans les deux mois suivant la cessation des fonctions. Le non-respect de ces obligations est passible de sanctions.

II. La loi de 2016 pose de nouvelles garanties déontologiques, réellement contrôlées, mais certaines limites demeurent

Annonce des sous-parties Les nouvelles garanties de contrôle de la loi 2016 seront dans un premier point exposées (A), tandis que les imperfections et les oublis de la loi seront ensuite analysés (B).

A. Les nouvelles garanties de contrôle de la loi de 2016

D'abord, le législateur a renforcé certaines garanties fondamentales pour les agents, par la mise en place de la procédure de lanceur d'alerte et d'un statut protecteur. Ainsi, la loi d'avril 2016 instaure une garantie afin de protéger les agents qui relatent ou témoignent, de bonne foi, de faits graves susceptibles d'être qualifiés de conflits d'intérêts dont ils auraient connaissance dans l'exercice de leurs fonctions. Ces faits sont porteurs de préjudices pour l'intérêt général. Cette garantie est consacrée dans l'article 6 ter de la loi du 13 juillet 1983. L'objectif est d'interdire que cela puisse porter préjudice de quelque manière que ce soit à leur déroulement normal de carrière. Cette protection s'étend aux militaires. Cette protection n'est toutefois pas sans limites : il faut agir de bonne foi, en respectant les obligations de loyauté et de réserve.

Pour la mise en place de ces nouvelles règles, un contrôle est assuré par la Haute autorité pour la transparence de la vie publique (HATVP). Cette autorité exerce d'abord une mission de prévention, pour les conflits d'intérêts (art. 5). Saisie par l'autorité hiérarchique d'une déclaration d'intérêts que cette dernière n'est pas en mesure d'apprécier, la HATVP évalue, dans les deux mois suivant la réception de la déclaration, si le fonctionnaire concerné se trouve dans une situation de conflit d'intérêts. Si la situation n'appelle aucune observation, la HATVP en informe l'autorité hiérarchique tout comme ledit fonctionnaire. Mais, si elle estime que le fonctionnaire est dans une situation de conflit d'intérêts, elle adresse des recommandations à l'autorité hiérarchique qui va alors prendre les mesures nécessaires pour faire cesser la situation ou enjoindre le fonctionnaire à faire cesser cette situation. Puis, la HATVP a une mission de contrôle (art. 5) pour s'assurer de la cohérence des éléments fournis dans la déclaration de patrimoine par le fonctionnaire concerné. Elle apprécie les écarts de situation patrimoniale entre la déclaration faite lors de la nomination et celle faite à l'issue de la fin des fonctions. Pour assurer efficacement cette mission, elle peut s'appuyer sur l'administration fiscale, sur la commission de déontologie et le référent déontologue.

B. La loi de 2016 comporte toutefois certaines limites et imprécisions

D'abord, force est de constater que la loi de 2016 comporte un oubli d'importance. En effet, elle n'est pas inscrite dans les obligations statutaires de comportement professionnel (titre I du statut général), le devoir de réserve. Le devoir de réserve fait débat. La loi demeure silencieuse sur l'étendue de cette obligation qui s'impose aux fonctionnaires, en dehors du service. Ceci est dommage, car au vu de la jurisprudence, l'injure et l'indélicatesse à l'égard du pouvoir hiérarchique, se répandent de plus en plus via les réseaux sociaux, notamment Facebook. De plus, cette obligation est de plus en plus méconnue et ne relève donc que de la régulation par les agents eux-mêmes et par la jurisprudence. La réserve demeure une obligation statutaire uniquement imposée aux militaires (CE 12 janvier 2011).

De plus, l'articulation entre les dispositions relatives à la protection des lanceurs d'alerte et les obligations de secret et de discrétion professionnelle demeure imprécise. En l'état actuel du droit, les agents qui dénoncent des faits, au titre de la procédure de lanceur d'alerte, couverts par le secret professionnel, sont souvent susceptibles de faire l'objet de poursuites pénales, en application de l'article 226-16 du Code pénal. Les dispositifs favorisant l'alerte n'abordent pas la question du secret professionnel protégé également par la loi. Aucune des dispositions relatives à la protection des lanceurs d'alerte n'autorise expressément la révélation de faits couverts par le secret professionnel. La même imprécision vaut pour l'articulation entre les dispositifs d'alerte et les obligations déontologiques d'obéissance hiérarchique et de discrétion professionnelle. L'agent public qui lance une alerte directement au procureur de la République – donc par une autre voie que la voie hiérarchique – n'est pas délié de toute obligation d'obéissance hiérarchique ; il est même recommandé de recueillir au préalable l'avis de la hiérarchie. Ceci pourrait être considéré comme une limite à l'exercice du droit d'alerte.

Conclusion Le législateur a adopté de nouvelles règles déontologiques et de nouvelles garanties, qui revisitent le socle fondamental de la loi du 13 juillet 1983, au service d'une fonction publique plus qualitative et plus exemplaire. Mais certaines imprécisions demanderaient à être levées.

SUJET N° 9 : **Note**

DURÉE : 3 HEURES

Rédacteur territorial, concours interne et 3e voie, session 2015, domaine action sanitaire et sociale

Sujet

Vous êtes rédacteur territorial dans le département d'ADMIDEP.

Les élus souhaitent des informations sur le dispositif d'accueil et d'accompagnement des mineurs isolés étrangers (MIE). Dans ce cadre, le directeur du pôle Solidarités vous demande de rédiger à son attention une note, exclusivement à l'aide des documents joints, faisant le point sur cette question.

Liste des documents

Document 1 : « Sans billet de TGV, les mineurs étrangers descendent à Poitiers » - D. Noyon - lanouvellerepublique.fr - 16 novembre 2014 - 2 pages.

Document 2 : « La prise en charge des mineurs isolés étrangers » - Fiche juridique - L. Delbos - courrierdesmaires.fr - 6 septembre 2012 - 2 pages.

Document 3 : « Les mineurs isolés étrangers » - S. Laurant - MIPES (Mission d'information sur la pauvreté et l'exclusion) - mipes.org - Juin 2011 - 2 pages.

Document 4 : « Les pratiques infra-droit du dispositif parisien des mineurs étrangers isolés sous le feu des critiques du Défenseur des droits » - Revue des Droits de l'Homme - infomie.net - Octobre 2014 - 1 page.

Document 5 : Dispositif national de mise à l'abri, d'évaluation et d'orientation des mineurs isolés étrangers. Protocole entre l'État et les départements - cnle.gouv.fr - 31 mai 2013 - 4 pages.

Document 6 : « Mineurs isolés étrangers : une réforme efficace ... mais déjà rediscutée » - S. Le Gall - lagazettedescommunes.com - 2 septembre 2013 - 2 pages.

Document 7 : « La réforme de l'accueil des mineurs isolés étrangers à l'heure du bilan » - S. Le Gall - gazette-sante-social.fr - 18 septembre 2014 - 1 page.

Document 8 : « Mineurs isolés étrangers : l'urgence d'une rallonge financière pour l'accueil » - S. Le Gall - gazette-sante-social.fr - 2 septembre 2014 - 4 pages.

Document 9 : « Le Sénat rejette la proposition de loi sur les mineurs isolés étrangers » - J. N. Escudié - localtis.info - 3 juin 2014 - 1 page.

Document 10 : « Mineurs isolés étrangers : le Conseil d'État annule partiellement la circulaire "Taubira" » - O. Songoro - ash.tm.fr - 2 février 2015 - 1 page.

Téléchargez gratuitement les documents sur www.vuibert.fr/site/206463

Proposition de corrigé

Département d'ADMIDEP Le ...

Note à l'attention de Monsieur le directeur du pôle Solidarités

Objet : le dispositif d'accueil et d'accompagnement des mineurs isolés étrangers.

Références : loi du 5 mars 2007 et article L. 226-2-1 du code de l'action sociale.

Définition du sujet Selon la législation européenne : un mineur isolé étranger (MIE) est un mineur de moins de 18 ans, ressortissant d'un pays tiers de l'Union européenne, entré sur le territoire des États membres sans être accompagné d'un adulte responsable de lui par la loi ou la coutume, ou laissé seul sur le territoire, et non pris en charge. Selon la législation française : un MIE est un jeune de moins de 18 ans, qui n'est pas de nationalité française ; le terme « isolé » est plus complexe à appréhender car il renvoie à l'absence de représentant légal sur le territoire et non à un réel isolement « physique » *(doc. 2 et 3).*

Contextualisation du sujet Les mineurs étrangers isolés sont majoritairement des garçons qui ont entre 15 et 18 ans, dont les profils et les raisons de leurs migrations sont multiples (recherche d'un emploi, fuite des persécutions, recherche d'une vie meilleure, mais aussi réseaux d'exploitation). Les mineurs isolés étrangers disposent de droits qui sont énoncés dans la Convention de New York relative aux droits de l'enfant *(doc. 4),* entrée en vigueur en France en 1990. La législation française sur la protection de l'enfance fait primer leur condition d'enfant et assimile les mineurs isolés étrangers aux enfants nationaux. La prise en charge des MIE revêt des enjeux en termes éducatifs, sanitaires et sociaux.

Annonce du plan La prise en charge des MIE, problématique particulièrement préoccupante, aux contours multiformes, repose sur un partage de compétences entre l'État et les départements et une procédure juridique récemment réformée (I). La procédure mise en place pour la prise en charge des MIE, même si le bilan s'avère satisfaisant, nécessite d'être améliorée pour en garantir la pérennité (II).

I. Les MIE : une problématique préoccupante dont la prise en charge repose sur un partage de compétences entre l'État et les départements et un dispositif juridique récemment réformé

Annonce des sous-parties Les MIE représentent un phénomène sociétal très préoccupant, aux contours multiformes (A). Leur prise en charge est partagée entre l'État et les départements, selon un dispositif récemment réformé de mise à l'abri, d'évaluation et d'orientation (B).

A. Les mineurs étrangers isolés : une population très hétérogène et un phénomène d'une ampleur préoccupante *(doc. 3, 5, 6 et 8)*

a. L'absence de statistiques précises ne permet pas de connaître le nombre exact de mineurs isolés étrangers sur le territoire français (doc. 3)

Ils seraient plus de 8 000 en 2013 *(doc. 5).* La sociologue Angélina Etiemble a proposé en 2002 une typologie, pour mieux appréhender les parcours et les profils de ces jeunes migrants, fondée sur les raisons qui les ont poussés à fuir leur pays d'origine, elle a dégagé cinq profils. Le premier profil, ce sont les exilés : ils fuient la guerre, les persécutions et sont souvent demandeurs d'asile. Le deuxième profil, ce sont les mandatés : ils sont envoyés en Occident par leurs parents, dans des situations sociales et économiques difficiles, pour y poursuivre leurs études ou travailler et envoyer de l'argent à leur famille restée dans le pays d'origine. Le troisième profil, ce sont les exploités : ils sont victimes des réseaux de prostitution, d'activités délictueuses, de mendicité, etc. et contraints au travail clandestin et illégal. Le quatrième profil, ce sont les fugueurs : ils ont quitté le domicile familial ou l'institution dans laquelle ils étaient placés, et ce, pour des raisons conflictuelles ou de maltraitance. Et le cinquième profil, ce sont les errants : ils étaient déjà dans la rue dans leur pays, ils ont franchi plusieurs frontières et vivent dans la précarité (petits boulots) ou dans l'illégalité *(doc. 3).*

b. La problématique des mineurs isolés étrangers est d'une ampleur préoccupante et source de disparités territoriales

Cette problématique se confirme depuis plus de quinze ans. On assiste à une concentration des mineurs isolés étrangers sur quelques territoires. Mais les conditions de prise en charge ne sont pas satisfaisantes, car les départements concernés éprouvent de réelles difficultés à trouver des solutions pérennes. Ceci génère des répartitions inégales sur le territoire : 17 départements accueillant plus de 100 jeunes, 14 départements accueillant de 50 à 100 jeunes, 30 départements accueillant de 10 à 50 jeunes, sans compter la situation particulière du Pas-de-Calais, territoire de transit pour les migrants qui souhaitent gagner la Grande-Bretagne *(doc. 6).* Selon un rapport parlementaire publié en 2010, 2 250 MIE ont traversé ce département en 2009, pour seulement 20 placements à l'aide sociale à l'enfance (ASE). Ainsi, 8 000 évaluations ont été faites entre le 1er juin 2013 et le 31 mai 2014 et 4 042 personnes reconnues comme « MIE » *(doc. 8).* La tranche d'âge la plus représentée est celle des 15-16 ans. Sur cette même période, 636 jeunes sont sortis du dispositif.

B. Une prise en charge partagée entre l'État et les départements, réformée récemment par un dispositif national de mise à l'abri, d'évaluation et d'orientation (doc. 2 et 3)

a. L'État et les départements se partagent les rôles

L'État a une compétence au titre de l'accueil d'urgence, avec la mise en place, depuis 2002, d'un dispositif unique de mise à l'abri, à Paris. De plus, l'État finance, dans le cadre de sa compétence dans l'accueil des demandeurs d'asile, une structure spécialisée dans le Val-de-Marne : le CAOMIDA, centre d'accueil et d'orientation pour mineurs isolés demandeurs d'asile. Il y a aussi l'intervention de la Protection judiciaire de la jeunesse (PJJ) qui assure la coordination, au niveau national, depuis 2010, de cette problématique *(doc. 2).* Les départements aussi sont amenés à exercer une compétence importante dans la prise en charge des mineurs étrangers isolés, dans le cadre de l'ASE, par un soutien matériel, éducatif et psychologique, le temps de leur majorité, avec une possibilité de soutien jusqu'à 21 ans *(doc. 3).* Il existe un dispositif spécifique au niveau du département de Paris, département particulièrement concerné avec celui de la Seine-Saint-Denis : depuis 2003, une procédure de repérage et de protection des mineurs en errance a été mise en place, associant la Croix Rouge, France Terre d'Asile et l'association Hors la Rue.

b. Une législation complémentaire a récemment été mise en place

Il y a d'abord la loi du 5 mars 2007 *(doc. 2)* portant réforme de la protection de l'enfance qui précise le cadre de la prise en charge des mineurs isolés étrangers en France. C'est le juge des enfants qui est compétent pour ordonner des mesures d'assistance éducative, en lien avec les départements. Les mineurs isolés sont ensuite pris en charge par l'ASE. Mais surtout, il y a la circulaire Taubira du 31 mai 2013 *(doc. 1 et 5),* qui est la traduction du protocole d'accord avec l'Assemblée des départements de France (ADF), relative à la prise en charge nationale des MIE, avec la création d'un dispositif national de mise à l'abri, d'évaluation et d'orientation des mineurs étrangers isolés. Cette circulaire détermine une procédure de prise en charge, codifiée par l'article L. 226-2-1 du code de l'action sociale. La mise à l'abri de ces jeunes doit être établie, si possible, dans un délai de cinq jours. Cette période est nécessaire pour permettre de s'assurer de la minorité des jeunes et de leur situation d'isolement sur le territoire français, conditions de leur prise en charge par l'ASE. Pour évaluer leur minorité, les professionnels des départements s'appuient sur la combinaison d'un faisceau d'indices : actes de l'état civil, entretiens par une personne qualifiée, tests osseux si le doute persiste, etc. *(doc. 1 et 2)* Une fois la minorité établie, soit le procureur de la République, soit le juge des enfants intervient et décide du placement définitif du jeune dans le département le mieux à même de l'accueillir, selon une grille de placement établie par une cellule nationale à la direction de la Protection judiciaire de la jeunesse.

II. Les MIE : un bilan assez satisfaisant du dispositif de prise en charge mais qui nécessite d'être amélioré pour en garantir la pérennité

Annonce des sous-parties Le dispositif mis en place par la circulaire Taubira fait l'objet d'un bilan satisfaisant (A). Toutefois, le dispositif doit être amélioré, car son financement demeure encore fragile face aux flux des MIE (B).

A. MIE : un dispositif de mise à l'abri dont le bilan est encourageant *(doc. 5, 7 et 8)*

a. La réorganisation de l'accueil des mineurs isolés étrangers, mise en place suite au protocole passé entre le ministère de la Justice, de l'Intérieur, et l'Assemblée des départements de France (ADF) fonctionne bien sur le terrain

Ceci est confirmé par les associations de défense des migrants. Cette réforme a introduit des mesures essentielles : le financement par l'État auprès du département du coût de l'évaluation de la minorité, à hauteur de 250 euros par jeune pendant cinq jours *(doc. 5)* et une répartition beaucoup plus équilibrée sur l'ensemble du territoire des MIE afin de soulager les départements les plus sollicités qui sont la Seine-Saint-Denis et les Bouches-du-Rhône. Cette procédure donne un cadre de référence à l'accueil des MIE, avec une clé unique de répartition : la part de la population de moins de 19 ans par département *(doc. 6)*. Mais cette clé de répartition a été annulée par le Conseil d'État car elle n'était pas prévue par la loi et donc non applicable, même par une circulaire *(doc. 10)*.

b. La réorganisation de l'accueil des MIE a entraîné une solidarité entre les départements (doc. 7)

On est revenu, depuis la mise en place du protocole - et donc de la circulaire Taubira - à des flux mieux répartis, mieux régulés, et à des modalités de gestion par les professionnels soutenables. On peut citer l'exemple du département de la Seine-Saint-Denis, dont le flux a bien été régulé : en 2011, il a été procédé à 407 admissions, en 2012 à 198 et 131 en 2013 *(doc. 6)*. Globalement, les conseils généraux sollicités pour accueillir des MIE en provenance de territoires saturés ont joué le jeu. Il est constaté également une meilleure efficacité de la phase d'évaluation de la minorité, grâce à la collaboration renforcée entre le ministère de la Justice et la police des frontières, notamment sur la vérification des papiers *(doc. 8)*. Le nouveau dispositif est donc satisfaisant, tant du côté des représentants des départements que de celui des associations de défense des migrants.

B. Mais le dispositif est à améliorer, car son financement, notamment, demeure encore fragile

a. Certaines pratiques sont critiquées (doc. 4 et 8)

En témoigne la condamnation du dispositif français de prise en charge des MIE en date du 29 août 2014 par le Défenseur des droits. Il est mis en évidence le mépris flagrant des principes juridiques les plus élémentaires quant à la prise en charge des MIE. Le Défenseur des droits dénonce les largesses prises par les services départementaux et France Terre d'Asile, qui se situent souvent en marge de la légalité. Le Défenseur des droits rappelle l'intérêt de la bienveillance et les méfaits de la suspicion, et estime qu'il faut davantage promouvoir l'intégration des mineurs étrangers isolés *(doc. 4)*. Il est constaté aussi des pratiques très divergentes dans la détermination de la minorité, selon les départements : dans un département, un jeune sera déclaré majeur mais en se présentant dans un autre département, il sera déclaré mineur et donc accepté comme MIE *(doc. 8)*. Il y a aussi les critiques émises de la part des plus hautes instances médicales et de nombreuses institutions internationales quant à la méthode utilisée pour déterminer l'âge des mineurs, dans la mesure où la marge d'erreur est d'au moins dix-huit mois. Aussi, d'autres pays européens, telle la Grande-Bretagne, ont mis en place des méthodes de détermination de l'âge reconnues comme plus respectueuses des droits de l'enfant, en recourant à une évaluation pluridisciplinaire fondée sur le comportement du jeune et son parcours, intégrant une dimension sociale et psychologique.

b. La situation financière de l'accueil des MIE est délicate (doc. 7 et 8)

Le volume de crédits est actuellement insuffisant, mettant en péril le financement de l'accueil des MIE. En effet, les flux d'entrants ont été fortement sous-estimés et ceci relève de la responsabilité des départements. Les évaluations reposaient sur un flux d'intégration de 1 500 MIE par an dans les départements, en moyenne. Or, entre le 1er juin 2013 et le 31 mai 2014, plus de 4 000 MIE ont été intégrés, ce qui représente 10 % du public de l'ASE. Il est donc urgent de rallonger les financements. Il y a aussi des départements, près de douze, qui n'entendent pas accueillir des MIE. D'autres départements se fixent un seuil officieux de limite du nombre de situations à évaluer. Au début du mois de septembre 2014, l'enveloppe de l'État consacrée au financement de l'évaluation, d'un montant de 8,5 millions d'euros par an, était presque vide. Les départements, confrontés à la hausse continue des dépenses sociales, rencontrent de réelles difficultés pour assurer l'accueil des MIE. D'où leur demande d'un fonds spécifique abondé par l'État au titre du projet de loi de finances 2015.

Conclusion Il est nécessaire pour l'ensemble des acteurs de consolider et de formaliser par une loi, le protocole d'accord entre le ministère de la Justice et l'ADF pour que les rôles de chacun soient clairement établis, tout comme l'engagement de l'État, car le système actuel comporte des failles juridiques. Il faut aller plus loin, notamment avec un financement adapté aux flux d'intégration des MIE.

SUJET N° 10 : Note

DURÉE : 3 HEURES

Rédacteur territorial, concours interne et 3e voie, session 2015, domaine droit public en relation avec les missions des collectivités territoriales

Sujet

Vous êtes rédacteur territorial dans la commune d'ADMIVILLE. Le maire, soucieux de la qualité des services rendus aux administrés, vous demande de rédiger, exclusivement à l'aide des documents joints, une note sur les relations entre l'administration et les citoyens.

Liste des documents

Document 1 : Loi n° 2013-1005 du 12 novembre 2013 habilitant le Gouvernement à simplifier les relations entre l'administration et les citoyens (extrait).

Document 2 : « "Silence vaut accord" : J-8 avant le coup de sifflet d'une révolution laborieuse » - C. Megglé - *localtis.info* - 4 novembre 2014.

Document 3 : « Le nouveau principe "silence de l'administration vaut acceptation" » - D. Ribes - *AJDA* 2014 - p. 389.

Document 4 : « Nouveau départ pour l'accusé de réception électronique » - P. Parmentier - *localtis.info* - 29 juillet 2013.

Document 5 : Ordonnance n° 2014-1330 du 6 novembre 2014 relative au droit des usagers de saisir l'administration par voie électronique.

Document 6 : « Un arrêté encadre le traitement des données personnelles pour les téléservices » - *maire-info.com* - 16 juillet 2013.

Document 7 : « Saisine électronique, communication des avis préalables aux décisions : les administrations sommées d'être réactives » - C. Megglé - *localtis.info* - 5 novembre 2014.

Document 8 : « Bien comprendre le silence de l'administration » - V. Touchard - *La Gazette des communes* - 21 juillet 2014.

Téléchargez gratuitement les documents sur www.vuibert.fr/site/206463

Proposition de corrigé

Commune d'ADMIVILLE Le ...

Note à l'attention de Monsieur le maire

Objet : les relations entre les administrations et les citoyens.

Références : loi du 12 novembre 2013.

Depuis des décennies, dans le droit français, est appliqué le principe « qui ne dit mot, refuse », principe général du droit depuis la décision du Conseil constitutionnel du 26 juin 1969. Le silence gardé par l'administration pendant un certain délai, sur une demande d'un citoyen, équivaut à une décision implicite de rejet pouvant être déférée au juge administratif. On est donc initialement dans une approche contentieuse du silence de l'administration, posée par le décret impérial du 2 novembre 1864 puis étendue par la loi du 17 juillet 1900. L'objectif était d'ouvrir au citoyen une voie de recours contentieux face à l'inertie de l'administration.

Durant les années 1970, de nombreuses dérogations à la règle du « silence vaut rejet » ont été adoptées, soit 400 procédures dérogatoires. Par exemple, le silence vaut décision implicite d'acceptation pour les autorisations de création de grandes surfaces et le permis de construire. La loi n° 2000-321 du 12 avril 2000, article 20, consacre la règle de l'assimilation du silence à une décision de rejet, mais elle réduit le délai de droit commun de quatre à deux mois. Toutefois, avec le « choc de simplification », le Gouvernement entend moderniser et simplifier les relations entre les administrations et les citoyens, les rendre plus transparentes et interactives. Dans cette perspective, le silence de l'administration pendant deux mois vaudra désormais accord. D'où, l'article 1er de la loi du 12 novembre 2013 qui modifie l'article 21 de la loi du 12 avril 2000. C'est une véritable « révolution administrative » au regard du renversement de ce principe et d'une nouvelle culture administrative.

Annonce du plan La loi du 12 novembre 2013 instaure deux mesures majeures, des leviers de modernisation et de simplification : le silence de l'administration vaut acceptation et le droit de saisir l'administration par voie électronique (I). Toutefois, malgré des mesures facilitatrices pour leur mise en œuvre, ces deux nouveautés majeures sont porteuses de difficultés et de complexités (II).

I. Deux nouveautés majeures dans la modernisation des relations entre les administrations et les citoyens : « le silence vaut acceptation » et le droit de saisir l'administration par voie électronique

Annonce des sous-parties La loi du 12 novembre 2013 instaure une mesure administrative juridiquement « révolutionnaire » en donnant désormais au silence de l'administration force d'accord (A). De plus, cette loi crée un nouveau droit pour les usagers, celui de saisir les services de l'État par voie électronique (B).

A. La première avancée majeure de la loi du 12 novembre 2013 : « le silence vaut acceptation » *(doc. 1, 2 et 3)*

L'article 1er de la loi du 12 novembre 2013 modifie l'article 20 de la loi du 12 avril 2000 en renversant le principe du silence de l'administration qui jusqu'alors valait rejet. Depuis le 12 novembre 2013, le silence gardé pendant deux mois par les services de l'État et leurs établissements publics administratifs, sur une demande d'une personne physique ou une personne morale de droit privé, vaut désormais accord. La liste des procédures pour lesquelles le nouveau principe s'applique est consultable sur le site legifrance.gouv.fr. Ces procédures sont dorénavant au

nombre de 1 200, contre 400 avant cette réforme. Si une demande est adressée à une autorité administrative non compétente, celle-ci doit transmettre ladite demande aux services compétents et le délai « d'acceptation implicite » court à compter de la réception de la demande par le service concerné. La décision implicite d'acceptation, si l'intéressé le demande, fait l'objet d'une attestation.
Toutefois, l'application de ce principe connaît de très nombreuses exceptions, au nombre de 700, recensées dans 42 décrets, qui peuvent être regroupés en trois grandes catégories. Pour la première catégorie, le principe du « silence de l'administration pendant deux mois vaut refus » continue de prévaloir dans quatre cas de figure. D'abord quand la demande ne vise pas à « l'adoption d'une décision ayant un caractère individuel », puis, quand la demande a un caractère de réclamation ou de recours administratif contre une décision déjà prise ou ne s'inscrit pas dans une procédure prévue au niveau législatif ou réglementaire, ensuite, quand la demande « a un caractère financier, sauf en matière de sécurité sociale, dans les cas prévus par décret », enfin, quand la demande concerne les relations entre les autorités administratives et leurs agents. La deuxième catégorie d'exceptions correspond à celles imposées par des normes supralégislatives (protection sécurité nationale, sauvegarde de l'ordre public...). La troisième catégorie d'exceptions est celle liée aux notions « d'objet de la décision » et de « bonne administration » (demande de communication d'un document administratif...). De plus, pour certaines procédures, le silence vaudra accord, mais dans un délai autre que deux mois (dix mois pour le classement et le déclassement des archives privées...).

B. La deuxième avancée majeure de la loi de novembre 2013 : le droit de saisir l'administration par voie électronique *(doc. 1, 4 et 5)*

Conformément à l'article 2 de la loi du 12 novembre 2013, le Gouvernement a pris une ordonnance afin de définir : les conditions d'exercice du droit de saisir par voie électronique des autorités administratives et de leur répondre par la même voie ; les garanties de sécurité et de preuve pour les usagers ; les conditions de communication aux demandeurs des avis préalables et leur motivation quand ils sont défavorables. Il s'agit de l'ordonnance 2014-1330 du 6 novembre 2014 relative au droit des usagers à saisir l'administration par voie électronique pour de multiples démarches : une demande, une déclaration, une information, etc. Certaines modalités doivent toutefois être respectées, notamment en termes d'identification du demandeur. Ainsi, l'usager doit être identifié (nom, prénom, adresse postale et adresse électronique). Ce nouveau mode de saisine s'effectue dans les mêmes conditions que par la voie postale. Le citoyen peut échanger avec l'administration par lettre recommandée électronique.
Pour rendre opérationnelle cette nouvelle modalité de saisine, les administrations doivent mettre en place des téléservices et veiller à ce qu'ils soient accessibles dans leur mode d'utilisation. Quand, pour l'accomplissement de certaines démarches, un téléservice est mis en place, c'est le moyen électronique de saisir régulièrement l'administration (article 3 de l'ordonnance). L'autorité administrative peut répondre selon les mêmes modalités électroniques, sauf refus exprès de l'usager (article 5). L'administration peut bloquer la réception d'envois abusifs. Un décret d'application va préciser les conditions de saisine des administrations.
De plus, le Gouvernement, conformément à l'article 3 de la loi du 12 novembre 2013, va élaborer un code relatif aux relations entre le public et les administrations, pour simplifier les démarches et pour renforcer la participation du public à l'élaboration des actes administratifs.

II. Même si le législateur entend faciliter la mise en œuvre de ces deux nouveautés majeures, certaines difficultés et complexités subsistent

Annonce des sous-parties Les pouvoirs publics et le législateur veulent faciliter la mise en œuvre de ce changement culturel (A). Toutefois, une réelle complexité et des risques de contentieux demeurent (B).

A. La volonté du législateur et du Gouvernement de faciliter la mise en œuvre de ce changement culturel

Cette volonté facilitatrice se traduit d'abord par des délais prévus de mise en œuvre : pour les collectivités, les organismes de sécurité sociale et les autres organismes chargés d'une mission de service public, le délai est de deux ans, soit une effectivité au 12 novembre 2015 *(doc. 7)*. Les collectivités ont du temps pour se préparer à modifier leurs pratiques de délivrance d'autorisation. Pendant ce délai, elles peuvent prendre exemple sur l'expérience de l'État, dans la méthode suivie. Une phase de concertation a été engagée par le Gouvernement autour des projets de décrets. Une étude va être menée d'ici février 2014 par le Conseil d'État pour expliciter les critères et la délimitation du périmètre des exceptions au nouveau principe. De plus, un groupe de travail va être constitué avec les principales associations d'élus et de parlementaires pour identifier les procédures locales, et ainsi mieux faire face aux changements organisationnels et culturels.
Il y a aussi la mise en place d'un site Internet - relevant du Premier ministre - permettant de connaître la liste des procédures pour lesquelles le silence gardé par l'administration sur une demande d'un citoyen vaut décision d'acceptation avec mention de l'autorité à laquelle doit être adressée la demande, ainsi que le délai au terme duquel l'acceptation est acquise.
Par ailleurs, il y a un allégement des formalités à accomplir auprès de la CNIL pour développer des téléservices administratifs liés au traitement de données à caractère personnel (état civil, aides sociales, demandes de logement, etc.) *(doc. 6)*.

B. Les difficultés et complexités de mise en œuvre de ces deux mesures de simplification

En ce qui concerne d'abord les difficultés liées à la mise en œuvre du principe « le silence vaut acceptation », force est de constater qu'il existe un nombre très important d'exceptions au principe, dont parfois les termes sont vagues et peu compréhensibles *(doc. 8)*. Il n'est pas aisé pour les administrations de pouvoir concilier à la fois la sécurité juridico-administrative et l'objectif de transparence, d'interactivité et de simplification des relations avec les citoyens. Il est nécessaire de mener une phase préalable de recensement systématique des procédures d'autorisation qui risque de passer par des étapes intermédiaires complexes. Toutes ces nouvelles procédures « bousculent » les administrations qui doivent agir tout de même assez vite. Il y a également un problème de cohérence d'ensemble, car d'un ministère à l'autre les choix ne sont pas les mêmes sur des procédures similaires, telles que l'agrément des associations. Il faut lancer une forte communication pour informer les citoyens de cette « révolution ». Les collectivités territoriales rencontrent des difficultés à s'adapter à de tels changements organisationnels et peinent à éviter que l'acceptation ne résulte pas d'un embouteillage des demandes mais bien d'un examen réfléchi, avec tous les risques de contentieux que cela implique.
Parmi les difficultés relatives à la mise en œuvre du droit de saisir l'administration par voie électronique, il y a d'abord la crainte des collectivités quant à leurs capacités à absorber les nécessaires nouvelles téléprocédures. Certaines procédures opposables vont nécessiter la signature électronique de l'accusé de réception par le service traitant, pour sécuriser son action, d'où de nouvelles procédures à initier. Il s'avère qu'il est aussi nécessaire pour les collectivités de déployer des plateformes de gestion de courriers électroniques conformes à la nouvelle réglementation pour gérer les accusés de réception et ceux d'enregistrement, pour surveiller les délais de réponse et mettre en œuvre un système de routage efficace des demandes. Or, peu de collectivités disposent des moyens techniques et financiers, et leur culture de gestion n'est pas encore adaptée *(doc. 4)*.

Conclusion Il est nécessaire de pouvoir assurer, par les avancées de la loi du 12 novembre 2013, un juste équilibre entre le renforcement souhaité des droits des citoyens et la capacité de l'administration à assurer le respect de l'intérêt général.

SUJET N° 11 : Note

DURÉE : 3 HEURES

Rédacteur territorial, concours interne et 3e voie, session 2015, domaine finances publiques

Sujet

Vous êtes rédacteur territorial au service finances de la commune d'ADMIVILLE.
Dans le cadre d'une réflexion sur la réhabilitation d'un équipement culturel, l'adjoint aux finances souhaite présenter au conseil municipal toutes les solutions de financement possibles pour la réalisation de ce projet.

Il sollicite donc votre service et vous demande de rédiger à son attention, exclusivement à l'aide des documents joints, une note sur le financement participatif.

Liste des documents

Document 1 : « "Crowdfunding" » : de nouvelles opportunités pour les collectivités territoriales » - Marine-Aurore Houcke - *lagazettedescommunes.com* - 5 décembre 2014 - 2 pages.

Document 2 : « Crowdfunding et collectivités : exemples de succès en France » - *blogfr.communes.com* - 15 octobre 2013 - 2 pages.

Document 3 : « Le financement participatif fait recette » - Claire Chevrier - *La Gazette des communes n° 2252* - 12 janvier 2015 - 4 pages.

Document 4 : « Le financement participatif marque des points, l'économie collaborative avec lui » - *rtes.fr* - 15 mars 2014 - 1 page.

Document 5 : « Quand le financement participatif aide les collectivités à boucler leur budget » - Philippe Font - *metronews.fr* - 11 décembre 2014 - 2 pages.

Document 6 : « Avez-vous déjà pensé au crowdfunding ? » - Claire Chevrier - *lagazettedescom munes.com* - 26 mars 2014 - 2 pages.

Document 7 : « Financement participatif pour les collectivités territoriales » - *blog.ecobole.fr* - 30 septembre 2014 - 1 page.

Document 8 : « Le financement participatif pour renforcer l'attractivité du territoire » - Aude Raux - *La Gazette des communes* n° 2231 - 21 juillet 2014 - 2 pages.

Document 9 : « Culture, création, médiation - Dossier Forum d'Avignon 2013 » (extrait) - Ophélie Jeannin - 3 pages.

Document 10 : « Comment les collectivités territoriales peuvent-elles utiliser le financement participatif ? » - Gautier Chavanet et Sébastien Pinot - *weka.fr* - 5 novembre 2014 - 2 pages.

Téléchargez gratuitement les documents sur www.vuibert.fr/site/206463

Proposition de corrigé

Commune d'ADMIVILLE Le 2017

Note à l'attention de Monsieur l'adjoint au maire aux finances

Objet : le financement participatif, ou *crowdfunding*.

Références : ordonnance n° 2014-559 du 30 mai 2014, décret n° 2014-1053 du 16 septembre 2014.

Définition du sujet Le financement participatif, ou *crowdfunding*, est une technique de financement qui met en relation directe - et donc sans l'intermédiaire des acteurs bancaires -, *via* une plateforme Internet dédiée ou *via* les réseaux sociaux, des porteurs de projets recherchant des financements et des personnes désirant investir *(doc. 1)*. Le financement participatif permet de collecter des financements (sous forme de dons, de prêts ou d'investissements) auprès du grand public pour lancer et développer des projets *(doc. 4)*.

Contextualisation du sujet Le financement participatif est récent, son développement est encore embryonnaire, mais appelé à un avenir prometteur *(doc. 1)*. Il est depuis quelques années de plus en plus utilisé par les porteurs de projets comme les start-up en vue de développer leurs activités. C'est un financement à la mode. Ainsi, selon l'association Financement Participatif France, plus de 44 000 projets ont été mis en ligne sur les plateformes de *crowdfunding* et la France a collecté 66 millions d'euros au cours du premier semestre 2014, contre 33 millions d'euros sur la même période en 2013 *(doc. 5)*. Au global, en 2013, ce sont 78,3 millions d'euros qui ont été collectés en France grâce au financement participatif et 32 317 projets ont été financés par 328 809 contributeurs *(doc. 6)*. Les pouvoirs publics ont la volonté de favoriser ce mode alternatif de financement, d'en faire un outil innovant de relance de l'économie et de la croissance. Face à ce développement, les pouvoirs publics ont décidé d'encadrer les modalités de mise en œuvre du financement participatif par deux textes récents : l'ordonnance du 30 mai 2014 complétée par le décret du 16 septembre 2014 *(doc. 1)*.

Annonce du plan Le financement participatif, en plein essor, a été récemment encadré dans sa mise en œuvre, dans le respect de certains prérequis (I). Il possède de nombreux avantages au service de la valorisation des territoires et du patrimoine (II).

I. Le financement participatif : un encadrement juridique récent et souple mais comportant certains prérequis pour en garantir son essor

Annonce des sous-parties Le financement participatif vient d'être encadré par les pouvoirs publics pour en favoriser son développement (A). Certains prérequis sont à respecter par les différents acteurs pour en garantir son essor (B).

A. Un encadrement juridique récent du financement participatif pour favoriser son développement

a. Présentation du cadre légal récent (doc. 1, 4, 6 et 10)

Jusqu'au 1er octobre 2014, il n'existait aucun texte réglementaire encadrant ce mode de financement ; seuls deux guides existaient, l'un à destination du public, l'autre à destination des plateformes. Au printemps 2014, le Gouvernement entend assouplir les règles en matière de levée de fonds propres et de capacité à faire des prêts rémunérés, s'agissant du financement participatif *(doc. 4)*. L'objectif poursuivi est de stimuler la création d'entreprises. Le cadre juridique du financement participatif est désormais défini par une ordonnance du 30 mai 2014, complétée par un décret du 16 septembre 2014, ayant pour objet de solliciter l'épargne des particuliers pour participer au financement de projets ou entités déterminés. Il existe principalement trois formes de *crowdfunding* : le don - avec ou sans contrepartie -, le prêt à une société qui porte un projet, et la prise de participation - souscription de titres. Pour les levées de fonds, la réglementation assouplit les obligations de communication pour les projets inférieurs à 1 million d'euros *(doc. 4)*. Qu'ils soient avec ou sans intérêt, les prêts sont limités. Le décret du 16 septembre 2014 limite à 4 000 euros par prêteur et par projet le prêt sans intérêt, et à 1 000 euros par prêteur et par projet un prêt avec intérêt sur une durée maximale de sept ans, ceci afin de diversifier le risque. De plus, le porteur de projets ne peut emprunter plus d'1 million d'euros par projet *(doc. 1)*.

b. Modalités pratiques de mises en œuvre (doc. 1 et 4)

Désormais, deux types de plateformes de financement participatif sont prévus, avec la création de deux statuts professionnels distincts. Pour les levées de fonds propres (vingt-deux plateformes actuellement en France), il est créé un « statut » de conseiller en investissements participatifs (CIP) pour ces plateformes de financement participatif, dont l'immatriculation se fait auprès de l'Autorité des marchés financiers (AMF). Ce CIP conseille les investisseurs désireux de soutenir le développement d'un projet, notamment en souscrivant des titres financiers (actions ou obligations) émis par la société qui le porte. Le public peut ainsi participer aux fonds propres de la société. Ces apports sont rémunérés sous la forme de dividendes.

S'agissant de prêts ou de dons (apports dépourvus de contrepartie financière), un autre statut est créé, celui d'intermédiaire en financement participatif (IFP). Il existe treize plateformes de cette nature. Cela consiste à assurer l'interface entre d'une part les différents prêteurs qui font des dons ou bien mettent à disposition des fonds par un contrat de prêts et, d'autre part, l'emprunteur porteur d'un projet. L'exercice de ce mode de financement entraînant la réception de fonds, les intermédiaires sont soumis par la réglementation récente à un régime prudentiel mais assoupli. Il y a une transparence sur les frais et les taux de défaillance des projets de la plateforme.

B. Certains prérequis à respecter côté particuliers « investisseurs » et côté collectivités pour garantir l'essor du financement participatif

a. Les prérequis à respecter côté particuliers et dirigeants de plateformes (doc. 1)

La nouvelle réglementation définit les conditions dans lesquelles les particuliers peuvent, en qualité d'investisseurs, accorder des prêts aux porteurs de projets. L'ordonnance n° 2014-559 du 30 mai 2014 a assoupli cette interdiction. Le monopole bancaire sur les prêts rémunérés a en effet été supprimé pour le financement de projets professionnels ou de besoins de formation. Ainsi, depuis l'entrée en vigueur de ce texte, les plateformes de financement participatif peuvent proposer au public d'investir dans de tels projets professionnels ou assimilés par l'octroi de prêts avec intérêt à taux fixe.

S'agissant des dirigeants de plateformes, ceux-ci doivent remplir des exigences de compétence et d'honorabilité, et respecter des règles de bonne conduite dans la délivrance des conseils fournis aux investisseurs, notamment en matière de présentation des risques et de transparence sur les caractéristiques du projet *(doc. 1)*.

b. Côté collectivités, certains principes fondamentaux doivent être respectés (doc. 10)

Comme pour toute intervention économique, la collectivité doit structurer le territoire d'intervention de la plateforme, les bénéficiaires des financements et l'offre qui leur sera faite en respectant l'intérêt général, l'intérêt public local et les principes de liberté du commerce et de l'industrie. De plus, le prestataire sélectionné doit détenir l'agrément requis (IFP ou CIP) pour pouvoir opérer sur la plateforme. Si une aide d'État est octroyée par la collectivité en amont (aide pour l'opérateur de la plateforme) ou en aval (aide pour les bénéficiaires des financements), il est nécessaire que cette aide s'inscrive dans un régime validé par la Commission européenne. Le mode de sélection de l'opérateur de la plateforme et les règles applicables à celui-ci doivent être déterminés en fonction de la qualification de la relation contractuelle entre l'opérateur et la collectivité (marché public, délégation de service public, simple appel à projet, etc.). Quand la collectivité est le bénéficiaire direct du *crowdfunding* en tant qu'émetteur des titres ou emprunteur au titre de contrats de prêts, il importe que le montage ainsi que la communication soient compatibles avec le principe de comptabilité publique de non-affectation des dépenses et des recettes *(doc. 10)*. Il n'est pas possible pour une collectivité locale d'intervenir elle-même en qualité d'IFP ou de CIP, ceci étant incompatible avec les règles applicables à une collectivité territoriale *(doc. 10)*.

II. Le financement participatif est porteur de nombreux atouts au service de la valorisation des territoires et du patrimoine

Annonce des sous-parties Le financement participatif est porteur de réels atouts, facteurs de succès (A). En local, les collectivités recourent au financement participatif pour renforcer l'attractivité de leur territoire, développer l'innovation sociale et valoriser leur patrimoine (B).

A. Les atouts expliquant le succès du financement participatif *(doc. 4, 5 et 7)*

Le financement participatif est porteur de trois atouts principaux.

a. Un atout en termes d'implication des donateurs et des habitants (doc. 3 et 7)

Le financement participatif est un dispositif innovant permettant de mobiliser et de fédérer les habitants d'un territoire autour d'un projet. L'un des objectifs de ce financement participatif est de rendre le public acteur de la réalisation de projets. On peut citer l'exemple du Mudo-Musée de l'Oise qui, par le biais de la plateforme Culture Time, a levé plus de 13 000 euros pour la restauration d'une toile. Le dispositif de *crowdfunding* mis en place a donné aux contributeurs la possibilité d'échanger avec des conservateurs et des restaurateurs, et de découvrir en avant-première la toile restaurée grâce à leurs dons. Le porteur de projets donne aussi régulièrement des nouvelles aux contributeurs, et la notion de contreparties est une manière de se réapproprier le monument ou le projet. Le financement participatif, en tant que nouvelle source de financement, permet de créer un lien et de la proximité avec les donateurs en leur faisant partager le projet. Par leur implication, les citoyens sont aussi amenés à donner un plus grand rayonnement et à communiquer plus largement sur le projet.

b. Un moyen pour les collectivités de faire financer des projets d'intérêt général et de toucher de nouveaux publics (doc. 3)

Le financement participatif est un moyen de valoriser l'expérience et l'usage, de démontrer la pertinence d'un projet et de toucher de nouveaux publics. On peut citer l'exemple de ces grands-parents qui ont fait six dons afin que chacun de leurs petits-enfants ait son nom gravé sur la plaque de remerciements apposée sur le Panthéon. La nécropole des grands hommes de la nation a bénéficié de 68 565 euros collectés auprès de 1 183 donateurs, lors de l'opération « devenez tous mécènes », lancée fin 2012 par le Centre des monuments nationaux.

c. Le confort et la souplesse de gestion (doc. 3)

Il faut souligner la praticité du don en ligne. Une fois que le contributeur s'est enregistré, il n'a plus besoin de ressaisir ses informations personnelles : quelques clics suffisent pour faire un versement au projet de son choix. De plus, les reçus libératoires sont émis automatiquement. Le don en ligne est donc plus simple à gérer que les chèques. Et, si le projet s'inscrit dans la loi relative au mécénat de 2003, les donateurs particuliers peuvent déduire de leurs impôts sur le revenu 66 % du montant de leur don. La force du financement participatif réside aussi dans le fait qu'il n'y a pas de petits dons.

B. En local, les collectivités qui font du crowdfunding un outil d'attractivité et de valorisation de leur territoire et de leur patrimoine

a. Le financement participatif est un outil au service du développement durable, de l'innovation locale et de l'attractivité des territoires

On peut d'abord citer les projets solidaires et écologiques « Ecobole » *(doc. 7)*. Cette plateforme donne la possibilité aux collectivités, notamment les communes, de proposer à leurs concitoyens d'investir dans des projets communaux de portée environnementale et écologique : jardins solidaires, éco parcs, campagnes de nettoyage de berges ou de plages, etc. On peut également donner l'exemple de la région Poitou-Charentes qui, dans le cadre d'un appel à candidatures, lors de la journée de la finance participative, a permis de donner suite à plusieurs projets comme l'installation de panneaux photovoltaïques dans les communes d'Esnandes et d'Aytré, ou bien la participation au financement d'une solution de business intelligence pour une société basée dans la ville de Niort. Des agriculteurs de Baignes se sont également lancés sur KissKissBankBank pour pouvoir optimiser leur production de yaourts. On peut aussi mentionner le dispositif « Novosphère » de la ville de Rennes, réseau social qui met en relation des porteurs de projets avec des professionnels pouvant les aider dans la réalisation de leurs idées, qui propose un accompagnement, notamment en termes d'aide à la conception et à la communication, aboutissant à une labellisation *(doc. 2 et 7)*. On peut aussi mentionner l'exemple de la région Auvergne, avec son dispositif « Et pour preuves », dont l'objectif est de soutenir des projets portés par des Auvergnats. En 2013, s'est déroulée la deuxième édition de ce dispositif qui a permis de récolter 120 000 euros, d'accompagner près de trente projets variés, mais ayant tous un même point commun, à savoir la valorisation du patrimoine et/ou de l'identité auvergnate : projets d'habitat groupé, lancement de livres, ouverture de refuges de montagne ou construction d'une centrale solaire photovoltaïque *(doc. 2, 7 et 8)*.

b. Le financement participatif est un outil au service de la valorisation du patrimoine, dans un contexte financier contraint (doc. 3, 5, 6 et 9)

Comme l'atteste le succès des Journées du patrimoine, les Français sont attachés à leur patrimoine. De plus, la mise en valeur du patrimoine constitue un enjeu économique important, car le tourisme représente 6,5 % du produit intérieur brut *(doc. 9)*.
Or, les besoins de financement grandissent, alors que le contexte budgétaire est fort contraint (frilosité des banques, baisse des dotations de l'État, etc.). Les collectivités territoriales sont à la recherche de nouvelles ressources, tout en voulant éviter d'augmenter les impôts. On peut citer l'exemple de la commune de Ladevèze-Rivière (Gers), qui a réuni 4 100 euros au début de l'année 2014 pour finaliser les travaux de réfection de l'église, et qui entend également lancer une nouvelle souscription pour rénover le centre du village. On peut mentionner l'exemple de la ville de Bergues, désireuse de récolter, en 2015, 1 million d'euros pour rénover le beffroi de la ville, monument classé depuis dix ans au patrimoine mondial de l'Unesco, ou encore le projet visant à rouvrir la vieille église de Cocumont, dans le Lot-et-Garonne, soutenu par la mairie, qui a récolté près de 44 000 euros auprès de 176 mécènes *(doc. 3)*.

Conclusion Face aux baisses des dotations de l'État, le financement participatif constitue donc une alternative pertinente et en plein essor par rapport au financement traditionnel. Ce mécanisme a permis, en 2013, de collecter 70 millions d'euros en France, soit une augmentation de plus de 170 % par rapport à 2012 *(doc. 8)*. Mais cette démarche étant assez chronophage, il importe de bien « marketer » son offre et de bien « vendre » au public son projet *(doc. 3)*.

SUJET N° 12 : Rapport

DURÉE : 3 HEURES

Technicien territorial, concours interne et 3e voie, session 2016, spécialité bâtiments et génie civil

Sujet

Vous êtes technicien territorial au sein de la commune de Techniville et rattaché à la Direction des bâtiments. La commune compte 30 000 habitants et possède un patrimoine immobilier important qui comprend des bâtiments anciens et récents et reste hétérogène du point de vue des diverses contraintes réglementaires (sécurité, accessibilité, performance énergétique, etc.), des critères architecturaux (bâtiments récents et fonctionnels, etc.) et de leur utilisation (mairie, écoles, logements, bâtiments techniques...).

La direction des bâtiments a été contactée pour mener à bien un bilan de l'état de son parc immobilier.

Votre Directeur vous demande de rédiger à son attention, exclusivement à l'aide des documents joints, un rapport technique sur les enjeux du recensement et des diagnostics du patrimoine bâti.

Liste des documents

Document 1 : « Patrimoine Immobilier : subir ou agir ? » - *La lettre du cadre territorial n° 442* - 1er mai 2012 - 4 pages.

Document 2 : « Marges de manœuvre ; Gérer plus efficacement son patrimoine immobilier » - Claire Chevrier - *La Gazette des Communes n° 2173* - 13 mai 2013 - 2 pages.

Document 3 : « Un ingénieur pour améliorer la qualité de l›air intérieur des bâtiments municipaux » - Alexandra Caccivio - *La Gazette des Communes n° 2223* - 26 mai 2014 - 2 pages.

Document 4 : « #accessibleatous » - *Feuille d'information du site gouvernemental www.accessibilite.gouv.fr* - octobre 2014 - 2 pages.

Document 5 : « Retour sur l'amiante » - Jean Paul Stéphant - *Techni.cités n° 193* - 8 au 23 juillet 2010 - 2 pages.

Document 6 : « Bâtiment : le long chemin vers un patrimoine sobre en énergie » - Fabienne Nedey - *Le courrier des maires et des élus locaux n° 252* - 1er décembre 2011 - 1 page.

Document 7 : Article L 271-4 du Code de la construction et de l'habitation - 1 page.

Document 8 : Articles R 123-2 à R 123-11 du Code de la construction et de l'habitation - 2 pages.

Document 9 : « Comment optimiser la gestion de son patrimoine » - Frédéric Gaydre - *Techni.cités n° 258* - 8 novembre 2013 - 2 pages.

Document 10 : « Le diagnostic technique du bâti » - *Grille d'évaluation de la dégradation du bâti de l'Agence Nationale de l'Habitat* - Novembre 2010 - 4 pages.

Téléchargez gratuitement les documents sur www.vuibert.fr/site/206463

Proposition de corrigé

NOTE DU FORMATEUR

Ce corrigé est présenté sous la forme d'un plan très détaillé.

Commune de Techniville Le...

Rapport à l'attention du Directeur des bâtiments

Objet : enjeux du recensement et des diagnostics du patrimoine bâti.

Références :
- Code de la construction et de l'habitation ;
- Ordonnance 25 septembre 2014 ;
- Décret du 7 février 1996.

Définition de la notion de patrimoine (*doc 1*). Est patrimoine « l'ensemble des biens appartenant aux personnes publiques locales ou étant mis à leur disposition afin d'assurer leur fonctionnement et d'accomplir leurs missions ». Régi par le Code général de la propriété des personnes publiques (1er juillet 2006).

Recontextualisation du sujet (*doc. 1 et 2*). Le patrimoine immobilier composé du foncier bâti et non bâti représente plus de 85 % du patrimoine local. Le patrimoine immobilier est un enjeu d'importance pour les collectivités ; issu de l'histoire administrative de la France : découpage en communes, en départements, en régions, amenés à constituer de façon progressive un patrimoine diversifié (équipements sportifs, routes, bâtiments administratifs, culturels, scolaires, etc.). Un investissement important : 10 milliards d'euros de travaux pour les bâtiments, dont 50 % consacrés aux travaux de réhabilitation et de grosses réparations ; dépenses qui ont triplé depuis 10 ans. La valeur des actifs représente, en 2013, 1 100 milliards d'euros. Poids croissant des dépenses liées à l'énergie, la maintenance et les fluides.

Annonce du plan Les collectivités rencontrent de réelles difficultés à maîtriser les enjeux liés à une gestion optimisée de leur patrimoine, même si elles ont l'obligation de réaliser de très nombreux diagnostics (I). Parvenir à une gestion optimisée du patrimoine bâti implique de recourir à une méthodologie transversale, au service d'une stratégie financière globale (II).

I. La gestion du patrimoine immobilier : une situation complexe et mal appréhendée, malgré l'obligation de réaliser de très nombreux diagnostics

Annonce des sous-parties Les enjeux du patrimoine bâti sont mal appréhendés et sa gestion est complexe (A). Toutefois, des obligations s'imposent pour réaliser de nombreux diagnostics afin d'en assurer une bonne gestion (B).

A. Le patrimoine bâti : une gestion complexe aux enjeux mal appréhendés *(doc. 1)*

a. Un patrimoine immobilier « pléthorique, dispersé, hétérogène, vétuste et (...) mal connu : écoles, collèges, lycées, espaces verts, bâtiments administratifs, locaux d'associations, équipements sportifs, bâtiments techniques, équipements publics, etc. »

Un patrimoine souvent mal connu : méconnaissance de leurs biens, méconnaissance de la propriété des biens (transferts de l'État, servitudes, etc.) et de leur nature (domaine privé ou domaine public). Une organisation assez disparate : perte d'informations liée à la pluralité des acteurs, doublons, manque de communication, travail cloisonné ; éclatement des responsabilités et des connaissances, donc un manque de vision globale. Parc immobilier public français assez vétuste.

b. Une conception encore prédominante de la gestion corrective

Les nombreux outils alloués au patrimoine sont encore très mal utilisés : surcalibrés, lacunaires en paramétrage et en implémentation des bases de données ; des instruments orientés « métier » (exploitation, maintenance) ; gestion du patrimoine considérée comme un poste de charges « subi » et donnée immuable pour loger les activités des services. Absence d'approche stratégique : l'entrée de la gestion du patrimoine immobilier dans les plans des collectivités est encore très marginale.

B. Toutefois, existence d'obligations de réaliser de nombreux diagnostics *(doc. 3, 4, 5, 6, 7 et 8)*

a. La réalisation d'une pluralité de diagnostics techniques (doc. 3 et 7)

Les communes doivent réaliser, avant le 1er janvier 2015, un diagnostic de la mesure de la qualité de l'air intérieur dans tous les établissements recevant des enfants de moins de 6 ans. Réalisation obligatoire d'un dossier de diagnostic technique, prévu par le Code de la construction et de l'habitation, en cas de vente d'un immeuble bâti ; dossier devant contenir huit types de documents constatant l'état dans plusieurs domaines (plomb, amiante, termites, performance énergétique etc.). Réalisation par un professionnel certifié d'un diagnostic de performance énergétique, en application des lois Grenelle (*doc. 6*). Obligation de conformité des ERP aux règles d'accessibilité (*doc. 4*) avec la réalisation d'un Ad'AP, avant octobre 2015, identifiant les travaux à réaliser.

b. La réalisation de diagnostics liés à la sécurité

Depuis le 31 décembre 2005, obligation pour les collectivités de réaliser un diagnostic amiante (*doc. 5*) ; dossier devant être à la disposition de toute personne, et notamment des entreprises intervenant dans les bâtiments. Indications de la localisation précise des matériaux, produits contenant de l'amiante, l'enregistrement des travaux de retrait ou de confinement ; recherche d'amiante portant sur les flocages, calorifuges, faux plafonds, qui doit être effectuée par un diagnostiqueur certifié ; respect de certaines règles dans le cahier des charges de consultation destiné à choisir le professionnel compétent. Obligation de vérification des règles de sécurité incendie et d'évacuation du public (*doc. 8*).

II. Une méthodologie transversale au service d'une gestion optimisée et d'une stratégie financière globale

Annonce des sous-parties Pour recenser le patrimoine et en diagnostiquer son état, une méthodologie s'impose (I). Ensuite un outil de gestion transversale, le schéma directeur, pourra être constitué (II).

A. Une nécessaire méthodologie pour recenser le patrimoine et diagnostiquer son état (*doc. 1, 2, 9 et 10*)

a. La nécessaire connaissance préalable du patrimoine possédé

Réalisation d'un diagnostic, d'un inventaire physique des biens mobiliers et immobiliers, et ceci en mode projet (*doc. 1 et 2*) : dénombrer les bâtiments, les décrire précisément, donner les métrés, caractériser leur état, leur vétusté ; s'interroger sur leur statut juridique, sur la propriété des différents biens ; donner l'exemple de la ville de Bordeaux : classement de l'ensemble des biens possédés par types (bâtiments de bureaux, bâtiments de service public, hangars et espaces de stockage, etc.). Donner l'exemple de la ville de Besançon : mise en place d'un numéro unique d'inventaire pour un logiciel partagé entre plusieurs services, qui constitue une interface avec la comptabilité (détermination du coût du patrimoine, à savoir non seulement le coût initial mais aussi le coût des travaux effectués en régie ou par une entreprise, l'état sanitaire, etc.) ; détermination aussi de coûts standards au mètre carré. Permet de travailler en comptabilité analytique.

b. Nécessité de réaliser ce diagnostic en s'appuyant sur des outils et une gouvernance plus efficiente

Recours à un progiciel transversal de gestion dédié et envisager également un appui de spécialiste externe (cabinet de conseil). Recourir à des relevés (fluides, énergie) et des tableaux de bord (coûts d'investissement/fonctionnement par bâtiment) afin de suivre de façon permanente le patrimoine. S'appuyer sur la méthodologie proposée par l'Anah (*doc. 10*) pour réaliser un diagnostic de l'état du bâti : présentation générale du bien, description des éléments et de leurs éventuels désordres concernant la structure, les façades, la toiture et la couverture, les réseaux (plomberie, gaz, électricité), cage d'escalier, caves, et les préconisations de travaux. Mise en place d'un service dédié à la gestion et à la stratégie patrimoniale : exemple de la ville de Saint-Étienne (*doc. 1*). Faire émerger un pilotage politique et stratégique et aboutir à une organisation cohérente et visible des actions menées et services impliqués.

B. Élaborer un schéma directeur du patrimoine foncier et immobilier *(doc. 1, 2, 3 et 9)*

- Élaboration d'un schéma directeur préconisé par un rapport de la Cour des comptes, suite à l'examen de l'ensemble de l'immobilier de près de 60 collectivités et EPCI, dans 17 régions. Coupler ce schéma directeur à une programmation pluriannuelle des investissements sur le patrimoine (PPI, plans de maintenance globale), afin d'éviter d'investir au coup par coup et dans l'urgence ; permet de regrouper certains projets ; permet de fixer des objectifs différents selon les types de bâtiments. L'élaboration d'un schéma directeur vise à améliorer la qualité d'usage et la sécurité du patrimoine immobilier et mobilier : la qualité de l'air par exemple. Élaboration à faire en mode projet, en agrégeant autour d'un pilote clairement identifié toutes les expertises internes de la collectivité ; approche pluridisciplinaire : compétences d'ordre financier, juridique, technique (*doc. 9*).

- Outil d'aide à la décision, moyen d'obtenir une information fiable et une articulation entre les services pour bien gérer le patrimoine, le faire évoluer, pouvoir choisir entre la vente, l'achat, la location ou une autre utilisation. Permet d'avoir un suivi en temps réel des éléments économiques et donc de mieux maîtriser les coûts. Permet de rationaliser le système d'information (*doc. 2*, exemple de la ville de Besançon), par une codification unique pour chaque bien. Permet d'avoir une approche et une analyse globale du parc patrimonial de la collectivité. Permet de pouvoir arbitrer entre réhabilitation, remplacement, réforme, cession ou réaffectation. Permet de revoir la tarification des loyers pour les biens loués à des tiers (*doc. 9*).

Conclusion (doc. 1 et 9) Le patrimoine représente un enjeu financier majeur, car il coûte cher. Il contribue au développement de la collectivité, il doit être représenté dans toutes ses composantes dans le processus décisionnel et pluriannuel. L'optimisation de la gestion du patrimoine est un des leviers majeurs pour dégager des marges de manœuvre financière et des économies.

SUJET N° 13 : Rapport

DURÉE : 3 HEURES

Technicien territorial, concours interne et 3e voie, session 2014, spécialité réseaux, voirie et infrastructures

Sujet

Vous avez été recruté comme technicien territorial au sein du service réseaux voirie infrastructures de la commune de TECHNIVILLE de 40 000 habitants. Vous êtes en charge de la maintenance et de l'exploitation de l'éclairage public de la commune.

Votre directeur des services techniques vous demande de rédiger à son attention, exclusivement à l'aide des documents ci-joints, un rapport technique sur l'éclairage public et l'optimisation de sa gestion.

Liste des documents

Document 1 : « L'éclairage urbain modère son énergie » - *Le Moniteur* - 21 mai 2010 - 7 pages.

Document 2 : « Les nuisances occasionnées par l'éclairage public » - *Fiches Pratiques Techniques* - www.territorial.fr - Christophe Bourrier - novembre 2012 - 3 pages.

Document 3 : « La gestion de l'éclairage public » - *ADEME Délégation Alsace, Électricité de Strasbourg, Électricité De France* - juin 2005 - 1 page.

Document 4 : « LEDS : une révolution en éclairage urbain » - Isabelle Arnaud - *Techni.Cités* n° 188 - 23 avril 2010 - 5 pages.

Document 5 : « Éclairage public : quelles solutions pour réduire la facture énergétique et la pollution lumineuse ? » - Rachida Boughriet - actu-environnement.com - 8 septembre 2009 - 3 pages.

Document 6 : « Extinction de l'éclairage public » - fiche technique n° 2 - *Syndicat Intercommunal d'Énergies du département de la Loire - SIEL* - novembre 2012 - 2 pages

Téléchargez gratuitement les documents sur www.vuibert.fr/site/206463

Proposition de corrigé

Commune de Techniville Le ...

Rapport à l'attention de Monsieur le directeur des services techniques

Objet : éclairage public et modalités d'optimisation.

Références : articles L. 2212-1 et L. 2212-2 du CGCT.

Il n'y a pas de définition légale de la notion « d'éclairage public » en dehors des règles techniques. Ainsi, une commune n'a pas l'obligation d'éclairer le domaine public *(doc. 2)*.

Jusqu'à une période récente, les villes considéraient l'éclairage public comme un signe de progrès. Toutefois, l'approche du rôle de la lumière en ville est en pleine évolution, car elle a un coût économique et énergétique, et des conséquences sur le vivant. L'éclairage public est un gros consommateur d'électricité : en 2000, 5,3 millions de MWh ont été utilisés pour éclairer les voies publiques et la signalisation des villes. Avec 18 % des consommations toutes énergies confondues, c'est le plus gros poste utilisant de l'électricité dans une commune, soit en moyenne 25 % du budget énergie d'une collectivité. Cette situation résulte de la vétusté des installations, 40 % des luminaires en service ayant plus de vingt-cinq ans. Les villes prennent conscience du coût économique et énergétique et des conséquences sur le vivant de l'éclairage public extérieur et sortent de la logique du suréclairage *(doc. 3)*.

Annonce du plan Tout d'abord, on mettra en évidence que l'éclairage public extérieur constitue une responsabilité du maire, mais avec un bilan de consommation énergétique qui touche négativement l'environnement et les finances locales (I). Aussi, les collectivités privilégient dorénavant une politique de lumière adaptée, par le recours à d'autres modes de gestion et à une palette de solutions techniques innovantes (II).

I. L'éclairage public extérieur : une responsabilité du maire, mais avec un bilan de consommation énergétique aux impacts environnementaux et financiers négatifs

Annonce des sous-parties L'éclairage public extérieur est une responsabilité du maire au titre de ses pouvoirs de police (A). Il a un impact négatif sur l'environnement et les finances locales en termes de consommation d'énergie (B).

A. L'éclairage public extérieur : une responsabilité du maire au titre de ses pouvoirs de police *(doc. 2)*

a. L'éclairage public fait partie des pouvoirs de police du maire

En application des articles L. 2212-1 et L. 2212-2 du CGCT, le maire a l'obligation d'assurer la sûreté, le bon ordre, la sécurité et la tranquillité publique, ceci comprend notamment l'éclairage. L'éclairage public fait donc partie des pouvoirs de police du maire. Il peut prendre des arrêtés relatifs à la mise en place de dispositifs d'éclairage adaptés dans les rues, aux abords du domaine public communal. Mais le pouvoir du maire en matière d'éclairage public est discrétionnaire, car il n'a aucune obligation d'éclairer le domaine public de manière absolue ou permanente ; il peut donc choisir n'importe quel éclairage public, aucune norme n'étant imposée. Il peut choisir de limiter l'éclairage nocturne en divers points du territoire. Cependant, il doit respecter certaines normes d'éclairage au niveau de la sécurité électrique des installations d'éclairage extérieur, de mise en valeur du patrimoine (norme NF C17-200 de mars 2007), et certaines prescriptions (code de l'environnement) en termes de contrôle des nuisances lumineuses.

b. La responsabilité du maire peut être engagée

Le maire agit donc en responsabilité *(doc. 2)*. Toutefois, la responsabilité du maire, dans certains cas listés par la loi, peut être engagée. Il en va ainsi en cas d'agression, de défaut d'entretien des installations d'éclairage, lors d'émissions lumineuses trop fortes et génératrices de nuisances, lors d'une panne du système d'éclairage, en cas d'absence fautive d'éclairage, surtout si les habitants n'ont pas été informés, et en cas d'absence de sécurité électrique. Il faut toutefois prouver le lien de cause à effet entre le préjudice et le dommage causé. La responsabilité pénale du maire peut aussi être engagée sur le fondement de l'article 121-3 du code pénal.

B. Le bilan de la consommation d'énergie liée à l'éclairage public extérieur a un impact négatif sur l'environnement et les finances locales

a. Une évolution de l'éclairage urbain amène à un suréclairage (doc. 3 et 5)

En 1990, l'éclairage public était estimé à une consommation de 70 kWh par an et par habitant ; or, dix ans plus tard, ce chiffre atteint 91 kWh par an et par habitant, soit une hausse de 30 % ; et ceci malgré une plus haute efficacité énergétique des bâtiments. En effet, la puissance par points lumineux a chuté de 43 % pour un même niveau d'équipement. Ce poste de consommation en France est deux fois plus important qu'en Allemagne. En France, 9 millions de lampes serviraient à éclairer les villes et les campagnes, soit une consommation de 1,260 MW, ce qui équivaut à un réacteur nucléaire. Ainsi, l'éclairage public et les enseignes lumineuses représentent 1 à 2 % de la consommation électrique en France, soit 4 % des émissions de gaz à effet de serre. Le coût moyen de l'éclairage public est de 7,6 centimes d'euros TTC par kWh (abonnement compris).

b. L'éclairage nocturne participe à cette « surconsommation » d'énergie

L'éclairage nocturne n'étant pas permanent, il nécessite l'utilisation de centrales thermiques *(doc. 5)*. Les dépenses liées à l'éclairage public représentent, en 2009, 1,2 milliard d'euros hors énergie : 800 millions d'euros sont consacrés aux frais de maintenance et 400 millions aux investissements des points lumineux. Le projet de loi Grenelle 1 entend réglementer l'excès d'éclairage artificiel la nuit par la mise en place de mesures de prévention, de suppression ou de limitation ; quant au projet de loi Grenelle 2, il prévoit d'intégrer les publicités et enseignes lumineuses au dispositif encadrant les « pollutions lumineuses ». En effet, l'éclairage artificiel nocturne a un impact sur les populations animales, végétales et humaines, avec des dérèglements sur le système nerveux et hormonal, voire même sur le développement de cancers.

(Transition) Au vu de cette situation, les collectivités se mobilisent pour lutter contre la pollution lumineuse et maîtriser leurs dépenses d'énergie.

II. Maîtriser les dépenses d'éclairage public : une mobilisation des collectivités, grâce à de nouvelles modalités de gestion et une pluralité de solutions techniques

Annonce des sous-parties La volonté de maîtriser les dépenses énergétiques amène les collectivités à choisir de nouveaux modes de gestion de leur éclairage public (A). Cela passe aussi par une palette de solutions techniques innovantes (B).

A. Les nouvelles modalités de gestion de l'éclairage public pour réduire les consommations

a. Le partenariat public-privé (doc. 1 et 5)

La première modalité consiste à recourir, comme la ville de Lille, aux contrats de partenariat public-privé (PPP) au titre de la commande publique, afin de confier à une entreprise privée le financement, la conception, la construction et l'exploitation (entretien et gestion) des équipements d'éclairage public. Cela permet d'accélérer la mise en place de nouvelles installations, selon une approche de coût global, dans le respect de plusieurs normes (NF EN 13201, RES

EC 04, etc.), avec une garantie de performance technique qu'une collectivité ne maîtrise pas forcément.

b. Une « culture » de l'éclairage public (doc. 1)

Par ailleurs, d'autres villes s'engagent dans une véritable « culture » et stratégie de l'éclairage public. Cela se traduit par l'élaboration d'un schéma directeur de l'éclairage public. Cela passe aussi par la signature de la Charte de l'éclairage durable élaborée par l'association Luci (*Lighting Urban Community International*) en vue de favoriser l'efficience énergétique, d'évaluer les installations mises en place, d'échanger des pratiques d'expériences et de savoirs entre collectivités et professionnels de la lumière.

c. L'extinction nocturne de l'éclairage public urbain (doc. 6)

Une autre approche réside dans une démarche d'extinction nocturne de l'éclairage public urbain. On peut citer l'expérience du syndicat intercommunal d'énergies du département de la Loire (SIEL) qui éteint son éclairage de 23 h 30 à 5 h 30, avec une horloge astronomique. Il y a trois atouts à cette démarche : la préservation de l'environnement, la réduction de la facture d'électricité et une forte diminution de la puissance souscrite. Mais ceci nécessite une bonne information des habitants, qui s'accompagne de mesures de sécurité.

B. Le choix de solutions innovantes et/ou pratiques au service d'un éclairage public extérieur adapté et durable

a. La réduction des puissances lumineuses et donc de la pollution lumineuse (doc. 1, 4 et 5)

La première solution passe dans la réduction des puissances lumineuses et donc de la pollution lumineuse. Des villes choisissent de remplacer leurs luminaires boules par des luminaires à LED, avec souvent un design très esthétique, comme les villes de Cannes, Marseille et Rouen. Cela permet d'avoir une lumière blanche chaude et uniforme, d'obtenir des consommations diminuées par deux avec une durée de vie quatre fois supérieure pour un même niveau d'éclairage moyen de 32 lux. Cela a aussi un enjeu économique en termes de soutien à la filière professionnelle dans le développement et la recherche de technologies nouvelles. Pour la ville de Rouen, il a été estimé qu'il y aurait une baisse de la consommation énergétique de 75 %. On peut citer aussi la ville de Lille qui a recouru aux ballasts électroniques et à un dispositif global pour « éclairer mieux », soit une économie de 1,3 million d'euros par an depuis 2004. On peut citer l'exemple des villes de Grenoble et Issy-les-Moulineaux utilisant des lampadaires éoliens-solaires.

b. Les préconisations de l'ADEME (doc. 3)

On peut aussi s'appuyer sur les préconisations de l'Agence de l'environnement et de la maîtrise de l'énergie (ADEME) : choisir des technologies performantes (sodium basse et haute pression et iodure métallique) ; privilégier des systèmes d'allumage électronique ; concentrer la lumière sur la route et éviter d'éclairer le ciel ; éclairer juste le temps qu'il faut ; changer régulièrement les ampoules ; varier la puissance dans le temps.

c. Un système de gestion automatique (doc. 1)

Une autre solution est d'opter pour un système de gestion automatique, une fois le parc de luminaires rénové. Il y a les systèmes de variation des niveaux d'éclairage (régulateurs de tension, variateurs de puissance), les interrupteurs crépusculaires et les calculateurs pour la gestion des durées d'allumage à l'aide de programmations pouvant être couplées aux dispositifs de télégestion. D'autres villes choisissent aussi des niveaux d'équipement supérieurs ou la télégestion. Celle-ci permet un contrôle global de l'éclairage grâce à des dispositifs de télésurveillance qui centralisent les informations de chaque point lumineux et informent en temps réel des dysfonctionnements éventuels. La simple possibilité de programmer à distance la variation d'éclairage peut générer 40 % d'économies d'énergie.

Note avec propositions
Rapport avec propositions

SUJET N° 14 : Rapport avec propositions

Animateur principal de 2e classe, concours externe, interne et 3e voie, session 2017

DURÉE : 3 HEURES

Sujet

Vous êtes animateur territorial principal de 2e classe en qualité de responsable du service éducation et jeunesse au sein de la commune d'Animville qui compte 30 000 habitants.

Votre service assure le suivi et la gestion du restaurant scolaire en régie qui distribue plus de 1 500 repas par jour pour les écoles dont 500 pour les enfants des écoles maternelles. Environ 800 repas sont également servis chaque mercredi et durant les vacances scolaires dans le cadre d'un accueil de loisirs sans hébergement géré également par votre service.

Suite à des visites répétées au sein du restaurant scolaire, la directrice générale adjointe constate de nombreux dysfonctionnements notamment en matière de gaspillage alimentaire.

De nombreux repas (servis ou non servis) sont jetés dans les poubelles de l'office et force est de constater que le delta entre les repas commandés et les repas facturés aux familles est très important.

La collectivité souhaite s'engager dans une démarche durable au sein du restaurant scolaire et la directrice générale adjointe vous demande de lui transmettre un rapport sur cette problématique liée au gaspillage alimentaire. (10 points)

Dans un second temps, elle souhaite également que vous puissiez élaborer un ensemble de propositions opérationnelles qui permettront de construire un véritable plan d'action pour lutter efficacement contre le gaspillage alimentaire au sein du restaurant scolaire. (10 points)

Liste des documents

Document 1 : Article ADEME Rhône - « Collecte de dons alimentaires » - Alpes, février 2014 - 2 pages

Document 2 : Extrait *JORF* loi n° 2016-138 du 11 février 2016 relative à la lutte contre le gaspillage alimentaire - 2 pages

Document 3 : « Gaspillage alimentaire : les collectivités cherchent la recette pour jeter moins » - lagazette.fr - 16 septembre 2015 - 4 pages

Document 4 : « Bordeaux distribue le surplus des cantines scolaires à des associations d'aide alimentaire » - Article Weka publié par Martine Courgnaud-Del Ry - 24 décembre 2015 - 2 pages

Document 5 : « Lutte contre le gaspillage alimentaire : une opération gagnante pour les collectivités » - lagazette.fr - 29 septembre 2016 - 4 pages

Document 6 : Fiche action ADEME « Jardin pédagogique et compostage en centre de loisirs » - juin 2016 - 2 pages

Document 7 : Extrait du guide réglementaire et pratique des dons de denrées de la restauration collective à des structures d'aide alimentaire - « Récapitulatif des textes réglementaires en vigueur » - DRAAF Rhône-Alpes - septembre 2013 - 1 page

Document 8 : Extrait du guide de préconisations pour la réduction du gaspillage alimentaire - Conseil général de la Gironde - mai 2012 - 6 pages

Document 9 : Extrait du guide de préconisations pour la réduction du gaspillage alimentaire - « Optimiser les réservations » - Conseil général de la Gironde - mai 2012 - 4 pages

Téléchargez gratuitement les documents sur www.vuibert.fr/site/206463

Proposition de corrigé

Commune d'Animville Le ...

Rapport à l'attention de Madame la directrice générale adjointe

Objet : la lutte contre le gaspillage alimentaire.

Références :

- Loi de transition énergétique du 17 aout 2015 ;
- Loi n°2016-138 du 11 février 2016 relative à la lutte contre le gaspillage alimentaire.

En France, l'Agence de l'environnement et de la maîtrise de l'énergie (ADEME) estime le gaspillage alimentaire à 20 kg par an et par habitant, dont 7 kg encore emballés. On évalue à 89 millions de tonnes les déchets alimentaires jetés chaque année dans l'Union européenne. Le département de la Gironde a estimé à 6 millions d'euros par an le coût du gaspillage alimentaire sur son territoire

Le gaspillage alimentaire désigne le fait de jeter à la poubelle des denrées alimentaires, entamées ou non, qui auraient pu être consommées. Ce gaspillage est présent tout au long de la chaîne de production, de distribution et de consommation : il concerne donc tous les acteurs préparant, proposant, commercialisant ou consommant des denrées alimentaires.

La restauration scolaire est ainsi un acteur essentiel du gaspillage alimentaire. Actuellement, dans la commune d'Animville, de nombreux repas produits par le restaurant scolaire sont jetés à la poubelle. Comment lutter efficacement contre ce type de gaspillage ?

(I) Le gaspillage alimentaire dans la restauration scolaire apparaît nationalement comme un phénomène très préoccupant (A) que des dispositions légales entendent réduire (B). (II) La réussite d'un projet de réduction du gaspillage alimentaire au sein du restaurant scolaire requiert une identification des freins à lever (A), une conduite rigoureuse et partenariale (B) et le repérage d'actions réussies (C).

I. Le gaspillage alimentaire dans la restauration scolaire et les réponses légales

A. Un gaspillage particulièrement préoccupant

Dans la restauration collective, l'ADEME identifie « des pratiques peu économes. Les quantités de repas servies ne sont pas toujours ajustées aux besoins des clients, les plats ne répondent pas systématiquement aux goûts des clients, la gestion des stocks et l'organisation en cuisine centrale ne sont pas optimisées ».

Plusieurs études concordantes, notamment conduites par l'ADEME, permettent de prendre la mesure de ce gaspillage : l'ADEME estime qu'un repas à la cantine génère en moyenne 150 g de biodéchets (très exactement 147 g selon une autre source) dont 100 g de restes de repas - le gaspillage alimentaire à proprement parler -, les autres 50 grammes de déchets étant inconsommables. Le département de la Gironde évalue pour sa part à 3 millions sur 57 millions d'euros par an pour 103 collèges les achats alimentaires qui vont à la poubelle. En Gironde toujours, une étude portant sur 12 collèges mentionne une production de 16 kg de biodéchets (hors déchets verts) par élève et par an.

Le coût de ce gaspillage s'avère très élevé : à titre d'exemple, un site servant 500 élèves le midi 200 jours par an jette l'équivalent de 30 000 euros par an de nourriture.

Le travail sur la restauration collective ne suffira pas à abaisser de 50 % les pertes alimentaires d'ici à 2025 : il faut mettre en mouvement les acteurs de terrain en vue d'une action coordonnée. Alors que 750 000 tonnes de denrées sont jetées chaque année par la distribution, les associations d'aide alimentaire n'en récupèrent que 100 à 200 000.

B. Des réponses légales et réglementaires convergentes

Plusieurs législations nationales et européennes traduisent une prise de conscience croissante de ce gaspillage et de la nécessité de le réduire.

Tout d'abord, le Parlement européen, en 2012, a fixé l'objectif d'une division par deux, d'ici à 2025, des quantités de denrées consommables jetées à la poubelle. En France, le ministre délégué chargé de l'Agroalimentaire a présenté en juin 2014 un pacte national contre le gaspillage alimentaire qui prévoit l'introduction dans les marchés publics de la restauration collective de clauses sur la préparation des repas et la sensibilisation des clients et des équipes. La loi de transition énergétique du 17 août 2015 a ensuite imposé à l'État et aux collectivités de mettre en place, avant le 1er septembre 2016, « une démarche de lutte contre le gaspillage alimentaire au sein des services de restauration collective dont ils assurent la gestion ».

La loi n° 2016-138 du 11 février 2016 relative à la lutte contre le gaspillage alimentaire dispose que « la lutte contre le gaspillage alimentaire implique de responsabiliser et de mobiliser les producteurs, les transformateurs et les distributeurs de denrées alimentaires, les consommateurs et les associations. Les actions de lutte contre le gaspillage alimentaire sont mises en œuvre dans l'ordre de priorité suivant : 1° La prévention du gaspillage alimentaire ; 2° L'utilisation des invendus propres à la consommation humaine, par le don ou la transformation ; 3° La valorisation destinée à l'alimentation animale ; 4° L'utilisation à des fins de compost pour l'agriculture ou la valorisation énergétique, notamment par méthanisation ». Cette loi fixe en outre que « la lutte contre le gaspillage alimentaire comprend la sensibilisation et la formation de tous les acteurs, la mobilisation des acteurs au niveau local et une communication régulière auprès des consommateurs [...] »

On remarquera qu'un décret du 11 juillet 2011 avait auparavant fixé que « les producteurs ou détenteurs d'une quantité importante de déchets composés majoritairement de biodéchets autres que les déchets d'huiles alimentaires sont tenus d'en assurer le tri à la source en vue de leur valorisation organique », le seuil étant fixé à 10 tonnes par an à partir de 2016. Ainsi, à partir de 2016, les établissements servant 340 à 520 repas par jour doivent valoriser leurs déchets.

L'ADEME a pour sa part institué un dispositif dédié, « 1 000 écoles et collèges contre le gaspillage alimentaire », consistant en un soutien de 750 euros par école et 1 500 euros par collège alloués aux collectivités territoriales qui engagent 30 % de leurs établissements dans la mise en œuvre de fiches-actions.

Ainsi, des bases légales fondent un plan d'actions pour lutter contre ce phénomène, mais ce plan ne réussira que s'il est suffisamment efficace pour vaincre des obstacles à ne pas négliger.

II. Le projet de réduction du gaspillage alimentaire au sein du restaurant scolaire

A. De nombreux freins à lever

Dans le cadre d'une collaboration avec l'ADEME, le département de la Gironde a clairement identifié ces freins. Il convient de les avoir à l'esprit avant d'élaborer un plan d'actions pour combattre le gaspillage alimentaire.

On peut d'abord souligner l'absence de conscience du gaspillage alimentaire. Un second frein est lié aux mauvaises habitudes alimentaires qui conduisent les consommateurs à se détourner de certains aliments et au décalage entre les recommandations nutritionnelles et les goûts des élèves.

On observe également que des normes d'hygiène et de sécurité méconnues ou mal comprises des professionnels de la restauration scolaire conduisent à jeter des denrées alors que celles-ci sont encore consommables. Le manque de temps des élèves pour déjeuner peut aussi constituer un facteur difficilement réductible de gaspillage.

Enfin, la résistance des acteurs de la restauration au changement et les difficultés de mise en place d'actions imposées par la hiérarchie ne doivent pas être négligées.

B. La conduite du plan d'actions

L'identification des obstacles possibles éclaire les précautions à prendre pour que le projet réussisse.

Il convient d'abord de permettre à tous les futurs acteurs du projet de prendre pleinement conscience du phénomène. Il est donc indispensable d'associer au projet toutes les personnes concernées : le responsable du service restauration scolaire, le responsable du service scolaire, les cuisiniers et le personnel de service des restaurants scolaires, des responsables d'établissements scolaires, des représentants des parents d'élèves, des animateurs des accueils de loisirs sans hébergement, le directeur du CCAS.

Compte tenu du caractère transversal de ce projet, il est proposé d'instituer un comité de pilotage placé sous la responsabilité de la directrice générale adjointe, comprenant le responsable du service éducation et jeunesse, le responsable du service scolaire, le responsable du service espaces verts, le directeur du CCAS, le responsable de la communication de la commune, un représentant des parents d'élèves et un représentant des établissements scolaires. Un comité technique associant animateurs, chefs de cuisine, cuisiniers, personnel de service, enseignants, parents d'élèves, responsables d'associations caritatives, agents du service espaces verts, qui pourra se constituer en sous-groupes en fonction des différentes actions envisagées, sera chargé d'élaborer des propositions d'action.

Avant de préciser les actions à conduire, il paraît indispensable d'établir un diagnostic du gaspillage alimentaire en mesurant celui-ci dans quelques restaurants scolaires pendant au moins un mois. Ces données pourront être utilisées pour sensibiliser tous les acteurs du projet et, plus largement, tous les habitants au moyen du site Internet de la ville. Au terme de la mise en œuvre du projet, qui pourra s'étendre sur toute l'année scolaire, il sera indispensable d'évaluer les actions conduites en mesurant à nouveau le gaspillage alimentaire dans ces mêmes établissements. Il sera essentiel, pour garantir dans la durée la réussite du projet, de communiquer sur l'importance quantitative du gaspillage évité et sur les économies réalisées.

C. Le repérage d'actions réussies

Afin de nourrir le plan d'actions proposé, le comité technique sera informé des différentes initiatives réussies prises par d'autres collectivités pour lutter contre le gaspillage alimentaire afin d'en proposer la mise en œuvre dans la commune d'Animville.

L'optimisation des réservations de repas apparaît comme un axe indispensable : de nombreux services de restauration scolaire n'appliquent plus le principe de « table ouverte » et prennent les inscriptions à l'année ou utilisent des logiciels d'optimisation des réservations.

Un système de commande 72 heures à l'avance a été mis en œuvre par des organismes en Gironde, avec la création d'un outil informatique de réservation des repas.

Une réforme de l'organisation des cuisines et des selfs s'impose également : la confection des repas à flux tendu, l'offre de deux tailles de portions pour les entrées et les fromages constituent des pistes pertinentes. S'y ajouteront des propositions sur les approvisionnements, la formation des agents, l'évolution des techniques de cuisine, le partage d'expérience entre chefs, l'organisation des selfs, l'adoption de la vaisselle (assiettes plus petites), actions menées à large échelle depuis 2009 dans 112 lycées de la région des Pays de la Loire.

La sensibilisation des élèves par des associations spécialisées porte aussi ses fruits : dans les Bouches-du-Rhône, en quatre ans, la quantité d'aliments jetés dans les collèges a baissé de 30 %. Des kits de communication comportant des « gachimètres » ou des « gachipains » peuvent être efficaces.

Le compostage paraît également prometteur : un centre de loisirs a mis en place un jardin pédagogique dans un groupe scolaire avec compostage, ce jardin devenant un site de gestion de proximité des biodéchets.

Enfin, les dons aux associations caritatives sont essentiels : la Cantine savoyarde est l'une des rares structures françaises à collecter dans les établissements scolaires de la région des plats préparés non servis, qui permettent d'offrir 160 repas par jours à des personnes en grande difficulté. Annuellement, 60 000 repas sont servis à 1 500 à 1 700 bénéficiaires. La commune de Bordeaux a expérimenté une procédure pour donner des denrées consommables à une association proche d'un groupe scolaire qui en fait bénéficier les familles en difficultés.

La lutte contre le gaspillage alimentaire, phénomène désormais bien identifié, réussira d'autant mieux que tous les acteurs concernés apprendront à travailler ensemble et seront capables d'inventer de nouveaux moyens, fortement motivés par les premiers résultats.

SUJET N° 15 : Rapport avec propositions

Assistant territorial socio-éducatif, concours externe, session 2018, spécialité éducateur spécialisé

DURÉE : 3 HEURES

Sujet

Vous êtes éducateur spécialisé, référent au pôle placement familial du service de l'aide sociale à l'enfance du département de SOCIODEP. Dans ce cadre, vous accompagnez et supervisez le placement de 25 mineurs et jeunes majeurs en familles d'accueil.

Lors d'entretiens et de visites, plusieurs assistants familiaux vous ont fait part d'un sentiment d'isolement, s'estimant trop peu associés aux réflexions sur la situation des mineurs accueillis. En parallèle, le département voit le nombre d'assistants familiaux agréés baisser, du fait de nombreux départs à la retraite.

Votre chef de service, qui vient de prendre ses fonctions, vous demande de rédiger à son attention, exclusivement à l'aide des documents joints, un rapport sur les enjeux actuels de l'accueil familial dans le cadre de la protection de l'enfance. (10 points)

Dans un deuxième temps, vous formulerez, dans le cadre de l'élaboration d'un projet de service, un ensemble de propositions opérationnelles visant à développer l'accueil familial et améliorer l'accompagnement des assistants familiaux sur le territoire départemental. Pour traiter cette seconde partie, vous mobiliserez également vos connaissances. (10 points)

Liste des documents

Document 1 : « Articles L421-2 à L421-16 du Code de l'action sociale et des familles » - *Legifrance* - 3 pages.

Document 2 : « Protection de l'enfance : des familles d'accueil très recherchées » - *Ladepeche.fr* - novembre 2017 - 3 pages.

Document 3 : « Le travail d'équipe en accueil familial » (extraits) - *L'accueil familial : quel travail d'équipe ? Rapport d'étude. Observatoire national de l'enfance en danger* - juillet 2015 - 8 pages.

Document 4 : « Assistantes familiales : bilan en demi-teinte de la réforme de 2005 » - *TSA* - juin 2013 - 2 pages.

Document 5 : « Schéma de protection de l'enfance 2017-2021 » (extrait) - *Département de la Haute-Marne* - 2017 - 2 pages.

Document 6 : « Rapport d›évaluation de la mise en œuvre de la loi du 27 juin 2005 relative aux assistants maternels et aux assistants familiaux » (extraits) - Ministère des affaires sociales et de la santé - 2013 - 2 pages.

Document 7 : « Devenir famille d'accueil, pourquoi pas vous ? » (extraits). Brochure de communication - *Département du Puy-de-Dôme* - Consulté le 3 juillet 2018 - 4 pages.

Document 8 : « Schéma départemental Enfance-famille 2016-2020 » (extraits) - *Département des Bouches-du-Rhône* - 2016 - 2 pages.

Téléchargez gratuitement les documents sur www.vuibert.fr/site/206463

Proposition de corrigé

Département de SOCIODEP Le ...

Rapport à l'attention du chef du service de l'ASE

Objet : modalités d'amélioration de l'accueil familial et d'accompagnement des assistants familiaux.

Références :
- Code de l'action sociale et des familles ;
- loi du 27 juin 2005 ;
- loi du 5 mars 2007.

Définition (doc. 1 et 7) Définition juridique de ce qu'est un assistant familial (loi du 5 mars 2007) : un assistant familial est la personne qui, moyennant rémunération, accueille habituellement, de façon permanente des mineurs et des jeunes majeurs de moins de 21 ans, à son domicile. Il constitue avec l'ensemble des personnes résidant à son domicile, une famille d'accueil ; l'assistant familial est au cœur du dispositif départemental de protection de l'enfance, au titre du placement d'un enfant suite à des difficultés affectives, éducatives, etc.

Contextualisation du sujet / problématique La France connaît une arrivée croissante de jeunes migrants qui « gonflent » les effectifs pris en charge par l'Aide sociale à l'enfance : 18 000 mineurs pris en charge par l'ASE en juin 2017 contre 4 000 en 2010. L'accueil familial est le premier mode de prise en charge de mineurs en France, privilégié par de nombreux départements (moins onéreux et garant d'un équilibre pour l'enfant/le jeune). Plus de 300 000 mineurs font l'objet d'au moins une mesure de protection de l'enfance, 50 % étant placés en foyer ou famille d'accueil. Ceci représente un investissement financier important pour les départements : 6 milliards pour les placements en 2016 (rapport Odas). La question se pose aujourd'hui d'améliorer la reconnaissance du métier d'assistant familial et d'en assurer l'attractivité et la pérennité. Ce questionnement vaut également pour le département de SOCIODEP confronté à des difficultés de recrutement et à un accompagnement insuffisant des assistants familiaux.

Annonce du plan D'abord, il sera mis en évidence que, face à un contexte général de professionnalisation insuffisante des assistants familiaux, des démarches plus « impliquantes » des départements s'avèrent nécessaires (I). Ensuite, un plan d'action sera proposé pour garantir un service d'accueil familial amélioré sur le territoire départemental (II).

I. Le métier d'assistant familial : un cadre de professionnalisation jugé insuffisant, qui nécessite des démarches plus « impliquantes » des départements

Annonce des sous-parties Des lois successives traduisent la volonté réelle de consolider et professionnaliser le métier d'assistant familial (A). Pour pallier les contraintes et les difficultés du métier, des départements se mobilisent (B).

A. Une réelle volonté du législateur de professionnaliser le métier d'assistant familial, source de progrès

Idée 1 : La loi du 27 juin 2005 et l'arrêté du 14 mars 2006 (doc. 3, 5 et 6)

La loi du 27 juin 2005 marque une étape, s'agissant de la professionnalisation des assistants familiaux. Cette loi affirme que les assistants familiaux sont membres à part entière de l'aide sociale à l'enfance. Avec l'affirmation de ce statut, la loi de 2005 place les assistants familiaux au cœur du dispositif départemental d'accompagnement de la protection de l'enfance et de la famille. De plus, cette loi rend obligatoire l'élaboration d'un projet de service en vue de clarifier les objectifs stratégiques du département en matière de prise en charge des enfants en situation de danger ou en risque de danger. L'arrêté du 14 mars 2006 a aussi défini un référentiel professionnel des assistants familiaux en quatre axes : deux axes renvoient à l'accueil au quotidien de l'enfant, les deux autres s'inscrivent dans le cadre d'une action collective de l'équipe pluridisciplinaire.

Idée 2 : La loi du 5 mars 2007 (doc. 1 et 5)

La loi du 5 mars 2005 renforce la professionnalisation des assistants familiaux. L'article 14 de cette loi précise qu'il est nécessaire d'avoir un agrément, pour exercer la profession d'assistant familial, agrément délivré par le président du conseil départemental. Cette loi pose des conditions d'accueil qualitatif : maîtrise de la langue française orale ; avoir des capacités éducatives pour garantir la sécurité, la santé et l'épanouissement des jeunes accueillis. Ceci se traduit par une contractualisation entre l'assistant familial et le département. De plus, la loi rend obligatoire le développement des compétences des assistants familiaux, par la participation à différentes formations. Dans les deux mois précédant l'accueil d'un jeune, un stage est organisé par le département employeur et trois ans après le premier contrat, il y a une formation adaptée aux besoins spécifiques des enfants accueillis, également organisée par le département.

Idée 3 : Les avancées de ces deux lois (doc. 3, 4 et 6)

Certes, ce cadre juridique a profondément réformé les règles applicables à la profession d'assistant familial. Il a permis de donner un réel statut au métier d'assistant familial et de renforcer la place des assistants familiaux dans les équipes de l'ASE. Il a provoqué un mouvement visant à faire évoluer les positions et les relations des différents acteurs (assistants familiaux référents, travailleurs sociaux) dans les principes et modalités de mise en œuvre du placement familial. Il améliore aussi la professionnalisation grâce au doublement des heures de formation.

Pourtant, face aux difficultés constatées, des départements prennent de nouvelles initiatives pour rendre le métier d'assistant familial plus attractif.

B. Face au déficit d'attractivité du métier d'assistant familial, des départements prennent de nouvelles initiatives

Idée 1 : De réelles difficultés constatées (doc. 2, 3, 4 et 6)

D'abord, il est constaté des difficultés d'ordre quantitatif. La première porte sur la saturation des structures d'accueil, foyers ou familles ; il y a un réel manque de places dans les familles d'accueil, mode de placement pourtant privilégié par de nombreux départements, car moins coûteux et plus bénéfique pour les enfants ; des temps d'attente pour les placements en famille d'accueil pouvant aller de trois mois jusqu'à même huit mois. Ensuite, il y a de réelles difficultés à recruter alors que le nombre de départs à la retraite des assistants familiaux va en augmentant. De plus, il y a des difficultés, sur le plan qualitatif. Le métier n'est pas réellement attractif ; les spécificités, les contraintes, les responsabilités et les risques de ce métier peuvent « rebuter » ; c'est un emploi auquel on se consacre « 24 heures sur 24 », qui aboutit à un certain isolement. Il y a la crainte face à la possibilité de devoir accueillir des jeunes avec des troubles du comportement ou en grande difficulté. C'est un métier qui aboutit à impliquer toute la famille, avec une réelle imbrication de la vie professionnelle et de la vie personnelle. L'assistant familial peut se retrouver aussi confronté à des allégations « d'attouchements », de « maltraitance ». Il y a aussi la question de la rémunération, jugée insuffisante au regard des risques et contraintes et en « dents de scie », car liée au nombre d'enfants accueillis et variable selon les départements (entre 1 171 euros pour un enfant et 2 537 euros bruts/mois pour 3 enfants). De plus, les assistants familiaux estiment être insuffisamment intégrés aux réflexions globales des équipes de placement et insuffisamment reconnus par les travailleurs sociaux, comme des collègues à part entière, avec une faible participation aux réunions décisionnelles et un manque d'information sur le projet individualisé des enfants accueillis. Ils vivent aussi les visites à domicile comme une évaluation « intrusive ». Ils disent aussi continuer de « souffrir » d'un manque d'accompagnement dans les pratiques professionnelles.

Idée 2 : Les nouvelles initiatives prises par les départements (doc. 3 et 7)

Confrontés au déficit d'attractivité du métier d'assistant familial et face à la forte tendance de départs en retraite et à la demande croissante des besoins d'accueil, plusieurs départements entendent prioriser des démarches de sensibilisation et de communication pour recruter de nouveaux assistants familiaux. Ces campagnes s'appuient sur des supports diversifiés pour susciter des vocations, sur la tenue de réunions d'information dans les communes des départements concernés, tels ceux du Puy-de-Dôme, des Bouches-du-Rhône. De plus, de nombreux départements intègrent dorénavant la thématique de l'accompagnement qualitatif des assistants familiaux dans leurs schémas départementaux Enfance-famille : actions pour prévenir l'isolement ; instauration de temps d'échanges réguliers, de groupes de parole d'analyse des pratiques ; identification claire et précise des rôles respectifs des référents socio-éducatifs, des psychologues de l'ASE auprès des assistants familiaux (cf. les départements du Cantal ou du Pas-de-Calais).

Le département de SOCIODEP a cette même volonté d'améliorer l'accueil familial et le positionnement des assistants familiaux.

II. Plan d'action pour un service d'accueil familial amélioré sur le territoire départemental

Annonce des sous-parties L'amélioration du dispositif d'accueil familial et des modalités d'appui aux assistants familiaux implique une mobilisation de tous les acteurs sociaux de manière méthodologique (A). S'ensuivra l'élaboration d'un plan d'actions volontariste (B).

A. Une nécessaire mobilisation des acteurs pour améliorer le dispositif de l'accueil familial et l'accompagnement des assistants familiaux

Idée 1 : Définition *d'une démarche méthodologique mobilisant des acteurs en interne, pour piloter le projet*

L'autorité territoriale de SOCIODEP ayant affirmé son volontarisme politique et affiché clairement l'importance que constitue un accueil familial de qualité, il importe que la collectivité s'organise pour mener à bien le projet. Pour ce faire, trois instances seront mises en place. D'abord, le chef de service va désigner un **chef de projet** dont une des missions principales sera d'organiser et de piloter, en qualité de « référent », la dynamique globale de mise en œuvre du projet, intégrée dans un projet de service, le planning de travail, le calendrier, l'élaboration du budget prévisionnel des actions, les partenariats pouvant être contractualisés. Le chef de projet pourrait être un éducateur spécialisé du pôle placement familial. Dans cette fonction d'animation, le chef de projet s'appuiera sur deux instances, à savoir un comité technique et un comité de pilotage. Le **comité technique** serait constitué notamment des membres suivants : des travailleurs sociaux, des professionnels des équipes socio-éducatives du pôle placement familial, des professionnels des maisons départementales des solidarités (MDS), des assistants familiaux volontaires, un inspecteur Enfance-famille, le chef de service, un psychologue, un représentant du service formation, un représentant du service communication. Le comité technique pourra se diviser en groupes de travail thématiques : par exemple, un groupe de travail recensant les pratiques d'autres collectivités ; un autre pour élaborer le contenu des futurs groupes de travail collectifs. Le **comité de pilotage**, instance de validation politique des principales étapes méthodologiques, serait composé notamment des membres suivants : l'ensemble des professionnels du pôle placement familial de l'ASE, le responsable de l'ASE, le responsable des solidarités et affaires sociales du département, le responsable de la direction des maisons de l'enfance et de la famille (DIMEF), le directeur général adjoint « Solidarités », le vice-président en charge de la famille, les responsables des centres médicaux-sociaux du territoire, le responsable de la cellule d'urgence de la DIMEF, des représentants des personnels.

Idée 2 : La méthode de travail : la réalisation d'un diagnostic partagé, étape principale

L'étape la plus importante va consister en l'élaboration d'un **diagnostic** partagé, qui pourrait se faire sur une durée de six mois, permettant d'analyser l'ensemble de l'offre actuelle et les pratiques professionnelles. D'abord le chef de projet et le comité technique vont mener *une analyse quantitative* : le recensement des dispositifs d'accueils existants ; le nombre d'assistants familiaux salariés du département sur le territoire, leur répartition géographique, le nombre de places ; le nombre d'agréments en cours de délivrance ; la durée moyenne de séjours des enfants ; le nombre de réunions trimestrielles des assistants familiaux avec les référents éducatifs et les professionnels du pôle placement familial et la durée de ces réunions d'échange ; le nombre de journée de formations par an et par assistant familial. *Une analyse qualitative* sera également réalisée : recensement des pratiques professionnelles, notamment en termes de soutien technique et psychologique des référents aux assistants familiaux, en termes d'inclusion des assistants familiaux aux réflexions globales ; les modalités de recrutement des assistants familiaux, les supports de communication existants pour présenter le métier ; le niveau de rémunération moyen des assistants familiaux ; les difficultés rencontrées par les assistants familiaux dans l'exercice de leur métier ; les délais de prise en charge le recensement des pratiques d'autres départements. Le recueil de l'ensemble des données utiles se fera par des questionnaires anonymes adressés aux assistants familiaux, aux équipes socio-éducatives du pôle placement familial, par la consultation des données figurant dans le schéma départemental Enfance-famille. Une fois le diagnostic validé par le comité de pilotage, des **objectifs** seront fixés : augmenter de 10 %, en année 1 et de 50 % en année 2, le nombre d'assistants familiaux, en lien avec le nombre de départs en retraite ; instaurer systématiquement une réunion trimestrielle d'un groupe de parole. Ensuite, des **indicateurs de suivi pour l'évaluation** seront élaborés : le nombre effectif d'assistants familiaux recrutés au bout d'un an, le nombre d'agréments délivrés, le nombre de journées de formation par assistant familial, le nombre de journées d'échange entre les référents et les assistants familiaux.

B. Plan d'actions opérationnel pour un service d'accueil et un accompagnement amélioré des assistants familiaux

Proposition 1 : Élaboration d'un plan de communication

Un plan de communication sur la volonté du département de développer l'accueil familial et d'améliorer les modalités d'accompagnement des assistants familiaux dans l'exercice de leur métier est souhaité. Cette communication se fera à la fois en interne et en externe. En interne, il y aura des réunions d'information animées par le chef de projet, dans les différents services de l'ASE, du placement familial réunissant les travailleurs sociaux, les professionnels concernés, avec des témoignages d'assistants familiaux ; un édito du vice-président sera mis en ligne sur l'Intranet. En externe, des réunions publiques à destination des assistants familiaux seront organisées, avec distribution de brochures d'information (exemple de la brochure du département du Puy-de-Dôme), mais aussi diffusion de l'information sur le site Internet du département, article dans le journal départemental, dans les différentes structures sociales du territoire.

Proposition 2 : Élaborer un plan global d'actions en faveur de la professionnalisation et d'un accompagnement qualitatif des assistants familiaux

Ce plan global comportera deux volets principaux.
D'abord, il conviendra d'inscrire, dans le schéma départemental Enfance-famille et dans le projet de service, une ***nouvelle « culture » de soutien*** aux assistants familiaux. Cela se traduira par la mise en place de temps collectifs, de groupes de parole formalisés, tous les mois, entre

les assistants familiaux et les travailleurs sociaux, permettant de faire le point sur le suivi des enfants accueillis, d'avoir une meilleure compréhension du parcours des enfants et aussi d'avoir une réflexion collective sur les pratiques professionnelles ; les assistants familiaux seront dorénavant obligatoirement associés, en amont, à la rédaction du projet individualisé pour tout enfant accueilli. Il conviendra également de mettre en place un suivi individualisé pour chaque assistant familial. De plus, les assistants familiaux seront systématiquement associés aux décisions prises. Pour certaines réunions, il serait aussi proposé de convier les proches des assistants familiaux, tels les conjoints, les enfants.
Cette nouvelle culture collaborative pourra ensuite se traduire par la réalisation d'une **Charte des bonnes pratiques**, cosignée par les travailleurs sociaux concernés, les référents socio-éducatifs, les psychologues, les assistants familiaux du territoire. Cette Charte actera les engagements réciproques, les modes de travail collaboratif ainsi que la réalisation d'un album de vie pour chaque enfant accueilli chez un assistant familial. Cette Charte comportera le numéro de la Cellule d'urgence de la DMEF du département, joignable par les assistants familiaux en dehors des heures d'ouverture des services.

Proposition 3 : Plan de formation pour les assistants familiaux

Ce plan de formation serait élaboré en partenariat avec le CNFPT.
D'abord, il vise à proposer des formations spécifiques pour les assistants familiaux, sur des thématiques telles la prise en compte des troubles du comportement, sur l'accompagnement vers l'autonomie. À partir de l'exemple du CD de la Haute-Marne, est proposée une formation obligatoire de 240 heures, pour parfaire la professionnalisation des assistants familiaux, et aboutissant à l'obtention d'un diplôme de niveau V ; l'obtention de ce diplôme permet d'être exonéré de la demande de renouvellement d'agrément. Ensuite serait proposé des actions de formation continues mixtes rassemblant les assistants familiaux et les professionnels référents, d'une durée de 2 à 3 jours, réparties dans l'année, sur des thématiques telles les conduites à risques des adolescents ou l'attachement et le sentiment de sécurité chez les tout-petits. Il conviendra pour ces formations mixtes de prendre appui sur « l'itinéraire accueil familial » proposé par le CNFPT. L'organisation de ces formations devra tenir compte des contraintes des assistants familiaux, liées à leur métier, à la question des déplacements ou encore à leur répartition géographique sur le territoire.

Conclusion L'ensemble du plan d'action ainsi mis en œuvre fera l'objet, au bout d'un an, d'une évaluation approfondie, afin d'en mesurer les impacts et des enquêtes en interne seront faites, auprès des professionnels de l'ASE, du placement familial et des assistants familiaux. Cette évaluation sera validée par le comité de pilotage, avec d'éventuels réajustements.

SUJET N° 16 : Rapport avec propositions

Assistant territorial socio-éducatif, concours externe, session 2015, conseiller en éducation sociale et familiale

DURÉE : 3 HEURES

Sujet

Vous êtes conseiller en économie sociale et familiale au sein du centre local d'information et de coordination gérontologique (CLIC) de niveau 2, Les Églantiers, géré par le CCAS de SOCIOVILLE (13 000 habitants).

De fait, 25 % des habitants de la commune ont plus de 65 ans et sont souvent aidés par leurs proches. Un café des aidants a donc été mis en place depuis plusieurs années mais souffre d'un déficit de fréquentation. Par ailleurs, le CCAS, qui gère également le SPASAD (service polyvalent d'aide et de soins à domicile) de la commune, fait le constat d'un épuisement des intervenants sociaux et de santé. Au vu de cette situation, votre directrice décide de mettre en place un nouvel accompagnement conjoint des aidants professionnels et familiaux.

Dans un premier temps, vous rédigerez à son attention, exclusivement à l'aide des documents joints, un rapport sur le rôle des aidants et les difficultés qu'ils rencontrent dans le cadre de la prise en charge des personnes âgées et des personnes handicapées. (10 points)

Dans un deuxième temps, vous formulerez un ensemble de propositions opérationnelles visant la mise en relation et l'accompagnement des aidants familiaux et professionnels. Pour traiter cette seconde partie, vous mobiliserez également vos connaissances. (10 points)

Liste des documents

Document 1 : « Le pays de Redon crée une unité mobile de soutien aux aidants » - La Gazette Santé-Social - avril 2015 - 1 page.

Document 2 : « Besoins et attentes des aidants familiaux de personnes handicapées vivant à domicile » (extraits) - conseil général du Rhône, CREAI Rhône-Alpes - février 2009 - 4 pages.

Document 3 : « Fin de vie : les aides à domicile en première ligne » - Actualités sociales hebdomadaires n° 2857 - 24 avril 2014 - 4 pages.

Document 4 : « Plan Alzheimer 2008-2012 - Formules innovantes de répit et de soutien des aidants - Guide pratique à destination des porteurs de projet » (extraits) - ministère des Solidarités et de la Cohésion sociale, CNSA, Eneis Conseil - septembre 2011 - 4 pages.

Document 5 : « Charte européenne de l'aidant familial » - Confédération des organisations familiales de l'Union européenne - 2007 - 2 pages.

Document 6 : « Besoins et attentes des aidants familiaux de personnes handicapées vivant à domicile » (extraits) - conseil général du Rhône, CREAI Rhône-Alpes - février 2009 - 6 pages.

Document 7 : « Un café pour aider les aidants » - La Gazette Santé-Social - juin-juillet 2015 - 1 page.

Document 8 : « Les aidants familiaux, un rempart contre la maladie, le handicap ou la dépendance » - www.la-croix.com - 6 octobre 2013 - 2 pages.

Document 9 : « Rompre l'isolement des intervenants » - La Gazette Santé-Social - juin-juillet 2014 - 1 page.

Téléchargez gratuitement les documents sur www.vuibert.fr/site/206463

Proposition de corrigé

Commune de SOCIOVILLE Le ...

Rapport à l'attention de Madame la directrice

Objet : le rôle des aidants et les difficultés qu'ils rencontrent dans le cadre de la prise en charge des personnes âgées et des personnes handicapées.

Définition (doc. 5 et 7) Même s'il n'existe pas de profil type d'aidant, pour la Confédération des organisations familiales de l'Union européenne (Coface), le proche aidant ou l'aidant familial est la personne non professionnelle qui vient en aide, par défaut ou par choix, à titre principal, pour partie ou totalement, à une personne dépendante malade, âgée ou handicapée de son entourage, pour des activités de la vie quotidienne. Cette aide quotidienne peut prendre plusieurs formes : soins, démarches administratives, vigilance permanente, activités domestiques, etc.

Contextualisation du sujet (doc. 3, 7 et 8) Selon l'enquête « intervenants à domicile » réalisée en 2008 par la direction de la recherche, des études, de l'évaluation et des statistiques (DREES), 515 000 intervenants (98 % de femmes) travaillent au domicile de personnes dans l'incapacité temporaire ou permanente d'effectuer les actes essentiels de la vie quotidienne. Selon l'Association française des aidants, en 2014, ce sont environ huit millions de personnes qui sont considérées comme aidantes. Selon une étude, un tiers des Français prennent ou ont déjà pris soin d'un proche âgé en perte d'autonomie ; on estime à 4,3 millions le nombre de personnes aidant régulièrement un de leurs proches âgés de 60 ans ou plus. On notera que 53 % des aidants sont des femmes.

Annonce du plan Les aidants familiaux et professionnels sont confrontés à de réelles difficultés dans leur quotidien, d'où la mise en place d'une palette de nouveaux dispositifs, au niveau national et local, pour remédier à cette situation (I). Redynamiser le café des aidants de la commune de SOCIOVILLE, et plus globalement redéfinir une politique globale d'accompagnement des aidants impliquent de recourir à une démarche concertée et structurée (II).

I. Face aux difficultés rencontrées par les aidants familiaux et professionnels, des actions d'accompagnement innovantes sont mises en place, au niveau national et local

Annonce des sous-parties Les aidants familiaux et les aidants professionnels sont confrontés à de réelles difficultés au quotidien (A). Pour les pallier, des actions innovantes en termes d'accompagnement et de répit sont mises en place, tant au niveau national qu'au niveau local (B).

A. Les difficultés quotidiennes rencontrées par les aidants familiaux et les aidants professionnels *(doc. 2 et 3)*

a. Les difficultés du côté des aidants familiaux et leurs incidences

Les aidants familiaux rencontrent principalement deux types de difficultés *(doc. 2)*. Ils sont confrontés d'abord à des difficultés en termes d'accès à l'information. Ils manquent d'information sur la législation, sur les droits et les démarches administratives ; il leur est difficile de trouver le bon interlocuteur, notamment au niveau des maisons départementales des personnes handicapées (MDPH). Ce sont ainsi 15 % des aidants qui souffrent d'un manque d'information sur la problématique de la personne aidée, 22 % ont besoin de plus d'informations sur le handicap et 18 % ont besoin d'être mieux formés sur le rôle d'aidant. Ensuite, ils rencontrent des difficultés en termes financiers. Ainsi, 48 % des aidants demandent à bénéficier de plus de moyens financiers, ce besoin étant souvent en lien avec la perte d'activité du conjoint devenu handicapé.

Ce rôle d'aidant touche la vie personnelle des personnes concernées *(doc. 6 et 8)*. Pour plus de 40 % des aidants, leur rôle a des conséquences sur leur santé physique et psychique : stress, nervosité, épuisement moral, troubles musculaires, manque de sommeil, fatigue psychique, etc. Leur rôle de soutien a aussi des conséquences sur leur vie sociale. Les sorties et les voyages deviennent limités, le cercle relationnel et amical se réduit, ce qui peut aboutir à un réel isolement de l'aidant tout comme de la personne aidée. Plusieurs raisons l'expliquent : la grande fatigabilité des personnes handicapées, le manque d'adaptation physique des lieux extérieurs, notamment publics, l'attitude de l'entourage, le regard des autres, le manque de relais qui rend très difficile, voire impossible pour l'aidant de laisser seule la personne handicapée, etc. De plus, être aidant a des conséquences négatives sur la vie sentimentale : manque d'intimité, « frustration sexuelle », manque de temps disponible pour l'entourage familial, charge horaire très importante, sentiment de culpabilité pour 40 % des aidants, etc. Le rôle d'aidant prend le pas sur la vie privée, sociale et professionnelle, aboutissant à un oubli de soi. Cette situation d'épuisement physique et mental explique que 50 % des aidants sont atteints de dépression au bout de deux à trois ans.

b. Les difficultés du côté des aidants professionnels

Les aidants professionnels sont confrontés à deux principaux types de difficultés. D'abord, ils sont confrontés à des situations psychologiques difficiles *(doc. 3)*. Les aidants éprouvent un attachement très fort et grandissant vis-à-vis des personnes aidées. Or, quand la situation de ces derniers s'aggrave, quand la mort approche et quand il y a décès, les aidants professionnels ressentent une grande détresse qui peut se transformer en profond traumatisme. Les aides à domicile sont particulièrement démunis face à la fin de vie, car celle-ci ne fait pas partie de leur « cœur de métier », qui consiste principalement à pallier la dépendance des personnes. Les aidants professionnels ne sont pas en capacité de repérer le passage d'un accompagnement de la perte d'autonomie à celui de la fin de vie. Les aides à domicile ont aussi de fortes difficultés à nommer la situation. Il est constaté des résistances et des blocages psychologiques dans la prise de conscience de l'accentuation de la gravité de l'état de la personne aidée, car ceci est douloureux pour l'aidant. En outre, un rapport de l'Observatoire national de la fin de vie (ONFV) de 2013 met en évidence le manque de soutien et le manque de formation des aidants à domicile face à la fin de vie des personnes âgées. Or, les aidants à domicile sont un élément clé de l'accompagnement des personnes âgées ; ils n'ont pas de formation sur les soins palliatifs ni de formation médicale.

B. Les actions innovantes mises en place au niveau national et local pour accompagner les aidants

a. Au niveau national, le plan Alzheimer 2008-2012 (doc. 4)

Le plan Alzheimer 2008-2012 propose principalement quatre formules innovantes en termes de répit et d'accompagnement pour les aidants. La première formule est celle du répit à domicile. Ce dispositif consiste à remplacer à domicile, de façon continue et sur plusieurs jours, l'aidant principal. Le dispositif s'adresse à des couples ou dyades aidant-aidé, dont l'un nécessite une aide permanente pour rester au domicile. L'aidant principal peut ainsi s'absenter pour faire une « pause », satisfaire ses besoins et obligations personnels et professionnels. Ce dispositif permet de maintenir la personne aidée dans son environnement de vie et donc de garder ses repères. Ceci permet aussi un enrichissement des pratiques tant pour les aidants que pour les professionnels. Et surtout l'aidant se voit reconnu dans son rôle quotidien, par un professionnel. La deuxième formule innovante est celle de la garde itinérante de nuit. Ceci consiste en des passages de courte durée, entre quinze et trente minutes, programmés ou non, pour assurer un soin, une aide ou une présence sécurisante, en dehors des horaires d'intervention des services de jour. Ceci permet de mieux respecter les rythmes de vie des personnes et leur participation à une vie sociale normale, tout en relayant les aidants sur une partie de l'aide à la personne. Un troisième dispositif proposé par le plan Alzheimer est celui des séjours de vacances pour le couple dont une personne est atteinte de la maladie d'Alzheimer ou de troubles apparentés. Ceci constitue pour l'aidant une rupture bénéfique avec le quotidien ; c'est aussi une opportunité de soutien du lien social, de détente et d'accès aux loisirs. Enfin, le quatrième dispositif du plan Alzheimer est lié au développement d'activités sociales, culturelles et de loisirs pour les malades et/ou les aidants afin que l'aidant puisse avoir un moment de répit, du temps pour lui, avec possibilité de participer à ces activités.

b. Les actions menées au niveau « local »

Les actions d'appui menées au niveau local concernent à la fois les aidants familiaux et les aidants professionnels.
S'agissant d'abord des actions envers les aidants familiaux, plusieurs exemples peuvent être cités. Le café des aidants est un lieu de parole, de partage d'une vision, d'une méthodologie commune, libre d'accès et gratuit pour les aidants *(doc. 7)*. Chaque séance dure une heure et demie environ, débutant par une conférence thématique animée par un psychologue et un travailleur social. Il y a également la démarche mise en place par l'association de soins et services à domicile (Assad) du Pays de Redon *(doc. 1)* : création d'une équipe mobile de soutien aux aidants (EMSA) afin de pouvoir répondre à un besoin croissant d'accompagnement et de répit de la part des aidants. Ce dispositif est destiné aux aidants des personnes de plus de 60 ans en état de dépendance physique ou psychique, surtout en milieu rural. Une aide-soignante et une animatrice diplômée interviennent et proposent des actions personnalisées en individuel au domicile ou en collectif, en intérieur comme en extérieur. On peut aussi mentionner l'exemple du dispositif de la plateforme de répit développé par cet Assad, depuis 2012, à destination des aidants des malades d'Alzheimer, dispositif financé par l'agence régionale de santé (ARS) : groupe de parole, formations, café mémoire, atelier collectif. Ce dispositif prend appui sur un réseau partenarial, à savoir les hôpitaux, les centres communaux d'action sociale (CCAS), les établissements d'hébergement pour personnes âgées dépendantes (EHPAD), etc.
S'agissant ensuite des actions envers les aidants professionnels, on peut mettre en avant les démarches d'appui psychologique. Il s'agit de mettre en place des protocoles en cas de décès sur les modalités de gestion de cette situation par les aides à domicile : appel des secours, appel de l'employeur, etc. Ce type de démarches vise à accompagner le processus de deuil, avec l'aide de psychologues permettant de mettre des mots sur le vécu et donc de sécuriser les aidants. On peut citer l'exemple de l'association de service à domicile du Tarn ou de l'association Ariège assistance *(doc. 9)*.

II. Mettre en place une politique locale de soutien aux aidants familiaux et professionnels : une démarche structurée et participative nécessaire

Annonce des sous-parties Redynamiser le café des aidants de la commune et mettre en place une politique d'accompagnement global des aidants impliquent de recourir à une démarche structurée et participative (A). Un plan d'action diversifié et opérationnel sera également proposé pour soutenir les aidants familiaux et professionnels (B).

A. Une démarche structurée et participative nécessaire, au service d'une politique d'accompagnement des aidants

a. Définition d'une démarche méthodologique organisant la « ressource » et la mobilisation des acteurs en interne pour piloter et structurer le projet

Il importe que l'autorité territoriale de SOCIOVILLE affirme son volontarisme politique et affiche clairement l'importance que constitue l'accompagnement des aidants. Pour ce faire, le directeur du CCAS de SOCIOVILLE désignera un chef de projet dont l'une des missions principales sera d'organiser et de piloter, en qualité de « référent », la dynamique globale de mise en œuvre d'actions sociales appropriées, le planning de travail, le calendrier, l'élaboration du budget prévisionnel des actions et les partenariats pouvant être contractualisés. Compte tenu des compétences requises et du projet à réaliser, le **chef de projet** pourra être le conseiller en éducation sociale et familiale (ESF) du CCAS, voire le conseiller en ESF du centre local d'information et de coordination (CLIC). Dans cette fonction d'animation, le chef de projet s'appuiera sur deux instances, un comité technique et un comité de pilotage. Le **comité technique** sera constitué notamment, outre le chef de projet, des membres suivants : des travailleurs sociaux du CCAS, le responsable du CLIC, un représentant du service polyvalent d'aide et de soins à domicile (SPASAD), le responsable du café des aidants et des représentants d'aidants familiaux. Le comité technique pourra se diviser en groupes de travail thématiques afin d'aider le chef de projet dans la mise en œuvre des actions. Le **comité de pilotage**, qui aura pour objectif de valider les principales étapes méthodologiques, sera composé notamment des membres suivants : le président du CCAS, des membres du conseil d'administration du CCAS, du directeur du SPASAD, de représentants du département, de représentants de l'Association française des aidants, d'un représentant du réseau « Avec nos proches » et d'un représentant de l'ARS.

b. Le chef de projet mènera la démarche selon trois étapes

En transversalité et concertation étroite avec les acteurs sociaux de la collectivité et du département, il conviendra de réaliser un **diagnostic**, c'est-à-dire un état des lieux des besoins et attentes. Il sera ainsi procédé à un recensement du nombre d'aidants familiaux sur le territoire, d'aides à domicile et de professionnels amenés à intervenir. Il sera nécessaire également d'identifier le nombre de personnes déjà aidées et celles potentiellement concernées et intéressées, avec une typologie de leurs besoins. Les actions déjà existantes en termes d'appui aux aidants familiaux et aux aides à domicile devront être également recensées. Il faudra identifier la nature des difficultés rencontrées par les aidants familiaux, mais aussi par les aides à domicile du SPASAD, évaluer la couverture des besoins des personnes aidées et des personnes aidantes, diagnostiquer les services actuellement rendus en termes quantitatifs et qualitatifs et déterminer les raisons de la baisse de fréquentation du café des aidants. Une fois cette phase de diagnostic réalisée et validée par le comité de pilotage, la deuxième étape consistera à définir les **objectifs stratégiques** et les actions concrètes qui en résultent. Par exemple, on pourra se fixer comme objectifs d'augmenter de 10 % la première année la fréquentation du café des aidants et de diminuer de 20 % le nombre d'arrêts maladie des aides à domicile professionnels. Enfin, durant la première année de mise en œuvre, le chef de projet devra établir un **bilan détaillé**, à présenter au comité de pilotage aux fins de validation, à partir des indicateurs de suivi et tableaux de bord préalablement élaborés : par exemple, le nombre de nouvelles personnes aidées, le nombre effectif d'aidants se rendant au café des aidants en précisant la fréquence des visites et les thématiques abordées, le nombre d'arrêts maladie des aides à domicile, etc. Des ajustements et correctifs pourront être apportés par le comité de pilotage au bilan annuel ainsi élaboré, au titre de la prochaine préparation budgétaire.

B. Un plan d'action opérationnel au service d'une politique d'accompagnement qualitatif des aidants

*a. Proposition 1 : communiquer sur la volonté du conseil d'administration du CCAS de lancer une **nouvelle dynamique d'accompagnement** des aidants familiaux et des aidants professionnels*

Pour ce faire, il conviendra de s'approprier la Charte européenne de l'aidant familial *(doc. 5)* en la consultant sur Internet, en lisant le journal municipal et en travaillant sur le document explicatif à disposition des professionnels qui les remettront aussi aux personnes aidées. Cette charte devra être signée par les professionnels mais aussi par les personnes aidées.

*b. Proposition 2 : mettre en place des **actions de soutien global** pour les aides à domicile du SPASAD, autour d'un volet « appui psychologique » afin de remédier à l'épuisement constaté chez ces professionnels*

Pour le volet « appui psychologique », on pourra mettre en place des réunions mensuelles d'analyse des pratiques, des temps de dialogue consacrés uniquement à la fin de vie qui seraient animés par un psychologue extérieur au SPASAD et un dispositif d'écoute téléphonique avec un psychologue, lors de la survenance d'un décès. Le café des aidants pourra servir de lieu « ressource » pour ces actions : ce serait un moyen de le redynamiser. On pourra également mettre en place des visites à domicile du psychologue pour soutenir les aides à domicile dans leur quotidien, surtout quand la situation de la personne aidée s'aggrave, et des temps de coordination avec les autres acteurs du domicile (cf. hospitalisation à domicile). On pourra encore inscrire des temps d'échange et d'appui dans l'annualisation du temps de travail des aides à domicile et négocier avec le conseil départemental une participation au financement de ces actions.

c. Proposition 3 : mettre en place des ***actions de soutien global*** *pour les aides à domicile du SPASAD, mais aussi pour les aidants familiaux autour d'un volet formation pour développer les savoir-faire pratiques*

Pour les professionnels, on peut proposer d'inscrire dans le plan de formation, sur trois ans, des formations sur le repérage de la douleur, sur l'accompagnement à la fin de vie et les soins palliatifs, sur la relation à l'autre en fin de vie et la compréhension de ses besoins, sur l'alimentation propre aux personnes âgées, sur la bientraitance, sur la démence, etc. Il sera utile de recourir aux outils mis en place par les réseaux nationaux comme l'Union nationale de l'aide, des soins et des services aux domiciles (UNA) et l'Aide à domicile en milieu rural (ADMR) avec, par exemple, la mallette pédagogique « soins palliatifs ». Cela valorisera le travail des aides à domicile et leur permettra d'être mieux reconnus par les autres acteurs en tant que partenaires à part entière. La Sécurité sociale pourra, au titre des aides extra-légales (Fonds national d'action sanitaire et social), participer au développement de ces formations. On pourra mettre en place un partenariat avec le réseau « Avec nos proches » pour mettre les aidants familiaux recensés dans la ville, et qui le souhaitent, en contact téléphonique avec des bénévoles ayant joué ce rôle d'aidants. Ces formations pourraient être mutualisées avec les autres communes du territoire de l'intercommunalité.

SUJET N° 17 : Rapport avec propositions

Éducateur territorial de jeunes enfants, concours externe, session 2018

DURÉE : 3 HEURES

Sujet

Vous êtes éducateur de jeunes enfants dans la commune de Xville qui compte 6 000 habitants incluant un quartier particulièrement sensible.
Le maire a été interpellé par les responsables des structures Petite Enfance et le directeur d'école maternelle sur les effets du développement de l'enfant utilisant de manière répétitive les écrans.
Dans un premier temps, le responsable de la petite enfance vous demande de rédiger à son attention, exclusivement à l'aide des documents joints, un rapport sur l'utilisation des écrans chez les petits enfants. (10 points)
Dans un deuxième temps, il vous demande d'établir un ensemble de propositions opérationnelles incluant les acteurs afin d'informer les parents de l'utilisation de ces nouvelles technologies et des conséquences sur le comportement des enfants.

Pour traiter cette seconde partie, vous mobiliserez également vos connaissances. (10 points)

Liste des documents

Document 1 : « L'utilisation des écrans pour les tout-petits », Les p'tits mômes, journal de la petite enfance du Conseil départemental du Val de Marne, décembre 2013, 3 pages.

Document 2 : « Conseils aux parents : Mon enfant face aux écrans : quatre "pas" pour mieux avancer », Médecine & enfance, septembre 2016, 1 page.

Document 3 : « Addiction aux écrans : de graves conséquences chez les enfants de 0 à 4 ans », Le Parisien, Anne Charlotte Dancourt, juin 2017, 1 page.

Document 4 : Extraits de EJE journal : « Les méfaits de la télé. », juillet 2017 et « Connectés même avant la naissance ! », avril/mai 2014, 1 page.

Document 5 : « Quand bébé prend la tablette », Serge Tisseron, EJE, décembre 2014/janvier 2015, 4 pages.

Document 6 : « Des écrans adaptés à chaque âge. », Serge Tisseron, Edition Erès, 1 page.

Document 7 : « Un médecin de PMI lance l'alerte », www.Gynger.fr, 3 pages.

Document 8 : « 5 astuces pour que votre enfant décroche de son écran », www.consoglobe.com, 10 juin 2017, 2 pages.

Document 9 : « Non ! Les écrans ne sont pas responsables », www.internetactu.net, Yann Leroux, juin 2017, 2 pages.

Document 10 : « Épidémie de myopie chez les plus jeunes », Association pour l'Éducation à la Réduction du Temps Écran, juillet 2017, 1 page.

Document 11 : « Les jeunes enfants et les écrans : quelle prévention mettre en place ? », www.lesprosdelapetiteenfance.fr, février 2016, 2 pages.

Document 12 : « Nocivité des écrans, où sont les preuves ? », www.Gynger.fr, Gaëlle Guernalec-Levy, janvier 2017, 2 pages.

Document 13 : « Tablette, attention danger ! », EJE journal : décembre 2015 / janvier 2016, 1 page.

Téléchargez gratuitement les documents sur www.vuibert.fr/site/206463

Proposition de corrigé

Commune de Xville Le ...

Rapport à l'attention du Responsable de la petite enfance

Objet : utilisation des écrans chez les tout-petits et modalités d'information des parents.

Éléments d'introduction (doc. 1, 2, 3, 4, 8 et 11)

(Contextualisation du sujet / problématique) Les écrans font partie du quotidien des enfants dès leur plus jeune âge, avec l'utilisation accrue des nouvelles technologies dans les familles. Ils sont « hyperconnectés ». Selon une étude d'AVG Technologies, en France, 66 % des enfants de 3 à 5 ans savent manier les jeux vidéo. Même avant leur naissance nombre de bébés ont une empreinte numérique et 63 % des mères reconnaissent avoir mis en ligne des photos de leur enfant avant même leur première année, dont 30 % pendant leur grossesse. Un enfant passe en moyenne 40 heures/semaine devant un écran : télévision, ordinateurs, tablettes numériques, smartphones font partie de l'environnement visuel et mental des enfants.
Face à cette situation, les professionnels de la santé, les acteurs institutionnels sont de plus en plus nombreux à se mobiliser pour mettre en garde les parents contre les dangers des écrans : recommandations du Conseil supérieur de l'audiovisuel en 2012, avis de l'Académie de médecine en 2013, nouvelle campagne récente « Apprivoiser les écrans et grandir » du psychiatre Serge Tisseron. Or, le bien-être des enfants est une question cruciale.

Annonce du plan Dans un premier temps, il sera tout d'abord abordé le sujet de l'utilisation des écrans chez les enfants et les effets sur leur développement (I). Des propositions opérationnelles permettront d'informer et de faire prendre conscience aux parents des bienfaits ou non des écrans pour les enfants (II).

I. L'utilisation accrue des écrans par les jeunes enfants : des impacts dangereux nécessitant des recommandations d'usage

Annonce des sous-parties La surutilisation des écrans a des conséquences avérées sur le développement psychomoteur et la santé des jeunes enfants (A). Aussi, les professionnels proposent des recommandations pour un usage raisonné des écrans (B).

A. Un constat partagé : l'usage intensif des écrans peut impacter la santé et le développement des jeunes enfants

Même si cela fait débat, plusieurs études publiées en 2015 et 2017, en France et aux États-Unis, alertent sur l'impact de l'usage prolongé et intensif des écrans sur le développement de l'enfant *(doc. 3, 4 et 9)*. Il y a un lien entre le temps passé devant les écrans et des troubles neurodéveloppementaux. D'abord, les capacités scolaires et le rapport au monde *(doc. 4, 11 et 13)* peuvent être impactés suite au temps passé plusieurs heures par jour devant la télévision : les habilités mathématiques, les fonctions exécutives, des enfants passant plus de deux heures devant la télévision sont plus faibles que celles d'autres enfants. Des troubles de l'attention et du développement sont également constatés : passivité, retards de langage, agitation, troubles du sommeil, difficulté de concentration. Le monde virtuel des tablettes peut aussi entraver la construction du principe de causalité, les premières notions du temps, qui n'existe pas dans le monde virtuel, l'interaction verbale, indispensable à l'acquisition du langage. Il a été constaté aussi un retard dans le développement de la motricité fine et globale, dans le développement psychomoteur du jeune enfant : l'enfant qui reste assis devant une surface plane réduit le champ de ses expériences sensorielles et sa capacité à découvrir le monde et à développer son imaginaire et la conscience de soi. La stimulation proposée par les écrans est bien plus pauvre que celles de l'environnement humain et social. On peut citer l'exemple de l'expérimentation faite auprès de 1 900 enfants de 5 à 6 ans : plus le temps passé devant les écrans de télévision est long, plus les dessins (dessin du bonhomme) sont pauvres en détail et réalisme.

De plus, pour certains médecins, pédopsychiatres, professionnels de la petite enfance, la surexposition des jeunes enfants aux écrans a de graves conséquences sur la santé de l'enfant *(doc. 7 et 10)*. L'usage intensif des écrans aboutirait à développer un nombre grandissant de symptômes correspondant aux troubles du spectre autistique : enfants ne répondant pas à leur prénom, indifférents au monde qui les entoure, agités ou très inhibés, dans « leur bulle ». Cette surexposition (6 à 12 heures/jour) empêche une stimulation adaptée au développement du cerveau (manipulations de jouets, jeux d'imitation, interactions humaines) et inhibe les connexions cérébrales. Ceci concerne plus les garçons. Quand l'exposition est réduite de façon drastique, les symptômes disparaissent. Mais l'effet des écrans est aussi à corréler au niveau socio-économique de la famille. En outre, selon l'Association pour l'Éducation à la Réduction du Temps Écran, depuis 10 ans, 4 ophtalmologistes sur 5 observent une nette augmentation des cas de myopie chez les plus jeunes : 20 % en 1970 contre 40 % en 2015.

Face aux conséquences de la surexposition aux écrans, les professionnels se mobilisent pour faire des recommandations dans leur usage.

B. Face à ce constat, des recommandations sont faites par les professionnels pour un usage raisonné des écrans

Selon le psychiatre Serge Tisseron *(doc. 1, 5 et 6)*, il importe à tout âge « *de limiter les écrans, de choisir les programmes, d'inviter les enfants à parler de ce qu'ils ont vu ou fait et d'encourager leurs créations* ». Ainsi, avant 3 ans, dans la mesure où l'enfant construit ses repères spatiaux, les tablettes peuvent être utilisées, elles peuvent avoir un rôle éducatif, mais en complément des jeux traditionnels, et toujours accompagnées par un adulte, pour une durée maximum de 10-15 minutes. De 3 à 9 ans, il importe d'établir des règles claires de durée d'utilisation des écrans – entre 30 minutes et 1 heure par jour – et de ne pas mettre de télévision ou d'ordinateur dans la chambre de l'enfant ; il importe aussi de respecter les âges indiqués pour les programmes et d'inviter l'enfant à raconter ce qu'il a vu notamment par rapport à la notion de réversibilité qui n'existe pas dans la réalité ; la console de jeux peut être paramétrée dans le salon. De 9 à 12 ans, il importe de rappeler les particularités d'Internet, ce qu'on peut y trouver comme vraies et fausses données, il faut continuer d'établir des règles claires quant au temps passé devant les écrans. Après 12 ans, il faut convenir d'horaires à respecter, éviter une connexion nocturne illimitée, discuter du harcèlement sur la « toile ».

Pour ne pas devenir « captif » de l'écran, quelques conseils complémentaires sont préconisés *(doc. 2)* : pas d'écrans le matin, car ils surstimulent l'attention et fatiguent l'enfant ; celui-ci aura plus de difficulté ensuite à se concentrer pour les apprentissages scolaires. Pas d'écrans pendant les repas : cela limite les temps d'échanges, le vocabulaire s'appauvrit, cela peut entraîner des retards de développement du langage. Pas d'écran avant de s'endormir : le sommeil qui se forme en partie avec les dernières images perçues sera de moins bonne qualité. Pas d'écrans dans la chambre de l'enfant, car cela diminue son temps de sommeil. Mettre en place ces « quatre temps » est essentiel pour permettre à l'enfant de mieux développer son langage, sa pensée, son imagination, son autonomie, sa capacité à être seul, à faire la distinction entre le réel et le virtuel. Pour les professionnels, il importe que l'usage des écrans soit limité et ce, dès le plus jeune âge. Ainsi, ils pourront avoir des effets positifs et être au service de leur développement *(doc. 5)* : apprendre le langage de la programmation, des supports de création, d'innovation et de liberté.

Ainsi, une utilisation trop précoce ou une surutilisation des écrans peut avoir des conséquences problématiques sur la santé, l'équilibre de l'enfant. Dans cette perspective, un plan d'action est nécessaire pour faire des outils numériques des supports positifs d'apprentissage et de divertissement.

II. Un plan d'action en faveur d'une utilisation raisonnée des écrans comme outils d'éducation

(Annonce des sous-parties) Les résultats des enquêtes rendent nécessaire une démarche concertée et partagée (A), ceci afin d'élaborer et de mettre en place un plan d'action en faveur d'une utilisation raisonnée des nouveaux outils numériques par les jeunes enfants (B).

A. Une démarche concertée et partagée pour faire des écrans des outils éducatifs

L'enjeu du projet municipal, d'inciter les parents à un usage plus raisonné et éducatif des écrans pour leurs jeunes enfants, requiert une démarche structurée et coordonnée, reposant principalement sur la réalisation d'un diagnostic partagé. La directrice de la petite enfance, avec l'accord du DGA « Services Population », désignera un **chef de projet** pour assurer le pilotage du projet, à savoir une EJE d'une structure implantée dans le quartier « sensible » de la commune. Le chef de projet, interlocuteur principal, aura pour mission d'animer, de coordonner l'ensemble des acteurs internes et externes dans la mise en œuvre des futures actions permettant d'utiliser raisonnablement les écrans, de façon éducative et donc accompagnée. Le chef de projet s'appuiera sur deux instances : un comité technique et un comité de pilotage. Le **comité technique**, « cheville ouvrière » dans le déroulé du projet, serait composé notamment du responsable de la petite enfance, d'EJE d'autres structures communales, d'assistants maternels, du responsable « pôle enfance » de la médiathèque, du responsable formation de la DRH, d'un représentant du service communication. Des groupes de travail seront créés, par exemple, sur les pratiques des villes environnantes, sur le recueil des différentes études, analyses faites sur l'usage des écrans ; le comité technique se réunira toutes les trois semaines en moyenne. S'agissant du **comité de pilotage**, instance décisionnelle, de validation, il pourrait être composé de la DGA « Services Population », du maire, de l'élu délégué à la petite enfance, des directeurs et directrices de structure, du médecin de PMI, d'un psychologue, du directeur du CMP, de parents membres du conseil de crèche, des responsables des écoles maternelles.

Ensuite, le chef de projet et le comité technique conduiront le projet en trois étapes, la plus importante étant la réalisation d'un **diagnostic**, sur une durée de 4 à 6 mois ; cet état des lieux consistera à recueillir des données quantitatives et « qualitatives » : le nombre d'enfants accueillis dans les structures et aussi en écoles maternelles, ayant des tablettes, le temps moyen passé devant des écrans, devant la télévision ; le nombre « d'écrans » par famille » ; le nombre d'enfants ayant des difficultés d'attention, étant agités ou repliés « dans leur bulle » ; le nombre d'enfants suivis au CMP et ayant des symptômes de troubles autistiques ; le nombre d'enfants atteints de myopie et leur évolution depuis 10 ans ; le temps de lecture moyen journalier, le temps de jeu consacré par les parents aux enfants. Pour recueillir ces données, des questionnaires anonymes comportant des questions ouvertes et aussi des questions fermées seront élaborés et transmis aux parents des enfants fréquentant les structures petite enfance et les écoles maternelles, aux responsables des structures, aux assistants maternels municipaux, aux professionnels de la PMI, du CMP, aux médecins de la ville ; le diagnostic sera soumis à la validation du comité de pilotage. Puis, le chef de projet proposera des **objectifs** stratégiques et des actions prioritaires : par exemple, diminuer de 50 % le temps passé devant les écrans et la télévision, selon les âges, dès la première année ; augmenter de 20 % dès la première année, la fréquentation par les familles du pôle « jeunesse/tout-petit » de la médiathèque. Le comité de pilotage validera ces objectifs et les moyens matériels/humains mobilisés. Des **indicateurs de suivi**, utiles pour la réalisation de l'étape d'évaluation, au bout d'un an, seront enfin élaborés et validés par le comité de pilotage : par exemple, le temps moyen constaté au bout d'un an, passé devant les tablettes, la télévision ; nombre de nouveaux enfants suivis par le CMP pour des troubles du comportement.

Ensuite, le chef de projet et le comité technique proposeront un plan d'action favorisant l'usage éducatif des écrans.

B. Un plan d'action en faveur d'une utilisation raisonnée et éducative des écrans par les jeunes enfants

Ce plan d'action va s'articuler autour de trois axes. Le **premier axe** consistera en l'élaboration d'un **plan de communication à l'attention des familles et des professionnels**. Informer les familles de toutes origines sociales et les professionnels de la volonté politique de la municipalité de mettre en œuvre une politique visant à faire comprendre les dangers des écrans, s'ils sont surutilisés, et à valoriser le « volet » éducatif, sous certaines conditions. Organiser, en lien avec le service communication, une réunion publique à l'intention des familles, ou bien une réunion par structure afin de faire connaître cette mobilisation de la commune. Faire un édito du maire ou de l'élu délégué à la petite enfance dans le journal municipal, sur le site Internet de la ville. Organiser des réunions « pédagogiques » dans les structures afin de mieux diffuser auprès des familles les dangers d'une surexposition aux écrans ; l'objectif étant de faire prendre conscience des impacts des écrans sur le développement de l'enfant, lors d'un usage intensif et en aucune manière de « culpabiliser » les parents. Des médecins, des psychiatres seront présents à ces réunions animées par le chef de projet. Lors de ces réunions, des flyers seront distribués sur les atouts des outils numériques quand leur usage est dosé, modéré, progressif selon l'âge des enfants. Des affiches pourront aussi être mises dans les cabinets médicaux, les structures petite enfance, la médiathèque/ludothèque, les écoles maternelles.

Le **deuxième axe** portera sur la réalisation d'un **plan d'action global en faveur d'un usage raisonné et éducatif des écrans**. D'abord, une politique de prévention « soutenante » sera mise en place par les professionnels de la petite enfance, par les assistants maternels municipaux. Ceci passera par des actions de sensibilisation, lors des « portes » ouvertes » organisées dans les structures pour accueillir les nouveaux parents, mais aussi dans les maternités du territoire pour sensibiliser les futurs parents aux effets de l'hyper-connexion, sur la façon de faire des écrans des outils éducatifs, sur comment passer un « contrat responsabilisant » avec les enfants. Chaque année, une conférence-débat pourrait aussi être organisée sur ce thème ; des subventions seront recherchées pour la réalisation de ce forum, auprès de la CAF, de l'agence régionale de santé (ARS). Une « journée sans écran » pourrait aussi être organisée, à l'échelle de la commune, pour toutes les familles, en proposant des suggestions d'activités alternatives aux parents.

Ensuite, ceci passera aussi par la revalorisation des jeux traditionnels et des jeux actifs qui permettent aux jeunes enfants d'être en mouvement, d'être en relation avec les autres, adultes ou enfants ; il en est de même des jeux de modification de formes, de transformation et des jeux qui racontent une histoire.

Une revalorisation de la place du livre, au travers de différentes actions sera également nécessaire : organiser dans les structures, des « goûters-lecture » avec les parents d'une durée d'1 h/1 h 30, débutant par une lecture et se prolongeant par un goûter entre les parents, les enfants et les professionnels et pourraient même se poursuivre par une courte activité partagée permettant d'améliorer les échanges : jeux de manipulation, jeux de construction. Des jardins d'enfants, pour les assistants maternels, seront également organisés, chaque mois, autour de la lecture d'histoires.

Le **troisième axe** consistera en la mise en place d'un **plan de formation**. Structurer un partenariat avec le CNFPT, mais aussi avec la CAF et /ou l'ARS, en vue d'élaborer des actions de formation, pour les professionnels petite enfance : par exemple, 1 jour de formation sur la connaissance des effets des écrans, sur les recommandations en matière d'usage progressif selon les âges, sur la pédagogie de « l'auto-régulation » ; organiser 1 jour de formation sur la connaissance du développement de l'enfant ; organiser 1 jour de formation pour les assistants maternels sur comment choisir et lire un livre.

Conclusion L'ensemble du plan d'action mis en place fera l'objet d'une évaluation globale approfondie, au bout d'un an, soumise à la validation du comité de pilotage ; des réajustements, de nouvelles actions pourront être proposés avec les éventuels impacts financiers en résultant, examinés lors de la prochaine préparation budgétaire.

SUJET N° 18 : Rapport avec propositions

Éducateur territorial de jeunes enfants, concours externe, session 2016

DURÉE : 3 HEURES

Sujet

Éducateur territorial de jeunes enfants, vous venez d'être nommé directeur de la crèche collective communale « Les P'tits Hérissons » à Educville, laquelle accueille vingt enfants de 2 mois et demi à 4 ans.

Votre équipe est composée d'un psychomotricien, de quatre auxiliaires de puériculture et de deux adjoints techniques (un cuisinier et un agent chargé de l'entretien). Certains membres de l'équipe sont en poste depuis plus de quinze ans, d'autres sont jeunes professionnels.

Désireuse de définir le mode d'implication des professionnels dans les équipes des trois crèches présentes sur la commune, la directrice de la petite enfance vous demande de rédiger à son attention un rapport sur les spécificités du management en crèche. Pour ce faire, vous vous aiderez exclusivement des documents joints. (10 points)

Elle vous demande, dans un deuxième temps, de formuler un ensemble de propositions opérationnelles pour la mise en place de réunions collectives et d'instances d'analyse de pratique au sein de votre équipe et avec celles des autres crèches. Pour traiter cette seconde partie, vous mobiliserez également vos connaissances. (10 points)

Liste des documents

Document 1 : « Devenir manager d'une équipe petite enfance » - Marie-Anne Bonnier - *Métiers de la petite enfance* n° 227 - novembre 2015 - 3 pages.

Document 2 : « Risques professionnels et qualité de vie au travail dans les crèches » - Emmanuelle Paradis - Cahiers de la puéricultrice n° 288 - juin-juillet 2015 - 5 pages.

Document 3 : « Être présent sur le terrain pour un directeur ou une directrice : quelles nécessités ? Quelles limites ? » - Daniel Gacoin - EJE Journal n° 44 - décembre 2013-janvier 2014 - 2 pages.

Document 4 : « La motivation, source d'entrain au travail » - Carole Dupont-Saksik - Métiers de la petite enfance n° 218 - février 2014 - 3 pages.

Document 5 : « Manager en petite enfance : un défi qui s'apprend » - Journal des professionnels de la petite enfance n° 92 - janvier-février 2015 - 3 pages.

Document 6 : « L'aventure EcoloCrèche » - Lysiane Doulne - *Métiers de la petite enfance* n° 214 - octobre 2014 - 2 pages.

Document 7 : « Guide pratique - Les risques professionnels et qualité de vie au travail dans les crèches » (extraits) - *Chorum. CIDES, ARACT Aquitaine* - février 2012 - 4 pages.

Téléchargez gratuitement les documents sur www.vuibert.fr/site/206463

Proposition de corrigé

Commune d'Éducville Le ...

Rapport à l'attention de Madame la directrice de la petite enfance

Objet : les spécificités du management en crèche.

Définition (doc. 1, 3 et 5) La fonction managériale semble être de nos jours l'une des missions majeures de la plupart des postes d'encadrement. Terme anglais qui progressivement s'est glissé dans le vocabulaire courant dans le secteur du social, de l'éducation ou de la santé, le management désigne à la fois le fait de diriger et les personnes en situation de le faire, ceux assurant la direction stratégique et ceux en charge de la direction opérationnelle. Le management comporte des savoirs et des méthodes formalisées.

Contextualisation Pendant longtemps, en petite enfance, la légitimité des responsables de structures reposait sur une autorité d'expertise dans le métier de puéricultrice ou d'EJE, sur leur charisme, leur force de conviction, ainsi que sur une présence forte sur le terrain. On était sur un modèle « maternaliste » avec certains aspects caricaturaux. Aujourd'hui, le manager serait plutôt à mi-chemin entre une figure parentale « sévère mais juste » et un chef qui sait « ordonner » son service, autour de projets et de perspectives d'avenir, tout en autonomisant et valorisant chacun des professionnels.
Dans la commune d'Educville, la directrice de la petite enfance souhaite repenser le mode d'implication des professionnels dans les équipes des trois crèches, pour un management plus bienveillant et une meilleure qualité de travail.

Annonce de plan Dans un premier temps, il est nécessaire de bien appréhender les contraintes particulières des métiers de la petite enfance et les prérequis managériaux pour que la fonction managériale constitue un vrai outil de qualité de vie au travail (I). Mettre en place un management implicatif, participatif dans les trois crèches collectives municipales implique de recourir à une démarche de travail collective autour d'un plan d'action hiérarchisé (II).

I. La fonction managériale en petite enfance : un véritable outil de qualité de vie au travail, dans la mesure où les contraintes spécifiques des métiers sont bien identifiées

Annonce des sous-parties Il est d'abord nécessaire de bien appréhender les contraintes spécifiques aux métiers de la petite enfance ainsi que les prérequis du management d'une équipe (A). Ensuite, il sera mis en évidence que le management constitue un véritable outil de qualité de vie au travail (B).

A. Comprendre les contraintes spécifiques des professionnels et les prérequis du management d'une équipe petite enfance

a. L'existence de risques spécifiques aux métiers de la petite enfance (doc. 2)

Les métiers de la petite enfance s'exercent dans un contexte de fortes contraintes et de risques spécifiques liés à l'activité elle-même. S'agissant des risques spécifiques, il s'agit notamment des troubles musculosquelettiques (TMS), liés au port des enfants et à une certaine usure professionnelle, et des risques psychosociaux (RPS). S'agissant des contraintes, elles sont fortes et multiples. Il y a d'abord des contraintes organisationnelles : organisation de l'accueil, besoins des enfants, nuisances sonores, attentes des familles, gestion des absences, horaires, organisation des groupes d'enfants, difficulté à organiser les échanges entre professionnels sur le temps de travail, etc.
Il y a aussi des contraintes environnementales : l'architecture des espaces de vie, les problèmes d'aménagement et d'ameublement des locaux, les conditions de surveillance des enfants et de leur accès aux différents espaces, les questions sanitaires, les charges « mentales », etc.

Il y a enfin les contraintes liées aux modes de financement qui ont un impact sur les conditions de travail.

b. Appréhender les prérequis du management d'une équipe petite enfance (doc. 1 et 3)

Il est nécessaire de bien prendre en compte la mesure de la réalité de la fonction managériale en structure de la petite enfance. La fonction de pilote requiert certaines qualités « classiques » mais aussi une compréhension de la posture spécifique attendue. Il faut d'abord savoir organiser un service, veiller à la bonne coordination de l'équipe, faire preuve de discernement et de communication, savoir mener le groupe d'un point à un autre et être garant de la mise en œuvre des engagements. Mais il faut aussi être physiquement apte à supporter la charge émotionnelle et affective liée à la fonction de direction ; il faut être en capacité de s'interroger de façon régulière sur ce que l'on peut apporter au groupe et sur ce que le groupe peut vous apporter. Il faut savoir accompagner un travail vers un sentiment partagé d'achèvement, accorder un espace à chacun des professionnels de la structure et savoir reconnaître les possibles et les « impossibles » de chacun, ce qui implique aussi la priorisation des missions.

B. Le management : un outil de qualité de vie au travail

a. Le management : un outil de prévention des RPS et donc au service du bien-être au travail (doc. 7)

Les pratiques managériales d'un responsable de structure passent par plusieurs axes. D'abord, il y a sa capacité à organiser le travail et l'activité dans les crèches, ceci est fondamental pour prévenir les tensions et donner du sens. Il importe de penser l'organisation de l'activité en lien avec le projet pédagogique et donc d'établir, par exemple, un projet d'équipe en complément du projet éducatif afin d'aborder la question de la place de l'équipe. Ensuite, il sera opportun de prendre en compte les risques professionnels dans le projet pédagogique, notamment en intégrant les questions liées à l'organisation de l'équipe. Il est préconisé de remettre à plat chaque année le projet pédagogique. Il importe aussi d'anticiper l'organisation de l'activité, la répartition des tâches, car c'est un facteur déterminant pour la qualité de vie au travail.
Ensuite, un autre axe à privilégier par le responsable de toute structure est de soutenir la motivation, d'encourager l'autonomie et la prise d'initiative *(doc. 4)*. Cela passe par des encouragements, des félicitations à l'attention des membres de l'équipe et par l'organisation d'une réunion mensuelle faisant le point sur les conditions de travail et permettant d'effectuer des réajustements ; cela passe aussi par la disponibilité du responsable.

b. Des démarches managériales innovantes (doc. 6 et 7)

On peut mentionner la démarche de labellisation « Ecolo Crèche® » comme outil de management participatif fédérateur autour de l'écologie. On peut citer l'exemple de la démarche adoptée par la ville de Rueil-Malmaison, qui permet d'insuffler du renouveau dans l'équipe, autour de nouvelles pratiques en lien avec le développement durable. Chaque professionnel est impliqué pour aboutir à l'obtention de la labellisation.
On peut également faire état de la mise en œuvre du projet « qualité de vie au travail » (QVT) dans des crèches en Aquitaine : certaines ont instauré dans le planning de travail une véritable pause de deux heures, une fois par semaine ; d'autres ont élargi l'amplitude horaire de la journée en ajoutant trente minutes ; ceci permet d'avoir une pause de trente minutes pour tous les professionnels ; des effets positifs ont été constatés en termes de conditions de travail.

II. Manager en impliquant les professionnels des trois crèches collectives : une démarche collective nécessaire et un plan d'action hiérarchisé

Annonce des sous-parties Pour instaurer un management implicatif et participatif dans les trois crèches collectives de la commune, il importe d'abord de recourir à une démarche collective (A). Ensuite, il sera proposé un plan d'action diversifié et hiérarchisé pour développer des pratiques fédératrices et de bientraitance (B).

A. Une démarche collective au service d'un nouveau processus managérial

a. La structuration du pilotage

La directrice de la petite enfance désignera un **chef de projet** pour assurer le pilotage du projet, qui pourra être l'éducateur de jeunes enfants (EJE) ou la directrice de la crèche collective municipale « Les P'tits Hérissons ». Le chef de projet sera l'interlocuteur principal et aura pour mission d'animer et de coordonner l'ensemble des acteurs internes et externes dans la mise en œuvre des futures actions permettant d'améliorer le management participatif et les pratiques professionnelles dans les trois crèches de la ville. Pour ce faire, il s'appuiera d'abord sur un comité technique, instance de concertation et d'élaboration du diagnostic des pratiques existantes et des actions futures. Le **comité technique** sera composé notamment de la directrice de la petite enfance, de cadres des trois structures, d'un psychomotricien, de représentants des auxiliaires de puériculture, de représentants des EJE, d'un représentant des adjoints techniques et d'un psychologue. Au vu des différentes thématiques abordées, des groupes de travail pourront être créés, par exemple sur les pratiques des villes environnantes en matière de management implicatif et de bientraitance. De plus, il conviendra de mettre en place un **comité de pilotage**, instance décisionnelle de validation, qui pourra être composé du directeur général adjoint « services à la population », de l'élu délégué à la petite enfance, de l'ensemble des responsables de la structure, d'un représentant d'Ecolo crèche, de représentants du conseil de crèche et d'un représentant de l'organisme Chorum Initiatives.

b. La méthode de travail proposée

Le chef de projet et le comité technique vont d'abord élaborer un **état des lieux** des pratiques dans les trois crèches collectives, qui portera notamment sur les points suivants : le recensement des principales contraintes et des principaux risques récurrents, l'identification des facteurs de tension, l'analyse des situations de travail posant difficultés, l'analyse des situations de débordement et de leurs causes, le recensement des ressources, des matériels et des démarches déjà mises en place pour limiter les TMS et RPS, le recensement de la périodicité et des modalités d'organisation des réunions pour les échanges de pratique et l'analyse de leur mode de calcul dans les taux d'encadrement, l'existence ou non d'un sous-effectif récurrent, les modalités de remplacement des agents absents, l'analyse de l'évolution du taux d'absentéisme sur les trois dernières années, l'analyse des plannings, des horaires et l'identification des temps de pause prévus ou non, le recensement des outils de transmission existants, le recensement des fiches des postes et l'analyse de l'identification des rôles, notamment au niveau de l'encadrement intermédiaire, l'analyse des pratiques de délégation, et l'identification des pratiques de management participatif et bienveillant mises en place dans d'autres crèches collectives. Cette analyse s'appuiera sur la réalisation d'un questionnaire transmis à chaque professionnel des trois structures afin de recueillir leurs « paroles » sur les conditions d'exercice de leur activité. Le diagnostic ainsi réalisé permettra au chef de projet de proposer des **objectifs stratégiques** et des actions prioritaires : par exemple, créer dans l'année un projet d'équipe pour les trois crèches, ou bien organiser systématiquement une réunion mensuelle sur les questions de bien-être au travail. Le comité de pilotage validera les différents objectifs et actions ainsi priorisés.

Il conviendra de mobiliser les ressources nécessaires à la réalisation des projets et d'en estimer les dépenses et recettes prévisionnelles, notamment par le biais d'une recherche de subventions auprès des financeurs institutionnels tels que la Caisse d'allocations familiales (CAF). Des indicateurs et des tableaux de bord seront ensuite élaborés pour assurer l'**évaluation** de l'ensemble des actions et des nouvelles pratiques mises en place et y apporter les ajustements nécessaires, au vu de la validation faite par le comité de pilotage : par exemple, le nombre de réunions d'échanges sur l'année, le nombre et la typologie des situations de tension vécues, etc.

(Transition) Cette démarche ainsi structurée et participative devra permettre d'aboutir à une offre d'actions diversifiée et porteuse de réponses adaptées.

B. Un plan d'action pour développer un nouveau processus managérial, plus implicatif et bienveillant dans les trois crèches collectives des structures de la petite enfance

L'objectif est de favoriser le développement d'un nouveau processus managérial dans les trois crèches collectives d'Educville. Trois actions pourront être proposées.

a. Première proposition : lancer une ***démarche de communication****, d'information et de sensibilisation en interne*

Il s'agit de construire un référentiel commun et partagé de pratiques managériales bienveillantes et participatives. Le chef de projet, avec l'appui de la directrice de la petite enfance, organisera d'abord une réunion d'information avec les responsables des trois structures sur la volonté de faire évoluer la fonction managériale, en privilégiant l'accompagnement des équipes et en donnant plus d'importance à la question du « comment fait-on ? ». Le chef de projet reproduira cette réunion d'information avec chaque responsable de structure et l'ensemble de leurs équipes respectives. À l'issue de ces réunions, il serait opportun de recenser les professionnels désireux d'être volontaires pour participer au comité technique et aux groupes de travail afin d'établir un nouveau cadre de référence de pratiques managériales.

b. Deuxième proposition : élaborer un ***projet d'équipe complémentaire au projet éducatif*** *et pédagogique en s'inscrivant dans une démarche QVT*

Il s'agira de repenser les pratiques dans les trois crèches collectives pour y développer une fonction managériale bienveillante autour de valeurs partagées. Cette élaboration sera coconstruite par le chef de projet, le comité technique et un ou deux professionnels volontaires. Les principales orientations de ce projet pourraient être les suivantes : instaurer un espace formalisé de dialogue pour favoriser la coordination et l'anticipation de l'activité dans les équipes et pour réguler rapidement les tensions ; organiser une réunion mensuelle, sur le temps de sieste ou à un autre moment, intégrée dans les plannings, privilégiant une réflexion ascendante sur les conditions d'exercice du travail, l'objectif de cette réunion étant de réajuster l'organisation, de se poser pour parler des enfants et de travailler collectivement sur les projets ; mettre en place une rotation organisée des personnels afin de voir d'autres pratiques et de travailler avec d'autres personnes ; planifier des pauses régulières pour prévenir les situations de surcharge liées à l'intensité de l'investissement auprès des enfants ; avoir une réserve de personnels remplaçants connaissant les trois crèches ; faire vivre le document unique d'évaluation des RPS ; engager une démarche « Ecolo Crèche ».

c. Troisième proposition : élaborer un ***plan de formation****, en partenariat avec le Centre national de la fonction publique territoriale (CNFPT)*

Ce plan de formation concernera, d'une part, les responsables des structures et l'encadrement intermédiaire et, d'autre part, les professionnels travaillant dans les structures. Ces actions de formation pour les encadrants porteront, par exemple, sur la maîtrise des prérequis managériaux, sur la réalité de la fonction managériale, sur les outils techniques managériaux, sur les pratiques de questionnement et sur les pratiques de gestion des conflits. Du côté des agents, il sera opportun qu'ils puissent bénéficier de formations leur donnant des outils pour analyser leur situation de travail et leur activité, et pour utiliser des matériels plus protecteurs des agents en termes de TMS.

Conclusion Instaurer de nouvelles pratiques managériales implique de s'inscrire dans la durée et dans le temps, en associant de façon permanente les agents à l'analyse des situations de travail. Cela implique également une évaluation régulière de l'ensemble des actions réalisées.

SUJET N° 19 : Rapport avec propositions

Éducateur territorial de jeunes enfants, concours externe, session 2015

DURÉE : 3 HEURES

Sujet

Vous êtes éducateur de jeunes enfants, responsable de la mise en place du projet éducatif, au sein du service petite enfance de votre commune qui comprend trois multi-accueils, un service de crèche familiale, un RAM et un lieu d'accueil parents-enfants.

L'élu en charge de la petite enfance revient d'une réunion de la CDAJE (commission départementale de l'accueil du jeune enfant) lors de laquelle différents partenaires ont insisté sur l'importance de la coéducation dans le travail au quotidien d'accueil du jeune enfant et de sa famille.

Il vous est demandé d'établir un rapport sur ce que représente la coéducation et de réfléchir à des propositions concrètes d'actions à mettre en place sur le terrain.

Liste des documents

Document 1 : « Décret n° 2000-762 du 1er août 2000 relatif aux établissements et services d'accueil des enfants de moins de six ans et modifiant le code de la santé publique (deuxième partie : décrets en Conseil d'État) - 6 pages.

Document 2 : Extrait « Parents et professionnels dans les structures d'accueil de jeunes enfants » - M. C. Blanc et M. L. Bonnabesse - 2008 - éditions ASH professionnels - 4 pages.

Document 3 : « Propos sur la coéducation » - Sylvie Rayna - *Enfants d'Europe* n° 24 - avril 2013 - 2 pages.

Document 4 : « Construire des relations avec les parents : une compétence de base ou une tâche secondaire ? » - Katrien Van Laere - *Enfants d'Europe* n° 24 - avril 2013 - 2 pages.

Document 5 : « Accueil de la Petite Enfance : principes et enjeux démocratiques de la coéducation » - Frédéric Jésu - *Le Furet* n° 60 - hiver 2009 - 4 pages.

Document 6 : « La coéducation : un chemin à tracer » - M. C. Blanc et M. L. Bonnabesse - *EJE Journal* n° 33 - février/mars 2012 - 2 pages.

Document 7 : « Une expérience de coéducation à Lyon, la semaine de l'éducation partagée à la Maison de l'éducation » - Nathalie Duchet - *Le Furet* n° 70 - avril 2013 - 3 pages.

Téléchargez gratuitement les documents sur www.vuibert.fr/site/206463

Proposition de corrigé

Commune de ... Le ...

Rapport à l'attention de Monsieur l'élu délégué à la petite enfance

Objet : modalités de développement d'une démarche de coéducation.

Références : décret du 1er août 2000.

Coéduquer signifie construire ensemble l'éducation des jeunes enfants, conjuguer les savoirs des parents à ceux des professionnels dans cette éducation. C'est une réalité fort complexe, car elle implique une réflexion commune sur la place respective de chacun. Sachant qu'au travers de leurs droits et devoirs, les parents sont les premiers responsables éducatifs de leurs enfants.

La coéducation est aujourd'hui une question centrale dans toutes les structures concernées par l'éducation des enfants. Elle aide à accueillir plus sereinement, elle fournit l'occasion d'élaborer un ensemble d'objectifs, de cadres, de repères pour la démocratisation des relations éducatives au sein des structures et des familles, pour le soutien à la parentalité et pour la resocialisation. Cette question de la coéducation est aussi une préoccupation de la collectivité locale, l'élu délégué à la petite enfance désirant favoriser et développer une démarche partagée entre les différents acteurs éducatifs *(doc. 2, 5 et 6)*.

Annonce du plan Dans un premier temps, il sera mis en évidence que la coéducation est une inclinaison ancienne mais qui a profondément évolué pour aboutir à la notion d'*empowerment* pour tous et de vecteur de lien social (I). Vouloir développer la coéducation dans les structures passe par une démarche organisationnelle nécessaire et un plan d'action pour construire un nouveau contrat du vivre ensemble (II).

I. La coéducation est un concept qui a évolué depuis le xixe siècle pour aboutir à la notion d'empowerment pour tous et de vecteur de lien social

Annonce des sous-parties La coéducation en structures de la petite enfance est une notion qui a progressivement évolué depuis plus d'un siècle (A). La coéducation est un processus qui repose sur des relations de confiance, de partage, d'*empowerment* de tous et qui est porteuse d'un nouveau lien social (B).

A. La coéducation en structures de la petite enfance : un concept ayant progressivement évolué depuis plus d'un siècle

a. Au début du xixe siècle, les espaces d'éducation parents et professionnels étaient séparés, voire en confrontation (doc. 2, 5 et 6)

Les premières crèches en France ont été créées en 1846 à Paris par Baptiste Firmin Marbeau. Jusque dans les années 1970, l'éducation par les professionnels adopte une approche fortement normalisatrice et moralisatrice fondée sur la protection de la santé physique et psychique de l'enfant, et sur le contrôle social fort directif de l'éducation parentale, surtout chez les familles pauvres, pour s'assurer de la continuation, au domicile, des « bonnes pratiques » prodiguées dans les structures. Le principe de domination des professionnels est fondé sur l'inégalité des compétences. Des relations de dépendance, voire de rivalité sont instaurées et sont souvent infantilisantes.

b. L'affirmation progressive du concept d'autoéducation par le législateur et les autorités publiques (doc. 1, 2, 4, 5 et 6)

À la suite des « crèches sauvages » de mai 1968 paraît la circulaire du 16 décembre 1975 qui supprime l'interdiction faite aux parents d'accéder aux structures et qui entend développer le rôle éducatif des crèches. Puis, la circulaire de 1983 affirme l'intérêt d'une participation accrue des parents à la vie quotidienne des structures, ce qui aboutit à la création de conseils de crèche. Le décret du 1er août 2000 stipule que le projet d'établissement doit contenir la définition de la place de la famille et de sa participation à la vie de l'établissement. En 2002, le législateur développe des outils de démocratie participative, notamment les conseils de la vie sociale. On insiste également beaucoup sur l'information des parents et donc sur des compétences de communication. Par rapport à de nombreux autres pays européens où la coéducation est secondaire, la France fait figure d'exception avec des profils sociopédagogiques et des compétences professionnelles réellement orientées vers les enfants et leur famille afin d'assurer une continuité entre l'environnement familial et l'environnement d'accueil. Les professionnels et les parents construisent ensemble le projet pédagogique.

(Transition) La coéducation est donc un processus à fort enjeu démocratique fondé sur des rapports d'égalité, de confiance et de collaboration, donc un nouveau « contrat social ».

B. La coéducation repose sur des relations de confiance et de partage : l'empowerment **de tous, gage de réussite d'un nouveau lien social**

a. La coéducation comme une conjugaison des savoirs respectifs des parents et des professionnels (doc. 2, 3 et 6)

Les rôles de chacun sont à aborder selon une dynamique de complémentarité et d'alliance. Les parents sont les premiers « conducteurs » de l'éducation de leurs enfants et les professionnels ont une fonction importante de construction du « vivre ensemble », et d'accompagnement dans le développement physique et psychique des jeunes enfants. Pour ce faire, il est nécessaire d'établir un climat de confiance et de respect mutuel de la place et des rôles de chacun. Aussi, du côté des professionnels, il est indispensable de se départir de certaines représentations sociétales de leur place et de leur fonction, afin d'éviter d'instaurer un rapport de dépendance, voire d'infantilisation, et un rapport hiérarchique. Les professionnels doivent se situer dans un rapport de « fraternité affective » et d'égalité avec les parents (les liens amicaux et solidaires entre les individus formant un ensemble). Les professionnels doivent concevoir leur rôle comme des acteurs facilitateurs de lien social et de citoyenneté, comme des guides.

b. Le rôle pluriel des parents

Les professionnels doivent également concevoir le rôle des parents de façon plurielle, principalement sous cinq formes. La première forme, celle de base, est celle où la place des parents est entendue comme étant celle des usagers utilisateurs. Les parents sont accueillis et écoutés par les professionnels lors du premier accueil et lors des retrouvailles quotidiennes. La deuxième forme est celle qui consiste à « inviter » les parents, dans les structures et en dehors des temps d'accueil quotidiens, pour favoriser leur expression et leur participation et le dialogue sur des temps spécifiques. Ces deux formes correspondent à une démarche de dialogue. La troisième forme s'inscrit davantage dans une démarche participative, celle où les parents sont considérés comme collaborateurs coopérateurs en vue de participer à une animation collective. La quatrième forme est celle où les parents sont acteurs partenaires dans la réalisation et l'exécution d'actions, d'événements. Enfin, dans la dernière forme, les parents occupent une place de « gestionnaires », participant à la définition des orientations et des objectifs (cf. parents délégués dans les conseils de crèche).

II. Développer la coéducation dans les structures passe par une démarche organisationnelle nécessaire et un plan d'action pour construire le vivre ensemble

Annonce des sous-parties Pour atteindre cet objectif, il importe d'abord de recourir à une démarche structurée et participative (A). Ensuite, il sera proposé un plan d'action pour développer la dynamique de coéducation dans les structures d'accueil de la petite enfance (B).

A. Une démarche structurée et participative au service d'un nouveau processus : la coéducation

a. La structuration du pilotage

Le directeur général adjoint (DGA) « services population » désignera un **chef de projet** pour assurer le pilotage du projet, qui pourra être la directrice de la petite enfance. Le chef de projet sera l'interlocuteur principal et aura pour mission d'animer et de coordonner l'ensemble des acteurs internes et externes dans la mise en œuvre des futures actions permettant d'améliorer le contenu éducatif des structures de la petite enfance. Pour ce faire, il s'appuiera d'abord sur un comité technique, instance de concertation et d'élaboration du diagnostic des pratiques existantes et des actions futures. Le **comité technique** sera composé notamment de cadres des structures, d'éducateurs de jeunes enfants, d'un ou deux assistants maternels, d'un psychologue et du responsable de la ludothèque. Au vu des différentes thématiques abordées, des groupes de travail pourront être créés, par exemple sur les pratiques des villes environnantes en matière de coéducation. De plus, il conviendra de mettre en place un **comité de pilotage**, instance décisionnelle et de validation, qui pourra être composé du DGA « services population », du maire, de l'élu délégué à la petite enfance, de l'ensemble des responsables de structure, de la Caisse d'allocations familiales (CAF), d'associations locales intervenant dans le soutien à la parentalité, du réseau départemental d'écoute, d'appui et d'accompagnement des parents, et de parents désireux de participer à la mise en place du projet de développement de la coéducation dans les structures.

b. La méthode de travail proposée

Le chef de projet et le comité technique vont d'abord élaborer un **état des lieux** de la situation de la commune : recensement des pratiques des professionnels qui favorisent déjà un processus de coéducation ; recensement des pratiques des professionnels qui vont à l'encontre d'une posture de parité et d'égalité avec les parents des enfants accueillis dans les structures ; recensement des actions ou des événements auxquels les professionnels associent déjà les parents dans leur élaboration ; nombre de parents participant à ces actions ; recensement des pratiques de coéducation mises en place dans les villes environnantes. Le diagnostic ainsi réalisé permettra au chef de projet de proposer des **objectifs stratégiques** et des actions prioritaires : par exemple une nouvelle rédaction des projets d'établissement ou la création d'une instance de démocratie participative petite enfance dans les dix-huit mois à venir. Le comité de pilotage validera les thématiques priorisées. Il conviendra de mobiliser les ressources nécessaires à la réalisation des projets et d'en estimer les dépenses et les recettes prévisionnelles, notamment par le biais d'une recherche de subventions auprès des financeurs institutionnels tels que la CAF et le conseil départemental. Des **outils d'évaluation** seront enfin élaborés pour assurer le suivi des actions et des pratiques de coéducation menées et y apporter les ajustements nécessaires, au vu de la validation faite par le comité de pilotage.

(Transition) Cette démarche ainsi structurée et participative devra permettre d'aboutir à une offre d'actions diversifiées et porteuses de réponses adaptées.

B. Un plan d'action pour développer la coéducation dans les structures de la petite enfance

L'objectif est de favoriser le développement d'une dynamique de coéducation dans les structures de la petite enfance de la ville. Trois actions pourront être proposées.

a. Première proposition : ***repenser le projet pédagogique et le faire savoir aux parents****, pour y inscrire le principe de coéducation comme un objectif commun et partagé*

Il sera nécessaire d'organiser d'abord une réunion d'information avec les responsables des structures et des représentants de parents, dont les enfants sont accueillis dans les différentes structures de la ville, pour informer de la volonté municipale de placer la coéducation au cœur des fonctions des structures d'accueil des jeunes enfants. Au cours de cette réunion, il s'agira d'informer sur la volonté de la ville de faire de ces structures des acteurs essentiels du lien social. À l'issue de cette réunion, il sera utile de recenser les parents qui seront volontaires pour participer à un groupe de réflexion avec des professionnels, afin de revoir le contenu du projet pédagogique des différentes structures autour des notions de cohérence éducative et de respect de la différence.

b. Deuxième proposition : ***créer un « conseil de crèche »*** *(doc. 5)*

Il permettra d'associer des représentants de parents des enfants accueillis dans les trois multi-accueils, dans la crèche familiale, mais aussi des parents fréquentant le lieu d'accueil parents-enfants. La visée est de rapprocher les parents et les professionnels dans une relation institutionnelle de « côte à côte ». Cet outil permettra de considérer les parents comme des membres à part entière de la communauté éducative. Ce moyen de coopération entre les professionnels et les parents doit être conçu comme un objectif commun et partagé de construction progressive de la socialisation des enfants. Le conseil de crèche aura pour but de favoriser l'expression et la participation des parents en les associant plus étroitement à la vie du multi-accueil et de la crèche familiale. Ce sera aussi le moyen d'informer les parents et de solliciter leurs avis sur la vie des structures, de mieux connaître leurs besoins et de permettre une meilleure circulation de l'information entre les différents interlocuteurs (familles, élus, professionnels). Il sera donc un espace délibératif intermédiaire. Les élections pour désigner les parents membres de ce conseil auront lieu chaque année, une réunion sera tenue par trimestre, avec une évaluation annuelle du mode de fonctionnement.

c. Troisième proposition : faire évoluer les missions du lieu d'accueil parents-enfants ainsi que celles du RAM, en un ***lieu unique****, celui d'une* ***maison de l'éducation***

On pourra élaborer un projet de service proposant une fusion du lieu d'accueil parents-enfants et du RAM, et la création d'une nouvelle entité, en y intégrant de nouveaux objectifs, en plus des anciens objectifs qui seront conservés. Cette nouvelle entité pourra être également un centre de ressources, de documentation, de réflexion et d'actions, à l'image de ce qui s'est fait dans la ville de Lyon. Lieu d'accueil d'associations partenaires, elle pourra proposer des débats entre les différents acteurs éducatifs du territoire. On pourra organiser deux actions annuelles publiques du type « théâtre et forum » sur des thématiques spécifiques comme, par exemple la place du père dans l'éducation du jeune enfant, l'écoute de son enfant, l'autorité parentale, le rôle du jeu, etc.

SUJET N° 20 : Rapport avec propositions

Rédacteur territorial principal de 2e classe, concours externe, session 2015

DURÉE : 3 HEURES

Sujet

Vous êtes rédacteur territorial principal de 2e classe, responsable du service éducation et petite enfance, au sein de la commune de RESTAURE (15 000 habitants, 200 agents).

La commune gère directement la restauration scolaire avec une cuisine centrale municipale qui prépare les repas de ses cinq groupes scolaires comprenant chacun une école maternelle et une école élémentaire.

Dans un premier temps, le directeur général des services vous demande de rédiger à son attention, exclusivement à l'aide des documents joints, un rapport sur les enjeux de la restauration scolaire dans les écoles primaires (maternelles et élémentaires). (8 points)

Sensibilisée aux questions éducatives, de santé et d'environnement, l'équipe municipale souhaite à la fois mettre en place une restauration scolaire « bio », et privilégier les circuits courts avec des produits d'origine locale.

Dans ce cadre et dans un deuxième temps, le directeur général des services vous demande d'établir des propositions opérationnelles visant à atteindre ces objectifs. (12 points)

Liste des documents

Document 1 : « Le maire et les cantines » (extrait) - Bruno Cohen-Bacrie - *Journal des Maires* - février 2010 - 2 pages.

Document 2 : « La restauration collective sur le fil du couteau » (extraits) - Olivier Berthelin - *Maires de France* - octobre 2011 - 3 pages.

Document 3 : « Gérer le service public des cantines scolaires » (extraits) - Mounia Idrissi - *La Gazette des communes* - n° 2187 - 9 septembre 2013 - 2 pages.

Document 4 : « Servir du bio dans les cantines scolaires » (extraits) - Franck Lemarc - *Maires de France* - septembre 2008 - 3 pages.

Document 5 : « Cantine : des produits locaux dans les assiettes » (extrait) - Séverine Cattiaux - Fiche méthode développement durable - *Profession territoriale* - n° 128 - octobre 2010 - 1 page.

Document 6 : « Service public local, la restauration scolaire » (extraits) - Jean-Philippe Levy - *La Gazette des communes* - 1er septembre 2008 - 3 pages.

Document 7 : « Grande-Synthe : la ligne bio » - Delphine Ducoeurjoly - *Acteurs de la vie scolaire* - n° 55 - mars 2014 - 1 page.

Document 8 : « Cantines : le juste prix » (extrait) - Patricia Bonamy - *La Lettre du cadre territorial* - n° 367 - 15 octobre 2008 - 1 page.

Document 9 : « Langouët, commune pionnière des cantines bio en France, a franchi le pas il y a dix ans » - La Gazette.fr - 1er septembre 2014 - 1 page.

Document 10 : « Denrées alimentaires : comment favoriser les circuits courts ? » - Delphine Ducoeurjoly - *Acteurs de la vie scolaire* - n° 39 - août-septembre 2012 - 1 page.

Document 11 : « Restauration collective : le bio dans les marchés publics » (extraits) - Hugo Thérond - La Gazette.fr - 29 novembre 2013 - 1 page.

Document 12 : « Étude. Le régime de la restauration scolaire » (extraits) - *Répertoire mensuel du ministère de l'Intérieur* - n° 10 - 2011 - 2 pages.

Document 13 : « Les conditions de réussite » (extrait) - Guide « Favoriser l'approvisionnement local et de qualité en restauration collective » - ministère de l'Agriculture, de l'Agroalimentaire et de la Forêt - novembre 2014 - 1 page.

Téléchargez gratuitement les documents sur www.vuibert.fr/site/206463

Proposition de corrigé

Commune de RESTAURE Le ...

Rapport à l'attention de Monsieur le directeur général des services

Objet : favoriser le bio et les circuits courts dans la restauration scolaire.

Références :
- code général des collectivités territoriales et code de l'éducation ;
- décret du 29 juin 2006 sur le prix de la restauration scolaire ;
- code des marchés publics.

La restauration scolaire est considérée comme un temps périscolaire. Ce n'est pas un service public obligatoire, mais un service facultatif (articles L. 212-4 et L. 212-5 du code de l'éducation), comme cela a été confirmé par le Conseil d'État. En primaire, un enfant sur deux mange à la cantine, soit 6 millions d'élèves concernés. Près d'1 milliard de repas sont servis chaque année dans les établissements scolaires, dont 400 millions dans les 53 000 écoles françaises.
La restauration scolaire est certes un outil de valorisation politique, mais c'est aussi un domaine périlleux sur les plans financier, juridique, technique et sociétal : normes techniques très strictes, contraintes financières, règles du code des marchés publics, exigences des usagers, utilisation du bio, débats autour de l'application de la laïcité, etc.
La commune de RESTAURE possède cinq groupes scolaires et confectionne directement, avec sa cuisine centrale, les repas pour l'ensemble des écoliers. Le maire a la volonté d'introduire des produits biologiques dans la restauration scolaire et de favoriser les circuits courts et l'agriculture locale.
Annonce du plan La restauration scolaire, service public facultatif, repose sur un cadre réglementaire exigeant et comporte des enjeux multiples et stratégiques (I). La volonté politique de favoriser le bio et les circuits courts dans la restauration scolaire implique de recourir à une démarche participative et structurée autour d'un plan d'action diversifié (II).

I. La restauration scolaire, service public facultatif, repose sur un cadre réglementaire exigeant et comporte des enjeux multiples et stratégiques

Annonce des sous-parties La restauration scolaire, tout en n'étant pas un service obligatoire, répond à un cadre institutionnel et à des critères de fonctionnement très exigeants et stricts (A). La restauration scolaire est un service public aux multiples enjeux stratégiques (B).

A. La restauration scolaire : un service public facultatif soumis à un cadre institutionnel et à de nombreux critères exigeants et stricts

a. Le cadre institutionnel de la restauration scolaire

La restauration scolaire est un service public administratif à caractère social, facultatif, les communes n'ayant aucune obligation à le fournir. La finalité est en effet sociale, car « la collectivité qui en est à l'origine répond exclusivement à des impératifs de bonne organisation et de bon fonctionnement de ses services, ainsi que de santé publique au sens large [...] à un prix nettement inférieur à celui du marché ». Conformément à la loi du 13 août 2004 et au décret du 29 juin 2006, les communes disposent d'une grande liberté pour fixer la tarification, sans toutefois que celle-ci puisse être d'un montant supérieur au coût du service. Ce service repose sur le principe fondamental d'égalité d'accès et de traitement des usagers. Des différences de traitement sont néanmoins possibles et légales, sous réserve qu'elles soient fondées sur des considérations d'intérêt général. Ainsi le Conseil d'État, par décision du 23 octobre 2009, a annulé une délibération municipale réservant l'accès quotidien à la restauration scolaire aux enfants ayant leurs deux parents travaillant, les autres enfants n'étant accueillis qu'une fois par semaine, en fonction des places disponibles. De même, il n'est pas légal de réserver l'accès aux seuls résidents de la commune. Sur le plan des convictions religieuses, les communes ont la liberté, au nom du principe de laïcité, de prendre ou ne pas prendre en compte les pratiques religieuses des élèves, notamment en proposant des menus de substitution. Un récent rapport du Défenseur des droits, de mars 2013, invite les communes à afficher les menus à l'avance pour que les parents puissent s'organiser.

b. Les différents modes de gestion

Les communes ont la liberté de choix dans le mode de gestion du service de la restauration scolaire : la gestion directe, la gestion totalement déléguée ou la gestion partiellement déléguée. Les critères qui sous-tendent le choix du mode de gestion sont l'importance des investissements à réaliser, le degré d'implication de la commune dans la maîtrise du service, la maîtrise des coûts et la répartition des risques inhérents à la gestion du service : risque financier relatif à l'équilibre des coûts du service et risque civil ou pénal lié à l'exploitation du service.

c. Les critères à respecter

Les critères à respecter sont nombreux et stricts. Il y a d'abord des critères légaux et jurisprudentiels en matière de tarification. La tarification, tout en étant libre, est encadrée et c'est un domaine très sensible pour les familles. Aussi, les collectivités sont prudentes et ne pratiquent pas d'augmentation au-delà de 2 % (décret du 19 juillet 2000). Il y a aussi des critères nutritionnels en matière de composition des repas (décret du 30 septembre 2011) : les communes doivent veiller à offrir aux enfants des repas équilibrés, répondant à leurs besoins nutritionnels. Ainsi, les repas doivent être variés, comporter quatre ou cinq plats et respecter des règles précises d'apports en calcium, en fer et oligoéléments, en fibres et vitamines, en matières grasses et en sucres simples, en termes de grammage. Enfin, il y a des critères en matière d'hygiène et de sécurité, selon trois schémas types : consommation des repas dans l'établissement où ils sont confectionnés et consommation immédiate ; consommation des repas dans l'établissement où ils sont confectionnés mais en différé ; consommation des repas dans un autre établissement que celui où ils sont confectionnés. Des autocontrôles sont obligatoires, tout comme la formation continue des personnels à l'hygiène.

B. La restauration scolaire : un service public aux multiples enjeux stratégiques

a. Les enjeux environnementaux et managériaux

La récente modification du code des marchés publics, avec ses articles 14, 45 et 53, entend faciliter le recours aux producteurs locaux, aux circuits courts et aux produits biologiques, avec un nouveau critère lié aux « performances en matière de développement des approvisionnements directs de produits de l'agriculture » : intégration de critères environnementaux dans les cahiers des charges, capacités professionnelles des candidats en matière de protection de l'environnement et efforts fournis pour réduire les émissions de gaz à effet de serre. De plus en plus de collectivités, en application des préconisations du Grenelle de l'environnement (20 % de produits bio dans la restauration des collectivités d'ici 2012), recourent aux produits issus de l'agriculture biologique, donc sans produits chimiques de synthèse. Des communes, telles Langouët (532 habitants), Grande-Synthe (21 000 habitants) et Le Rouret vont même jusqu'à du 100 % bio dans leur restauration scolaire. Ceci est un moyen de privilégier un modèle de développement économique plus respectueux de l'homme et de son environnement ainsi qu'un projet de territoire axé sur l'autonomie alimentaire et le développement de filières de produits locaux et le maintien d'agriculteurs dans les territoires comme à Lons-le-Saunier. Cela aboutit à une faible augmentation, voire même à une diminution des coûts du repas, car les quantités achetées sont moindres : le pain bio est plus rassasiant, les viandes bio fondent moins à la cuisson, les repas en viande sont allégés et, les produits étant de meilleure qualité, il y a moins de déchets. C'est aussi un moyen de valoriser et de motiver le personnel de restauration « qui fait ainsi de la vraie cuisine ».

b. Les enjeux de santé publique

L'introduction de produits bio dans la restauration scolaire permet aussi de lutter contre la « malbouffe » et ses effets sur la santé des enfants, d'autant que ce sont les foyers les plus modestes qui sont touchés par l'obésité et le diabète. Recourir au bio permet ainsi de changer les habitudes alimentaires, notamment en privilégiant les protéines végétales et en diminuant la consommation des graisses, du sel et du sucre.

c. Les enjeux de politique sociale locale

De plus, au travers de la tarification, les collectivités peuvent avoir une approche sociale. Elles peuvent déployer une politique de quotient familial, donc une tarification progressive, tenant compte des ressources des usagers. Car il a été constaté que le nombre d'enfants ne pouvant fréquenter la restauration scolaire, pour des raisons financières, était en augmentation. L'accès des enfants des milieux les plus modestes est donc un impératif d'intérêt général. Il est possible de pratiquer un tarif supérieur pour les élèves non domiciliés sur la commune. Le fait de gérer directement le service permet aussi de faciliter les relations avec les familles en termes de gestion des impayés et des modalités de recouvrement.

II. Favoriser le bio dans la restauration scolaire : une nécessaire démarche participative structurée autour d'un plan d'action diversifié

Annonce des sous-parties Une démarche concertée et participative est nécessaire pour mener à bien le projet de favoriser le bio et les circuits courts dans la restauration scolaire (A). La mise en place d'une restauration bio et écoresponsable passe par un plan d'action et de nouvelles pratiques (B).

A. Une démarche concertée et participative afin de faciliter le bio et les circuits courts dans la restauration scolaire

Cette démarche requiert un portage politique fort, notamment pour assurer la transversalité au sein des services et entre les élus, dépasser les logiques sectorielles et faciliter la coopération. Les communes doivent donc engager une démarche de méthodologie de projet.

Le premier axe consistera à organiser la « ressource », la mobilisation des acteurs en interne pour porter le projet de développement durable dans les restaurants scolaires. Dans la mesure où cette démarche est essentielle pour l'autorité territoriale au vu des enjeux stratégiques qui en résultent, la mise en œuvre d'une organisation structurée est indispensable. Aussi, le pilotage de la démarche serait assuré par trois « instances » : un chef de projet, un comité technique et un comité de pilotage. Le directeur général adjoint « services à la population » désignera un **chef de projet** dont l'une des missions principales sera d'organiser et de piloter la démarche, en qualité de « référent ». Le chef de projet pourrait être le chargé de mission « développement durable », ou bien le responsable des affaires scolaires.

Il sera plus particulièrement chargé de définir le cadre de travail, le planning, les différentes étapes de mise en œuvre et les supports juridiques à élaborer. Dans cette fonction d'animation, il s'appuiera sur deux instances : un comité technique et un comité de pilotage. Le **comité technique** pourrait être constitué des membres suivants, outre le chef de projet : le responsable du service juridique, le responsable de l'éducation, le responsable de l'achat public, un représentant du service communication, le responsable du service formation. Le comité technique pourrait se diviser en groupes de travail thématiques afin d'accompagner le chef de projet, par exemple un groupe de travail sur le mode de gestion ou sur le recensement des différentes filières locales. **Le comité de pilotage**, qui a pour objectif de valider les principales étapes méthodologiques, serait composé des membres de la direction générale, du maire, de l'élu délégué à l'éducation, de l'élu délégué aux finances, de l'élu délégué au développement durable, des membres de la commission municipale des menus, des représentants de parents d'élèves, des représentants de la Fédération nationale d'agriculture biologique (FNAB) et de l'association Un Plus Bio.

Ensuite, le chef de projet mènera la démarche en trois étapes principales. Il sera d'abord procédé à un **état des lieux**, avec un diagnostic préalable des actions déjà existantes en termes de développement durable dans les restaurants scolaires de la ville. Quel est le pourcentage de produits bio dans la restauration scolaire ? Quelles sont les modalités de fabrication des repas ? Existe-t-il ou non des légumeries dans les restaurants ? Quelles sont les modalités actuelles de stockage, de livraison et de distribution ? Existe-t-il ou non des marchés avec des agriculteurs et des producteurs locaux ? Quels sont les produits disponibles au niveau de la filière bio locale ? Existe-t-il un centre d'initiatives pour valoriser l'agriculture et le milieu rural (CIVAM) ? Quel est le mode de gestion actuel, avec ses avantages et ses inconvénients, et en comparaison avec d'autres modes de gestion possibles ? Quelles sont les actions de sensibilisation et de formation d'ores et déjà menées à l'attention des agents de restauration sur l'intérêt des produits bio et les nouvelles pratiques qui en résultent ? Il sera aussi procédé à un recensement des pratiques d'autres collectivités.

Ensuite, on pourrait se fixer comme **objectif stratégique**, sur la durée du mandat, d'augmenter de 10 % en année N+1 la part des produits biologiques ou issus des circuits courts dans le marché de la restauration scolaire, puis de 15 % en N+3, pour atteindre 20 % à la fin du mandat et ensuite envisager de passer à 100 %. Une fois cet objectif validé par le comité de pilotage, le chef de projet devra établir des bilans semestriels intermédiaires du suivi des actions mises en place ainsi qu'un **bilan global détaillé**, à faire valider par le comité de pilotage, à partir des indicateurs de suivi et des tableaux de bord préalablement élaborés, par exemple le pourcentage effectif de produits bio ou issus de circuits courts dans la restauration scolaire ou le nombre de nouveaux marchés passés avec des producteurs locaux pour privilégier les circuits courts. Pour cette évaluation annuelle, des enquêtes de satisfaction seront aussi menées auprès des enfants, des parents et des personnels de restauration sur la qualité nutritionnelle des repas proposés.

Transition Mais, au-delà du nécessaire pilotage de la démarche, un plan d'action sera mis en œuvre, de façon collégiale et partagée avec les agents et les élus, afin d'ancrer durablement une démarche de restauration scolaire bio et écoresponsable.

B. Un plan d'action et de nouvelles pratiques au service d'une restauration scolaire bio et écoresponsable

En premier lieu, cette volonté politique de développer une politique de restauration scolaire bio et écoresponsable implique de lancer un **plan de communication et d'information** en interne, mais aussi en externe, sur les nouveaux axes stratégiques de la collectivité en termes de développement durable. Au niveau interne, des réunions seront organisées par la DGA « services à la population » et le chef de projet afin de sensibiliser les agents aux nouvelles orientations politiques et à l'intérêt de modifier les pratiques de travail. Des réunions thématiques seront également organisées afin de sensibiliser les agents à l'intérêt du bio et des circuits courts, et à la gestion raisonnée des ressources. En externe, il serait opportun, notamment sur les marchés inférieurs aux seuils nationaux et européens, d'inviter les entreprises, les fournisseurs et les producteurs locaux à une réunion d'information sur les nouveaux attendus et objectifs de la collectivité. Par l'intermédiaire du site Internet de la ville, mais aussi d'une réunion publique, les habitants seront informés de la démarche de la municipalité et de ses implications. Il importe de prévoir bien en amont cette réunion car elle demande de la pédagogie et du temps explicatif. Il sera aussi essentiel, au travers de rencontres et de débats publics, de sensibiliser fortement les familles et les membres de la commission des menus aux enjeux économiques, environnementaux et sociaux du bio, avec l'appui d'une diététicienne. Ils devront également être sensibilisés, le plus en amont possible, aux modifications à venir en termes de menus et de tarification.

Le deuxième axe consistera à s'engager dans une **démarche d'achat public écoresponsable**. Cela implique des changements organisationnels significatifs. D'abord, cela nécessite de revoir le marché de la restauration scolaire, avec l'élaboration d'un nouveau cahier des charges en concertation avec les familles, dans une logique économiquement tenable grâce à une pratique d'allotissement plus ciblée. Il est préconisé de recourir à la mise en œuvre de l'article 53 du code des marchés publics et d'une politique de *sourcing* (meilleure identification des producteurs et agriculteurs locaux), et de réduire le nombre de référencements. La démarche de *sourcing* est à mener en lien avec la chambre de commerce et d'industrie afin de connaître et d'impliquer les fournisseurs. Une charte qualité pourra également être mise en place pour ces achats en se basant sur le guide AFNOR. Il importe aussi de favoriser le développement de filières bio ou écoresponsables sur le territoire, pour garantir la réussite de cette nouvelle politique d'achat. Dans la même dynamique, dans la mesure où la ville possède sa propre cuisine centrale, il est conseillé de maintenir le mode de gestion directe, pour conserver une autonomie dans la fabrication des repas et le choix des menus, et pour permettre de maintenir une tarification inférieure au coût réel.

Le troisième axe portera sur le **déploiement d'une politique de formation** des agents des restaurants scolaires, des agents du service achat, des animateurs et de tous les personnels qui interviennent sur le temps de la restauration. Un programme de formation pourra être bâti afin de les sensibiliser aux bonnes pratiques en tenant compte de la spécificité et des aménagements de chaque restaurant. Les actions de formation seront à contractualiser avec le Centre national de la fonction publique territoriale (CNFPT) pour sensibiliser les personnels aux enjeux du bio et des circuits courts, aux techniques d'épluchage des légumes et aux nouvelles pratiques de préparation des repas. Des formations seront aussi possibles en partenariat avec l'Institut de formation de l'environnement (IFORE), par exemple sur les modalités de cuisson des viandes d'origine bio.

Conclusion Améliorer la qualité et la variété des menus dans la restauration scolaire est une préoccupation majeure des collectivités territoriales face aux exigences d'hygiène, de sécurité et d'équilibre nutritionnel. Cela demande une stratégie d'action pensée bien en amont et largement concertée.

SUJET N° 21 : Rapport avec propositions

Rédacteur territorial principal de 2e classe, concours interne et 3e voie, session 2013

DURÉE : 3 HEURES

Sujet

Vous êtes rédacteur principal de 2e classe, responsable du service « accueil et formalités administratives » de la commune de X (12 000 habitants).

Le maire souhaite proposer aux habitants un accueil en mairie plus adapté et moderne.

Dans un premier temps, en vue de préparer une réunion sur ce sujet avec plusieurs services de la commune, votre directrice générale adjointe (DGA) vous demande de rédiger à son attention, exclusivement à l'aide des éléments du dossier, un rapport sur l'accueil des usagers dans les collectivités territoriales. (12 points)

Dans un deuxième temps, votre directrice générale adjointe vous demande d'établir un ensemble de propositions opérationnelles pour définir un plan d'action afin de permettre la modernisation de l'accueil du public au sein de la commune de X. (8 points)

Liste des documents

Document 1 : « L'accueil en mairie : comment répondre aux attentes des habitants » - *Courrier des Maires* n° 214 - juin 2008 - 8 pages.

Document 2 : « Accessibilité : un facteur d'insertion sociale » (extraits) - *La Gazette des communes* - 19 novembre 2012 - 4 pages.

Document 3 : « Démarche qualité, un levier de mobilisation pour les agents » - Gaëlle Ginibrière - *La Gazette des communes* - 8 août 2011 - 2 pages.

Document 4 : « Accès aux documents administratifs : législation (loi du 17 juillet 1978...) » (extraits) - Points-clés - Lexis-Nexis - *JurisClasseur Administratif* - mis à jour en novembre 2010 - 1 page.

Document **5 :** Dossier « Améliorer la qualité de l'accueil en mairie » (extraits) - Maires de France - juin 2008 - 2 pages.

Document 6 : « Vieux-Vy-sur-Couesnon (Ille-et-Vilaine), 9 agents, 1 200 habitants. Le label "Marianne" vient récompenser la qualité de l'accueil et de la relation aux usagers » - Pénélope Puymirat - *La Gazette des communes* - 21 janvier 2013 - 1 page.

Document 7 : « "Les TIC comme facteur d'amélioration de la qualité de l'action de l'administration". Les guichets uniques en Europe : entre stratégie politique et volonté réformatrice pour moderniser l'administration » (extrait) - étude DIACT-EUROPA - Rapport d'expertise - avril 2007 - 2 pages.

Document 8 : « La gestion de la "relation citoyen" au cœur des TIC » - Olivier Devillers - *Maires de France* - juin 2008 - 1 page.

Téléchargez gratuitement les documents sur www.vuibert.fr/site/206463

Proposition de corrigé

NOTE DU FORMATEUR

Le corrigé suivant est présenté sous la forme d'un plan détaillé.

Commune de ... Le ...

Rapport à l'attention de Madame la directrice générale adjointe

Objet : modalités d'accueil des usagers et propositions d'un programme d'actions de modernisation.

Références :
- loi du 17 juillet 1978 ;
- loi du 12 avril 2000 ;
- loi du 11 février 2005.

Contexte Le rapport du médiateur de la République de 2007 a mis en évidence l'insuffisance de la qualité de l'accueil et de l'information du public, notamment dans les communes les plus rurales. L'amélioration de la qualité de l'accueil et de l'accès aux services publics est une attente prioritaire des usagers. Selon une enquête IPSOS de février 2008, 61 % des personnes interrogées estiment que la qualité du service rendu aux citoyens doit être une des priorités des administrations et 38 % demandent une amélioration de l'organisation des services fournis vu certaines évolutions : nouvelles technologies, nouveaux moyens de communication, dispositifs facilitant l'accessibilité des personnes handicapées.

Problématique Parallèlement, on observe une prise de conscience des collectivités de cette nécessité de moderniser l'accueil du public. L'importance du premier contact, c'est l'image de convivialité, d'efficacité et de performance qu'une mairie renvoie.

Annonce du plan Dans cette perspective, pour moderniser et améliorer le service « accueil et formalités administratives », la collectivité se doit de respecter un cadre législatif exigeant, tout en pouvant disposer d'un large éventail d'outils déjà opérationnels dans plusieurs collectivités territoriales (I). Réussir la modernisation de l'accueil du public passe par une démarche méthodologique structurée, participative et transversale, génératrice de nouvelles pratiques professionnelles (II).

I. Le respect d'un cadre législatif exigeant en disposant d'une palette d'outils au service de la relation citoyenne

Annonce des sous-parties Pour accueillir les publics, les collectivités se doivent de respecter certaines obligations (A), tout en pouvant mettre en œuvre des démarches pragmatiques d'amélioration de la relation citoyenne (B).

A. De nombreuses obligations s'imposent aux collectivités dans la relation avec les citoyens

a. Les obligations légales (doc. 1, 2, 4 et 8)

- Accessibilité : loi du 11 février 2005 sur l'égalité des droits et des chances. Tous les établissements recevant du public (ERP) doivent être accessibles d'ici 2015 à toute personne en

situation de handicap (moteur, visuel, auditif, psychique, cognitif, etc.) afin de pouvoir offrir des prestations dans des conditions adaptées. C'est un objectif d'insertion sociale : accessibilité aux prestations, aux outils de communication publique et aux technologies de l'information.
- Transparence, information, accès aux documents : la loi du 6 janvier 1978 organise l'accès aux informations nominatives qui font l'objet de traitements publics automatisés ; la loi du 3 janvier 1979 libéralise l'accès aux documents administratifs versés aux archives ; la loi du 11 juillet 1979 étend l'obligation d'informer le destinataire d'une décision administrative des motifs qui la justifient ; la loi du 17 juillet 1978 permet à chacun de demander à une administration la communication ou la consultation, copie ou courriel, de documents administratifs achevés qu'elle a élaborés ou qu'elle détient. Tout refus de communication peut être porté devant la Commission d'accès aux documents administratifs (CADA). Il est également nécessaire de faire référence à la loi du 12 avril 2000.
- Délais de réponse aux courriels : l'ordonnance du 8 décembre 2005 oblige les administrations publiques à accuser réception électronique de tous les courriers électroniques réceptionnés de la part des usagers, puis à y répondre.

b. Des obligations répondant à des enjeux importants (doc. 1 et 2)

- Image de la collectivité : auparavant, nombre de collectivités positionnaient à l'accueil des « bras cassés » ayant un rôle très limité, se réduisant à transférer les demandes téléphoniques des administrés vers les collègues concernés, donc cantonnés à un rôle de standardistes. Mais depuis quelques années, on observe une prise de conscience dans les collectivités de l'importance du premier contact : « Si l'administré a le sentiment d'*être considéré, par un sourire, un bonjour ou la clarté d*'une lettre, la suite sera plus facile ». La collectivité renvoie une image de plus grande efficience.
- Motivation des équipes : la modernisation de l'accueil est un moyen, pour les agents, de voir le regard des habitants changer, d'avoir une meilleure reconnaissance de leur travail au quotidien ; elle apporte une meilleure compréhension des usagers quant à l'utilité du travail des agents municipaux et une sécurisation des agents dans leur relation aux usagers. C'est également un moyen pour les agents de se professionnaliser. Enfin, cela permet de tirer la collectivité vers le haut.
- Exigence du public : gagner du temps dans la réalisation des formalités administratives ; fiabilité et délais raccourcis dans les réponses apportées.

(Transition) Au-delà de ces obligations, de nombreuses collectivités se sont engagées, de façon volontariste, dans des démarches d'amélioration de leur accueil.

B. Des collectivités qui se sont engagées, au travers d'actions plurielles et diversifiées, pour moderniser leur accueil et améliorer la relation citoyenne

a. Des moyens et outils organisationnels d'amélioration déjà mis en place dans de nombreuses collectivités (doc. 1 et 7)

- De nouvelles organisations mises en place :
• adaptation des horaires aux nouveaux rythmes de vie. Exemple de la ville de Colomiers qui a associé les habitants au projet ;
• création de centrales d'appels polyvalentes. Exemple de la ville de Dunkerque où trois agents peuvent informer sur de nombreux sujets grâce à quatre cents fiches questions-réponses actualisées régulièrement par les services ;
• délai maximal de quinze jours pour répondre aux courriers des administrés et envoi d'un accusé de réception à toute demande complexe avant de donner la réponse définitive ;
• création de guichets uniques. Exemple de la ville de Nancy où l'accueil de premier niveau polyvalent permet de faire les inscriptions au campus lettres et sciences humaines, à la cantine, de retirer une carte d'identité et d'obtenir des informations simples ;
• meilleure gestion des files d'attente ;

- Le rôle privilégié des TIC, facteurs de décloisonnement des services et d'amélioration de la qualité d'accueil de l'administré. Exemple de la ville d'Élancourt qui a informatisé la totalité des courriers et préenregistré les circuits administratifs des demandes les plus courantes pour gagner du temps dans la réponse. Exemple aussi de la ville de Vandœuvre-lès-Nancy qui met à disposition de l'usager un portail Internet, donc un guichet unique virtuel sur lequel on peut télécharger des formulaires, effectuer en ligne un changement d'adresse, une demande d'acte d'état civil, etc. Le guichet unique offre une logique de simplicité, d'efficacité, d'accessibilité 24 h/24 ; il est toutefois à privilégier essentiellement pour des formalités simples.

b. Des démarches qualité plus globales (doc. 1, 3 et 6)

Citer des démarches de labellisation telles que Qualiville, un label obtenu par neuf villes françaises dont Colomiers et Pessac, qui mesure l'engagement des collectivités en matière d'accueil, d'orientation et d'information des usagers, de qualité de l'état civil, de mesure de la satisfaction et de la gestion des réclamations.
Citer des démarches de certification. Il existe une grande variété de référentiels proposés aux collectivités territoriales : label Marianne qui récompense la qualité de l'accueil et de la relation aux usagers (Vieux-Vy-sur-Couesnon) ; norme ISO 9001 qui structure un système de management de la qualité (Nancy) ; norme ISO 14001 qui certifie un système de management environnemental.

Transition Pour réussir en local la modernisation de l'accueil du public, il importe de mettre en œuvre une démarche méthodologie structurée, participative et transversale, génératrice de nouvelles pratiques professionnelles, pour un service public plus performant.

II. L'adoption d'une démarche méthodologique rigoureuse et participative au service d'une nouvelle gouvernance managériale visant un accueil modernisé

Annonce des sous-parties Moderniser l'accueil du public implique de recourir à une démarche méthodologique participative, véritable projet de direction, impliquant les élus et les agents (A). Réussir une modernisation de l'accueil du public passe par la mise en œuvre d'une pluralité d'actions innovantes et porteuses de nouvelles pratiques professionnelles (B).

A. L'engagement dans une démarche de service au public est une opportunité pour impliquer, motiver et valoriser les équipes

a. La mise en place d'une organisation structurée et transversale

Réussir la modernisation de l'accueil, enjeu fort pour le maire, implique de mettre d'abord en place une organisation structurée et transversale. Aussi, le directeur général des services (DGS), en accord avec le maire, désignera un **chef de projet** rattaché à la direction générale adjointe des services (DGAS), chargé de piloter l'ensemble des actions qui vont être mises en œuvre pour assurer la modernisation de l'accueil du public. Il va assurer également tout le suivi juridique - certaines actions pouvant faire l'objet de conventionnement - et la coordination des actions de terrain avec la hiérarchie et les élus. Il va définir les différents outils de pilotage et de programmation tels que le plan de travail, la répartition des tâches à effectuer, le planning, les moyens nécessaires, le budget alloué aux actions, l'échéancier, etc. Le chef de projet pourrait être le responsable de l'accueil et des formalités administratives. Il va mettre en place les différentes instances internes de conduite de projet, constituées de représentants des différentes directions et entités, des acteurs extérieurs à la collectivité, et éventuellement d'experts. Il va ainsi devoir faire travailler ensemble ces différents acteurs du projet au sein, d'une part, d'un comité technique et, d'autre part, d'un comité de pilotage. Le **comité technique** pourrait comprendre notamment, outre le chef de projet, un référent bâtiment des services techniques, le responsable du service informatique et des agents chargés de l'accueil. Sous l'animation du chef de projet, qui va définir les thématiques à traiter, des groupes de travail seront mis en place. Par exemple, un groupe de travail sera chargé d'identifier les pratiques déjà existantes dans la collectivité en termes d'amélioration et celles mises en place dans d'autres collectivités. Le comité technique va élaborer des propositions pour le comité de pilotage, qui les validera. Le **comité de pilotage** sera composé, outre des membres du comité technique, de représentants de la commission locale d'accessibilité et de représentants des usagers.

b. L'adoption d'une méthode de travail participative et transversale

Le chef de projet procédera à un **état des lieux**, un diagnostic sur l'organisation actuelle du service « accueil », en y associant les agents. Il réalisera également un recensement des attentes des usagers, par des entretiens, des enquêtes de satisfaction, une enquête pouvant s'appuyer sur la méthodologie CAF composée de vingt-huit questions sur l'organisation, la mise en évidence des points forts et des points faibles. La validation du diagnostic sera effectuée par le comité de pilotage.

À la suite de l'état des lieux, des **objectifs stratégiques** seront définis (par exemple, la réduction de 50 % des files d'attente ou encore un délai de réponse aux courriers d'un mois au maximum), des actions à court, moyen et long terme seront ensuite priorisées, hiérarchisées et soumises à la validation du comité de pilotage. Une démarche de suivi et d'évaluation des actions sera mise en œuvre, à partir d'indicateurs et tableaux de bord (par exemple, le nombre de courriers restés sans réponse ou dont les délais de réponse ont été dépassés, le nombre d'appels « égarés », le nombre de courriers faisant état d'une mauvaise orientation ou d'un accueil non satisfaisant). Un **bilan annuel** sera présenté au comité de pilotage qui sera amené à apporter des correctifs et à réajuster les objectifs et les actions pour l'année suivante. Enfin, on pourra mettre en place des indicateurs simples pour évaluer l'impact des nouvelles actions mises en place (délais de réponse, nombre d'appels « égarés », etc.).

(Transition) Une fois la méthode de travail actée, des actions innovantes, génératrices de nouvelles pratiques professionnelles seront proposées en vue de moderniser l'accueil du public.

B. Une opportunité de nouvelle gouvernance, s'appuyant sur des actions innovantes et génératrices de nouvelles pratiques professionnelles

a. Engager la collectivité dans une dynamique de qualité globale de service au public (doc. 3, 5 et 6)

- À court terme, repenser les conditions matérielles de l'accueil général en mairie pour en faire un lieu de vie, en prenant appui sur l'exemple de la ville d'Arcueil qui a installé plusieurs guichets séparés, permettant de faire disparaître les files d'attente, instauré un accueil plus convivial et plus respectueux de la confidentialité, et mis en place des espaces de jeux pour les enfants.
- À moyen terme, proposer la mise en place d'un guichet unique virtuel qui pourrait remplacer au moins un des guichets physiques. Un tel dispositif, fonctionnant 24 h/24 et 7 j/7, offrirait des avantages certains. Il permettrait un accès continu aux services et une simplification pour certaines démarches administratives courantes. Il pourrait aboutir à des économies en personnel.
- Proposer que la collectivité s'inscrive dans une démarche de certification, et ce, à deux niveaux. D'abord, en prenant appui sur la démarche d'amélioration de l'accueil mise en œuvre par une commune de petite taille, comme celle de Vieux-Vy-sur-Couesnon, qui a reçu le Grand Prix du management public, édition 2012, et donc viser l'obtention du label Marianne qui récompense la qualité de l'accueil et de la relation aux usagers. Ensuite en offrant à l'usager un interlocuteur disponible et bien identifié, et ce, en répondant aux courriers avant quinze jours ouvrés, en décrochant le téléphone avant la cinquième sonnerie, en répondant aux courriels avant cinq jours ouvrés et en rappelant l'usager dans la journée, même si une réponse ne peut être immédiatement apportée.

b. Accompagner les agents dans les changements des pratiques professionnelles

Moderniser l'accueil implique de développer de nouvelles pratiques et compétences professionnelles dans une perspective d'amélioration continue des conditions de travail des agents du service « accueil ». Pour que le retour sur investissement soit efficient, il importe d'accompagner les agents dans le changement des pratiques et de mettre en avant l'intérêt d'une telle démarche. Aussi, il serait proposé de bâtir un plan pluriannuel de formations professionnalisantes afin d'améliorer, de façon continue, les pratiques. Une contractualisation pourrait être effective avec le CNFPT afin de concevoir le projet global de formation, adapté à la polyvalence des agents et aux locaux : apprentissage et maîtrise des techniques d'accueil et d'écoute active, sensibilisation aux publics fragilisés, accueil des étrangers, formations sur la gestion des conflits. Proposer également, de façon systématique, des formations à l'entrée en poste de tout agent au service « accueil et formalités administratives » autour de l'acquisition de compétences techniques, de compétences organisationnelles et de compétences relationnelles. Ceci amènerait ensuite assurément un positionnement différent des élus, un intérêt renforcé de leur part pour le travail des agents et une plus grande reconnaissance de leur savoir-faire. Ceci permettrait d'instaurer un climat de bienveillance et de respect mutuel renforcé.

c. Inscrire la démarche d'amélioration dans une logique de mutualisation au niveau de l'intercommunalité

Proposer aux autres communes membres de l'intercommunalité d'adopter la même démarche de modernisation de l'accueil permettrait de partager les coûts de masse salariale, liés au recrutement du chef de projet, et de recourir à un agent plus expérimenté ayant une expertise avérée de la mise en œuvre de la démarche qualité. Cette mutualisation de la démarche permettrait également de réaliser des outils et des actions communes, en optimisant les coûts. Il est possible d'avoir un référentiel commun, tout en tenant compte et en intégrant certaines spécificités propres à chacune des collectivités membres de l'intercommunalité : élaboration d'un guide partagé des bonnes pratiques de l'accueil, élaboration d'un cahier des charges commun pour les besoins en formation, constitution d'un groupement d'achat pour la réalisation des supports (enquêtes satisfaction).

Conclusion Moderniser l'accueil est une première étape qui va amener une nouvelle culture dans la collectivité et qui va l'inscrire dans un processus d'amélioration continue du service rendu aux usagers, une nouvelle culture d'écoute du citoyen. Cela permettra de passer de la notion de service public à la notion du service du public et de valoriser la fonction accueil dans la carrière des agents.

SUJET N° 22 : Rapport avec propositions

DURÉE : 3 HEURES

Rédacteur territorial principal de 2e classe, examen professionnel de promotion interne, examen professionnel d'avancement de grade, session 2018

Sujet

Vous êtes rédacteur principal territorial de 2e classe à la direction des ressources humaines de la commune d'Admiville (600 agents, 55 000 habitants).

Lors de la réunion trimestrielle de la direction générale avec l'ensemble des chefs de service, de nombreux cadres ont fait état des difficultés qu'ils rencontrent dans la prise en compte du fait religieux, tant au sein des services que dans les relations avec les usagers.

Dans un premier temps, le Directeur général des services vous demande de rédiger à son attention, exclusivement à l'aide des documents joints, un rapport sur le principe de laïcité dans la fonction publique territoriale. (10 points)

Dans un deuxième temps, il vous demande d'établir un ensemble de propositions opérationnelles favorisant l'adoption par l'ensemble des agents de bonnes pratiques respectant le principe de laïcité.

Pour traiter cette seconde partie, vous mobiliserez également vos connaissances. (10 points)

Liste des documents

Document 1 : « Décision du Défenseur des droits MLD 2014--061 » - 29 juillet 2014 - 5 pages.

Document 2 : « Loi déontologie : une redéfinition légale des obligations des fonctionnaires » (extrait) - *La Gazette des communes* - 12 juillet 2016 - 3 pages.

Document 3 : Circulaire du 15 mars 2017 relative au respect du principe de laïcité dans la fonction publique (extrait) - 5 pages.

Document 4 : « Laïcité et collectivités locales» (extraits) - Rapport annuel de l'Observatoire de la laïcité 2016-2017 - Avril 2017 - 5 pages.

Document 5 : «Douze référents « laïcité » aident les agents à se positionner» - Béatrice Girard - *lagazette.fr*- 14 février 2018 - 2 pages.

Document 6 : « La lettre du Référent déontologue et laïcité du CDG 64 » - Annie Fitte-Duval - *cdg64.fr*- 15 janvier 2018 - 2 pages.

Téléchargez gratuitement les documents sur www.vuibert.fr/site/206463

Proposition de corrigé

Commune d'Admiville   Le...

Rapport à l'attention de Monsieur le Directeur général des services

Objet : mise en œuvre du principe de laïcité dans la fonction publique territoriale.

Références :
- loi déontologie d'avril 2016 ;
- circulaire du 15 mars 2017.

Définition La laïcité est une valeur essentielle de la République et du fonctionnement des services publics, consacrée par l'article 1er de la Constitution du 4 octobre 1958. La laïcité repose sur trois principes : la liberté de conscience et de culte, la séparation des institutions publiques et des Églises, l'égalité de tous les citoyens devant la loi quelles que soient leurs convictions ou leurs croyances. La laïcité est un principe de liberté et source d'émancipation.

Contextualisation du sujet / problématique Dans le quotidien professionnel des agents, il est constaté que le respect du principe de laïcité est source de questionnement, de malentendus, de contresens, voire de malaise que l'employeur territorial se doit de dissiper. La commune d'Admiville est confrontée à cette situation, vu les remontées de difficultés faites par les cadres, dans la prise en compte du fait religieux, au sein des services et dans les relations avec les usagers.

Annonce du plan Il sera d'abord présenté les droits et obligations en termes de laïcité (I). Ensuite, un plan d'action global sera élaboré, de façon concertée, en vue d'ancrer durablement des pratiques professionnelles respectueuses du principe de laïcité (II).

I. Les droits et obligations statutaires des acteurs et usagers du service public en termes de laïcité

Annonce des sous-parties Il convient d'abord d'effectuer un rappel sur le principe de liberté de conscience et de culte valant pour tous, usagers comme agents (A). Il s'agira ensuite de repréciser le principe de neutralité des agents et le cadre d'action des institutions publiques (B).

A. La laïcité repose d'abord sur le principe de liberté de conscience et de culte, valant pour les agents et pour les usagers

L'article 10 de la Déclaration des droits de l'homme et du citoyen garantit la liberté de conscience, notamment religieuse, pour tous les citoyens.
En ce qui concerne les fonctionnaires et agents publics, cette garantie de la liberté d'opinion a été reconnue statutairement par l'article 6 de la loi du 13 juillet 1983 : « Aucune distinction (...) ne peut être faite entre les fonctionnaires en raison de leurs opinions (...) religieuses (...) ». Aussi, les agents ne peuvent faire l'objet de discrimination dans leur recrutement et leur déroulement de carrière en raison de leurs croyances religieuses. De plus, les fonctionnaires et agents publics peuvent obtenir des autorisations d'absence pour motif religieux afin de participer aux cérémonies liées aux principales fêtes confessionnelles, dont la liste est précisée par la circulaire du 10 février 2012 ; ces absences doivent être compatibles avec le fonctionnement normal du service (CE, Mlle Henry, février 1997). Les demandes d'autorisations exceptionnelles d'absence doivent être examinées au cas par cas, par les chefs de service, en fonction de l'intérêt du service, des nécessités du fonctionnement normal du service (cf. décision du Défenseur

des droits 29 juillet 2014). Une interdiction générale des absences pour participer aux fêtes religieuses prévues par la circulaire constitue une erreur de droit et une discrimination.
S'agissant des usagers, ils ont également, en tant que citoyens, le droit d'exprimer leurs convictions religieuses dans l'espace public, mais cette liberté n'est pas absolue. Conformément à la Convention européenne des droits de l'homme, des restrictions sont autorisées pour protéger l'ordre public. Dans le cadre scolaire (écoles, collèges, lycées), la loi du 15 mars 2004 interdit les signes ostentatoires : kippa, foulard, croix de dimension excessive, mais une jupe longue ne constitue pas en soi un signe religieux ; la loi du 11 octobre 2010 interdit la dissimulation du visage dans l'espace public. C'est le juge administratif qui contrôle la légalité de ces restrictions. Les usagers doivent être traités de manière égale. Lorsque les usagers sont des collaborateurs occasionnels du service public, (cf. parents accompagnateurs lors de sorties scolaires), ils sont également libres d'exprimer leur appartenance religieuse, dans la mesure où il n'y a pas d'atteinte au fonctionnement du service.
L'inscription du respect du principe de la laïcité dans le statut de la fonction publique renforce les obligations déontologiques des agents ainsi que le cadre d'action des collectivités.

B. Le principe de laïcité : une obligation déontologique pour les agents, une obligation de neutralité et d'égalité pour les institutions publiques

S'agissant des agents publics tout comme les salariés des entreprises privées concourant à une mission de service public, le respect de la laïcité impose une stricte neutralité. Les agents doivent s'abstenir de manifester, dans l'exercice de leurs fonctions, leurs opinions religieuses : tout port de signe d'appartenance religieuse dans le service est proscrit ; il ne doit pas y avoir de prosélytisme auprès des collègues et des usagers. Les agents doivent traiter de manière égale toutes les personnes et respecter leur liberté de conscience. Ceci a été rappelé fortement par la loi déontologie du 20 avril 2016. Tout agent a le droit de consulter un référent déontologue, pour avoir des conseils quant au respect de ces obligations ; le référent déontologue est une instance indépendante, soumise au secret et à la discrétion professionnelle. Tout chef de service doit veiller au respect de ce principe. Tout manquement à cette obligation constitue une faute et donc est passible d'une sanction disciplinaire. S'agissant des élus, même si la loi ne leur étend pas le devoir de neutralité religieuse, il leur est recommandé de ne pas faire acte d'adhésion manifeste à un culte, lors de leur participation officielle à des cérémonies religieuses.

S'agissant des collectivités/administrations publiques, elles doivent d'abord respecter la neutralité des bâtiments publics : aucun emblème religieux et donc pas d'installation de crèche ; mais, dans des emplacements publics, pour des raisons artistiques ou festives liées par exemple aux fêtes de fin d'année, une personne publique peut installer une crèche, ceci ne sera pas considéré comme une atteinte au principe de neutralité. Pour financer des projets d'intérêt public local en rapport avec les cultes, trois conditions sont requises : l'intérêt local, respecter le principe de neutralité et d'égalité, exclure toute libéralité. Aucune subvention aux associations cultuelles n'est tolérée. Les équipements municipaux peuvent être loués pour des activités cultuelles. De plus, en application du principe d'interdiction de discrimination, une collectivité ne peut octroyer un créneau horaire à un groupe de personnes souhaitant se séparer des autres en raison de leur pratique religieuse.

Afin d'ancrer le respect du principe de laïcité, de façon durable dans les pratiques professionnelles, il importe que la commune d'Admiville se mobilise en interne et élabore un plan d'action.

II. Une politique locale de la laïcité, mobilisatrice, favorisant au quotidien des pratiques professionnelles clarifiées

Annonce des sous-parties Développer, dans les services, des pratiques professionnelles claires, quant à l'application du principe de laïcité, implique d'abord de mettre en place une organisation interne pour piloter le projet (A). Ensuite, un plan d'action en faveur d'une laïcité pragmatique et opérationnelle sera élaboré (B).

A. Une politique locale de la laïcité résultant d'une démarche concertée et participative

Pour porter le projet, la réalisation d'un diagnostic est fondamentale. Pour ce faire, il importe de mettre en place une organisation interne articulée autour de trois « instances ». D'abord, le DGS désignera un **chef de projet**, par exemple un chargé de mission « laïcité » au sein de la DRH. Le chef de projet va définir les différents axes de travail, tels que le calendrier de travail, la répartition des tâches à mener, les moyens nécessaires, le budget prévisionnel pour la mise en place des actions, le montage d'éventuels dossiers de demandes de subventions auprès de l'État, au titre du FIPD (fonds interministériel de prévention de la délinquance), etc. Pour ce faire, il va s'appuyer sur deux instances : un comité technique et un comité de pilotage.

Le **comité technique**, cellule opérationnelle et d'expertise d'appui du chef de projet, serait composé, notamment des membres suivants : des représentants des services opérationnels en lien avec les populations et les plus concernés par les questions et problématiques de laïcité (service éducation, service petite enfance, service des sports, service de la vie associative, service culturel, etc.), des personnels de terrain de la restauration scolaire, de la piscine, des ALSH, de la petite enfance, le référent carrière de la DRH, le référent formation de la DRH, un représentant du service communication.

Le **comité de pilotage**, instance décisionnelle de validation politique, serait composé notamment des membres : DRH, tous les directeurs des services opérationnels, membres de la direction générale, le maire, les adjoints au maire chargés de l'éducation, des sports, de la culture, vie associative, petite enfance, des représentants des instances du dialogue social, des représentants des associations cultuelles locales.

La principale étape dans le déroulé du projet va consister en la réalisation d'un **diagnostic partagé**. Les éléments à recueillir pourraient être les suivants : un recensement des actions déjà menées dans chaque service municipal opérationnel en vue de faciliter la diffusion des principes de laïcité ; un recensement des situations « délicates » rencontrées dans les différentes structures, dans les différents services tant côté usagers que côté agents ; établir une typologie des difficultés constatées ainsi que leur niveau de récurrence. Le comité technique fera aussi un recensement des « comportements », des pratiques, des propos allant à l'encontre de la laïcité parmi les agents notamment, mais aussi entre agents et usagers. Seront aussi recensées les doléances des habitants, en hiérarchisant leurs demandes, en termes d'aménagements possibles respectueux de la laïcité et de la non-discrimination. Il sera aussi fait une cartographie des pratiques des autres collectivités en termes de pratiques professionnelles opérationnelles. Une fois ce diagnostic validé par le comité de pilotage, des **objectifs** seront proposés : diminuer de 50 %, dès la première année, les situations conflictuelles liées à la laïcité entre agents et entre agents/usagers ; faire bénéficier tout agent, chaque année d'une formation de 2 jours, sur le fait religieux, sur la notion de laïcité et la gestion locale de la laïcité. Ensuite, afin de pouvoir évaluer au bout d'un an, via des tableaux de bord, la pertinence des actions menées, des indicateurs de suivi seront bâtis : le nombre de courriers reçus en mairie liés aux difficultés rencontrées dans l'application de la laïcité ; le nombre de journées effectives de formation sur la thématique de la laïcité ; le nombre d'incidents constatés en lien avec le fait religieux, le nombre de sanctions appliquées aux agents pour non-respect du principe de laïcité.

Suite à ce diagnostic, un plan d'action en faveur d'une laïcité opérationnelle et pragmatique sera proposé.

B. Un plan d'action global pour faciliter l'application du principe de la laïcité dans les pratiques professionnelles

Ce plan d'action s'articulera autour de trois axes principaux.

D'abord, le chef de projet, en lien étroit avec le service communication, lancera un important **plan de communication et de sensibilisation** en interne auprès de l'ensemble des agents ; l'explication, la pédagogie sont les maîtres mots. Il s'agira de communiquer sur la volonté forte des élus et de la direction générale de faire respecter le principe statutaire de laïcité, en lien avec la loi déontologie de 2016. Il s'agira de rappeler les principes fondateurs du service public, ses valeurs. Des réunions par service, par direction, animées par le chef de projet, seront l'occasion de rappeler les droits et obligations des agents en termes de laïcité, ainsi que ceux des usagers ; un édito du maire pourra aussi être mis sur l'Intranet, envoyé en parallèle avec la feuille de paie à tous les agents ; un support simple rappelant les grands principes de la laïcité pourra être remis à chaque agent. On pourra prendre appui sur la circulaire de mars 2017 pour faire cette communication. Chaque année, une journée « laïcité » serait organisée avec distribution aux agents d'un guide pratique.

Ensuite, il sera proposé une **politique globale en faveur d'une laïcité pragmatique dans les pratiques professionnelles**. Cette politique pourrait se décliner en deux « volets » principaux.
D'abord, il serait proposé d'élaborer, de façon participative, une Charte de la laïcité, un guide pratique, permettant de bien identifier les droits et devoirs des agents et des usagers, dans le domaine de la laïcité. La veille sur la bonne application de cette charte pourrait être assurée par une commission créée à cet effet, en interne, composé d'agents d'encadrants, de représentants des personnels. Cette commission permettra d'objectiver les ressentis des agents et d'aider à la structuration d'un « réseau » de personnes-ressources. À cet effet, et ce serait le deuxième « volet » du plan d'action, des référents « laïcité » seraient positionnés, dans chaque direction, suite à un appel à candidatures, avec certaines qualités attendues : sens de l'écoute, du relationnel, savoir être neutre et impartial. Ces référents seront formés pour aider les agents à se positionner face à certaines situations (cf. gestion des interdits alimentaires dans les écoles, refus de serrer la main, etc.), à veiller au respect des principes de laïcité entre eux et dans leurs relations avec les usagers. Ils seront les interlocuteurs privilégiés des agents pour alerter sur des comportements, des agissements en interne non respectueux de la laïcité. Ils bénéficieront de temps de charge pour cette fonction. Ces référents seront placés sous la coordination du référent déontologue prévu par la loi d'avril 2016.
Enfin, un **plan de formation** « laïcité », intégré dans le plan triennal de formation de la collectivité sera élaboré. Il importera que, chaque année, tout agent municipal suive obligatoirement, en partenariat avec le CNFPT, au moins deux journées de formation consacrées aux enjeux de la laïcité, ses fondements juridiques, ses mises en œuvre opérationnelles ; dans un premier temps, les agents de catégorie C seront priorisés, notamment ceux exerçant des missions de terrain, en contact quotidien avec les usagers. Les cadres seront aussi formés aux attitudes « laïques » à adopter en toutes circonstances, basées sur le respect de l'autre, de ses différences, de son identité culturelle, sur la lutte contre toutes les formes de discriminations. Des formations simples pourraient aussi être proposées sur l'évolution du fait religieux.

Conclusion L'ensemble du plan d'action ainsi mis en œuvre fera l'objet, au bout d'un an, d'une évaluation approfondie, validée par le comité de pilotage. Des ajustements pourront alors être apportés, en vue de la prochaine préparation budgétaire.

SUJET N° 23 : Rapport avec propositions

Rédacteur territorial principal de 2e classe, examen professionnel de promotion interne, examen professionnel d'avancement de grade, session 2016

DURÉE : 3 HEURES

Sujet

Vous êtes rédacteur territorial principal de 2e classe au sein du service population de la commune de Bruiville (60 000 habitants) qui se situe au sein de l'agglomération de Décibel (110 000 habitants). Lors des derniers conseils de quartier, des habitants ont fait part de leur mécontentement dû aux différentes nuisances sonores.

Dans un premier temps, le directeur général des services vous demande de rédiger à son attention, exclusivement à l'aide des documents joints, un rapport sur le rôle des communes face à la problématique des nuisances sonores. (10 points)

Le maire, qui conserve l'ensemble de ses pouvoirs de police, souhaite concilier la tranquillité des habitants, l'économie locale et le dynamisme du centre-ville. Dans ce cadre, le directeur général des services vous désigne coordinateur du projet « vivre ensemble en centre-ville ».

Aussi, dans un deuxième temps, il vous demande d'établir des propositions opérationnelles concertées visant à limiter les bruits de voisinage en centre-ville.

Pour traiter cette seconde partie, vous mobiliserez également vos connaissances. (10 points)

Liste des documents

Document 1 : « Odeurs, bruits, pollutions : les collectivités face aux nuisances » (extraits) - Delphine Bauer - lagazette.fr - article publié le 23 juillet 2013 et mis à jour le 8 avril 2014 - 1 page.

Document 2 : « Guide pour l'élaboration des Plans de prévention du bruit dans l'environnement à destination des collectivités locales » (extraits) - *ADEME* n° 6182 - juillet 2008 - 6 pages.

Document 3 : « Nuisances sonores : revitaliser les centres-villes sans déranger les habitants » - Isabelle Verbaere - *La Gazette des communes* n° 2263 - 30 mars 2015 - 3 pages.

Document 4 : « Guide à l'usage du maire - Lutte contre le bruit, le maire un acteur incontournable » (extraits) - Direction régionale des affaires sanitaires et sociales (DRASS) et Direction départementale des affaires sanitaires et sociales (DDASS) de Picardie - juin 2006 - 3 pages.

Document 5 : « Quels sont les pouvoirs du maire en matière de réglementation de la vitesse ? » - Delphine Gerbeau - lagazette.fr - 18 décembre 2012 - 1 page.

Document 6 : « Comment lutter contre le bruit ? Villes et commerçants se mobilisent. À chaque bruit sa solution » (extrait) - ville de Rueil-Malmaison et chambre de commerce et d'industrie de Paris - mars 2009 - 2 pages.

Document 7 : « La lutte contre les nuisances sonores » - *Info maires le guide* - 15 novembre 2011 - 4 pages.

Document 8 : « Comprendre le processus de concertation » (extrait) - *Guide méthodologique pour la concertation des Val-de-Marnais* - Conseil général du Val-de-Marne - décembre 2008 - 2 pages.

Document 9 : « Conseil consultatif de quartier du centre-ville/pont Saint-Michel » (extrait) - bourgoinjallieu.fr - 20 juin 2015 - 1 page.

Téléchargez gratuitement les documents sur www.vuibert.fr/site/206463

Proposition de corrigé

Commune de Bruiville Le ...

Rapport à l'attention de Monsieur le directeur général des services

Objet : modalités de lutte contre les bruits de nuisances sonores en centre-ville.

Références :
- code général des collectivités territoriales (CGCT) (article L. 2212-2 ; L. 2213-4) ;
- code la santé publique (CSP) (article L. 1311-1) ;
- code de l'environnement (article L. 572-1 à L. 572-11).

Définition Les bruits de voisinage sont les bruits qui portent atteinte à la tranquillité du voisinage ou à la santé de l'homme, par sa durée, sa répétition ou son intensité ; donc tous les bruits créant un trouble excédant les inconvénients normaux de voisinage. Il existe quatre catégories principales de bruits de voisinage : les bruits de la vie quotidienne liés aux comportements des personnes ou des animaux dont elles ont la charge, les bruits résultant des activités économiques non classées, les bruits liés aux activités sportives, de loisirs et culturelles, et les bruits de chantiers publics ou privés.

Contextualisation du sujet (doc. 3, 4 et 7) Le bruit est la première source de nuisance pour les Français, c'est leur première source de préoccupation et de gêne dans leur vie quotidienne, selon une enquête INSEE. Selon une enquête Ifop, 86 % des Français sont gênés à leur domicile, pour 48 % le jour, pour 24 % la nuit, et pour 28 % les deux ; 38 % d'entre eux citent les bruits de voisinage comme principale source de nuisance. Selon l'OMS, 1,82 million d'années de vie sont perdues chaque année en Europe de l'Ouest à cause d'un handicap ou d'une maladie dus au bruit. La lutte contre le bruit fait l'objet d'une réglementation abondante, notamment la loi du 31 décembre 1992 qui a posé le cadre juridique initial. Mais on constate une augmentation des plaintes relatives aux nuisances sonores liées au voisinage. En outre, certaines nouvelles pratiques sociales aggravent la situation dans de nombreux centres-villes comme l'interdiction depuis 2008 de fumer dans les cafés et restaurants. Le maire, autorité administrative la plus proche des citoyens, est garant de la qualité de vie dans la commune. Or, les habitants de la commune de Bruiville ont fait part de leur mécontentement dans les conseils de quartier.

Annonce du plan La gestion des nuisances sonores et la préservation de la tranquillité publique reposent sur un cadre et des outils réglementaires mettant le maire en responsabilité, complétés par des actions locales volontaristes (I). Pour limiter les bruits de voisinage, le maire doit prendre appui sur une démarche concertée, participative et déployer un plan d'action impliquant de nombreux acteurs du territoire (II).

I. La gestion des nuisances sonores repose sur un cadre et des outils réglementaires, complétés par une palette d'actions locales diversifiées et volontaristes

Annonce des sous-parties La gestion des nuisances sonores repose sur un cadre et des outils réglementaires qui responsabilisent le maire (A). Les communes déploient des moyens d'action diversifiés et volontaristes pour lutter contre les nuisances sonores (B).

A. La gestion des nuisances sonores repose sur un cadre et des outils réglementaires qui responsabilisent le maire

a. Les pouvoirs de police du maire (doc. 4, 5 et 7)

En matière de préservation de la tranquillité publique et de lutte contre les bruits de voisinage, les prérogatives du maire relèvent d'abord de son pouvoir de police générale, en application de l'article L. 2212-2 du CGCT : édiction de mesures réglementaires et individuelles proportionnées

au trouble pour réprimer les atteintes à la tranquillité publique (rixes, disputes, attroupements bruyants troublant le repos des habitants) ; possibilité de réglementer ou d'interdire la circulation de certains véhicules qui peuvent porter atteinte à la tranquillité publique (article L. 2213-4 du CGCT), les infractions à ces mesures étant passibles d'une amende allant jusqu'à 38 euros ; possibilité de modifier la limite réglementaire de vitesse (article L. 2213-1 du CGCT).
En complément, le maire dispose de pouvoirs de police spéciale, en application de l'article L. 1311-1 du CSP. Il peut intervenir dans la lutte contre les bruits de voisinage (sauf certaines exceptions) qui sont de nature à porter atteinte à la santé de l'homme. Le recours à la mesure acoustique est exigé si le bruit provient d'une activité économique, culturelle, de loisirs et sportive. Les infractions sont passibles de sanctions pénales : amende d'un maximum de 450 euros (contraventions de troisième classe), contraventions de cinquième classe (articles R. 1337-6 à R. 1337-10 du CSP). Des dispositions spécifiques sont aussi prévues vis-à-vis des établissements et locaux recevant du public et diffusant de la musique amplifiée. Les procès-verbaux des infractions sont transmis au procureur de la République qui juge de l'opportunité des poursuites. Le maire peut déléguer ses pouvoirs de police aux adjoints, aux policiers municipaux et aux personnels municipaux assermentés.

b. La mise en responsabilité du maire (doc. 7)

Si le maire n'est pas intervenu de manière satisfaisante et suffisante pour faire respecter la tranquillité publique et faire cesser les bruits excessifs, la responsabilité de la commune peut être engagée. D'abord sur la base d'une faute simple comme le fait de ne pas faire respecter un règlement d'accès à un terrain de sport ; mais aussi sans qu'une faute soit commise, l'ouvrage bruyant entraînant un préjudice spécial et anormal pour les riverains (travaux de construction d'un égout, bruits de train ou de métro, bruits provenant d'usines, etc.).

c. Des outils réglementaires, à savoir les plans de prévention du bruit dans l'environnement - (PPBE) (doc. 2)

La directive européenne du 25 juin 2002 a été transcrite dans le droit français, dans le code de l'environnement (article L. 572-6). Les PPBE « tendent à prévenir les effets du bruit, à réduire, si nécessaire, les niveaux de bruit, ainsi qu'à protéger les zones calmes ». Ils évaluent le nombre de personnes exposées à un niveau de bruit excessif et recensent les mesures prévues par les autorités publiques. Un PPBE est une opportunité de développer une véritable politique de lutte contre le bruit, en tant que combinaison de mesures préventives et de mesures réglementaires.

Transition En complément de ce cadre et de ces outils réglementaires, les communes interviennent de leur propre initiative, de façon volontariste, pour lutter contre le bruit.

B. Des moyens d'action diversifiés et volontaristes déployés par les communes pour lutter contre les nuisances sonores

a. Des actions interventionnistes et volontaristes

Les communes déploient des actions à caractère général et volontariste *(doc. 2 et 7)*, comme les plans municipaux de lutte contre le bruit. Ces documents regroupent l'ensemble des actions menées ou à développer concernant les différents aspects du bruit sur le territoire : les transports, la vie collective intérieure (bâtiments publics), la vie collective extérieure (marchés, événements, sports, ordures ménagères, etc.), la vie économique privée (entreprises, industries, commerces, chantiers) et le voisinage (intérieur et extérieur). S'y ajoutent les sources de bruit visées par la directive européenne (automobiles, trains, avions), celles qui en sont exclues (animaux et équipements techniques) et d'autres sources tels les tondeuses à gazon, les bus, les deux-roues, etc. Des communes agissent également au niveau de l'urbanisme, en prenant en compte la problématique du bruit au niveau des documents d'urbanisme (plans d'occupation des sols, plans locaux d'urbanisme, cartes communales, permis de construire) et en choisissant les zones sur lesquelles sera permise l'implantation d'activités pouvant être bruyantes. Des communes créent également des observatoires du bruit et des réseaux de mesures permanentes.

Les actions des communes revêtent également un caractère interventionniste *(doc. 1 et 3)*. On peut faire état des dispositifs de médiation mis en place notamment par les villes de Toulouse, d'Albi et de Paris : à Paris, des médiateurs artistiques parcourent la ville la nuit pour rappeler les règles de civilité dans l'espace public. On peut aussi citer le dispositif d'« intervention à chaud » contre les tapages nocturnes mis en place par la ville de Toulouse, avec son service « Allo Toulouse », qui fonctionne 24 h/24 et 7 j/7 depuis 2005, et intervient avec une brigade motorisée pour résoudre les problèmes quotidiens de stationnements gênants et tapages nocturnes suite à une demande téléphonique.

b. Des actions à caractère pédagogique et de sensibilisation (doc. 3, 4 et 6)

Il y a d'abord les dispositifs de conciliation. Le maire peut aussi saisir le conciliateur de justice auprès du tribunal d'instance pour essayer d'orienter les parties vers un accord. La conciliation ne peut être envisagée que lorsque la situation problématique est récente et que les relations entre les deux parties sont restées cordiales. Aucune décision de justice n'est prise et l'intervention du conciliateur est gratuite.

Il y a ensuite le recours à différents outils pédagogiques. On peut mentionner les chartes pour encadrer la vie nocturne. À titre d'exemple, la ville d'Antibes a élaboré en 2004 une « charte de bon aloi », reconduite chaque année en période estivale. La Ville de Paris et l'agglomération du Grand Lyon ont signé en 2012 une charte des livraisons de nuit silencieuses avec l'association Certibruit. Il y a aussi les villes qui privilégient la labellisation. Ainsi, la ville de Lyon et le Grand Lyon ont constitué un comité d'adhésion qui se réunit une fois par an pour examiner les demandes de labellisation faites par les établissements d'ouverture tardive ; ce sont cent trente établissements qui ont été labellisés en 2014. D'autres villes élaborent des guides pratiques comme la ville de Rueil-Malmaison, dont le guide s'adresse aux commerçants et artisans sur le thème « à chaque bruit sa solution » : inventaire des bruits susceptibles d'être générés par les activités de seize catégories de commerces et solutions techniques pour les traiter. La ville de Bourgoin-Jallieu a également élaboré, en commissions interquartiers avec les commerçants, un guide des bonnes pratiques.

II. Lutter contre les nuisances sonores : une nécessaire démarche concertée au service d'une politique globale du bien vivre ensemble en centre-ville

Annonce des sous-parties La lutte contre les nuisances sonores en centre-ville nécessite de construire une démarche concertée et participative (A). Un plan d'action diversifié doit être déployé au service du bien vivre ensemble et de la tranquillité en centre-ville tout en maintenant une dynamique économique et culturelle (B).

A. La lutte contre les nuisances sonores en centre-ville : la construction d'une démarche concertée et participative

a. La structuration du pilotage

La volonté politique affirmée de lutter contre les nuisances sonores en centre-ville implique de recourir à un pilotage transversal de la politique de tranquillité publique en centre-ville. D'abord le directeur général des services désignera un **chef de projet**, chargé de piloter l'ensemble des actions qui vont être mises en œuvre pour lutter contre les nuisances sonores. Il va assurer également tout le suivi juridique des actions pouvant faire l'objet de conventionnement, la coordination des actions de terrain avec la hiérarchie et les élus. Il va définir les différents outils de pilotage et de programmation tels que le plan de travail, la répartition des tâches à effectuer, le calendrier, le planning, les moyens nécessaires, le budget alloué aux actions, etc. Le chef de projet pourrait être le coordonnateur du projet « vivre ensemble au centre-ville », au sein du service population.

Il va mettre en place les différentes instances internes de conduite du projet, constituées de représentants des différentes directions et entités, des acteurs extérieurs à la collectivité et éventuellement d'experts. Il va ainsi devoir faire travailler ensemble ces différents acteurs du projet au sein, d'une part, d'un comité technique et, d'autre part, d'un comité de pilotage. Le **comité technique** pourrait comprendre notamment les responsables des services opérationnels (culture, sports et loisirs), le responsable des services techniques, le responsable de la police municipale, le responsable du service urbanisme et un ou deux représentants de l'association des commerçants du centre-ville. Sous l'animation du chef de projet, des groupes de travail thématiques seront mis en place : plan de circulation dans le centre-ville, supports de communication et sensibilisation, élaboration d'un guide des bonnes pratiques, etc. Le comité technique va élaborer des propositions pour le comité de pilotage qui les validera. Le **comité de pilotage** sera composé notamment du directeur général adjoint « services population », du maire, des élus délégués à la vie économique, à la culture, aux sports et loisirs, à l'urbanisme et à la voirie, de l'élu aux finances, du président de l'association des commerçants du centre-ville, de représentants des établissements diffusant de la musique amplifiée, de représentants du conseil de quartier du centre-ville, d'un représentant du commissariat de police, d'un représentant du procureur de la République et des représentants des bailleurs.

b. Le diagnostic des politiques actuelles

Pour mettre en œuvre cette politique de tranquillité publique et de lutte contre les nuisances sonores en centre-ville, le chef de projet va procéder à un **diagnostic** de l'existant, sur une durée de quatre mois. Il va devoir répondre aux questions suivantes : quelles sont les principales sources de bruit dans le centre-ville ? D'où viennent-elles ? Quels sont leur intensité et leur impact sur les riverains ? Quel est le contenu de la majorité des plaintes déposées par les riverains ? Quels sont les commerces et les établissements qui sont la source des nuisances les plus importantes ? Quelles sont les actions déjà menées ou en cours d'élaboration pour lutter contre les nuisances sonores dans le centre-ville ? Quelles sont les attentes des riverains exprimées dans les dernières réunions des conseils de quartier, ainsi que les demandes des commerçants ? Tout ceci se fera à partir de questionnaires et d'enquêtes auprès des différents acteurs. Il s'agira aussi de recenser les différentes pratiques des collectivités, notamment celles qui sont membres de l'établissement public de coopération intercommunale, en termes de lutte contre les nuisances sonores, et de présenter les différentes modalités de concertation choisies selon les actions à mener. Cet état des lieux, une fois validé par le comité de pilotage, devrait permettre de dégager des **objectifs stratégiques**, également validés par le comité de pilotage, en termes de lutte contre les nuisances sonores, à court, moyen et plus long terme. Il peut être fixé comme objectif de diminuer en un an de 30 % le nombre de plaintes liées aux tapages nocturnes ou diurnes ou de diminuer de 25 % les procès-verbaux liés au non-respect de la réglementation édictée. Les actions menées feront l'objet d'un **suivi** et d'une **évaluation annuelle**, à partir de tableaux de bord et d'indicateurs comme le nombre effectif de procès-verbaux liés aux nuisances sonores, le nombre d'aménagements effectués pour améliorer l'acoustique de certains établissements, le taux de satisfaction des riverains au regard des mesures prises, le coût du décibel évité par personne gênée, etc.

Transition Cette démarche méthodologique devra alors permettre de faire des propositions opérationnelles en vue de favoriser le bien-vivre ensemble et la tranquillité dans le centre-ville, tout en maintenant un dynamisme économique et culturel.

B. Un plan d'action diversifié au service du bien vivre ensemble et de la tranquillité en centre-ville tout en maintenant une dynamique économique et culturelle

*a. Proposition 1 : mettre en place une **politique de communication et de sensibilisation** en interne et en externe pour lutter contre les nuisances sonores en centre-ville tout en maintenant le dynamisme économique et culturel*

Cette communication aura une double dimension, car elle sera tournée vers l'interne mais aussi vers l'externe. Elle témoigne d'une volonté d'associer l'ensemble des personnels et les acteurs du territoire à cette démarche. En interne, le maire, avec l'appui technique du chef de projet, rappellera, lors d'une réunion à laquelle participeront la direction générale, les directeurs et les chefs de services, le cadre réglementaire des pouvoirs de police du maire, les actions déjà menées et surtout sa volonté de déployer un plan d'action en faveur de la tranquillité publique dans le centre-ville. Les réunions ayant le même objectif informatif seront dupliquées et animées par le chef de projet dans chaque direction et service avec les agents de chacun des services. Le site intranet sera utilisé pour communiquer sur la volonté politique. En externe, des réunions publiques seront organisées avec les différents acteurs concernés, pour leur expliquer les objectifs politiques de la municipalité en termes de tranquillité publique dans le centre-ville. Le site Internet, le journal municipal, des panneaux d'affichage et des plaquettes d'information seront utilisés pour informer de la volonté politique. Des animations sur le bruit, à vocation pédagogique, seront aussi mises en place, notamment dans les écoles, tout comme l'affichage des mesures préventives dans les locaux communaux. Au fur et à mesure de la mise en œuvre du plan d'action, des ateliers de concertation et des réunions publiques avec les conseils de quartier seront programmées pour coconstruire le bien vivre-ensemble.

b. Proposition 2 : élaborer un ***schéma directeur de la tranquillité publique en centre-ville***

L'élaboration de ce schéma directeur se fera selon un échéancier, à court, moyen et plus long terme, autour de trois axes principaux.

D'abord, il sera proposé d'élaborer, en douze mois, une charte ou un guide des bonnes pratiques en vue de réduire les nuisances sonores dans le centre-ville, selon une approche de démocratie participative. L'élaboration de ce document pédagogique associera, aux côtés des services municipaux et du chef de projet, les riverains, mais aussi les commerçants, les établissements culturels et de loisirs, les bailleurs et les membres des conseils de quartier. Cette charte ou ce guide sera signé par les commerçants. Le visuel final du document pourra être analogue à celui de la ville de Rueil-Malmaison. Une commission technique se réunira chaque mois pour faire le point sur l'état d'avancement de ce document.

Ensuite, il sera proposé de créer, dans les dix-huit mois à venir, un dispositif de médiation, animé par un référent « tranquillité publique » s'appuyant sur des jeunes recrutés en emplois d'avenir ou des jeunes en service civique. Il s'agira de rappeler, sur le terrain, dans les rues du centre-ville, les règles de civilité à respecter dans l'espace public. Les jeunes pourront aussi effectuer des relevés réguliers de mesures acoustiques sur les principaux sites sensibles du centre-ville.

Enfin, la lutte contre le bruit sera à intégrer dans une démarche stratégique plus globale de planification urbaine. Un cahier des charges de recommandations environnementales pourra être élaboré à l'attention des acteurs de la construction et de l'aménagement et intégré dans un plan local d'urbanisme modifié et dans un futur plan municipal de lutte contre le bruit.

c. Proposition 3 : mettre en place une ***politique de formation des agents et des élus***

Un programme de formation pourra être bâti à destination des agents des services opérationnels concernés mais aussi des élus, pour les sensibiliser aux bonnes pratiques en termes de lutte contre le bruit et au cadre réglementaire des pouvoirs de police du maire. Des actions de formation pourront être contractualisées avec le Centre national de la fonction publique territoriale. Ces formations porteront sur des solutions innovantes pour améliorer la lutte contre le bruit et réduire les nuisances sonores et sur les techniques de mesures du bruit. Des stratégies de formation pourront être mises en place afin de permettre une culture commune à l'ensemble des acteurs.

Conclusion Les obligations des communes et les pouvoirs de police du maire sont importants en termes de prévention des nuisances sonores et des bruits de voisinage en centre-ville. Mais ils doivent être complétés par des actions plus interventionnistes et pédagogiques, pour faire évoluer les comportements des personnes à l'origine des bruits, mais aussi ceux des riverains. Un suivi de l'ensemble des actions menées doit être instauré sur la durée afin de bien quantifier leur impact dans le temps.

SUJET N° 24 : Rapport avec propositions

Rédacteur territorial principal de 2e classe, examen professionnel de promotion interne, examen professionnel d'avancement de grade, session 2014

DURÉE : 3 HEURES

Sujet

Vous êtes rédacteur territorial principal de 2e classe, responsable du service ressources humaines de la commune de TRAVAIL (15 000 habitants, 350 agents). L'équipe municipale souhaite mener une réflexion sur la mise en œuvre du télétravail pour le personnel de la commune.

Dans ce cadre, et dans un premier temps, le directeur général des services vous demande de rédiger à son attention, exclusivement à l'aide des documents ci-joints, un rapport sur les enjeux du télétravail dans la fonction publique territoriale. (12 points)

Dans un deuxième temps, il vous demande d'établir des propositions opérationnelles visant à organiser le télétravail d'agents pouvant relever de tous les services de la commune. Pour traiter cette seconde partie, vous mobiliserez également vos connaissances. (8 points)

Liste des documents

Document 1 : « Le télétravail : un concept à bien préciser » - extrait du rapport de Michel Lartail, Cédric Siben et Benoît Bettinelli - Conseil général de l'industrie de l'énergie et des technologies - ministère de l'Économie, de l'Industrie et de l'Emploi - 15 juillet 2011 - 3 p.

Document 2 : « Plus de distance, plus de compétences » (extraits) - Sébastien Duval - La Lettre du cadre territorial n° 453 - 15 novembre 2012 - 2 p.

Document 3 : « Les pratiques des collectivités territoriales en matière de développement du télétravail pour leurs agents » (extrait sur le conseil général du Finistère) - étude du CNFPT - décembre 2013 - 2 p.

Document 4 : « Quelques réactions issues de l'appel à témoignages » - extrait du rapport « Recommandation - Le télétravail en France » - Isabelle Falque Pierrotin - ministère des Affaires sociales, du Travail et de la Solidarité - le Forum des droits sur l'Internet - 14 décembre 2004 - 3 p.

Document 5 : Articles L. 1222-9 à L. 1222-11, section 4 : télétravail - code du travail - 1 p.

Document 6 : Synthèse du rapport « Le développement du télétravail dans la société numérique de demain » - Centre d'analyse stratégique - Premier Ministre - 25 novembre 2009 - 4 p.

Document 7 : « Télétravail : quelles avancées ? » (extraits) - Olivier Guillaumont - La Lettre du cadre territorial n° 429 - 1er octobre 2011 - 2 p.

Document 8 : « Télétravail et handicap » - Gaëlle Cloarec et Claire Gamelin - Vocatis article web, extrait de Travailler chez soi, éditions Studyrama - avril 2005 - site consulté en mars 2013 - 1 p.

Document 9 : « Quand le télétravail modifie le travail de l'encadrement » - Martine Doriac - La Gazette des communes - 7 décembre 2012 - 2 p.

Document 10 : « Travailler à domicile, une réalité à la mairie » (extraits) - site Internet de la Ville de Paris - 6 février 2013 - 1 p.

Téléchargez gratuitement les documents sur www.vuibert.fr/site/206463

Proposition de corrigé

Commune de TRAVAIL Le ...

Rapport à l'attention de Monsieur le directeur général des services

Objet : modalités de mise en œuvre du télétravail.

Références :
- code du travail, article L. 1222-9 ;
- loi du 22 mars 2012.

Définition (doc. 5 et 7) D'après la loi du 22 mars 2012 et l'article L. 1222-9 du code du travail, le télétravail est « toute forme d'organisation du travail dans laquelle un travail qui aurait également pu être exécuté dans les locaux de l'employeur est effectué par un salarié hors de ces locaux, de façon régulière et volontaire en utilisant les technologies de l'information [...]. Le télétravailleur désigne toute personne salariée de l'entreprise qui effectue, soit dès l'embauche, soit ultérieurement, du télétravail [...] ».

Contextualisation du sujet (doc. 1) Le télétravail existe depuis près de quarante ans. Cette notion a largement évolué. Au départ, elle était restreinte aux salariés travaillant à distance de leur environnement hiérarchique et des autres salariés de l'entreprise, et utilisant les technologies de l'information et de la communication. Avec l'accord européen de 2002, cette notion englobe une dimension de régularité et de travail en dehors des locaux de l'entreprise. Cette notion a été reprise dans l'accord national interprofessionnel de 2005 en France, tout en rajoutant la notion de nomadisme. En France, le développement du télétravail est peu important, comme en témoigne le rapport du 15 juillet 2011. La France est en retard sur les principaux pays de l'Organisation de coopération et de développement économiques (OCDE) quant au développement du télétravail ; cette pratique est encore très embryonnaire dans le secteur public, même si les expériences s'avèrent positives et variées. Mais il existe une volonté de la collectivité de développer le télétravail, comme opportunité pour moderniser les pratiques managériales.

Annonce du plan Le télétravail repose sur un cadre juridique très récent qui, tout en étant porteur d'avantages mais aussi de limites, est générateur de nouvelles pratiques managériales (I). Mettre en place dans la collectivité le télétravail implique de recourir à une démarche participative au service d'une nouvelle culture managériale (II).

I. Le télétravail : un ancrage juridique récent, porteur d'atouts mais aussi de limites, outil d'innovations managériales par certaines collectivités

Annonce des sous-parties Le télétravail a un ancrage juridique récent et un mode organisationnel porteur de réels atouts et avantages (A). Même si le télétravail est également porteur de limites et d'écueils, certaines collectivités s'impliquent pour en faire un véritable outil d'innovations managériales (B).

A. Le télétravail : un ancrage juridique récent et un mode organisationnel porteur de réels atouts et avantages *(doc. 2 et 5)*

a. Un ancrage juridique récent

Un délai de dix ans a été nécessaire pour ancrer juridiquement le concept de télétravail dans la fonction publique territoriale, à partir de la signature de l'accord-cadre sur le télétravail du 16 juillet 2002.

L'accord interprofessionnel français du 19 juin 2005 a suivi, étendu par un arrêté ministériel du 30 mai 2006 qui précise la notion de télétravailleur. C'est la loi du 12 mars 2012 relative à l'accès

à l'emploi titulaire et à l'amélioration des conditions d'emploi des agents contractuels dans la fonction publique qui définit le cadre et les modalités de mise en œuvre du télétravail pour les fonctionnaires et agents non titulaires des trois fonctions publiques.
L'exercice du télétravail s'effectue sur la base du volontariat et à la demande de l'agent. Il doit recevoir l'accord du supérieur hiérarchique. Il peut y être mis fin à tout moment, mais en respectant un délai de prévenance.
Les agents télétravailleurs bénéficient des mêmes droits et sont soumis aux mêmes obligations que les autres agents exerçant leurs fonctions dans les locaux de l'employeur public.
Conformément à la loi du 22 mars 2012, codifié à l'article L. 1222-10 du code du travail, l'employeur a comme obligation supplémentaire à l'égard des télétravailleurs la prise en charge de tous les coûts résultant directement de l'exercice du télétravail : coût des matériels, logiciels, abonnements, communications électroniques, maintenance des outils informatiques, etc. Il doit informer les télétravailleurs des éventuelles restrictions à l'usage d'équipements et d'outils informatiques. Il doit donner la priorité au télétravailleur quand ce dernier souhaite reprendre un poste correspondant à son niveau de compétences professionnelles, dans les locaux de l'employeur public. Il doit organiser un entretien annuel portant sur les conditions d'exercice de son activité en télétravail et sa charge de travail. Il doit également fixer conjointement les plages horaires dans lesquelles le télétravailleur peut être contacté.
En cas de situation de crise ou de circonstances exceptionnelles, la mise en œuvre du télétravail est considérée comme un aménagement du poste de travail rendu nécessaire pour assurer la continuité du service public et la protection des agents.

b. Un mode organisationnel porteur de réels atouts et avantages (doc. 4 et 7)

Ces avantages ont été mis en évidence, notamment par le rapport du Conseil général de l'industrie, de l'énergie et des technologies sur les perspectives de développement du télétravail dans la fonction publique.
Les avantages, du côté des agents, résident dans la qualité de vie. Le télétravail permet une meilleure conciliation de la vie personnelle et de la vie professionnelle. Il permet de travailler à son rythme. Il offre également des avantages en termes financiers et de pouvoir d'achat. C'est aussi un mode organisationnel très intéressant pour les personnes handicapées *(doc. 8)* puisqu'il permet de pallier les difficultés de mobilité et les problèmes auditifs ou visuels. Il constitue une réelle opportunité de renouer avec une activité économique et de s'insérer dans la vie professionnelle. Il est également un facteur de progrès social avant ou après un congé maternité.
Les avantages, du côté de l'employeur public, sont financiers, car l'organisation est peu coûteuse. Elle offre la possibilité de maintenir, dans les territoires ruraux, un certain nombre de services publics tout en faisant des économies d'infrastructures et d'équipements.

B. Même si le télétravail est également porteur de limites et d'écueils, certaines collectivités s'impliquent pour en faire un véritable outil d'innovations managériales

a. Les limites du télétravail (doc. 4, 6, 7 et 9)

Quatre types de limites peuvent être identifiés. La première limite est celle liée à la fracture numérique et à l'accessibilité aux nouvelles technologies. Dans certaines zones éloignées des grandes villes par exemple, il est difficile d'avoir du haut débit et une interconnexion Internet illimitée.
La deuxième limite est celle relative au mode relationnel avec le collectif. Le sentiment d'isolement, de frustration relationnelle avec les autres agents de la structure peut être générateur de stress. Il existe un risque d'affaiblissement des relations interprofessionnelles.
La troisième limite est celle liée aux conditions de travail proprement dites : risques de surcharge de travail et de confusion temporelle entre travail et hors travail.
La quatrième limite se situe au niveau managérial : les employeurs sont réticents à développer le télétravail, par crainte de ne plus pouvoir contrôler les agents sous leur autorité et de ne

plus pouvoir évaluer le travail fait. Du côté des employés, il existe un risque du renforcement du contrôle de l'activité par la hiérarchie et donc une perte d'autonomie.
Par là même, toute personne ne peut pas être en télétravail, cela nécessite d'être très organisé et rigoureux. De plus, il est nécessaire, côté employeur, de ne pas aller au-delà d'un ou deux jours de télétravail par semaine et de diffuser ce mode d'organisation au moins auprès de 20 à 30 % des agents *(doc. 6)*. Il est important de maintenir des entretiens réguliers entre le supérieur hiérarchique et l'agent télétravailleur pour échanger sur le travail et rester informé de la vie de la collectivité *(doc. 7)*. Il est conseillé pour les encadrants de pratiquer un management par objectifs.

c. Une implication des collectivités afin de développer une nouvelle culture managériale et durable (doc. 3, 9 et 10)

Une grande majorité des collectivités qui s'engagent dans le développement du télétravail s'inscrivent avant tout dans une logique de développement durable. On peut citer l'exemple de la ville de Quimper qui propose le télétravail aux agents résidant à plus de vingt kilomètres de leur lieu de travail, tout comme celui de la Ville de Paris qui expérimente le télétravail pour plus de 15 % des agents de son centre d'appels afin d'éviter les déplacements, pour ceux habitant souvent en grande couronne parisienne. Il en ressort des éléments très positifs : moins de stress, moins de fatigue et moins de tensions. On peut citer l'exemple du conseil général du Finistère engagé, au travers du télétravail, dans une démarche d'Agenda 21 et de réduction de l'empreinte carbone. Les cadres sont aussi concernés par cette démarche. Des outils d'accompagnement sont mis en place pour préciser les engagements respectifs des agents télétravailleurs et des encadrants comme les chartes de télétravail élaborées par les conseils généraux du Finistère et de la ville de Quimper.

II. Mettre en place le télétravail dans la collectivité : une démarche concertée, pragmatique et progressive au service d'une nouvelle culture managériale

Annonce des sous-parties Instaurer une démarche de télétravail requiert une approche concertée, pragmatique et participative (A), mais aussi une démarche progressive, au service d'une nouvelle culture managériale (B).

A. Instaurer une démarche de télétravail : une approche concertée, pragmatique et participative

Le premier axe consiste à organiser la « ressource », la mobilisation des acteurs en interne, pour piloter le projet. Il est d'abord essentiel que l'autorité territoriale affirme son volontarisme politique et affiche clairement l'importance que constitue le télétravail. Pour ce faire, le directeur général des services désignera un **chef de projet** dont l'une des missions principales sera d'organiser et de piloter, en qualité de « référent », la dynamique globale de mise en place du télétravail dans la collectivité. Compte tenu des compétences requises et du projet à réaliser, le chef de projet pourrait être le responsable des ressources humaines. Il sera plus particulièrement chargé de définir le cadre de travail, le planning, les différentes étapes de mise en œuvre, les métiers susceptibles d'être éligibles au télétravail et les moyens nécessaires pour les télétravailleurs. Dans cette fonction d'animation, le chef de projet s'appuiera sur deux instances, à savoir un comité technique et un comité de pilotage.
Le **comité technique** pourra être constitué des membres suivants, notamment, outre le chef de projet, le référent formation de la direction des ressources humaines (DGS), des encadrants volontaires pour entrer dans l'expérimentation et un représentant du service informatique. Le comité technique pourra se diviser en groupes de travail thématiques afin d'aider le chef de projet dans la mise en œuvre des actions. Le **comité de pilotage**, qui aura pour objectif de valider les principales étapes méthodologiques, pourra être composé, en sus des membres du comité technique, du DGS, du maire et/ou de l'élu délégué au personnel, de l'ensemble des directeurs et des représentants des personnels.

Le chef de projet mènera ensuite la démarche, selon trois étapes. En transversalité et en concertation étroite avec l'ensemble des directions de la collectivité, il conviendra d'abord de faire un **état des lieux**, au titre de la phase préparatoire. Il s'agira d'identifier un échantillon de certains métiers et types de fonctions pouvant être « éligibles » au télétravail. Il conviendra de faire, sous forme d'un appel à candidature fondé sur le volontariat, le recensement des agents qui souhaiteraient expérimenter le télétravail, et ce, à différents niveaux hiérarchiques. Une cartographie des différentes expériences de télétravail déjà mises en œuvre dans d'autres collectivités de taille similaire sera réalisée. On recensera les différents outils et matériels nécessaires pour les agents intéressés. Une fois cette phase de recensement réalisée et validée par le comité de pilotage, la deuxième étape consistera à définir les **objectifs stratégiques** et les actions concrètes qui en résultent. Au titre de la première année, l'objectif de parvenir à environ cinq à dix télétravailleurs pourra être fixé. Cet objectif pourra être doublé l'année suivante. Enfin, durant la première année de mise en œuvre, le chef de projet devra établir un **bilan détaillé**, à présenter au comité de pilotage aux fins de validation, à partir des indicateurs de suivi et des tableaux de bord préalablement élaborés avec notamment le nombre effectif de télétravailleurs volontaires, le nombre de journées effectuées en télétravail et la typologie des principaux métiers concernés. Des ajustements et des correctifs au bilan annuel ainsi élaboré pourront être apportés par le comité de pilotage.

(Transition) Mais, au-delà de la nécessaire structuration du projet, il est nécessaire d'adopter une approche progressive.

B. La mise en œuvre du télétravail : une démarche progressive, au service d'une nouvelle culture managériale

Cette démarche progressive pourra s'articuler autour de trois axes majeurs.

Le premier axe consistera à organiser, en interne, une **dynamique de communication forte** sur la mise en place pendant deux ans du télétravail dans la collectivité, à titre expérimental. Le maire et le DGS pourront recourir à différents « supports » pour mener cette communication. D'abord, de façon individuelle, en appui de la feuille de paye, un courrier du maire sera joint en vue d'expliquer la volonté politique, les enjeux du télétravail, ses atouts, mais aussi les écueils qu'il convient d'éviter pour en assurer la pleine efficience, dans l'intérêt des agents eux-mêmes, mais aussi de la collectivité. Une communication collective sera également nécessaire, sous forme de différentes réunions : réunions avec les directeurs et réunions interservices avec à l'appui des témoignages d'agents venant d'autres collectivités de taille analogue ayant expérimenté le télétravail ou en télétravail actuellement. À l'issue de ces réunions d'information, un guide pourra être remis à chaque participant sur les avantages et les conditions requises pour réussir une organisation en télétravail. Ce guide sera également accessible sur l'Intranet de la collectivité.

Cette stratégie de communication doit également se poursuivre sur la durée. Il sera pertinent, au bout d'une année de mise en œuvre, de réaliser un bilan des missions effectuées en télétravail, bilan qui sera rattaché au bilan social de la collectivité, présenté en comité technique.

Le deuxième axe consistera à développer, de façon progressive, un **schéma directeur du télétravail dans la collectivité**. Le chef de projet pourra, avec l'appui d'encadrants volontaires, élaborer une charte, un protocole du télétravail, c'est-à-dire un document précisant les droits et les obligations des télétravailleurs : le nombre de journées maximal par semaine (ne pas dépasser deux jours), les horaires de travail, les plages de disponibilité du télétravail et le forfait mensuel de quatre jours pour les encadrants en télétravail. Il pourra également définir les pratiques attendues des encadrants pour développer durablement une nouvelle culture managériale : les modalités et les critères d'évaluation des conditions de travail à domicile, l'aide à l'organisation du travail au sein des services en intégrant le télétravail et l'instauration des temps d'échange. Un modèle de contrat d'engagement entre le télétravailleur et son responsable pourra être élaboré.

Le troisième axe consistera à construire, en partenariat avec le CNFPT, un **plan de formation**. Le chef de projet sera chargé d'élaborer ce plan de formation, d'abord à l'attention des encadrants. En effet, le changement culturel et organisationnel est important : il s'agit, pour l'encadrant, de passer d'une vision unidirectionnelle à celle d'un animateur de communauté, avec des liens se tissant dans des temporalités différentes. Des formations thématiques seront ainsi proposées, comme : comment développer un confort relationnel et de confiance et rendre le travail efficace ? Des formations seront également proposées aux agents désireux d'en bénéficier, comme : comment organiser son travail en dehors des locaux municipaux et du collectif ? Comment hiérarchiser vie professionnelle et vie privée dans le cadre du télétravail ? Des formations porteront enfin sur l'utilisation du matériel informatique.

Conclusion Le télétravail est un outil de modernisation de l'action publique, mais la réussite de sa mise en œuvre nécessite des prérequis, notamment une identification claire des relations entre les télétravailleurs et la collectivité employeur.

SUJET N° 25 : **Rapport avec propositions**

DURÉE : 3 HEURES

Rédacteur territorial principal de 1re classe, examen professionnel d'avancement de grade, session 2014

Sujet

Vous êtes rédacteur territorial principal de 1re classe, chargé de mission auprès du directeur général des services de la communauté de communes de RURE, qui regroupe neuf communes et compte 7 000 habitants.

Le président de la communauté de communes, également maire d'une des neuf communes, est souvent interpellé par les administrés à propos du manque d'offres de services sur ce territoire rural. Soucieux de répondre à cette demande, il souhaite être éclairé sur cette question et les réponses possibles.

Dans ce contexte, et dans un premier temps, le directeur général des services vous demande de rédiger à son attention, exclusivement à l'aide des documents ci-joints, un rapport sur le maintien des services au public en milieu rural. (8 points)

Dans un deuxième temps, il vous demande d'établir un ensemble de propositions visant à la mise en place d'une maison des services publics, labellisée Relais services publics (RSP). Pour traiter cette seconde partie, vous mobiliserez également vos connaissances. (12 points)

Liste des documents

Document 1 : « Définition du service public, des services publics, des services au public » - extraits du rapport de la mission pour l'amélioration de la qualité et de l'accessibilité des services au public dans les territoires fragiles - Carole Delga et Pierre Morel-A-l'Huissier - rapport au ministère de l'Égalité des Territoires et du Logement - 8 octobre 2013 - 1 page.

Document 2 : Textes de référence : historique, dispositifs existants et à venir - 4 pages.

Document 3 : Services publics en milieu rural : les propositions de Carole Delga et Pierre Morel-A-l'Huissier (extrait) - Emilie Zapalski - *Localtis.info* - 14 octobre 2013 - 1 page.

Document 4 : « L'offre de services en milieu rural : quels outils ? » (extrait) - Entreprises Territoires et Développement - juillet 2008 - 1 page.

Document 5 : « L'objectif de mutualisation des services » - extraits du rapport de la mission pour l'amélioration de la qualité et de l'accessibilité des services au public dans les territoires fragiles - Carole Delga et Pierre Morel-A-l'Huissier - rapport au ministère de l'Égalité des Territoires et du Logement - 8 octobre 2013 - 2 pages.

Document 6 : « Contribution de l'Association des maires ruraux de France aux assises de la ruralité » (extraits) - site Internet de l'Association des maires ruraux de France - 15 décembre 2009 - 2 pages.

Document 7 : « Maintien des services en milieu rural » (extrait) - Mairie-conseils, Caisse des dépôts - janvier 2010 - 2 pages.

Document 8 : « Installation : des aides pour les acteurs de la santé » (extraits) - Catherine Maisonneuve - Le Courrier des maires - janvier 2006 - 1 page.

Document 9 : « Comment mettre en place une maison des services publics ? » (extraits) - Louis Bertolde - Fiches pratiques politique et communication - Fiches pratiques de la Lettre du cadre territorial n° 46 - février 2003 - 2 pages.

Document 10 : Label Relais services publics - extraits du rapport de la mission pour l'amélioration de la qualité et de l'accessibilité des services au public dans les territoires fragiles - Carole Delga et Pierre Morel-A-l'Huissier - rapport au ministère de l'Égalité des Territoires et du Logement - 8 octobre 2013 - 2 pages.

Document 11 : « Les intercommunalités mieux placées et plus motivées » - *La Gazette des communes* n° 2196 - 11 novembre 2013 - 2 pages.

Document 12 : « Une maison des services à Murat » - Séverine Cattiaux - *Territoriale* n° 105 - mars 2008 - 1 page.

Document 13 : « Schémas de services publics : onze départements prennent les devants » (extrait) - Michel Tendil - Loacltis.info - 3 avril 2014 - 2 pages.

Document 14 : « DETR : près de 616 millions d'euris pour les collectivités rurales en 2014 » (extrait) - Michel tendil - Localtis.info - 7 mars 2014 - 1 page.

Téléchargez gratuitement les documents sur www.vuibert.fr/site/206463

Proposition de corrigé

Communauté de communes de RURE Le ...

Rapport à l'attention de Monsieur le directeur général des services

Objet : mise en place d'une maison des services publics, labellisée Relais services publics (RSP).

Références :
- loi du 12 avril 2000 ;
- loi du 23 février 2005.

L'accessibilité des services publics (SP) est un enjeu majeur du deuxième volet de la réforme de la décentralisation. Maintenir des services publics en milieu rural est une problématique importante en termes d'égalité d'accès aux prestations et d'égalité territoriale *(doc. 13)*.
Le Conseil économique, social et environnemental définit les services au public comme « une notion recouvrant l'ensemble des services, publics et privés, nécessaires aux populations, répondant aux besoins des usagers et indispensables à la vie des territoires ». C'est une activité d'intérêt général qui ne peut être assurée que par le seul jeu du marché et qui appelle une prise en charge quasi exclusive par la puissance publique. Cette activité est soumise aux principes de continuité, d'adaptabilité, de garantie d'accès, de neutralité, de transparence et d'égalité *(doc. 1)*.
La société évolue, avec l'émergence de nouveaux besoins, la concentration des activités et des populations en milieu urbain, la désertification de certains territoires, le désengagement de l'État et le contexte de raréfaction financière. Tout ceci amène les élus locaux, tout comme l'État, à repenser l'offre de services autour de la notion différenciée des niveaux de services à offrir au public, dans une logique de maintien et de développement de l'attractivité des territoires et de la cohésion territoriale *(doc. 4)*.

Annonce du plan Dans un premier temps, il importe de mettre en évidence que le maintien de services publics en milieu rural, tout en reposant sur des enjeux forts et des dispositifs pluriels, nécessite une politique encore plus offensive (I). La volonté de déployer en local une maison des services publics labellisée RSP implique de recourir à une démarche participative et de faire des choix de gestion (II).

I. Maintenir des SP en milieu rural : un enjeu d'égalité territoriale s'appuyant certes sur des dispositifs pluriels mais nécessitant une politique encore plus offensive

Annonce des sous-parties Maintenir des SP en milieu rural est un enjeu fort s'appuyant sur des dispositifs pluriels (A). Au vu des résultats constatés, une politique encore plus volontariste et innovante s'avère nécessaire (B).

A. Maintenir des SP en milieu rural : un enjeu fort s'appuyant sur des dispositifs pluriels

a. Un enjeu d'égalité territoriale (doc. 4)

L'égalité d'accès aux services publics nécessite des arbitrages politiques afin de garantir une logique d'aménagement du territoire et de coordination de l'offre de services publics adaptée aux besoins et aux demandes locales. Elle constitue l'un des aspects déterminants de l'aménagement du territoire.
L'égalité d'accès aux services publics est un enjeu d'attractivité des territoires. Elle doit permettre de lutter contre un sentiment de déqualification en faisant bénéficier les habitants d'une offre viable, qualitative et dans la proximité. Les habitants doivent cependant accepter que tous les services ne puissent pas être présents partout et dans les mêmes conditions qu'il

y a quelques années. L'égalité des usagers devant le service public ne signifie pas nécessairement l'uniformité, mais plutôt une adaptation et une réorganisation des modalités de l'offre des prestations et donc un traitement différencié selon les situations tout en maintenant la cohésion territoriale et les solidarités entre les citoyens.
L'égalité d'accès aux services publics est également un enjeu de reconnaissance du rôle de la ruralité *(doc. 6)*. Les territoires ruraux constituent une richesse pour la nation, en termes d'espace, de qualité de vie, mais aussi de développement économique et de vie sociale. La notion de coopération décentralisée franco-française est donc importante.

b. Des dispositifs normés, diversifiés et pluriels mis en place depuis 1995 (doc. 2)

Il existe plusieurs textes généraux, à commencer par la loi du 4 février 1995, qui créent un mode de gouvernance pour l'aménagement du territoire avec les schémas départementaux d'organisation et de modernisation des services publics. La loi du 4 février prévoit la création d'une commission dans chaque département en vue d'améliorer la présence sur les territoires des services publics et la création d'un dispositif de classement de zones de revitalisation rurale. Mais ces schémas vont disparaître en 2006, tout en conservant les commissions départementales. La loi du 12 avril 2000, en son article 20, facilite le maintien d'un service public de proximité par la création des maisons des services publics, dans le cadre d'une convention de trois ans au minimum. La loi du 23 février 2005 relative au développement des territoires ruraux élargit les possibilités de mutualisation des services dans le cadre des maisons des services au public. Elle instaure la possibilité pour une personne publique de confier à une personne privée l'exercice d'une mission de service public pour maintenir le service dans une commune et offre des facilités pour l'installation des professionnels de santé dans les zones sous-médicalisées avec le décret du 21 novembre 2005. La loi du 27 janvier 2014 crée un nouvel outil pour élaborer un projet de territoire, le pôle d'équilibre territorial et rural (PETR), destiné aux zones rurales et aux petites villes. Il existe également des textes spécifiques et plus incitatifs. En juin 2006 a été signée une charte des services publics en milieu rural, entre l'État, l'AMF et quatorze partenaires accomplissant des missions de service public. La circulaire du 2 août 2006 porte sur la labellisation de RSP. Un accord a été signé le 28 septembre 2010 sur « plus de services au public » entre l'État et neuf grands opérateurs nationaux de services (La Poste, EDF, Pôle emploi, etc.).

Transition Il est toutefois nécessaire de développer une politique plus offensive au vu des résultats constatés.

B. Maintenir des SP en milieu rural : au vu des résultats constatés, une politique encore plus volontariste et innovante s'avère nécessaire

a. Le constat de la faiblesse de certains dispositifs (doc. 2, 3 et 6)

Les commissions départementales d'organisation et de modernisation des services publics sont peu ou pas visibles. Leur rôle est très mineur. Le bilan des Relais services publics (RSP) est très mitigé : sur les trois mille prévus, seuls trois cents ont été créés et sont répartis de façon très inégale sur le territoire ; plus de 50 % des RSP sont rassemblés dans quatre régions alors que la région Île-de-France et la Bretagne ne comptent qu'un projet. Quant à la charte des services publics en milieu rural, elle n'est pas contraignante.

b. Le rapport d'octobre 2013 sur l'accessibilité et la qualité des services au public dans les territoires fragiles (doc. 2, 3, 5 et 14)

Le rapport parlementaire remis à la ministre de l'Égalité des Territoires et du Logement comporte trois axes majeurs. Le premier axe vise à remettre à jour les schémas départementaux d'accès aux services et les services obligatoires, disparus en 2006, et qui seraient signés entre le préfet et le président du département. Cette réactivation figure dans le projet de loi de mobilisation des régions pour la croissance et l'emploi et de promotion de l'égalité des territoires qui sera examiné au Sénat début 2014. Le deuxième axe vise à renforcer la mutualisation des services au public à travers un développement renforcé des maisons des services publics (MSP). Ainsi, il serait proposé de modifier le code général des collectivités territoriales pour donner la compétence optionnelle de création et de gestion de RSP aux communautés de communes, aux communautés d'agglomération et aux communautés urbaines. Le troisième axe propose la création d'un fonds national pour le développement des maisons des services aux citoyens, dans lequel des opérateurs comme l'État pourraient verser leur participation. Ce fonds devrait être créé en 2015 afin de répondre aux objectifs du Gouvernement de créer d'ici 2017 mille MSP.

c. Les collectivités volontaristes qui innovent par des structures mutualisées (doc. 11 et 12)

La communauté de communes de Murat a mis en place une MSP sur un bassin de vie de 6 000 habitants. Orientée sur les nouvelles technologies, la MSP connaît un réel succès. La communauté de communes de Murat a créé trente-six partenariats (ANPE, MAS, Safer, CAF, EDF, pôle juridique). Elle propose un service de transport à la demande pour les usagers non motorisés, une structure équipée d'une salle multimédia, notamment pour les établissements de formation tels que les Greta, et d'une salle de visioconférence pour les entreprises, et un télécentre pour développer le télétravail dans le département et accueillir ainsi de nouveaux actifs sur le territoire. Sans attendre la future loi de décentralisation, onze départements ont commencé à préparer, avec les préfets, les futurs schémas d'amélioration de l'accessibilité des services au public.

II. Déployer sur le territoire une MSP, labellisée RSP, implique de recourir à une démarche participative

Annonce des sous-parties La création d'une maison des services publics labellisée doit être une démarche concertée, pragmatique et participative (A) La création d'une maison des services publics doit être une démarche progressive, au service d'une nouvelle culture managériale (B).

A. Créer une maison des services publics labellisée : une démarche concertée, pragmatique et participative

Le premier axe consiste à organiser la « ressource », la mobilisation des acteurs en interne, pour piloter le projet, au vu du volontarisme affiché par l'autorité territoriale et l'importance du projet. Pour ce faire, le directeur général des services (DGS) désignera un **chef de projet** dont une des missions principales sera d'organiser et de piloter, en qualité de référent, la dynamique globale de mise en place du projet sur le territoire. Compte tenu des compétences requises et du projet à réaliser, le chef de projet pourrait être le responsable du développement économique et de l'aménagement du territoire. Il sera plus particulièrement chargé de définir le cadre de travail, le calendrier, les différentes étapes de mise en œuvre, les dossiers de demande de financement pour la labellisation, le cadre conventionnel avec les futurs opérateurs et les moyens matériels nécessaires. Dans cette fonction d'animation, le chef de projet s'appuiera sur deux instances, un comité technique et un comité de pilotage. Le **comité technique** pourrait être constitué du responsable informatique, du responsable communication, du référent formation de la direction des ressources humaines et d'agents du service accueil de l'établissement public de coopération intercommunale (EPCI) ; le comité technique pourra se diviser en groupes de travail thématiques afin d'aider le chef de projet dans la mise en œuvre des actions.

Le **comité de pilotage**, qui aura pour objectif de valider les principales étapes méthodologiques, sera notamment composé, en sus des membres du comité technique, du DGS, du président de l'EPCI, des directeurs, des principaux opérateurs et acteurs institutionnels du territoire, de la chambre de commerce et d'industrie et du représentant du préfet.

Le chef de projet mènera ensuite la démarche selon trois étapes. En transversalité et concertation étroite avec l'ensemble des directions de la collectivité, il conviendra d'abord de faire un **diagnostic** *(doc. 9)*, au titre de la phase préparatoire, afin d'identifier la demande sociale et l'environnement géographique, social et économique. Il s'agira d'analyser la répartition territoriale des services publics existants, de recenser les partenaires potentiels et de déterminer les types de services susceptibles d'être proposés, la forme des prestations, les horaires, le lieu d'implantation, les types de dispositifs pouvant être mis en œuvre (par exemple, une structure mixte associant services marchands et non marchands) et le choix du cadre juridique. Pour établir ce diagnostic, des enquêtes et des réunions publiques seront à prévoir auprès des acteurs locaux et des partenaires institutionnels. Une cartographie des différentes expériences de MSP déjà opérationnelles dans d'autres intercommunalités de taille similaire sera réalisée. Une fois cette phase de diagnostic réalisée et validée par le comité de pilotage, la deuxième étape consistera à définir les **objectifs stratégiques** et les actions concrètes qui en résultent. Au titre de la première année de fonctionnement de la maison des services publics, à créer sous douze mois, l'objectif de parvenir à douze partenariats pourra être fixé. Cet objectif pourra être doublé sur les deux années suivantes. Enfin, durant la première année de mise en œuvre, le chef de projet devra établir un **bilan détaillé**, à présenter au comité de pilotage aux fins de validation, à partir des indicateurs de suivi et des tableaux de bord préalablement élaborés, comme le nombre de partenaires effectifs, le nombre de demandes traitées sur site et les typologies des principaux types de services demandés. Des ajustements et correctifs pourront être apportés par le comité de pilotage au bilan annuel ainsi élaboré. Il importe d'intégrer d'emblée un mode de fonctionnement évolutif.

Transition Mais, au-delà de la nécessaire structuration du projet, réussir la mise en place d'une MSP labellisée implique également de recourir à une approche progressive.

B. La création d'une MSP : une démarche progressive, au service d'une nouvelle culture managériale

Cette démarche progressive pourrait s'articuler autour de trois axes majeurs.

Le premier axe consisterait à organiser en interne une **dynamique de communication** forte sur la mise en place à titre évolutif, pendant au minimum trois ans, d'une MSP sur le territoire. Le président de l'EPCI pourra utiliser différents supports de communication pour valoriser les atouts et les enjeux d'une telle structure : le site Internet de l'EPCI, les réunions publiques avec l'appui de témoignages d'élus d'autres territoires de taille analogue ayant mis en place une maison des services publics, des réunions internes avec les agents de l'EPCI pour présenter l'intérêt d'une telle structure, la distribution de flyers dans les mairies du territoire et auprès des acteurs économiques. À l'issue de ces réunions d'information, un guide pourra être remis à chaque participant sur les enjeux, les avantages et les conditions de réussite d'une telle mutualisation de services. Ce guide sera également accessible sur l'Intranet de la collectivité. Cette stratégie de communication doit également se poursuivre sur la durée. Il sera pertinent, au bout d'une année de mise en œuvre, de réaliser un bilan du fonctionnement de la structure.

Le deuxième axe s'articulera autour de la **définition** et du **choix du mode de fonctionnement de la structure**. Il importe, en effet, de déterminer la nature juridique de la future maison des services publics parmi les différentes possibilités, et ce, en lien avec le mode de production qui sera adopté (accueil, information, orientation, mais aussi traitement de demandes sur site, permanences de partenaires, réseaux de correspondants à l'extérieur de la structure, procédures vidéo). Ainsi, on pourra choisir parmi les formules suivantes : la gestion en régie, délégation unilatérale à un établissement public administratif, le syndicat mixte permettant d'associer d'autres collectivités et personnes morales de droit public aux côtés des communes membres de l'EPCI, le groupement d'intérêt public, souple dans son mode d'organisation et permettant d'associer des acteurs privés, et l'association qui peut bénéficier de financements de la communauté de communes, de locaux, de personnels mis à disposition. La formule du groupement d'intérêt public pourra être privilégiée. Le champ principal des prestations à prioriser pourra être le suivant : prestations sociales, aide à l'emploi, aide à la constitution de dossiers pour les organismes publics et accompagnement du public dans l'utilisation d'Internet. On pourra partir sur la base d'une ouverture minimale de vingt-huit heures par semaine sur trois jours et demi.

Le troisième axe consistera à élaborer, en partenariat avec le Centre national de la fonction publique territoriale, un **plan de formation** pour les agents. Le chef de projet sera chargé d'élaborer un plan de formation, d'abord à l'attention du futur responsable de la structure, mais également pour les personnels territoriaux amenés à être affectés à la structure, plus particulièrement ceux qui seront chargés de l'accueil. Cette fonction d'accueil aura un rôle fondamental dans l'image de la structure et le fonctionnement au quotidien. Ainsi, des formations pourront être programmées sur les thématiques suivantes : connaissance des différents dispositifs liés aux types de services qui seront proposés, gestion des situations conflictuelles, formations à l'utilisation des nouvelles technologies, etc.

Conclusion Maintenir des services publics en milieu rural repose donc sur une volonté politique forte et innovante, au service de l'égalité des territoires.

SUJET N° 26 : **Rapport avec propositions**

DURÉE : 3 HEURES

Technicien territorial principal de 2e classe, concours externe, interne et 3e voie, session 2018, spécialité bâtiments et génie civil

Sujet

Vous êtes technicien territorial au sein de Techniville, commune de 60 000 habitants. Sous l'autorité du Directeur Général des Services Techniques, vous êtes en charge du service des bâtiments scolaires. Ce service gère les 12 écoles maternelles et 19 élémentaires de Techniville.

Dans un premier temps, le Directeur Général des Services Techniques vous demande de rédiger à son attention, exclusivement à l'aide des documents joints, un rapport technique sur l'adaptation de la sécurité des bâtiments publics dans le cadre du dispositif Vigipirate. (10 points)

Dans un deuxième temps, il vous est demandé de proposer un ensemble de propositions opérationnelles pour améliorer la sécurité des bâtiments scolaires vis-à-vis du dispositif de vigilance attentat. (10 points)

Liste des documents

Document 1 : « Rentrée scolaire : les mesures à prendre en termes de sécurité » - *Maire Info* - 1er septembre 2016 - 1 page.

Document 2 : « Plan Vigipirate - Foire aux Questions » - *Site internet du gouvernement* - décembre 2016 - 6 pages.

Document 3 : « Fiche pratique : Plan particulier de mise en sûreté (PPMS) » - *FNOGEC* - Décembre 2015 - 5 pages.

Document 4 : « Brochure du SGDSN » (extraits) - *Secrétariat général de la défense et de la sécurité nationale* - Directeurs et responsables de site accueillant du public, comment vous préparer ? - Décembre 2016 - 4 pages.

Document 5 : « Le plan Vigipirate évolue avec la mise en place d'un troisième niveau d'alerte » - *Le Monde* - 1er décembre 2016 - 3 pages.

Document 6 : « L'éducation nationale met en place de nouvelles consignes de sécurité à partir du lundi 23 novembre » - *Le Huffpost*- 5 octobre 2016 - 1 page.

Document 7 : « État d'urgence : Quatre écoles wimereusiennes vont bénéficier de matériel anti-intrusion » - Patricia Noel - *La Voix du Nord* - 18 décembre 2016 - 1 page.

Téléchargez gratuitement les documents sur www.vuibert.fr/site/206463

Proposition de corrigé

> **NOTE DU FORMATEUR**
> Ce corrigé est donné sous la forme d'un plan très détaillé.

Commune de Techniville   Le...

Rapport à l'attention du Directeur général des Services techniques

Objet : modalités d'amélioration de la sécurité des bâtiments scolaires liées au nouveau plan Vigipirate.

Références :
- Circulaire du 25 novembre 2015 ;
- Instruction du 29 juillet 2016.

Éléments *d'introduction (doc. 2, 4 et 5)* C'est en 1978 que le dispositif Vigipirate a été créé par une circulaire interministérielle. Il a été déclenché pour la première fois en 1991, lors de la guerre du Golfe, puis instauré formellement suite aux attentats de 1995 à Paris. Depuis 2015, notamment en France, la menace terroriste est à un niveau durablement élevé. Aussi, le plan Vigipirate a été prolongé à plusieurs reprises, suite aux attentats du 13 novembre 2015. Il s'applique sur le territoire français et à l'étranger, dans les pays où résident des ressortissants français.
L'État encourage très fortement les établissements recevant du public à établir des procédures de réaction en cas d'attaque terroriste et à sensibiliser les agents et salariés.
Les maires sont également très soucieux de sécuriser les espaces scolaires, dans un contexte où toutefois les marges de manœuvre financière sont très contraintes.
Le DGST de la commune de Techniville, qui doit gérer 12 écoles maternelles et 19 écoles élémentaires sur son territoire, partage aussi cette volonté d'améliorer la sécurité des bâtiments scolaires, au regard du dispositif de vigilance attentat.

Annonce du plan Aussi, il sera d'abord mis en évidence le contenu du dispositif Vigipirate ainsi que les actions spécifiques concernant l'éducation nationale et le secteur scolaire (I). Puis, un plan d'action opérationnel, corrélé à Vigipirate « vigilance attentat », sera proposé en vue de maximiser la sécurité des établissements scolaires (II).

I. La sécurité des bâtiments scolaires : un cadre posé par le plan Vigipirate et par des dispositifs spécifiques « Éducation nationale »

Annonce des sous-parties D'abord, il sera présenté le contenu du plan Vigipirate récemment rehaussé (A). Ensuite, ce sont les dispositifs spécifiques à l'Éducation nationale qui seront exposés(B).

A. Le dispositif Vigipirate récemment réadapté, vu le niveau d'alerte attentat

Le nouveau dispositif Vigipirate, adopté début décembre 2016, est sous l'autorité du Premier ministre *(doc. 2 et 5)*. Il prévoit 300 mesures correspondant à 13 domaines d'action, certaines étant mises en place de façon permanente, telle la surveillance des lieux publics. Chaque ministère donne des instructions spécifiques relevant de son champ de compétences, mais l'acteur prépondérant est le ministre de l'Intérieur, par l'entremise des préfets, de la police et la gendarmerie nationales. La mise en œuvre des mesures mobilise outre les autorités étatiques, une pluralité d'acteurs : les collectivités territoriales. Ainsi, le maire a un rôle complémentaire à l'action des forces de police et de gendarmerie nationales. Il procède aux aménagements des voies publiques nécessaires à la protection des sites exposés, les établissements scolaires par exemple. Il peut adapter les mesures du plan Vigipirate aux spécificités locales, par arrêtés. Le maire peut, par l'intermédiaire des policiers municipaux, verbaliser les infractions aux règles de non-stationnement devant les établissements scolaires et procéder à des relevés d'identité dans ce type de situations.

Le nouveau dispositif Vigipirate est composé de trois niveaux *(doc. 5)*. Les deux premiers sont dénommés « vigilance » et « sécurité renforcée/risque d'attentat » et le dernier niveau, plus élevé, porte l'appellation « urgence attentat ». Le niveau de « vigilance » correspond à une posture permanente de sécurité, avec un socle de 100 mesures de vigilance et de protection mises en œuvre au quotidien : par exemple des dispositifs de vidéosurveillance, une adaptation du mobilier urbain, des aménagements d'espace intégrant une approche de sûreté (stationnement interdit des véhicules devant les établissements scolaires, circulation des piétons devant les établissements scolaires). Le niveau « sécurité renforcée » correspond à une menace terroriste élevée et comprend 216 mesures additionnelles allant de la prévention à l'organisation de patrouilles, d'opérations de filtrage et de fouilles. Quant au troisième nouveau, « urgence attentat », il se traduit par l'activation d'une cellule de crise face à une menace imminente ou en réponse à un attentat. Des mesures d'exception sont prises, telles l'arrêt des déplacements scolaires.

Au-delà de ce dispositif national, des mesures spécifiques ont été adoptées, au niveau de l'Éducation nationale et des établissements scolaires.

B. Les dispositifs spécifiques à l'Éducation nationale

Il y a d'abord le *plan de gestion de crise (doc. 3)* dénommé « PPMS » (plan particulier de mise en sûreté) qui définit dans chaque établissement scolaire, l'organisation, les conduites à tenir dans les situations d'urgence, face à des risques naturels ou technologiques, conformément à la circulaire du 25 novembre 2015. Il est élaboré par le chef d'établissement, avec l'équipe éducative, et présenté en conseil d'établissement. La mise en œuvre du PPMS passe par six étapes. D'abord, il faut connaître les risques particuliers de la commune ; puis il faut constituer un groupe de personnes-ressources ; ensuite, il importe de sélectionner les lieux de mise en sûreté adaptés, le lieu de la cellule de crise ; puis, il faut prévoir les moyens logistiques, faire une large information et faire valider le PPMS, qui est communiqué au maire, à l'inspecteur d'académie. C'est le chef d'établissement qui active le PPMS.

Il y a ensuite la *nouvelle politique de sécurité scolaire (doc. 1)*, définie dans l'instruction de juillet 2016 qui s'articule autour de trois axes : « anticiper, sécuriser et savoir réagir ». S'agissant du premier axe lié à l'anticipation, ceci se traduit notamment par la nomination d'un « référent sûreté » dans chaque département et chaque académie, la nomination de 2 391 correspondants « police et gendarmerie-sécurité école » ; tous les établissements scolaires, en lien avec les collectivités territoriales, doivent transmettre aux préfets les plans des locaux, afin de préparer d'éventuelles interventions des membres des forces de l'ordre. Pour la sécurisation, il est prévu d'assurer, avec des effectifs de sécurité dédiés, une présence visible et dissuasive aux moments clés lors des périodes d'entrées et sorties des établissements scolaires ; de plus, les chefs d'établissements doivent actualiser leur PPMS et les collectivités prioriser les travaux à effectuer. Les nouvelles fiches *Vigipirate-Alerte Attentat* doivent être affichées à l'entrée des établissements d'enseignement et c'est un adulte qui doit assurer l'accueil des élèves. L'identité des personnes étrangères aux établissements peut être systématiquement contrôlée. Quant au dernier axe, trois exercices PPMS doivent être réalisés dans l'année scolaire, dans chaque établissement, dont un exercice « attentat intrusion » ; et 100 % des élèves de 3e seront formés aux premiers secours. Financièrement, le fonds interministériel de prévention de la délinquance (FIPD) abondera un budget spécial de 50 millions d'euros supplémentaires pour aider les collectivités à renforcer la sécurité des établissements *(doc. 7)*.

Au-delà de ces dispositions, il importe, en local, de mettre en place des actions concrètes, portées par la commune de Techniville, pour renforcer la sécurité d'accès aux bâtiments scolaires.

II. Un plan d'action opérationnel pour améliorer la sécurité des bâtiments scolaires, conformément à Vigipirate « vigilance attentat »

Annonce des sous-parties Dans un premier temps, il est nécessaire d'établir un diagnostic de la « vulnérabilité » des établissements scolaires communaux selon une démarche concertée (A). De plus, il sera nécessaire de bâtir un plan d'action opérationnel adapté à une sécurisation « vigilance attentat » de ces établissements (B).

A. Établir un diagnostic de la « vulnérabilité » des établissements scolaires de la commune

Il importe d'avoir une vision partagée de la situation de « vulnérabilité » des établissements scolaires situés sur le territoire communal, en mettant en place un pilotage transversal de ce diagnostic. D'abord, le DGST va désigner un **chef de projet**, chargé de piloter la démarche ; ce serait le responsable du service bâtiments scolaires. Il aura à coordonner le projet, définir le plan de travail, la répartition des tâches à effectuer, le planning, les moyens nécessaires, le budget alloué aux actions, l'échéancier, etc. Il va également mettre en place les différentes « instances » internes de conduite de projet, à savoir un comité technique et un comité de pilotage. Le **comité technique**, « cheville ouvrière » de la conduite du projet, serait notamment composé d'un représentant du service scolaire/éducation, d'agents travaillant dans les écoles primaires (animateurs, Atsem, agents d'entretien, agents de restauration), un représentant du service voirie, le chef de la police municipale, un directeur d'école maternelle, un directeur d'école élémentaire ; des groupes de travail pourront être mis en place au sein du comité technique : par exemple, un groupe de travail chargé de la rédaction de supports de communication, un groupe de travail recensant les pratiques d'autres collectivités. Le **comité de pilotage**, instance de validation politique, serait composé notamment du DGST, des membres de la direction générale, du maire, des adjoints délégués aux travaux/voirie, à l'éducation, à la sécurité, les représentants du comité d'hygiène, de sécurité et des conditions de travail (CHSCT), des directeurs d'école, de l'inspecteur de l'Éducation nationale (IEN), d'un représentant du préfet, d'un autre de la police nationale.

Ensuite, le chef de projet va procéder en **trois étapes**, pour mener à bien le projet de sécurisation optimisée des établissements scolaires. D'abord, avec le comité technique, il va établir un **diagnostic** permettant d'identifier la « vulnérabilité » des 31 établissements scolaires *(doc 4)*. C'est l'étape la plus importante dans la conduite du projet. Faire d'abord une cartographie des établissements pouvant être des cibles, de leurs vulnérabilités physiques (nombre d'accès, nombre de portes d'entrée, modes de fermeture des différentes portes, types de grilles, mode d'éclairage des écoles, plan des locaux, etc.) ; recenser les établissements faisant ou pas l'objet d'une surveillance lors des temps d'entrées et de sorties et selon quelles modalités, par qui : existe-t-il des interphones, des dispositifs de vidéoprotection, etc. ? Recenser les systèmes d'alerte déjà existants, les lieux de confinement prévus ; recenser les différents PPMS et examiner s'ils sont bien à jour ; inventorier pour chaque établissement, en lien avec le directeur, le nombre d'exercices annuels de simulation effectués conformément au PPMS, le nombre d'élèves et d'agents formés aux gestes de premiers secours, les matériels de première urgence existants. On recensera aussi les évènements dramatiques ou dangereux qui se sont produits sur les cinq dernières années et on envisagera les typologies d'actions possibles. Pour établir ce diagnostic, le chef de projet et le comité technique s'appuieront sur les données accessibles existantes, notamment les PPMS, les documents de communication, le Plan de sauvegarde. Se donner 4 à 6 mois pour faire ce diagnostic et le soumettre à la validation du comité de pilotage. Ensuite, proposer comme **objectifs stratégiques**, de réaliser systématiquement trois exercices de sécurité par an, former aux premiers secours et d'ici 18 mois, 100 % des élèves et 100 % des agents travaillant dans les écoles ; validation de ces objectifs par le comité de pilotage.

Des **indicateurs de suivi** seront établis pour *évaluer l'*impact des mesures mises en place : par exemple, le nombre d'*élèves formés au bout* d'un an ou le nombre d'exercices de simulation effectués.

B. Un plan d'action pour maximiser la sécurité des établissements scolaires, au titre de Vigipirate « vigilance attentat »

Ce plan d'action s'articulera autour de trois axes principaux.

Proposition 1 : Plan de communication externe et interne.

Communiquer auprès des parents d'élèves, des enseignants, des directeurs d'école, des autorités préfectorales, des forces de l'ordre, de l'Inspection académique, la volonté municipale de renforcer, d'améliorer la sécurité des établissements scolaires au regard du dispositif « vigilance attentat ». Ce même contenu communicationnel sera fait auprès des agents communaux intervenant dans les écoles sur les temps scolaires et périscolaires. Les supports utilisés pour cette communication seraient le site Internet de la ville, des affiches dans les établissements, un « temps » consacré à la sécurité lors du premier conseil d'école de rentrée, le site Intranet, une note informative à tous les agents, des réunions dans chaque service municipal concerné. Des affiches seront aussi réalisées et apposées à l'entrée des établissements pour rappeler les mesures de bon sens à adopter pour signaler tout objet, fait ou comportement suspect.

Proposition 2 : Plan d'action opérationnel pour maximiser la sécurité des établissements scolaires, en situation Vigipirate « vigilance attentat ».

Ce plan d'action comporterait deux « volets » principaux. Un **premier volet**, dont la programmation pourrait être étalée sur 18 mois, consistera à renforcer le contrôle aux accès des établissements, en prenant appui sur la démarche de la ville de Wimereux *(doc 7)*, par l'achat de différents types de matériels à adapter selon la spécificité, la localisation, la « vulnérabilité » de chaque établissement : mise en place de diffuseurs sonores et visuels radio, de visiophones, de dispositifs anti-intrusion ; installation de boutons pressoirs de l'intérieur, éclairage des portes d'accès ; badges d'accès. Un dossier de demande de subvention, au titre du FIPD, sera élaboré par le chef de l'établissement, sachant que l'État prend à ce titre 80 % du coût des matériels et travaux, il faut compter un coût moyen de 9 700 euros par école ; les travaux d'installation seront, dans toute la mesure du possible, effectués en régie, par le service bâtiment. **Un deuxième volet** concernera plus spécifiquement les abords des établissements scolaires afin de renforcer la surveillance de la voie publique et éviter tout rassemblement. Une réflexion pourra être engagée avec les directeurs d'école et l'IEN, en vue d'assouplir les horaires d'entrées et de sorties afin de mieux contrôler les flux d'élèves ; une étude sera réalisée dans les 4 mois, sur l'efficience de la sûreté des modes d'accès (voiries, cheminements piétonniers, etc.) et les travaux de renforcement de sécurité qui seraient nécessaires, pour éviter notamment toute attaque de véhicule-bélier ; avec leur chiffrage, à inclure dans le dossier de demande de subvention FIPD.

Proposition 3 : Mettre en place une « culture de la sécurité ».

Cela passe par l'élaboration **d'un plan de formation** à destination des agents intervenant dans les écoles et/ou chargés d'assurer la sécurité des accès aux bâtiments. Une journée de formation, en partenariat avec le CNFPT ou le correspondant « police et gendarmerie-sécurité école », sur le contenu du plan Vigipirate, sur les consignes sécurité de l'Éducation nationale ; une journée de formation sur les bonnes pratiques à avoir dans un contexte de menace « attentat », sur la maîtrise des moyens d'alerte, à l'appui de la vidéo *Réagir en cas d'attaque terroriste (doc 4)* ; former sur un an tous les agents au certificat prévention et secours civiques de niveau 1 (PSC1), à l'appui de mises en situation simples.

Conclusion L'ensemble du plan d'action mis en œuvre fera au bout d'un an l'objet d'une évaluation approfondie, qui sera validée par le comité de pilotage. Des réajustements pourront être apportés et proposés lors des prochains arbitrages budgétaires.

Catégorie A

DURÉE 4 HEURES

SUJET N° 27 : Note

Attaché territorial, concours externe, session 2016, spécialité administration générale

DURÉE : 3 HEURES

Sujet

Attaché territorial, vous êtes chargé de mission auprès de la directrice générale des services (DGS) de la commune d'Alpha (100 000 habitants).

La commune s'interroge sur les moyens de continuer à investir et à financer de nouveaux projets dans le contexte de baisse des dotations de l'État.

Afin de présenter au maire les choix possibles pour faire face à cette nouvelle donne budgétaire, la DGS vous demande de rédiger à son attention, exclusivement à l'aide des éléments du dossier, une note sur les leviers dont dispose la collectivité pour retrouver des marges de manœuvre.

Liste des documents

Document 1 : « Les finances publiques locales » - *Communiqué de presse de la Cour des comptes* - 13 octobre 2015 - 2 pages.

Document 2 : « Investissements, faire mieux avec moins » - Fabienne Proux - *La Gazette des communes* - 19 janvier 2015 - 6 pages.

Document 3 : « Les collectivités repensent leur politique tarifaire » - Gaëlle Ginibrière - *La Gazette des communes* - 8 février 2016 - 3 pages.

Document 4 : « Finances locales - Concurrence entre banques, appel au marché obligataire, financements d'appoint : comment emprunter au mieux et optimiser ses ressources » - Aurélien Hélias - *Le courrier des maires et des élus locaux* - Février 2015 - 2 pages.

Document 5 : « Comment gagner des millions grâce aux subventions ? » - Fabienne Proux - *La Gazette des communes* - 9 avril 2012 - 2 pages.

Document 6 : « Le patrimoine immobilier : un nouvel atout » - Cédric Néau - *La Gazette des communes* - 1er juin 2015 - 1 page.

Document 7 : « Les flottes publiques sur la voie de l'optimisation » - *Le Monde* - 9 avril 2015 - 1 page.

Document 8 : « Masse salariale : à la recherche de la formule magique » - *La Gazette des communes* - 24 mars 2014 - 5 pages.

Document 9 : « Culture : jouez sur toute la gamme des financements » - Claire Chevrier et Hélène Girard - *La Gazette des communes* - 26 octobre 2015 - 6 pages.

Document 10 : « Le design au service des politiques publiques » - Jean-Christophe Poirot - *La Lettre du cadre territorial* - 10 avril 2014 - 3 pages.

Document 11 : « Politiques publiques locales : osez l'évaluation ! » (extrait) - Entretien avec François Mouterde - *La Gazette des communes* - 22 février 2016 - 2 pages.

Document 12 : « Mécénat, taxes, *crowdfunding*, tarifs... les financements de complément » - *Le Courrier des maires et des élus locaux* n° 0287 - 9 février 2015 - 1 page.

Document 13 : « Mutualisation : à Toulouse, la ville et l'interco affichent des économies » - Fabienne Proux - *La Gazette des communes* - 1er octobre 2012 - 2 pages

Téléchargez gratuitement les documents sur www.vuibert.fr/site/206463

Proposition de corrigé

Commune d'ALPHA Le ...

Note à l'attention de Madame la directrice générale des services

Objet : leviers pour retrouver des marges de manœuvre financières.

Références : rapport de la Cour des comptes 2015.

Accroche L'État s'est engagé dans une politique de redressement des comptes publics, avec la réduction du déficit public. Selon le rapport de la Cour des comptes publié en octobre 2015, les administrations publiques locales représentent 20 % de la dépense et 9 % de la dette publique.

Contextualisation du sujet Les collectivités territoriales doivent contribuer à cet effort national, à hauteur de 3,67 milliards d'euros par an pendant trois ans. Cette baisse des dotations de l'État, notamment au niveau de la DGF (- 1,5 milliard d'euros en 2014) est inédite et instaure un contexte financier très contraint. Elle aboutit à une réduction « mécanique » de l'épargne brute des collectivités territoriales. De plus, les collectivités sont confrontées à une augmentation continue des dépenses sociales et à un ralentissement des recettes fiscales liés à la dégradation globale de la situation économique. Les mesures nationales touchent également les dépenses de fonctionnement des collectivités (coût de la réforme des rythmes scolaires avec un reste à charge de 30 % à 50 % pour les communes). Tout ceci crée un « effet ciseaux » entre les dépenses et les recettes des collectivités territoriales et influence indéniablement leurs capacités d'action. Une nouvelle gouvernance des finances publiques s'avère nécessaire. Aussi, les élus doivent inverser les mécanismes opérants jusque-là, ils ne peuvent plus ajuster les recettes aux dépenses et doivent améliorer l'évaluation de leurs coûts. L'enjeu est de faire de cette situation de contrainte une réelle opportunité pour repenser les façons de faire et les schémas culturels, et pour explorer de nouvelles voies d'optimisation des dépenses publiques *(doc. 1 et 2).*

Annonce du plan Dans un premier temps, les collectivités peuvent choisir comme levier, d'une part, d'optimiser leurs ressources « classiques », et, d'autre part, de rationaliser et de mutualiser leurs moyens (I). Ensuite, elles peuvent actionner des leviers plus « innovants », à savoir le recours à de nouveaux modes de financement et à des processus d'amélioration de la performance de l'action publique (II).

I. Deux leviers importants à la disposition des collectivités : d'une part, optimiser leurs ressources « classiques » et, d'autre part, rationaliser et mutualiser leurs moyens matériels et humains

Annonce des sous-parties Pour retrouver des marges de manœuvre financières, les collectivités disposent de leviers « classiques ». Elles peuvent d'abord recourir à des politiques d'optimisation de leurs ressources (A). Elles peuvent aussi mutualiser et rationnaliser leurs moyens matériels et leurs ressources humaines (B).

A. Une politique d'optimisation des ressources « classiques »

a. La recherche de subventions et l'emprunt (doc. 2, 4 et 5)

Le recours à l'endettement et à l'emprunt permet de maintenir l'investissement public, notamment dans des secteurs d'avenir comme la transition énergétique et le numérique. De fait, il est opportun de recourir à l'endettement dans le contexte actuel du faible niveau des taux d'intérêt. Il est également utile de faire jouer la concurrence ente les organismes bancaires. Des subventions doivent être recherchées pour faire financer à 50 % voire au deux tiers les projets les plus lourds. Certaines communes se dotent de services dédiés « missions partenariats » comme la communauté urbaine de Dunkerque et la ville de Lyon.

b. Les impôts et taxes (doc. 3 et 12)

L'optimisation fiscale passe par l'actualisation des valeurs locatives et l'utilisation de nouveaux instruments financiers, comme les certificats d'économie d'énergie. La ville de Mulhouse a fait l'expérience de la suppression de certaines exonérations. On peut citer la ville de Wittenheim qui pratique une hausse pluriannuelle de la taxe locale sur la publicité extérieure.

c. Les politiques tarifaires repensées

Une réflexion est menée sur le « juste prix » des services publics *(doc. 3, 12)*. En 2015, de nombreuses collectivités ont révisé leurs tarifs, notamment dans les domaines de la restauration scolaire, des études surveillées et des accueils périscolaires (villes de Clamart et Toulouse). La ville de Metz a remis à plat ses tarifs par activité et par service public, et a introduit des tranches supplémentaires et des distinctions entre les usagers (notamment les habitants extérieurs à la commune). Certaines collectivités ont déterminé un taux de participation et un taux d'effort par rapport aux revenus afin de simplifier les procédures de traitement (ville d'Arcueil).

B. Une politique de mutualisation, de rationalisation des moyens et de valorisation du patrimoine

a. La rationalisation des dépenses de fonctionnement, source d'économies (doc. 6, 7 et 8)

Certaines collectivités entendent rationaliser et optimiser leur parc de véhicules car c'est un poste de dépenses de fonctionnement élevé, à l'image de ce qui a été fait par l'État. Ceci représente pour l'ensemble des collectivités entre 200 000 et 400 000 véhicules. L'Union des groupements d'achats publics (UGAP), centrale d'achat public « généraliste », peut jouer un rôle important dans cette optimisation, car elle a référencé des spécialistes du financement et de la gestion des véhicules (contrats de location longue durée). Un autre acteur intéressant est Public LLD, filiale d'Arval BNP Paribas, qui développe des solutions spécifiques pour les entités du secteur public. D'autres collectivités entendent stabiliser, si ce n'est réduire, leur masse salariale en mettant fin à l'exécution de certains services en régie (ville de la Roche-sur-Yon), ou en limitant la hausse à 2,5 %, en mettant en place une politique de gestion prévisionnelle des emplois, des effectifs et des compétences (GPEEC) pour s'assurer que les moyens et les effectifs sont en adéquation avec les priorités stratégiques. Certaines collectivités ont instauré des primes de présentéisme pour réduire l'absentéisme (ville de Lille) ou cherchent à optimiser le temps de travail (ville de Chelles).

b. La mutualisation des moyens matériels et humains (doc. 1, 8 et 13)

On peut citer l'exemple de la ville et de l'agglomération de Dole. L'agglomération s'est dotée de services supports grâce à un transfert de personnels qui lui a permis d'économiser près de vingt postes. D'autres gains en découlent : la suppression d'abonnements et de contrats en doublon, et la stabilisation puis la légère décroissance de la masse salariale en 2013. On peut également citer l'exemple du conseil départemental du Loir-et-Cher qui a créé une plateforme d'achats groupés en 2014 avec les départements limitrophes et qui a lancé un appel d'offres commun pour des emprunts en 2015. On peut enfin citer l'exemple de la ville et de la communauté urbaine de Toulouse qui ont mutualisé leurs directions supports, aboutissant à de substantielles économies.

c. La valorisation accrue du patrimoine matériel et immatériel (doc. 6 et 9)

La valorisation du patrimoine immobilier est un moyen de retrouver des marges financières par l'apport de recettes supplémentaires. Dans le cadre de cette gestion active, des collectivités de plus en plus nombreuses procèdent à des cessions ou bien imaginent des modèles rentables grâce aux produits du domaine comme l'achat ou la location de biens mieux adaptés à leurs besoins (ville de Bordeaux). Des cellules de valorisation du patrimoine ont été créées afin d'identifier les biens cessibles en amont comme la privatisation des espaces du Muséum plusieurs fois par an (ville de Toulouse).

II. Des marges de manœuvre résultant de nouveaux modes de financement et de processus d'amélioration de la performance de l'action publique

Annonce des sous-parties Les collectivités territoriales disposent également de leviers plus « innovants ». Elles peuvent recourir d'abord à de nouveaux modes de financement alternatifs (A). Elles peuvent aussi mettre en place des processus visant à améliorer la performance des politiques publiques (B).

A. De nouveaux modes de financement alternatifs, complémentaires et mobilisateurs

a. Le financement participatif, ou crowdfunding, *sur projet (doc. 9 et 12)*

Ce dispositif a le vent en poupe, même s'il représente encore de faibles volumes. Le marché français du *crowdfunding* a doublé entre le premier semestre 2015 et le premier semestre 2014, soit 133,2 millions d'euros en 2015 contre 66 millions d'euros en 2014, levés directement auprès du public. Les prêts restent la voie privilégiée (56,5 %), puis viennent les dons (29 %) et les participations au capital (14,5 %). La proximité géographique du projet est un critère essentiel de la décision d'investissement du public et des petites et moyennes entreprises (PME). Les collectivités y voient un levier nouveau pour financer leurs projets d'investissement (cf. rénovation du beffroi de la ville de Bergues). Mais cette pratique est encore très peu utilisée pour financer le fonctionnement.

b. Le mécénat d'entreprise, outil d'ingénierie financière privée (doc. 9 et 12)

Cette pratique, qui vise à soutenir un projet par un don en argent, en nature ou en compétences, est bien balisée. Elle permet au bénéficiaire de s'affirmer comme vecteur de rayonnement de la collectivité dans le tissu économique. Une partie de ce don est défiscalisée (60 à 75 %). Les collectivités peuvent le gérer en direct ou par le biais de structures externes (associations, fondations, fonds de dotation). On peut citer l'exemple de la ville d'Abbeville, qui s'est dotée d'une fondation abritée par la Fondation du patrimoine, dispositif portant sur tout le patrimoine mobilier, immobilier et naturel de la collectivité, et qui a permis la restauration d'un orgue et d'un tableau. On peut également citer l'exemple de la ville de Reims qui a restauré une fontaine sur ce modèle.

c. Les partenariats opérationnels (doc. 9)

Une collectivité fournit à une entreprise des ressources numériques (patrimoniales, par exemple) ou un espace public d'expérimentation afin de créer de nouveaux services ou de nouveaux outils. Les deux parties négocient les modalités de mise à disposition des ressources ou de l'espace, et un partage des revenus. On peut citer l'exemple du département de Seine-et-Marne qui a signé une convention entre les archives départementales et la société Généalogie.com pour la réutilisation des registres de l'état civil et de recensement. Les archives départementales ont négocié une redevance de 50 000 euros sur dix ans.

B. Améliorer la performance des politiques publiques *(doc. 1, 10 et 11)*

a. La hiérarchisation des investissements (doc. 2 et 8)

L'optimisation des ressources passe par le fléchage des projets spécifiques. Il est nécessaire de savoir trancher entre les différents services et les prestations à rendre à la population. Les activités considérées comme au cœur des compétences de la collectivité doivent donc être ciblées, avec un calcul du coût de revient de chaque politique publique.

b. Le design au service des politiques publiques (doc. 10)

Il s'agit de concevoir des services et des politiques publiques les mieux adaptés aux usages, avec pour finalité l'amélioration de la performance des services publics. Le design de service s'appuie sur l'expertise d'usage, en prenant le point de vue de toute la chaîne des utilisateurs, du décideur jusqu'au bénéficiaire final. C'est la coconception des politiques publiques. Le design fait de la participation un moyen et non une fin en soi, selon une approche de type recherche de compréhension qualitative, en donnant la parole aux gens que l'on n'entend pas dans les processus de consultation usuels. Le design est consubstantiel à la modernisation de la gestion publique. On peut citer l'exemple de la région Champagne-Ardenne qui, en cinq jours, a repensé le volet culture de la carte à puce LycéO : enquêtes sur le terrain et maquettes avec des propositions d'améliorations soumises directement aux établissements dépositaires de la carte. D'autres expériences sont en cours, notamment dans la région Rhône-Alpes pour réinterroger les pratiques d'achats durables. Des laboratoires d'innovation embarqués pourraient être installés dans les grandes collectivités.

c. Faire de l'évaluation une composante de base de l'action publique (doc. 11)

L'évaluation doit permettre de mener une politique plus fine et plus pertinente que celle qui émanerait d'une décision arbitraire de réduction de l'ensemble des dépenses de fonctionnement de X %. Il n'y a pas de politique publique vertueuse à 100 %. L'évaluation se construit en cinq étapes clés. Il importe d'abord de cadrer le périmètre de la commande, puis de définir le cahier des charges, et enfin de choisir la méthodologie d'évaluation et les outils pour collecter les données. Il s'agit ensuite de construire un jugement de valeur sur la politique évaluée, permettant de formuler des préconisations. Enfin, l'évaluation doit être largement diffusée. On peut citer l'exemple de la ville de Nantes qui a mis en ligne, en 2014, des outils méthodologiques afin d'accompagner d'autres collectivités dans leur démarche d'évaluation.

Conclusion Les marges de manœuvre des collectivités territoriales sont assurément assez étroites. Il n'y a pas de solutions miracle. Chaque levier identifié précédemment et activé isolément, n'est générateur que de faibles économies. Aussi, pour démultiplier leur efficacité, il importe de pouvoir les actionner simultanément.

SUJET N° 28 : Note

Attaché territorial, concours externe, session 2016, spécialité gestion du secteur sanitaire et social

DURÉE : 3 HEURES

Sujet

Vous êtes attaché territorial, responsable du centre communal d'action sociale (CCAS) de la commune d'Alpha (20 000 habitants) située en zone périurbaine.

Le conseil d'administration du CCAS s'inquiète de l'augmentation significative des demandes d'aides financières pour le règlement des factures d'énergie.

Devant cette situation, le président du CCAS vous demande de rédiger à son attention une note sur la lutte contre la précarité énergétique.

Vous rédigerez cette note exclusivement à l'aide des documents joints.

Liste des documents

Document 1 : « Loi n° 2014-366 du 24 mars 2014 - article 34 (V) » - extraits - *Legifrance* - 1 page.

Document 2 : « Loi n° 2015-992 du 17 août 2015 relative à la transition énergétique pour la croissance verte » - extraits - *Legifrance* - 4 pages.

Document 3 : « Vulnérabilité énergétique : loin des pôles urbains, chauffage et carburant pèsent fortement dans le budget des ménages » (extrait) - *Commissariat général au développement durable - Observation et statistiques - Le point sur* n° 197 - Janvier 2015 - 3 pages.

Document 4 : « Le programme "Habiter mieux" » (extrait) - *Dossier de presse* - Juin 2012 - 6 pages.

Document 5 : « Ségolène Royal lance l'expérimentation du chèque énergie » - *La transition énergétique pour la croissance verte - Communiqué de presse* - 22 janvier 2016 - 2 pages.

Document 6 : « Mobilité en milieu rural et périurbain : quels enjeux et leviers pour favoriser la transition ? »(extrait) - *Les solutions de mobilité soutenable en milieu rural et périurbain* - Mars 2014 - 3 pages.

Document 7 : « Les CCAS de plus en plus impliqués dans la lutte contre la précarité énergétique » - *Éléonore Varini - ASH* - 29 mars 2013 - 1 page.

Document 8 : « La vulnérabilité énergétique des territoires périurbains » - *Gaëtan Brisepierre - precarite-energie.org* - 2012 - 5 pages.

Document 9 : « Les impacts sanitaires de la précarité énergétique » - *Sabine Host - Les Cahiers de l'IAU Île-de-France* n° 170-171 - Septembre 2014 - 1 page.

Document 10 : « La lutte contre la précarité énergétique consacrée par une loi » - *ASH n° 2922* - 28 août 2015 - 2 pages.

Document 11 : « Les tarifs sociaux de l'énergie : une réponse à la précarité énergétique » - *Ministère de l'Environnement, de l'énergie et de la mer* - 16 mars 2012 (mis à jour le 25 janvier 2016) - 1 page.

Document 12 : « Les factures sont en surchauffe » - *Florence Raynal et Françoise Vlaemÿnck* - *Convergence* n° 321 - Janvier 2012 - 3 pages.

Document 13 : « Le programme "Habiter mieux" renforcé pour lutter contre la précarité énergétique » - *Fiche technique du ministère de l'Égalité des Territoires et du Logement* - 18 juillet 2013 - 1 page.

Document 14 : « Les signes discrets de la précarité » (extrait) - *ASH* - 29 mars 2013 - 3 pages.

Téléchargez gratuitement les documents sur www.vuibert.fr/site/206463

Proposition de corrigé

Commune d'ALPHA Le .....

Note à l'attention de Monsieur le président du CCAS

Objet : point sur la lutte contre la précarité énergétique.

Références :
- loi du 17 août 2015 relative à la transition énergétique ;
- loi du 24 mars 2014 ;
- loi 12 juillet 2010 (Grenelle II).

Définition du sujet La notion de précarité énergétique est apparue dans les années 90 en Grande-Bretagne à la suite de l'ouverture des marchés de l'énergie et de la très forte augmentation des tarifs qui en a résulté. C'est le taux d'effort énergétique qui va servir de définition à la précarité énergétique. Une personne qui consacre plus de 10 % de ses revenus à payer ses factures d'énergie domestique est considérée en précarité énergétique. En France, c'est en 2010 que cette notion trouve une première traduction législative avec la loi portant engagement national pour l'environnement (ENL) du 12 juillet 2010. Ainsi, une personne est en situation de précarité énergétique quand elle « *éprouve des difficultés particulières à disposer de la fourniture d'énergie nécessaire à la satisfaction de ses besoins élémentaires en raison de l'inadaptation de ses ressources ou de ses conditions d'habitat* ». Cette définition a été reprise dans la loi du 24 mars 2014 (art. 1-1), mais elle demeure assez restrictive car elle n'inclut pas les dépenses liées aux déplacements.

Contextualisation du sujet En 2011, selon l'INSEE, plus de 3,8 millions de ménages consacraient plus de 10 % de leurs ressources à leurs achats d'énergie à usage domestique, seuil qui est considéré comme un signe de précarité énergétique. Si l'on étend la précarité énergétique à la notion de vulnérabilité énergétique, en y incluant les dépenses liées aux déplacements, 22 % des ménages sont concernés, soit près de 6 millions de foyers, les personnes seules et les moins de 30 ans étant les plus concernés. De plus, 3,5 millions de ménages déclarent souffrir du froid en hiver chez eux et ce ne sont pas les mêmes que les 3,8 millions. Selon le Centre d'études et d'expertise sur les risques, l'environnement, la mobilité et l'aménagement (CERTU) (données 2011), en intégrant dans le taux d'effort de 10 % le budget transport, 50 % de la population serait en précarité énergétique *(doc. 1, 3, 8 et 12)*.

Annonce du plan Pour mener une lutte efficace contre la précarité énergétique et envisager une action publique permettant de résoudre ce problème, il importe, dans un premier temps, de présenter le cadre réglementaire et la dynamique incitative « locale » qui se veulent préventifs de la précarité énergétique (I). Mais face au constat des insuffisances de ces outils et de la dégradation de la situation, les pouvoirs publics ont décidé de renforcer les outils d'intervention pour lutter contre la précarité énergétique (II).

I. La précarité énergétique : un encadrement juridique qui se veut préventif couplé à une dynamique incitative « locale » de rénovation des logements

Annonce des sous-parties Pour lutter contre la précarité énergétique, un cadre réglementaire a été mis en place (A). Il est couplé à un programme incitatif ambitieux (B).

A. Un cadre juridique national qui entend prévenir la précarité énergétique

Ce cadre juridique comporte deux volets principaux.

a. *Les tarifications sociales de l'énergie (doc. 11 et 14)*

Entre 2005 et 2008, deux dispositifs de tarification sociale ont été mis en place pour lutter contre la précarité énergétique et atténuer l'impact des prix de l'énergie sur les ménages modestes. Il y a eu d'abord le tarif de première nécessité (TPN) en matière d'électricité et il y a eu ensuite le tarif spécial de solidarité (TSS) en matière de gaz naturel. Le TPN s'applique automatiquement à l'ensemble des foyers modestes, c'est-à-dire à ceux éligibles à la couverture maladie universelle complémentaire (CMU-C) et à l'aide au paiement d'une complémentaire santé (ACS). Sont ainsi concernés les foyers dont le revenu fiscal de référence est inférieur à 2 175 euros par an et par part, soit 4 millions de foyers concernés. Le TPN se traduit par une déduction forfaitaire, en pied de facture, allant de 71 euros à 140 euros par an. Le TPN est financé par la contribution au service public de l'électricité (CSPE). Le TSS concerne les bénéficiaires du TPN. Il consiste en une déduction forfaitaire en pied de facture ou versée par chèque individuel, allant de 23 euros à 185 euros par an, selon la tranche de consommation et la taille du foyer. Il est financé par la contribution au tarif spécial de solidarité (CTSS) payée par les fournisseurs de gaz. Avec la loi du 15 avril 2013, les clients des fournisseurs alternatifs d'énergie peuvent également bénéficier du TPN. Ce sont les organismes d'assurance maladie et l'administration fiscale qui donnent aux fournisseurs d'électricité les coordonnées des personnes pouvant bénéficier du TPN. Les fournisseurs d'électricité informent alors leurs clients ainsi identifiés de leurs droits à bénéficier dudit tarif. De plus, en application du décret de 2008, les fournisseurs doivent signaler aux mairies l'ensemble des clients en difficulté de paiement.

b. L'encadrement des coupures d'énergie (doc. 10)

De plus, il est prévu, en application de l'article L. 115-3 du code de l'action sociale et des familles, un dispositif d'encadrement des coupures de gaz et d'électricité. Les fournisseurs d'électricité, de chaleur et de gaz n'ont pas le droit d'interrompre la fourniture de ces énergies dans une résidence principale si les factures sont impayées, entre le 1er novembre et le 15 mars de l'année suivante. À la suite de la loi du 24 mars 2014 (loi ALUR) et des recommandations du médiateur national de l'énergie, cette trêve hivernale de l'énergie a été repoussée au 31 mars, en concordance avec la trêve hivernale des expulsions locatives. Ce dispositif est applicable à toute personne ou famille éprouvant des difficultés particulières. Les fournisseurs peuvent procéder à une diminution de la puissance sauf pour les bénéficiaires de la tarification sociale.

B. Un cadre juridique complété par un dispositif incitatif « local » : le programme « Habiter mieux »

a. Les objectifs du programme

En sus du cadre législatif, un dispositif incitatif national a été mis en place, *via* des mécanismes d'aides à la rénovation des logements privés. Il s'agit du programme « Habiter mieux », piloté par l'Agence nationale de l'habitat (Anah). Ce programme vise à aider à la rénovation thermique des logements privés. Entre 2010 et 2017, l'objectif est d'aider 300 000 propriétaires occupants, à revenus modestes ou très modestes en situation de précarité énergétique, à financer des travaux d'amélioration, la majorité d'entre eux étant en maison individuelle. Il vise à apporter une réponse durable afin de permettre à ces ménages de sortir de l'engrenage des aides d'urgence et des situations d'impayés. Ce programme s'inscrit dans une démarche de prévention à long terme et de traitement durable des causes de la précarité énergétique, par un ciblage des propriétaires occupants en situation de précarité énergétique et de leurs besoins, *via* les travailleurs sociaux et les associations sur le terrain. Pour ce faire, ce programme est doté d'une enveloppe de 1,35 milliard d'euros : 500 millions d'euros de l'État au titre des investissements d'avenir, 750 millions d'euros de l'Anah et 250 millions d'euros des fournisseurs d'énergie. L'objectif est donc de sortir d'une logique de guichet pour aller vers une identification des travaux prioritaires et cibler les financements.

b. Les caractéristiques du programme « Habiter mieux » (doc. 4)

L'aide « Habiter mieux » est de 1 600 euros et peut être complétée par une aide de la collectivité locale dont le montant est libre. L'aide de l'Anah est alors augmentée du même montant, le montant global de l'aide étant plafonné à 2 100 euros. Cette aide vient en complément de la subvention aux travaux de l'Anah égale à 20 % (foyer modeste) ou 35 % (foyer très modeste) du montant des travaux. Les travaux réalisés doivent apporter une amélioration de la performance énergétique du logement d'au moins 25 %. Le logement doit être achevé depuis au moins quinze ans. Pour l'octroi de cette aide, l'élaboration, sous l'autorité du préfet, d'un contrat local d'engagement (CLE) entre notamment l'État, l'Anah et les collectivités territoriales est obligatoire. Ce contrat fixe les rôles de chacun, les moyens apportés par chacun dans le repérage des bénéficiaires potentiels, les collectivités étant des acteurs majeurs dans la lutte contre la précarité énergétique. Par leurs services sociaux, elles ont un rôle essentiel dans le repérage des personnes les plus fragiles, en situation de précarité énergétique, et dans leur orientation vers le programme « Habiter mieux ». Les ménages retenus bénéficient obligatoirement d'un accompagnement par un opérateur professionnel dans le choix des travaux les plus efficaces et les plus prioritaires. Cet accompagnement est gratuit pour les propriétaires d'un logement relevant d'une opération programmée (OPAH, PIG). Si le logement est situé dans un secteur diffus, donc hors opération programmée, le propriétaire perçoit une aide assistance à maîtrise d'ouvrage (AMO) du programme « Habiter mieux » de 438 euros.

Transition Toutefois, force est de constater que le cadre juridique de la tarification sociale et le programme « Habiter mieux » n'ont pas pu empêcher une dégradation de la précarité énergétique et une extension de la vulnérabilité énergétique, nécessitant une intervention renforcée des pouvoirs publics.

II. Face à l'augmentation de la précarité et de la vulnérabilité énergétique, les pouvoirs publics ont adopté une politique encore plus volontariste

Annonce des sous-parties Force est de constater une réelle dégradation de la précarité énergétique ainsi qu'une extension de la vulnérabilité énergétique en France (A). D'où une intervention renforcée des pouvoirs publics pour lutter contre la précarité énergétique (B).

A. Une dégradation réelle de la situation de précarité et une augmentation de la vulnérabilité énergétique

a. L'augmentation de la précarité et de la vulnérabilité énergétique (doc. 7 et 12)

Selon une étude de l'Union nationale des centres communaux d'action sociale (UNCCAS) menée fin 2012, force est de constater la croissance de la précarité énergétique, en lien avec la situation de crise économique, la hausse des tarifs de l'énergie et l'inconfort thermique. Ainsi, 75 % des centres communaux d'action sociale (CCAS) actent une augmentation des sollicitations liées à l'énergie (hors eau et carburants), depuis trois ans. Cette hausse est plus prégnante dans les territoires de plus de 10 000 habitants. En 2011, 150 000 ménages ont obtenu une aide à l'énergie d'un CCAS, ce qui représente plus de 50 % des aides octroyées. Les plus touchés sont les personnes isolées, les retraités et les familles monoparentales, en grande majorité locataires. On observe que 53 % des CCAS précisent que la plupart renouvellent leurs demandes d'aide pendant plusieurs années, la situation de précarité énergétique s'installant durablement. Les ménages demandeurs d'une aide à l'énergie sont déjà bénéficiaires d'un tarif social. S'agissant de la vulnérabilité énergétique, elle est en augmentation du fait de l'étalement urbain : maisons individuelles avec des surfaces supérieures à chauffer (consommation entre 10 % et 15 % de plus qu'en logement en immeuble collectif) et allongement des trajets en voiture qui ont augmenté de 45 % en quinze ans. Sans l'étalement urbain, la facture énergétique des Français serait 10 % plus faible (Insee, 2010).

b. Les conséquences de cette dégradation (doc. 9 et 12)

La précarité énergétique a des conséquences néfastes pour les personnes touchées. Les conséquences de la précarité énergétique sont de trois ordres : financières, sociales et sanitaires. D'abord, les difficultés à payer les factures d'énergie accroissent le risque de surendettement ; cela peut faire passer une personne de 30 % à 50 % d'endettement. Ensuite, il y a des conséquences sociales. Les personnes, notamment les personnes âgées, s'isolent, les sorties sont de plus en plus limitées. Les difficultés à avoir de l'eau chaude ont un impact sur l'hygiène corporelle et altèrent fortement la vie sociale. Et surtout, les difficultés récurrentes à se chauffer nuisent à une bonne qualité de vie, des arbitrages devant être opérés. La précarité énergétique, selon plusieurs enquêtes (fondation Abbé Pierre, Association santé environnement), a des conséquences sur la santé physique : augmentation des affections chroniques respiratoires chez les adultes et les enfants, problèmes ostéoarticulaires, multiplication des accidents domestiques et blessures liés au froid dans le logement qui a des répercussions sur la dextérité, augmentation des risques d'intoxication au monoxyde de carbone liée à l'utilisation de chauffages d'appoint, augmentation des intoxications alimentaires liées à l'absence de conservation ou de cuisson des aliments, etc. Mais la précarité énergétique a aussi des conséquences non négligeables sur la santé mentale : augmentation de la fatigue, du stress et des situations dépressives.

B. Une volonté affirmée du législateur de renforcer la lutte contre la précarité énergétique

a. La loi relative à la transition énergétique du 17 août 2015 (doc. 2, 5 et 10)

La loi élève au rang législatif la lutte contre la précarité énergétique, afin de garantir la cohésion sociale (art. 1). L'État se fixe ainsi comme objectif de rénover énergétiquement 500 000 logements par an à compter de 2017, dont au moins la moitié est occupée par des ménages aux revenus modestes (art. 3). Ceci devrait aboutir à une baisse de 15 % de la précarité énergétique d'ici 2020. La loi repousse la fin de la trêve hivernale de l'énergie au 31 mars et interdit aux fournisseurs d'électricité de facturer des rattrapages de factures de plus de quatorze mois. Elle prévoit aussi la mise en place de compteurs individuels pour les bénéficiaires des tarifications sociales (art. 28). Mais la mesure phare de la loi, pour lutter contre la précarité énergétique, est la création du dispositif du chèque énergie (art. 201). Ce dispositif, à durée limitée, poursuit quatre objectifs : faciliter l'accès à l'énergie, aider le paiement des factures d'énergie quel que soit le moyen de chauffage, simplifier l'aide apportée aux ménages ayant des revenus modestes et en faire bénéficier un plus grand nombre de personnes. Il peut aussi être utilisé pour des travaux de rénovation énergétique de l'habitat. Le chèque énergie, géré par l'Agence de services et de paiement (ASP), devrait être accordé à environ 4 millions de ménages, alors que les deux tarifications sociales ne concernent que 3 millions de personnes. Le montant moyen du chèque sera de 150 euros par an, modulé selon le nombre de membres et les revenus du foyer. La mise en œuvre de ce dispositif sera progressive : il sera d'abord expérimenté sur un échantillon de trois départements ruraux (l'Ardèche, l'Aveyron et les Côtes-d'Armor) et un département urbain en cours de désignation, puis il sera généralisé au plus tard au 1er janvier 2018 et remplacera les tarifications sociales.

b. Le renforcement du programme « Habiter mieux » (doc. 13)

Le président de la République a annoncé le renforcement du programme « Habiter mieux » le 21 mars 2013 qui s'est traduit par la publication du décret du 12 juillet 2013. Ce renforcement se traduit à trois niveaux. D'abord, le dispositif est étendu aux propriétaires bailleurs et aux syndicats de copropriétés bénéficiaires des aides des programmes de rénovation thermique des logements privés. Ensuite, le montant des aides est revalorisé. La prime à la réalisation des travaux passe à 2 000 euros pour les propriétaires bailleurs et à 1 500 euros pour les syndicats de copropriété. Le montant de l'ASE accordée aux propriétaires occupants éligibles des aides de l'Anah passe à 3 000 euros, contre 1 600 euros jusqu'alors. Mais le versement de cette aide est conditionné à des améliorations de la performance énergétique à la suite des travaux effectués : au moins 25 % pour les propriétaires occupants et 35 % pour les propriétaires bailleurs et syndicats de copropriétaires. Enfin, des aides à l'ingénierie sociale, financière et technique sont également prévues, en complément des autres aides et subventions de l'Anah, sous réserve de l'existence d'un contrat local d'engagement contre la précarité énergétique.

Conclusion La lutte contre la précarité énergétique nécessite une mobilisation prioritaire globale de l'ensemble des acteurs publics et privés, tant au niveau national qu'au niveau local. Il importe aussi de tenir compte de la notion de vulnérabilité énergétique qui s'aggrave, surtout dans les territoires périurbains, avec la construction de maisons individuelles. Il devient nécessaire de mener une politique de réduction des besoins de déplacement ainsi qu'une politique réglementaire facilitant l'accès à un logement proche de son emploi. Cela passe aussi par la capacité à rendre la densité urbaine attractive et durable en développant notamment les écoquartiers.

SUJET N° 29 : **Note**

Attaché territorial, concours externe, session 2014, spécialité administration générale

DURÉE : 3 HEURES

Sujet

Vous êtes attaché territorial de la commune d'Alpha, membre d'une structure intercommunale. Suite aux élections municipales, le nouveau maire vous demande de rédiger, à son attention, une note sur les grands enjeux de l'intercommunalité.

Vous rédigerez cette note exclusivement à l'aide des éléments du dossier.

Liste des documents

Document 1 : « L'intercommunalité, hier, aujourd'hui et demain » - Extrait de J-M. Pontier, *in* M-C. Steckel-Assouère (dir.) - *Regards croisés sur les mutations de l'intercommunalité* - L'Harmattan - coll. Grale - 1er septembre 2013 - 5 pages.

Document 2 : « L'émiettement communal et la coopération intercommunale » - Extrait de N. Kada et H. Oberdorff - *Institutions administratives* - Sirey - 2013 - 2 pages.

Document 3 : « Réformer les territoires pour réformer la France » - Tribune du président de la République François Hollande parue dans la presse quotidienne régionale datée du 3 juin 2014 - 2 pages.

Document 4 : « L'intercommunalité en France » (conclusion générale du rapport) - *Rapport de la Cour des comptes* - 2005 - 3 pages.

Document 5 : « Quelle place pour l'intercommunalité dans la campagne des municipales ? » - Aurélien Hélias - *Le Courrier des maires* - 24 septembre 2013 - 4 pages.

Document 6 : Extraits de l'exposé des motifs de la loi n° 2014-58 du 27 janvier 2014 relative à la modernisation de l'action publique territoriale et à l'affirmation des métropoles - 3 pages.

Document 7 : « L'intercommunalité à fiscalité propre » - Extrait du rapport du sénateur Philippe Dallier - n° 193 - Février 2006 - 3 pages.

Document 8 : « Les métropoles et l'affirmation des évolutions de la topographie juridique » - Vincent Aubelle - *Pouvoirs Locaux* - n° 99 - Décembre 2013-janvier 2014 - 5 pages.

Document 9 : « Quand le juge constitutionnel rédige la réforme de l'intercommunalité » - Brigitte Menguy - *La Gazette des Communes* - 11 juin 2014 - 1 page.

Document 10 : « La carte intercommunale au 1er janvier 2014 » - *Bulletin d'information statistique de la DGCL du ministère de l'Intérieur* - n° 98 - Janvier 2014 - 4 pages.

Document 11 : « Quand la mutualisation fertilise le projet de territoire » - Extrait d'un dossier réalisé à partir d'une étude INET-AdCF - *Intercommunalités* - n° 156 - mai 2011 - 4 pages.

Téléchargez gratuitement les documents sur www.vuibert.fr/site/206463

Proposition de corrigé

Commune d'Alpha Le ...

Note à l'attention de Monsieur le maire

Objet : les grands enjeux de l'intercommunalité.

Références : loi du 27 janvier 2014 relative à la modernisation de l'action publique territoriale et à l'affirmation des métropoles.

Accroche Depuis plus de deux siècles, l'État cherche à concilier l'unité de la République et l'exercice le plus abouti de la démocratie locale. Ce n'est qu'en 1982 que le pas est franchi avec les premières grandes lois de décentralisation ; la République décentralisée sera consacrée plus tard dans la Constitution. L'intercommunalité est, depuis plusieurs décennies, un phénomène fortement évolutif. La réforme engagée par le président de la République, en 2014, entend poursuivre et amplifier le processus de transformation de l'architecture territoriale afin d'améliorer la qualité du service public. Ainsi, l'intercommunalité doit devenir, dans le respect de l'identité communale, la structure de proximité et d'efficacité de l'action locale *(doc. 3 et 6)*.

Contextualisation du sujet Cette exigence d'action publique efficace est d'autant plus accrue que la crise économique et sociale fragilise fortement les finances publiques et la cohésion sociale dans les territoires. Pour accroître la performance des collectivités publiques, il est fondamental d'identifier clairement les échelons les plus pertinents, à travers un pacte de gouvernance territoriale.

Annonce du plan Ainsi, il sera d'abord mis en évidence que la coopération intercommunale se traduit légalement par une pluralité de formes et a connu d'importantes évolutions, vers une intégration de plus en plus aboutie (I). De plus, l'intercommunalité revêt de multiples enjeux, tant en termes de gouvernance démocratique qu'en termes d'efficience de l'action publique (II).

I. Des modalités plurielles de développement de la coopération intercommunale tendant vers une intégration de plus en plus affirmée

Annonce des sous-parties L'intercommunalité se traduit d'abord par une diversité de formes prévue et encadrée par le législateur (A). De plus, la carte intercommunale connaît des évolutions récentes, vers une intégration plus aboutie (B).

A. L'intercommunalité se traduit par une diversité de formes encadrées juridiquement

On peut classer les différentes formes d'intercommunalité selon deux grandes catégories.

a. L'intercommunalité de gestion (doc. 2)

La première catégorie est celle regroupant des établissements relevant de ce qu'on dénomme l'intercommunalité de gestion. Cela consiste en la création, sur l'initiative des communes, d'un établissement public ayant pour mission de gérer, pour le compte des communes membres, un ou plusieurs services publics d'intérêt commun. Dans cette catégorie, on retrouve les syndicats de communes, encore très nombreux malgré la loi du 16 décembre 2010. Au 1er janvier 2013, on comptait 14 305 syndicats : 70 % sont des syndicats intercommunaux à vocation unique (SIVU), 20 % sont des syndicats mixtes (en forte progression), le reste étant des syndicats intercommunaux à vocation multiple (SIVOM) et des pôles métropolitains - groupements de structures intercommunales dont la création est très récente.

b. L'intercommunalité de projet (doc. 2 et 6)

La seconde catégorie est celle regroupant des établissements relevant de ce que l'on appelle communément l'intercommunalité de projet. Il s'agit de créer des établissements publics de coopération intercommunale à fiscalité propre, en vue d'élaborer un projet commun de développement économique et social. Différentes lois ont favorisé le développement de cette forme de coopération, dont la plus récente est celle du 16 décembre 2010 qui affiche un objectif ambitieux, celui de couvrir l'ensemble du territoire par des établissements publics de coopération intercommunale (EPCI) à fiscalité propre. Dans cette catégorie, on retrouve les communautés de communes, les communautés d'agglomération, les communautés urbaines, les syndicats d'agglomération nouvelle (SAN) ainsi que les métropoles. La loi Maptam, du 27 janvier 2014, crée en effet un nouvel EPCI à fiscalité propre, la métropole, disposant de larges compétences, au service d'une nouvelle ambition d'aménagement et d'attractivité concurrentielle des territoires urbains.

Transition Malgré la pluralité et l'hétérogénéité des formes de la coopération intercommunale, force est de constater que la carte intercommunale connaît de réelles et récentes évolutions, l'EPCI progressant vers le statut de collectivité territoriale de plein exercice.

B. La carte intercommunale connaît des évolutions récentes, vers une intégration plus aboutie, faisant de l'EPCI un véritable lieu de pouvoir

a. Les réformes de 1999 et 2004 (doc. 2 et 4)

Avec les réformes de 1999 et 2004, l'État entendait favoriser la constitution de « communautés intégrées » afin de gérer à un niveau plus approprié le développement territorial, notamment en zone urbaine. La réforme de 1999 est un succès quantitatif, vu la couverture du territoire par les nouvelles catégories d'EPCI. La loi du 13 août 2004 relative aux libertés et responsabilités locales a assurément renforcé les possibilités de couverture du territoire par les EPCI et a assoupli leurs règles de fonctionnement. Mais la situation au début de l'année 2005 demeure insatisfaisante. Elle n'a pas permis de simplifier l'enchevêtrement des différents syndicats. Certaines compétences restent virtuelles, les économies d'échelle et les nouveaux services apportés ne sont pas manifestes, et des risques de dégradation financière émergent.

b. La réforme législative du 27 janvier 2014 (doc. 2, 7 et 10)

La carte intercommunale a connu de récentes évolutions, renforcées par la réforme législative du 27 janvier 2014. La coopération intercommunale connaît un réel succès, en tant qu'administration fonctionnelle. Au 1er janvier 2013, 1 métropole était créée (Nice), on comptabilisait 5 communautés urbaines, 213 communautés d'agglomération, 2 223 communautés de communes et 4 SAN, soit 2 456 EPCI à fiscalité propre regroupant 36 049 communes. Au 1er janvier 2014, on comptabilisait 2 145 EPCI à fiscalité propre, dont 9 pôles métropolitains. Le nombre des communes isolées était en nette diminution (moins de 50, la plupart en Île-de-France) ; celui des communautés de communes a baissé de 20 % en deux ans, cela s'expliquant par l'augmentation des opérations de fusion. Il est constaté également une augmentation de la taille des EPCI à fiscalité propre. La population totale moyenne couverte par un EPCI est au 1er janvier 2014 de près de 29 000 habitants contre 23 000 habitants début 2012. Le nombre des EPCI à fiscalité propre connaît, parallèlement à cet élargissement du territoire couvert, une diminution assez significative en deux ans, à hauteur de 17 %. Logiquement, on assiste à une accélération de la diminution du nombre de syndicats. Et avec la perspective de l'élection au suffrage universel des conseillers communautaires dans les communes de plus de 1 000 habitants, suite à la réforme législative de décembre 2010, la légitimité politique et la lisibilité démocratique devraient être renforcées. De plus, avec la réforme de janvier 2014, on aboutira à 13 métropoles plus celle du Grand Paris.

Transition L'intercommunalité, porteuse d'une nouvelle forme d'organisation administrative, revêt d'importants enjeux en termes de cohérence mais aussi d'efficience de l'action publique.

II. L'intercommunalité revêt de multiples enjeux, en termes de gouvernance démocratique mais aussi en termes d'efficience de l'action publique

Annonce des sous-parties En premier lieu, la coopération intercommunale comporte d'importants enjeux en termes de gouvernance démocratique (A). Elle revêt également des enjeux de modernisation et d'efficience de l'action publique, au service d'une nouvelle culture commune (B).

A. L'intercommunalité revêt des enjeux de gouvernance démocratique

a. Un moyen de remédier à l'émiettement communal (doc. 2)

La France compte à elle seule, avec ses 36 767 communes, plus de la moitié de l'ensemble des communes des 27 pays de l'Union européenne. Une commune sur deux compte moins de 400 habitants. La commune est considérée, quelle que soit sa taille, comme l'expression pertinente et unique de la démocratie locale, du fait du lien direct entre les élus et les électeurs. La commune a une forte charge symbolique pour les populations, le maire étant considéré comme « intercesseur », apporteur de solutions. Cela amène nombre de citoyens à s'investir dans la gestion locale (500 000 élus locaux). Une situation qui explique les difficultés à développer en France les démarches de fusion de communes. Toutefois, l'émiettement communal, par ses conséquences en termes d'absence de rationalité et de charges financières, commence à devenir un obstacle au développement économique et social. Ainsi, la France s'oriente de plus en plus, depuis fin 2010, vers la coopération intercommunale de projet. Celle-ci bouleverse le paysage institutionnel, car en limitant fortement les effets négatifs de l'émiettement communal, on se dirige vers une communautarisation des territoires.

b. De nouvelles perspectives d'exercice démocratique de l'action publique (doc. 5, 7 et 8)

L'intercommunalité réapparaît, à l'occasion des élections municipales de 2014, comme un enjeu politique important, les centres de gravité de mises en œuvre des politiques publiques se déplaçant. Le contexte institutionnel, avec les projets de loi de décentralisation en cours d'examen, ainsi que le contexte des finances locales amènent à accélérer les processus d'intégration d'ici 2020 (nouveaux seuils d'intercommunalités et des métropoles) et à reconfigurer les périmètres d'actions des exécutifs locaux. L'intercommunalité devient un nouvel enjeu de démocratie de proximité, selon un traitement différencié de la question de la proximité sur des échelles élargies. De plus, une nouvelle étape va être franchie, du fait d'un mode d'élection, dès mars 2014, plus démocratique, avec l'extension du fléchage aux communes de plus de 1 000 habitants. Il y a aussi la perspective, certes en débat, de l'élection au suffrage universel direct des conseillers communautaires en 2020, voire des présidents.

Transition Au-delà des enjeux de gouvernance démocratique, l'intercommunalité est aussi un vecteur d'importants enjeux en termes de rationalisation et de modernisation de l'action publique.

B. L'intercommunalité revêt également des enjeux de rationalisation et de modernisation de l'action publique

a. La rationalisation de l'exercice des compétences (doc. 1, 4, 7 et 10)

Une nouvelle dynamique supracommunale est en marche en vue de rationnaliser la répartition et l'exercice des compétences, au niveau de l'échelon le plus pertinent. L'intercommunalité pourrait ainsi déboucher sur la constitution d'une nouvelle catégorie de collectivités territoriales, expression d'un lieu de pouvoir représentant l'intérêt de la population du territoire concerné. Elle deviendrait ainsi l'intermédiaire entre la commune centre et le département. Les enjeux financiers et fiscaux se situent dorénavant autant, si ce n'est plus, au niveau intercommunal qu'au niveau local, les budgets intercommunaux étant de plus en plus importants en volume. Les EPCI à fiscalité propre deviennent la traduction de la mutation nécessaire de l'administration territoriale, allant vers une nouvelle redéfinition et un nouveau partage des compétences. Elles correspondent à une volonté gouvernementale forte de remédier à la fragmentation territoriale des compétences, afin de pouvoir dégager un véritable projet commun de territoire, notamment à travers le développement économique. Il n'est plus possible de laisser chaque commune intervenir isolément dans les domaines économique, social et culturel. Le cadre communal doit être dépassé pour rendre l'exercice des compétences cohérent et efficace.

b. La mutualisation et les économies d'échelle (doc. 1, 4 et 11)

Le contexte particulièrement tendu des finances publiques et des budgets locaux, et les écarts entre les besoins exprimés par les populations et les moyens financiers des communes aboutissent à des effets « ciseaux ». Les demandes sont grandissantes, les interventions de plus en plus coûteuses et les moyens des communes de plus en plus limités. La seule solution pour répondre à ces contraintes est l'intercommunalité, celle-ci permettant de mutualiser les objectifs et les moyens à un niveau élargi. La mutualisation des services et des moyens revêt plusieurs formes comme la coopération technique, le partage des services fonctionnels et le cumul des deux dans une structure intégrée. Elle permet de faire des économies d'échelle et d'améliorer la qualité des services aux habitants, par une expertise juridique et administrative accrue : renforcement de l'offre de garde, amélioration de l'entretien des espaces verts, mise en place de politiques sécuritaires, partage des outils informatiques communs, etc. Elle place l'action publique locale dans une perspective de cohérence d'ensemble, tout en préservant les prérogatives des communes membres. La mutualisation est donc un projet structurant au service d'une nouvelle culture commune.

Conclusion L'enjeu de l'intercommunalité est devenu aujourd'hui celui de la mutation nécessaire de l'administration territoriale. Cela pose la question du meilleur échelon d'administration, en termes d'efficience de gouvernance et de démocratie, mais aussi d'optimisation de la dépense publique. Cela pose aussi la question de l'avenir de la commune.

SUJET N° 30 : **Note**

DURÉE : 4 HEURES

Sujet

Vous êtes attaché(e) au service des ressources humaines dans une direction départementale des territoires.

Votre chef de service vient d'être saisi, dans le cadre du compte personnel de formation (CPF), d'une demande de financement d'une action de formation par un agent de la direction.

Afin de l'éclairer sur cette demande, vous lui rédigerez une note synthétique et pratique rappelant l'économie générale du dispositif, ainsi que ses limites.

Liste des documents

Document n° 1 : Loi n° 83-634 du 13 juillet 1983 portant droits et obligations des fonctionnaires. Loi dite loi Le Pors - article 22 quater - *JORF du 14 juillet 1983* - 2 pages.

Document n° 2 : Décret n° 2007-1470 du 15 octobre 2007 relatif à la formation professionnelle tout au long de la vie des fonctionnaires de l'État (extraits) - *JORF n° 240 du 16 octobre 2007* - 2 pages.

Document n° 3 : Décret n° 2017-928 du 6 mai 2017 relatif à la mise en oeuvre du compte personnel d'activité dans la fonction publique et à la formation professionnelle tout au long de la vie (extraits) - *JORF n° 0109 du 10 mai 2017* - 4 pages.

Document n° 4 : Circulaire du 10 mai 2017 du ministère de la fonction publique relative aux modalités de mise en œuvre du compte personnel d'activité dans la fonction publique - 7 pages.

Document n° 5 : Compte personnel de formation (CPF) : Fonction publique d'État (FPE) (*fiche pratique extraite du site https://www.service-public.fr/particuliers/vosdroits*) - 3 pages.

Téléchargez gratuitement les documents sur www.vuibert.fr/site/206463

Proposition de corrigé

Direction départementale des territoires
Service des ressources humaines

Le ...

Note à l'attention du chef de service

Objet : le dispositif du compte personnel de formation (CFP).

Références :
- loi du 13 juillet 1983 ;
- décret du 6 mai 2017 ;
- circulaire du 10 mai 2017.

Contextualisation du sujet / problématique Le gouvernement a voulu renforcer les droits à la formation des fonctionnaires et agents publics dans la perspective de favoriser de façon individualisée, notamment pour les agents les moins qualifiés, la construction de parcours professionnels diversifiés et enrichissants, tant dans la fonction publique, qu'en vue d'établir des transitions professionnelles avec le secteur privé.

Le gouvernement a ainsi créé un nouveau dispositif, le compte personnel de formation (CPF), qui est un crédit individualisé d'heures de formation. Celui-ci constitue un des « volets » du compte personnel d'activité (CPA), l'autre « volet » étant le compte d'engagement citoyen. La base légale du CPF est l'ordonnance du 19 janvier 2017 complétée par le décret du 6 mai 2017 qui précise les modalités de mise en œuvre du CPF.

Annonce du plan Dans un premier temps, il sera mis en évidence que le CPF est un outil novateur, donnant accès à une offre élargie de formation enrichissant les parcours professionnels (I). Le CPF tout en étant assurément porteurs d'atouts, présente aussi certaines limites, d'où des points de vigilance à bien maîtriser (II).

I. Le compte personnel de formation : un outil mobilisable par tous les agents pour construire leur projet professionnel

Annonce des sous-parties Le CPF est un dispositif novateur ouvert à tous les agents et permettant d'accéder à une large offre de formation (A). La mobilisation du CPF s'effectue selon certaines modalités (B).

A. Le CPF : un dispositif ouvert à l'ensemble des agents pour une offre large de formation

Le CPF s'adresse à tous les agents publics relevant de la loi du 13 juillet 1983 et aucune ancienneté de service n'est exigée. Sont ainsi bénéficiaires du nouveau dispositif les fonctionnaires stagiaires et les contractuels relevant de la loi du 13 juillet 1983, qu'ils soient sur des emplois permanents ou non (temps non complets ou incomplets) en CDD ou CDI, ainsi que les ouvriers d'État. Les droits préalablement acquis auprès d'un autre employeur public ou privé sont comptabilisés par le nouvel employeur. Il en va de même pour les agents publics exerçant dans le privé, ils peuvent faire prévaloir leurs droits acquis auprès de l'OPCA concerné. Les heures préalablement acquises au titre du DIF ont été transférées sur le CPF.

Le CPF peut être utilisé pour toute action de formation qui vise à acquérir un diplôme, un certificat de qualification professionnelle ou le développement de compétences. Le CPF peut être utilisé en complément d'autres dispositifs. Ainsi, pour les actions de formation visant à préparer des concours / examens professionnels, le CPF peut être utilisé en complément du compte épargne temps ; il vient en complément des décharges accordées par l'employeur (maximum de 5 jours) pour suivre une action de préparation aux concours. Indépendamment des décharges accordées de droit, l'agent inscrit à un concours / examen professionnel, peut utiliser son CPF pour avoir un temps de préparation personnelle, dans la limite de 5 jours (art. 2, décret mai 2017). De même, un agent qui bénéficie d'un congé pour faire un bilan de compétence – congé ne pouvant excéder 24 heures de temps de service – a la possibilité de compléter sa préparation ou la réalisation de son bilan en utilisant son CPF (art. 22, décret octobre 2017). Il en va de même pour compléter la préparation ou la réalisation d'une validation des acquis de l'expérience (art. 23, décret octobre 2017). Les actions de formation ont lieu en priorité sur le temps de travail.

B. Les modalités de mobilisation du CPF

Les modalités d'alimentation du CPF sont les suivantes (art. 3, décret mai 2017) : 24 heures maximum par an jusqu'à un niveau de 120 heures, puis de 12 heures maximum/an, dans la limite d'un plafond total de 150 heures. Pour les fonctionnaires de catégorie C, dont le niveau est inférieur au niveau V, le crédit annuel est de 48 heures avec un plafond s'élevant à 400 heures au lieu de 150 heures. Cette alimentation est calculée au prorata du temps travaillé pour les agents nommés dans des emplois à temps non complet ou incomplet. Quand le calcul aboutit à un nombre d'heures de formation comportant une décimale, ce nombre est arrondi à l'entier immédiatement supérieur (art. 3, décret mai 2017). Le temps partiel est considéré, pour le CPF, comme du temps complet. Les périodes d'absence liées aux congés prévus à l'article 34 de la loi du 11 janvier 1984, à un congé parental sont totalement prises en compte dans le calcul des droits ouverts au titre du CFP.

L'agent doit faire sa demande par écrit (art. 6, décret mai 2017), auprès du service RH, en spécifiant la nature, le calendrier et le financement de la formation souhaitée et son projet d'évolution professionnelle corrélé à sa demande de formation. Il doit obtenir l'accord de son employeur, qui dispose d'un délai de deux mois pour répondre. Toute décision de refus doit être motivée et peut faire l'objet d'un recours par l'agent devant la CAP compétente. Mais l'employeur ne peut refuser une formation relevant du socle de connaissances et de compétences mentionné à l'article L. 6121-2 du Code du travail. Le CPF est alimenté en heures de formation au 31 décembre de chaque année. L'agent peut utiliser, par anticipation, ses droits non encore acquis sur les deux années à venir, quand la durée de la formation dépasse le crédit d'heures acquis sur le CPF (art. 4, décret mai 2017). Les employeurs informent les agents relevant de leur gestion, avant le 31 décembre 2017, des heures inscrites sur leur CPF (art. 17, décret mai 2017).

II. Le compte personnel de formation : un dispositif porteur d'atouts, mais aussi de limites ; d'où des points de vigilance à bien appréhende

Annonce des sous-parties Le CPF est assurément un dispositif porteur de réels atouts (A). Mais, face à certaines de ses limites, des points de vigilance doivent être maîtrisés (B).

A. Les atouts du nouveau dispositif

Le compte personnel de formation est un dispositif d'abord porteur de progressivité sociale et de redynamisation des parcours professionnels et donc de la carrière et des compétences. Il permet à tout agent public d'acquérir un diplôme, un titre, un certificat de qualification professionnelle ; il permet le développement des compétences, une professionnalisation, indispensable à son projet d'évolution professionnelle (art. 2, décret mai 2017). Le CPF est porteur d'une dynamique d'ouverture et d'innovation pédagogique, qui vise trois finalités. La première finalité est d'amener les employeurs à développer la collaboration entre les trois versants de la fonction publique. Le deuxième objectif consiste à nouer des partenariats avec des organismes de formation, des universités, afin de faciliter l'accès à l'offre de formation diplômante ou certifiante, notamment par le biais de la VAE (circulaire du 10 mai 2017). Cette nouvelle dynamique vise enfin à renforcer la structuration de l'offre de formation en blocs de compétences et en parcours de formation, dans une logique de gestion prévisionnelle des emplois et des compétences.

De plus, tout agent public peut bénéficier d'un accompagnement personnalisé pour construire son projet d'évolution professionnel et donc identifier les actions / formations nécessaires à la mise en œuvre du projet (art. 6, décret mai 2017). Cet accompagnement sera assuré par un conseiller spécialement formé, par exemple un conseiller mobilité carrière, un conseiller ressources humaines, un conseiller en évolution professionnelle. Ce conseiller fait partie de l'administration ou de l'établissement où l'agent travaille (art. 6 du décret). Un plan d'action a été engagé par les pouvoirs publics pour densifier ces réseaux d'accompagnement individualisé et renforcer la professionnalisation de ces conseillers. Le dispositif du compte personnel de formation redonne une place stratégique à la formation, en en faisant un outil central des politiques de gestion des ressources humaines.

B. Les limites du dispositif et les points de vigilance à bien appréhender

D'abord, certaines formations ne sont pas éligibles au congé de formation professionnel. Il s'agit notamment des actions de formations qui portent sur l'adaptation aux fonctions exercées. De plus, une priorisation des actions demandées est effectuée par l'employeur, dans certains cas, notamment lorsque plusieurs actions de formation permettent de satisfaire la demande faite par l'agent public ; priorité est donnée aux actions de formation visant à prévenir une situation d'inaptitude, une action pour une VAE, une action pour préparer un concours / examen professionnel (art. 8, décret mai 2017). Par ailleurs, même si l'administration ne peut s'opposer à une demande de formation relevant du socle de connaissances et de compétences, elle a la possibilité de reporter la formation demandée d'un an. Au niveau financier, alors que l'employeur doit prendre à sa charge l'ensemble des frais pédagogiques, il n'a aucune obligation de prendre en charge les frais de déplacement de l'agent ; ceci relève de son appréciation discrétionnaire. De plus, l'ensemble des frais peut être plafonné (art. 9, décret mai 2017). S'agissant de l'agent, lorsque celui-ci n'a pas pu assister à l'ensemble ou une partie de la formation, sans une justification valable, il doit rembourser l'ensemble des frais engagés par l'employeur.

L'employeur se doit également d'accorder une attention toute particulière aux agents les moins qualifiés. Ils doivent être traités de façon équitable, par rapport aux autres agents. Le dialogue social est donc indispensable. Il importe d'associer les représentants des personnels à la définition de la stratégie de formation, aux modalités générales de mise en œuvre et d'instruction du dispositif du compte personnel de formation. Un bilan annuel est à présenter aux instances du dialogue social. De même, les agents doivent être informés de leurs droits à la formation, par la mise à leur disposition de guides pratiques qui seront prochainement fournis par la direction générale de l'administration et de la fonction publique (DGAFP). Les employeurs doivent également signaler à la DGAFP les difficultés rencontrées dans la mise en œuvre du dispositif.

Conclusion Le compte personnel de formation, constitue une réelle opportunité de conforter le rôle central de la formation dans les politiques de ressources humaines.

SUJET N° 31 : Note

DURÉE : 4 HEURES

Sujet

Vous êtes chef du bureau de la réglementation économique au sein de la préfecture du département X (hors Paris). À ce titre, vous êtes amené à présenter à vos collègues les modifications apportées au repos dominical par la loi n° 2015-990 du 6 août 2015 pour la croissance, l'activité et l'égalité des chances économiques.
Vous rédigez pour cela une note administrative à visée opérationnelle, sur laquelle s'appuiera le service pour instruire les demandes de dérogations au repos dominical octroyées par le préfet.

Liste des documents

Document 1 : Extrait de la loi n° 2015-990 du 6 août 2015 pour la croissance, l'activité et l'égalité des chances économiques - site legifrance.gouv.fr - 3 pages.

Document 2 : Extraits du code du travail, éditions Dalloz, mars 2015 -5 pages.

Document 3 : Extrait du code du travail modifié au 28 septembre 2015 - site legifrance.gouv.fr - 6 pages.

Document 4 : Décret n° 2015-1173 du 23 septembre 2015 portant application des dispositions de la loi n° 2015-990 du 6 août 2015 pour la croissance, l'activité et l'égalité des chances économiques relatives aux exceptions au repos dominical dans les commerces de détail situés dans certaines zones géographiques - 4 pages.

Document 5 : « Travail le dimanche : les propositions du rapport Bailly » - vie-publique.fr - 03.12.2013 - 1 page.

Document 6 : « Que prévoit le projet de loi Macron ? » - vie-publique.fr - 12.12.2014 - 1 page.

Téléchargez gratuitement les documents sur www.vuibert.fr/site/206463

Proposition de corrigé

Préfecture du département X   Le ...

Note administrative

Objet : modifications apportées à la réglementation relative au repos dominical.

Références :
- loi du 6 août 2015 pour la croissance, l'activité et l'égalité des chances économiques ;
- décret du 23 septembre 2015 portant application de la loi du 6 août 2015.

En France, le principe est le repos dominical. Mais le travail du dimanche était déjà autorisé par la loi Mallié du 10 août 2009, en fonction du type de commerces dans les zones déclarées d'intérêt touristique et dans les périmètres d'usage de consommation exceptionnelle (PUCE). Le droit actuel est source de complexité, d'incohérence et d'inégalités de traitement des salariés. Aussi un rapport - le rapport Bailly - a été remis au début du mois de décembre 2013 au Premier ministre avec des propositions d'assouplissement et il a préfiguré la loi du 6 août 2015. Cette loi du 6 août 2015 pour la croissance, l'activité et l'égalité des chances économiques, dite « loi Macron », tout en réaffirmant la spécificité du dimanche, simplifie la réglementation et élargit le champ des dérogations. La loi pose un nouveau cadre pour le travail du dimanche.

Annonce du plan La loi du 6 août 2015, tout en maintenant certains principes dérogatoires, redéfinit les zones géographiques et renforce les droits des salariés (I). De plus, la loi du 6 août 2015 a instauré une mise en œuvre partagée de la loi d'août 2016 entre l'État et les acteurs locaux (II).

I. Un cadre juridique rénové par la loi d'août 2015 pour le travail du dimanche

Annonce des sous-parties La loi du 6 août 2015, tout en maintenant certains principes dérogatoires antérieurs prévus par le code du travail, redéfinit la carte des zones géographiques (A). Elle renforce également les droits des salariés (B).

A. Tout en maintenant certains principes dérogatoires déjà existants, la loi redéfinit la carte des zones géographiques

La loi du 6 août 2015 maintient certains principes dérogatoires permanents ou temporaires au repos dominical déjà fixés par le code du travail. Ainsi, certains établissements, dont le fonctionnement ou l'ouverture est rendu nécessaire par les contraintes de production, de l'activité ou les besoins du public, continuent de pouvoir déroger de façon permanente à la règle du repos dominical en attribuant le repos hebdomadaire par roulement (art. L. 3132-12). De plus, les commerces de détail alimentaire continuent de pouvoir ouvrir le dimanche jusqu'à 13 heures. La loi du 6 août 2015 redéfinit la carte actuelle des zones géographiques. Les PUCE et les zones d'intérêt touristique sont supprimés. La loi crée trois types de zones : les zones commerciales (ZC), les zones touristiques (ZT) et les zones touristiques internationales (ZTI). Les communes d'intérêt touristique ou thermales, les zones touristiques d'affluence exceptionnelle ou d'animation culturelle qui existaient avant la loi entrent de plein droit dans le champ des zones touristiques (art. 257 de la loi) ; les PUCE créés antérieurement constituent de plein droit des zones commerciales. Le décret du 23 septembre 2015, portant application de la loi, définit les critères à remplir pour être qualifié de ZC (article 5) ou de ZTI (article 6). Les commerces des ZC et ZT peuvent ouvrir de plein droit le dimanche, moyennant un accord d'entreprise, et les commerces des ZTI peuvent donner le repos hebdomadaire par roulement ; ils peuvent ouvrir aussi en soirée.

B. La loi du 6 août 2015 renforce les droits des salariés désireux de travailler le dimanche

La loi du 6 août 2015 entend renforcer les droits des salariés. Tout d'abord, la loi affirme dans l'article 247 le principe du volontariat pour le travail du dimanche. Ceci doit se traduire par un accord écrit à l'employeur. Un salarié peut ainsi refuser de travailler le dimanche. Ce refus ne saurait constituer un refus d'embauche, un motif de licenciement, ni faire l'objet d'une sanction ou d'une mesure discriminatoire. Le salarié travaillant le dimanche peut à tout moment demander à bénéficier d'une priorité d'embauche sur un emploi ne comportant pas de travail le dimanche, dans la même entreprise. En l'absence d'accord collectif, le salarié privé de repos dominical peut refuser de travailler trois dimanches de son choix par an.
De plus, conformément à l'article 246 de la loi, un accord collectif, ou bien une décision unilatérale de l'employeur prise après référendum, doit garantir les contreparties accordées aux salariés privés du repos dominical ainsi que les engagements pris en termes d'emploi ou en faveur de certains publics en difficulté ou de personnes handicapées. Chaque salarié privé du repos du dimanche bénéficie d'un repos compensateur et d'une rémunération au moins égale au double de la rémunération normale pour une durée équivalente. Dans les commerces de détail alimentaire, d'une certaine surface de vente, les salariés privés du repos dominical bénéficient d'une rémunération majorée d'au moins 30 %. Dans le cas d'un repos hebdomadaire donné par roulement pour tout ou partie du personnel, un accord collectif de branche, de groupe, ou d'établissement est requis. Des contreparties sont prévues pour compenser les charges induites par la garde des enfants pour les salariés privés du repos dominical.

II. Une mise en œuvre partagée de la loi d'août 2016 entre l'État et les acteurs locaux

Annonce des sous-parties La loi du 6 août fait des administrations centrales et du préfet des acteurs majeurs dans la mise en œuvre du travail le dimanche (A). Les acteurs locaux tels que le maire ou le président de l'EPCI occupent également une place importante dans la mise en œuvre des dérogations au repos dominical (B).

A. Le rôle de l'État et du préfet dans la mise en œuvre du travail le dimanche

Conformément à l'article 242 de la loi du 6 août 2015, les zones touristiques internationales (ZTI) sont délimitées par les ministres chargés du Travail, du Tourisme et du Commerce, après avis du maire et, le cas échéant, du président de l'établissement public de coopération intercommunale, dont la commune est membre, après avis des organisations professionnelles d'employeurs et des organisations syndicales des salariés. Ceci s'explique notamment par le rayonnement international de ces zones et par l'importance des achats effectués par le nombre très élevé de touristes résidant hors de France. Au bout de trois ans, le Gouvernement doit remettre au Parlement une évaluation économique et sociale des pratiques d'ouverture des commerces qui se sont développés suite à la délimitation de ces ZTI.
Selon l'article L. 3132-20, c'est le préfet qui accorde, pour une durée maximale de trois ans, des dérogations au repos dominical, soit toute l'année, soit à certaines périodes de l'année, selon quatre modalités : un autre jour que le dimanche à tous les salariés, du dimanche midi au lundi midi, le dimanche après-midi avec un repos compensateur d'une journée par roulement et par quinzaine, ou encore par roulement à tout ou partie des salariés. Il faut que la fermeture le dimanche soit préjudiciable au public ou compromette le fonctionnement normal de l'établissement. Les avis de plusieurs acteurs sont requis : le conseil municipal, la chambre de commerce et d'industrie (CCI), et les organisations patronales et syndicales concernées.

B. Le rôle des acteurs locaux, notamment le maire ou le président de l'EPCI

Le maire dispose de pouvoirs propres. Conformément à l'article 257 de la loi du 16 août 2015 et par dérogation à l'article L. 3132-23 du code du travail, le maire peut désigner neuf dimanches durant lesquels, dans les établissements de commerce de détail, le repos hebdomadaire est

supprimé. C'est aussi au maire qu'il appartient de soumettre, en application de l'article 250 de la loi du 6 août 2015, la question de l'ouverture des bibliothèques le dimanche dans l'année qui suit la promulgation de la présente loi.
Le maire dispose également de pouvoirs partagés avec le représentant de l'État. En application de l'article 245 de la loi du 6 août 2015, c'est le maire qui fait la demande de délimitation ou de modification des ZT et des ZC. Cette demande relève de la compétence du président de l'établissement public de coopération intercommunale, après consultation des maires concernés, quand le périmètre de la zone concernée excède le territoire d'une seule commune. Cette demande est transmise au préfet de région. Elle doit être motivée et comporter une étude d'impact sur l'opportunité de la création ou de la modification de la zone. Le préfet de région dispose d'un délai de six mois pour statuer sur la demande de délimitation et de trois mois pour statuer sur une demande de modification. Quand une zone est située sur le territoire de plusieurs régions, les préfets de région la délimitent par un arrêté conjoint.

Conclusion La loi du 6 août 2015 réaffirme le principe de droit au repos dominical. Elle vise toutefois à donner plus de marge de manœuvre décisionnelle aux acteurs locaux tout en renforçant les droits des salariés travaillant le dimanche.

SUJET N° 32 : **Note**

IRA, concours interne, session 2014

DURÉE : 4 HEURES

Sujet

Vous êtes affecté à l'université de X en qualité de responsable du service des affaires juridiques.

Le directeur général des services vous demande de rédiger une note relative aux principales modifications de la gouvernance des universités. Par ailleurs, il vous est demandé de faire ressortir les points de vigilance concernant le renouvellement du conseil d'administration et du conseil académique qui aura lieu prochainement.

Liste des documents

Document 1 : Extrait du code de l'éducation - 5 pages.

Document 2 : Lettre du ministre de l'Éducation nationale relative à la composition de la formation du conseil académique des universités compétente pour examiner les questions individuelles relatives aux enseignants-chercheurs, autres que les professeurs des universités - 4 pages.

Document 3 : Lettre de la ministre de l'Enseignement supérieur et de la Recherche relative à la mise en œuvre des mesures transitoires de la loi n° 2013-660 du 22 juillet 2013 relative à l'enseignement supérieur et à la recherche pour l'organisation des établissements. - 11 pages.

Fiche annexe : Lecture des dispositions transitoires de la loi.

Téléchargez gratuitement les documents sur www.vuibert.fr/site/206463

Proposition de corrigé

Université de X Le ...

Note à attention de Monsieur le directeur général des services

Objet : la nouvelle gouvernance des universités.

Références :
- code de l'éducation ;
- loi du 22 juillet 2013 relative à l'enseignement supérieur et le recherche.

La loi n° 2013-660 du 22 juillet 2013 relative à l'enseignement supérieur et à la recherche a pour objectif de réformer l'organisation, le fonctionnement et la gouvernance des universités. Désormais, trois instances majeures sont impliquées dans la gouvernance des universités, à savoir le président de l'université, le conseil d'administration et le conseil académique.

Compte tenu de l'ampleur de cette réforme, le législateur a prévu des délais de mise en œuvre, liés notamment à la préparation des textes réglementaires. Aussi, pour sécuriser et garantir le bon fonctionnement des universités, des mesures transitoires sont prévues, dans le respect du calendrier des mandatures des conseils existants.

Annonce du plan Dans un premier temps, seront présentées les principales modifications résultant de la loi du 22 juillet 2013 en termes de gouvernance des universités (I). Dans un second temps, il importera de mettre en évidence les dispositions transitoires permettant de sécuriser la nouvelle gouvernance des universités et la nécessité de respecter le principe de parité (II).

I. La loi ESR du 22 juillet 2013 : des modifications importantes en termes de gouvernance des universités, autour de trois « instances, dont une nouvelle instance importante, le conseil académique

Annonce des sous-parties Les principales modifications résultant de la loi ESR du 22 juillet 2013 portent sur la gouvernance des universités, qui est désormais articulée autour de trois instances. Au deux instances existant antérieurement (A) vient s'ajouter une nouvelle instance, le conseil académique (B).

A. La loi ESR : une gouvernance autour de deux instances « traditionnelles »

La gouvernance est d'abord articulée autour de deux « instances » existant déjà antérieurement. Conformément à l'article 45 de la loi ESR codifié dans l'article L712-1 du code de l'éducation, il y a d'une part le président de l'université et, d'autre part, le conseil d'administration. S'agissant du président de l'université, celui-ci assure l'administration de l'université par ses décisions (art. L712-1 du code de l'éducation). Le président est élu à la majorité absolue des membres du conseil d'administration parmi les enseignants-chercheurs, professeurs, maîtres de conférences et toutes autres personnes assimilées, pour un mandat de quatre ans (art. L712-2 du code de l'éducation). Son mandat est renouvelable une fois. Ses fonctions sont incompatibles notamment avec celles de membre élu du conseil académique, de directeur de structure interne de l'université et de dirigeant exécutif de tout établissement public à caractère scientifique, culturel et professionnel. Il assure la direction de l'université autour de dix missions principales (art. L712-2). Il préside notamment le conseil d'administration, en prépare et exécute les délibérations. Il est ordonnateur des recettes et des dépenses ; il a autorité sur l'ensemble des personnels. Il est responsable du maintien de l'ordre et de la sécurité et peut faire appel à la force publique. Il veille à l'accessibilité des enseignements et des bâtiments aux personnes handicapées. Il est assisté d'un bureau élu sur sa proposition, dont la composition est fixée par les statuts de l'établissement.

Il y a aussi, selon l'article L712-3, le conseil d'administration, composé de vingt-quatre à trente-six membres, notamment d'enseignants-chercheurs (de huit à seize), de huit personnalités extérieures, de représentants des étudiants (de quatre ou six) et de représentants des personnels ingénieurs, administratifs, ouvriers et techniques (quatre ou six). Les personnalités extérieures sont notamment au moins deux représentants des collectivités, au moins une représentant des organismes de recherche et au plus cinq personnalités désignées, après un appel à candidature, par les membres élus du conseil (art. L712-3). Le conseil d'administration détermine la politique générale de l'établissement au travers de neuf compétences, notamment l'approbation du contrat d'établissement, le vote du budget et l'approbation des comptes, l'adoption du règlement intérieur de l'université, l'adoption du rapport annuel d'activité et l'adoption du schéma directeur pluriannuel relatif à la politique du handicap proposé par le conseil académique.

Transition Mais la novation, c'est la création du conseil académique.

B. La loi ESR : création d'un nouvel acteur important, le conseil académique

Le conseil académique (CA) est un nouvel acteur important de la gouvernance des universités.

En application de l'article L712-4, il regroupe les membres de la commission de la recherche (article L712-5) et de la commission de la formation et de la vie universitaire (article L712-6). La commission de la recherche (ex-conseil scientifique) comprend de vingt à quarante membres : 60 % à 80 % de représentants du personnel, 10 % à 15 % de représentants des doctorants et 10 % à 30 % de personnalités extérieures. La commission de la formation et de la vie universitaire (ex-conseil de la vie des études et de la vie universitaire) comprend de vingt à quarante membres : 75 % à 85 % de représentants des enseignants-chercheurs, des enseignants et étudiants, 10 % à 15 % de représentants des personnels ATOS, 10 % à 15 % de personnalités extérieures, dont au moins un représentant d'un établissement d'enseignement secondaire. Le directeur du CROUS assiste aux séances de la commission de la formation et de la vie universitaire. Au sein du CA, deux sections sont constituées : la section disciplinaire et la section chargée d'examiner les questions individuelles relatives au recrutement et à la carrière des enseignants-chercheurs. Cette dernière section comprend également des chercheurs des organismes de recherche.

S'agissant des nouvelles compétences, elles sont d'application immédiate. La commission de la recherche répartit l'enveloppe des moyens destinés à la recherche et fixe les règles de fonctionnement des laboratoires (art. L712-6-1-II). La commission de la formation et de la vie universitaire adopte notamment la répartition de l'enveloppe des moyens destinés à la formation, les règles relatives aux examens, les règles d'évaluation des enseignants et les mesures favorisant la réussite du plus grand nombre d'étudiants. Le conseil académique, en formation plénière, a des compétences assez larges dont la consultation sur la définition des programmes de formation, de recherche et de diffusion de la culture scientifique, technique et industrielle, et la proposition au conseil d'administration d'un schéma directeur pluriannuel en matière de politique du handicap. En formation restreinte aux enseignants-chercheurs, il examine les questions individuelles relatives au recrutement, à l'affectation et à la carrière des enseignants-chercheurs. Il a également un pouvoir disciplinaire (section disciplinaire) à l'égard des enseignants-chercheurs, des enseignants, des étudiants et des usagers, en se constituant en section disciplinaire.

II. Des dispositions transitoires, garantes du bon fonctionnement, et la nécessité de respecter la parité

Annonce des sous-parties Face à ces modifications réglementaires d'importance et pour garantir le bon fonctionnement des universités, des dispositions transitoires sont aménagées (A) et il est nécessaire de respecter le principe de parité (B).

A. Les dispositions transitoires, garantes du bon fonctionnement, jusqu'au renouvellement des mandats

Il y a d'abord des dispositions transitoires en termes statutaires. Les nouvelles modalités de gouvernance des universités résultant de la loi ESR du 22 juillet 2013 et les modifications de compétences qui y sont liées entraînent certains ajustements, d'où des délais de mise en œuvre progressive prévus par la loi ESR. Ainsi les universités disposent d'un délai d'un an pour mettre en conformité leurs statuts avec les nouvelles dispositions réglementaires, soit jusqu'au 22 juillet 2014. Ceci concerne notamment la composition du nouveau conseil d'administration et du conseil académique, les modalités de désignation du président et du vice-président étudiant du conseil académique, les représentations des grands secteurs de formation et le nombre de personnalités extérieures membres du conseil d'administration. C'est sur la base des nouveaux statuts adoptés qu'interviendra la désignation des trois instances de gouvernance. D'ici là, les instances en place demeurent et les mandats de leurs membres se poursuivent jusqu'à leur terme. Comme les universités ont renouvelé, en général, leurs conseils d'administration en 2012, les mandats actuels courent jusqu'en 2016. Par ailleurs, les procédures liées au recrutement et à la carrière des enseignants-chercheurs demeurent inchangées, dans l'attente de l'adoption des nouveaux statuts de ces personnels à la rentrée 2014.
Il y a ensuite des dispositions transitoires pour le conseil académique. La création du conseil académique prévue par la loi, au niveau de sa composition et de ses statuts, ne sera effective qu'après la fin du mandat des représentants élus du conseil d'administration, mais les nouvelles compétences sont d'application immédiate. Aussi, dans l'intervalle, les compétences sont exercées par les acteurs en place. Le conseil scientifique exerce les compétences de la commission de la recherche, et le conseil des études et de la vie universitaire exerce celles de la commission de la formation et de la vie universitaire. Les membres des deux conseils siègent ensemble pour exercer les compétences du conseil académique en formation plénière. Jusqu'à la mise en place du conseil académique, le président de l'université préside les deux commissions venant d'être mentionnées ainsi que le conseil académique en formation plénière. Les sections disciplinaires du conseil d'administration demeurent en fonction jusqu'à l'échéance du mandat de ses membres.

B. Un principe de parité devant être respecté

La notion de parité est d'abord importante au niveau de la qualité des membres élus, personnalités extérieures, au sein du conseil d'administration. Ainsi, l'article L712-3 stipule que pour les personnalités extérieures à l'université, qui sont au nombre de huit, de nationalité étrangère ou française, il faut respecter une répartition par genre : il doit y avoir autant d'homme que de femmes. Il est prévu que les conditions dans lesquelles est assurée cette parité soient fixées par décret. Ce décret précisera le nombre et la répartition par sexe, éventuellement dans le temps, des candidats proposés pour chacune des instances compétentes. Pour le choix final des cinq personnalités sur les huit, désignées après un appel à candidature par les membres élus du conseil d'administration et les personnalités désignées aux alinéas II-1° et II-2 de l'article L712-3, il faut également tenir compte de la répartition par sexe des trois autres personnalités au moins, représentant d'une part les collectivités territoriales ou leurs groupements avec au moins un représentant de la région et, d'autre part les organismes de recherche.
Il importe également d'être vigilant sur la composition du conseil académique en formation restreinte pour les enseignants-chercheurs. Ainsi l'article L712-6-1-IV du code de l'éducation

requiert une double parité pour le conseil académique en formation restreinte aux questions individuelles relatives aux enseignants-chercheurs, autres que les professeurs des universités. Il doit y avoir d'une part une stricte parité de genre, le même nombre d'hommes et de femmes, mais également une parité de « qualification », le même nombre de représentants des professeurs des universités et des autres enseignants-chercheurs. C'est aussi un décret en Conseil d'État qui fixe les conditions pour assurer cette double parité. En l'absence de respect de cette double parité, une procédure en quatre étapes de constitution d'une nouvelle formation du conseil académique restreint est prévue par le décret n° 2014-780 du 7 juillet 2014. Cette procédure est menée par le président du conseil académique. Le président propose une liste très large des membres amenés à examiner les questions individuelles relatives aux enseignants-chercheurs, parmi les membres élus du conseil académique en formation restreinte aux enseignants-chercheurs ; il est possible, pour les membres élus du CA en formation retreinte, de proposer une liste alternative sous quinze jours ; s'il n'y a aucune liste alternative, la proposition du président est retenue, sans vote. Dans le cas contraire, c'est la proposition recueillant la majorité absolue des suffrages au premier tour ou à la majorité relative au deuxième tour qui sera retenue.

Conclusion La loi ESR du 22 juillet 2013 réforme en profondeur l'organisation, le fonctionnement et la gouvernance des universités, avec l'instauration de dispositions transitoires en vue de sécuriser juridiquement le fonctionnement des établissements.

SUJET N° 33 : Note

IRA, concours interne, session 2012

DURÉE : 4 HEURES

Sujet

Vous êtes affecté à la direction des ressources humaines du rectorat de l'académie de X et le recteur vous demande une étude portant sur la mise en place des comités techniques en application de la loi n° 2010-751 du 5 juillet 2010, relative à la rénovation du dialogue social dans la fonction publique.

Vous préparez, à sa demande, une courte note retraçant les principales évolutions intervenues entre les anciens comités techniques paritaires et les comités techniques issus de la nouvelle loi, pour ce qui concerne le niveau académique.

En second lieu, il vous est demandé d'indiquer en quoi ces évolutions répondent aux objectifs de la loi du 5 juillet 2010, tels qu'ils découlent de l'exposé des motifs.

Liste des documents

Document 1 : Exposé des motifs de la loi n° 2010-751 du 5 juillet 2010, relative à la rénovation du dialogue social et comportant diverses dispositions relatives à la fonction publique - 2 pages.

Document 2 : Décret n° 2011-184 du 15 février 2011 relatif aux comités techniques dans les administrations et les établissements publics de l'État - extrait du *JO* du 17 février 2011 - 9 pages.

Document 3 : Arrêté du 8 avril 2011 portant création du comité technique ministériel et des comités techniques des services déconcentrés du ministère chargé de l'Éducation nationale - extrait du *JO* du 14 mai 2011 - 2 pages.

Document 4 : « La réforme des institutions participatives dans la fonction publique de l'État » - Emmanuelle Marc, Yves Struillou - *L'Actualité juridique, Droit administratif (AJDA)* n° 18/2011 - 23/0/5/2011 - pp. 1 015-1 021 - 7 pages.

Téléchargez gratuitement les documents sur www.vuibert.fr/site/206463

Proposition de corrigé

Rectorat de l'académie de X — Le ...
Direction des ressources humaines

Note à l'attention de Monsieur le recteur d'académie

Objet : point sur les principales évolutions des comités techniques, au niveau académique.

Références :
- loi n° 2010-751 du 5 juillet 2010, relative à la rénovation du dialogue social et comportant diverses dispositions relatives à la fonction publique ;
- décret n° 2011-184 du 15 février 2011 relatif aux comités techniques dans les administrations et les établissements publics de l'État ;
- arrêté du 8 avril 2011 portant création du comité technique ministériel et des comités techniques des services déconcentrés du ministère chargé de l'Éducation nationale.

Accroche Les règles et les pratiques du dialogue social datent de 1946. Elles ont très peu évolué, alors que parallèlement la fonction publique a fait l'objet de profondes mutations. La perspective d'une réforme avait déjà été posée en 2007, lors du discours du président de la République, à l'IRA de Nantes : « Il faut vivifier le dialogue social, qui est trop formel, [...] nourri d'une culture de confrontation plus que de réforme. Je propose de favoriser partout la logique démocratique de l'élection. [...] Je suggère que l'on abandonne la composition strictement paritaire des instances de dialogue social. [...] Je veux aussi poser la question de la représentativité, comme dans le secteur privé, pour conjuguer démocratie sociale et respect des différentes sensibilités syndicales ».

Contextualisation du sujet Cette volonté de moderniser le dialogue social dans la fonction publique s'est traduite, suite à un cycle de négociations démarré le 2 février 2008, par la conclusion des accords de Bercy, le 2 juin 2008, qui constituent l'acte I de la rénovation du dialogue social. Elle s'est poursuivie, d'une part, par l'adoption de la loi du 5 juillet 2010 relative à « la rénovation du dialogue social » et du décret d'application du 15 février 2011 relatif aux comités techniques dans les administrations et les établissements publics de l'État qui constituent l'acte II de cette réforme et, d'autre part, par la publication de l'arrêté du 8 avril 2011 portant création du comité technique ministériel et des comités techniques des services déconcentrés du ministère de l'Éducation nationale. Ainsi se trouve mise en place une nouvelle cartographie des comités techniques au sein des services administratifs, adaptée à l'important renouvellement de l'organisation des services déconcentrés.

Annonce du plan Au niveau académique, les principales évolutions des comités techniques, résultant du nouveau contexte réglementaire correspondent à une approche plus collective et plus en proximité des problématiques managériales (I). Ces modalités renouvelées du dialogue social, au niveau local, traduisent pleinement les principaux objectifs stratégiques de la loi du 5 juillet 2010 (II).

I. Au niveau académique, les principales évolutions concernant les comités techniques ont pour finalité une approche des problématiques managériales plus en proximité et qui responsabilise davantage

Annonce des sous-parties Au niveau académique, la loi du 5 juillet 2010 et le décret d'application du 15 février 2011 rénovent les comités techniques, outils du dialogue social, au service d'une plus grande proximité managériale (A). La réforme de 2010 entend également adapter la composition et les niveaux de compétences des comités techniques à une approche des problématiques managériales plus collective et qui responsabilise davantage (B).

A. La loi de 2010 rénove les instances du dialogue social, au niveau académique, en vue d'une plus grande proximité managériale

Jusqu'à présent, il existait des comités techniques principalement au niveau des administrations centrales, au niveau régional ou départemental. Dorénavant, l'organigramme des comités techniques s'élargit, avec pour objectif de traiter des questions propres aux services et surtout d'être au plus près des prises de décision. Deux types de comités techniques sont ainsi créés, les comités techniques de proximité et les comités techniques spéciaux.
S'agissant des comités techniques de proximité, conformément à l'article 6 du décret du 15 février 2011, il est instauré obligatoirement auprès de chaque recteur d'académie un comité technique de proximité qui est dénommé comité technique académique. Conformément à l'article 4 de l'arrêté du 8 avril 2011, ce comité technique académique est compétent dans les matières et les conditions fixées par l'article 34 du décret du 15 février 2011 pour toutes les questions intéressant l'organisation et le fonctionnement des établissements d'enseignement et de formation des premier et second degrés, pour les questions communes à l'organisation de ces établissements et aux services administratifs situés dans le ressort territorial de l'académie concernée.
En outre, conformément à l'article 9 (2°c) du décret du 15 février 2011, il est créé auprès de chaque inspecteur d'académie, directeur des services départementaux de l'Éducation nationale, un comité technique spécial départemental, dans la mesure où « l'importance des effectifs ou l'examen des questions collectives le justifie ». C'est l'inspecteur d'académie qui en assure la présidence. Cette création relève d'une possibilité juridique mais pas d'une obligation. Conformément à l'article 6 de l'arrêté du 8 avril 2011, ce comité technique spécial est compétent dans les matières et conditions fixées par l'article 34 du décret du 15 février 2011 pour toutes les questions intéressant l'organisation et le fonctionnement des établissements d'enseignement et de formation des premier et second degrés. Les questions qui lui sont posées, mais qui ont préalablement fait l'objet d'un avis du comité technique académique, ne peuvent faire l'objet d'un vote.

B. Une composition et des niveaux de compétences élargis par la réforme de 2010 : un moyen d'aborder les problématiques managériales de façon plus collective et en responsabilisant davantage

S'agissant d'abord de la composition des comités techniques, avant la réforme de 2010, ceux-ci comprenaient le même nombre de représentants de l'administration d'une part, et de fonctionnaires, d'autre part. Dorénavant, les nouveaux comités techniques ne sont plus paritaires. S'agissant du comité technique académique, il est présidé par le recteur d'académie qui peut se faire assister par le directeur des ressources humaines ou par des cadres de catégorie A concernés par les questions posées. En ce qui concerne le comité technique spécial départemental, il est présidé par l'inspecteur d'académie qui se fait assister, si nécessaire, par des cadres de l'administration de catégorie A concernés par les questions posées.
Les deux types de comités comprennent dix membres titulaires et dix membres suppléants représentant les personnels élus au scrutin de liste, désormais à un seul tour, dans les conditions fixées par le décret du 15 février 2011, en son article 13 pour le comité technique académique et en son article 14 (2°) pour le comité technique spécial départemental, par dépouillement des suffrages exprimés lors des élections organisées pour le comité technique académique. Toutefois, quand l'effectif des services concernés est inférieur ou égal à cinquante agents, les élections ont lieu au scrutin de sigle.
Par ailleurs, les compétences des comités techniques sont élargies de façon significative. Auparavant, la consultation des comités techniques était limitée à l'examen des questions et des

projets de textes liés aux « problèmes généraux d'organisation » et aux « conditions générales de fonctionnement » (article 12 du décret du 28 mai 1982). Cette rédaction très générale a été source de contentieux. Dorénavant, les comités techniques sont compétents pour connaître des questions relatives à la gestion prévisionnelle des effectifs, des emplois et des qualifications - et plus seulement des effectifs et des qualifications. Ils sont consultés également sur les « évolutions technologiques et de méthodes de travail des administrations [...] et leur incidence sur les personnels », sur les grandes orientations en matière de politique indemnitaire - et non plus seulement sur les critères de répartition des primes de rendement - afin de tenir compte de la généralisation de la prime de fonctions et de résultats. De plus, les comités techniques ne se prononcent plus uniquement sur les « plans fixant les objectifs pluriannuels d'amélioration de l'accès des femmes aux emplois d'encadrement supérieur », mais dorénavant aussi sur « la formation et le développement des compétences [...] l'égalité professionnelle, la parité, la lutte contre toutes les discriminations ». Enfin, les comités techniques interviennent quand aucun comité d'hygiène, de sécurité et des conditions de travail (CHSCT) n'a été mis en place.

Transition Les évolutions organisationnelles, au niveau académique, des outils du dialogue social que sont les comités techniques sont la traduction opérationnelle d'objectifs stratégiques fixés par la loi du 5 juillet 2010.

II. Ces modalités renouvelées du dialogue social, au niveau local, sont la traduction concrète et opérationnelle des principaux objectifs stratégiques fixés par la loi du 5 juillet 2010

Annonce des sous-parties Le législateur, en modifiant en profondeur les modalités de fonctionnement et le champ de compétences des comités techniques, notamment au niveau académique, par la loi de juillet 2010, a d'abord poursuivi un objectif de démocratisation des conditions d'exercice du dialogue social (A). De plus, le législateur a voulu rendre le dialogue social plus efficient afin de l'adapter aux nouveaux enjeux de gestion publique (B).

A. Favoriser la logique démocratique de l'élection au service d'un dialogue social plus large et d'une légitimité renforcée

La loi du 5 juillet 2010 modernise et élargit les conditions d'accès aux élections, dans la mesure où elle ne conditionne plus la présentation des listes à certains critères de représentation, notamment la détention d'au moins un siège dans chacun des conseils supérieurs de la fonction publique ou l'obtention d'un certain pourcentage de voix dans les élections aux commissions administratives paritaires (CAP). La loi généralise l'élection des instances représentatives, elle ouvre la possibilité pour toute organisation syndicale, représentative ou non, de présenter des listes de candidats aux élections qui ne comportent désormais qu'un seul tour de scrutin. Comme précisé dans l'exposé des motifs de la loi, la volonté affirmée par les accords de Bercy de conforter la légitimité des organisations syndicales de fonctionnaires place l'audience au cœur de la légitimité syndicale.

L'objectif est de fonder le dialogue social sur des organisations fortes et légitimes. Peuvent se présenter dorénavant aux élections professionnelles les syndicats qui sont légalement constitués depuis au moins deux ans et satisfont aux critères de respect des valeurs républicaines et d'indépendance. Les comités techniques sont désormais élus directement par les agents qu'ils représentent, au scrutin de liste avec représentation proportionnelle. Les représentants du personnel ne sont donc plus désignés. Ceci doit permettre aux personnels d'avoir une plus large représentation au sein de ces instances de dialogue social, plus particulièrement pour les agents contractuels. Là encore, ces nouveaux modes de désignation se rapprochent du droit commun du travail, en termes de système de relations collectives.

B. Un dialogue social rendu plus efficace et plus efficient par la suppression du paritarisme numérique : une volonté de moderniser la gestion publique

La loi du 5 juillet 2010 entend redonner de la vitalité au dialogue social, en faisant évoluer la composition des comités techniques. L'objectif est de donner davantage de poids au contenu du dialogue social, de mettre davantage en avant les positions et les points de vue des acteurs, tant du côté employeurs que du côté représentants des personnels. Ceci se traduit par la suppression du paritarisme dans les comités techniques (article 9 de la loi) et constitue une évolution majeure des règles de structuration des relations collectives dans la fonction publique de l'État. Les représentants des agents, comme les représentants de l'administration qui seront parties prenantes au dialogue, sont bien ceux qui détiennent l'expertise et donc la légitimité sur les questions figurant à l'ordre du jour (articles 8 et 13 de la loi).
L'objectif est ainsi de se rapprocher du droit commun du travail et donc de faire évoluer la conception du doit de participation de tout fonctionnaire. Il s'agit de « banaliser » les relations collectives du travail entre l'État et ses agents, de sortir d'une certaine spécificité et d'une « culture de la confrontation » pour passer à un modèle d'expression « classique » des intérêts différents de l'employeur et de ses employés.
Le dialogue social devient ainsi plus responsabilisant. En effet, le formalisme antérieur de ces instances, dû au paritarisme, aboutissait à des situations figées et monolithiques. Avec la suppression du paritarisme, les comités techniques ont vocation à devenir des lieux d'échanges entre les organisations syndicales et une administration amenée à justifier et à convaincre de ses choix sur des problématiques managériales qui se complexifient.

Conclusion La loi du 5 juillet 2010 et le décret d'application du 15 février 2011 constituent une avancée très importante dans l'organisation du dialogue social en faisant des comités techniques les acteurs « pivots » de la concertation. Cette avancée s'inscrit dans une dynamique de modernisation des outils de la gestion publique.

SUJET N° 34 : Rapport avec solutions

Attaché territorial, concours interne et 3e voie, session 2016, spécialité administration générale

DURÉE : 4 HEURES

Sujet

Attaché territorial, vous êtes chargé de mission auprès de la directrice générale des services (DGS) de la communauté d'agglomération d'Alpha (80 000 habitants), nouvellement créée suite à la fusion, dans le cadre de la loi MAPTAM, de cinq EPCI préexistants.

Souhaitant accompagner cette évolution institutionnelle, la DGS vous demande de rédiger à son attention un rapport sur la mise en place d'un projet d'administration, permettant de dégager des solutions opérationnelles appropriées pour la communauté d'agglomération.

Vous rédigerez ce rapport à l'aide des éléments du dossier et de vos connaissances.

Liste des documents

Document 1 : « Qu'est-ce que le management de projet ? » - Gilles Garel - *Informations sociales* vol. 5 n° 167 - 2011 - 4 pages.

Document 2 : « Organisation : mobiliser les agents sur un projet d'administration » - Christiane Wanaverbecq - *La Gazette des communes* - 10 septembre 2012 - 2 pages.

Document 3 : « Cent pistes d'action opérationnelles pour porter un projet d'administration » - Julie Krassovsky - *La Gazette des communes* - 15 juin 2015 - 1 page.

Document 4 : « Rouen met la communication interne au cœur du projet d'administration » - Bruno Cohen-Bacrie - *Techni.Cités* - avril 2015 - 1 page.

Document 5 : « Donner des outils communs aux managers pour décliner le projet d'administration » - Emmanuelle Chaudieu - *La Gazette des communes* - 7 juillet 2014 - 1 page.

Document 6 : « La démarche "projet de service coopératif" » - Nicolas Rapin - *La Lettre du cadre territorial* - 3 mai 2016 - 4 pages.

Document 7 : « Faut-il satisfaire l'usager ? » - entretien avec Cédric Polère, sociologue - Millénaire 3, Site de prospective de la Métropole de Lyon - 31 mai 2015 - 2 pages.

Document 8 : « Réforme territoriale : vous n'y voyez rien et vous voulez manager ? » - Philippe Dressayre - *La Lettre du cadre territorial* - 4 décembre 2014 - 2 pages.

Document 9 : « Le projet d'administration départementale 2001-2014 » (extrait) - département du Nord - 3 pages.

Document 10 : « Projet d'administration » (édito et avant-propos) - communauté urbaine de Bordeaux - site consulté le 20/07/2016 - 2 pages.

Document 11 : « Projet d'administration » - document de synthèse des actions (extraits) - conseil départemental des Vosges - site consulté le 23 mai 2016 - 3 pages.

Document 12 : « Six virages à prendre pour une administration du XXIe siècle » - Maxime Barbier - *La Gazette des communes* - 28 octobre 2015 - 5 pages.

Téléchargez gratuitement les documents sur www.vuibert.fr/site/206463

Proposition de corrigé

Communauté d'agglomération d'Alpha Le ...

Rapport à l'attention de Madame la directrice générale des services

Objet : modalités de mise en place d'un projet d'administration.

Contextualisation du sujet (doc. 2 et 12). Les administrations connaissent un contexte de raréfaction des ressources, couplé de nouvelles prises de compétences liées à la réforme territoriale. Cette situation est source de complexité, de zones de turbulences et de difficultés dans la mobilisation des agents. Or l'administration du XXIe siècle doit amorcer certains virages : le numérique, la coconception de l'action publique, l'innovation managériale et collaborative, l'intelligence collective, l'innovation ouverte et l'innovation territoriale. Le projet d'administration départemental (PAD) s'inscrit dans cette innovation managériale et territoriale.

Définition (doc. 1, 2 et 8) Le PAD est un document de référence pour l'action administrative visant à fédérer et mobiliser les agents des collectivités territoriales autour de valeurs communes et d'axes stratégiques. C'est un outil de pilotage essentiel, la feuille de route pour construire l'administration de demain. Le projet d'administration départemental s'appuie sur le management par projet, le projet étant un outil de création collective, organisée dans le temps et dans l'espace en vue d'une demande. Le management par projet est le mode de gestion privilégié du changement dans les organisations.
De nombreuses collectivités ont tendance à s'inspirer des méthodes du secteur privé, notamment les conseils généraux qui, depuis près de dix ans, se lancent ainsi dans des projets d'administration.

Annonce du plan Un PAD revêt d'importants enjeux de gouvernance et d'efficience publique, avec certains écueils à éviter, pour en faire localement un outil de culture commune (I). Mettre en place un PAD passe par une démarche méthodologique très concertée et très participative articulée autour de plusieurs axes d'action (II).

I. Un PAD : des enjeux d'efficience publique, avec certains écueils à éviter pour en faire localement un outil de culture commune

Annonce des sous-parties Un PAD revêt des enjeux de gouvernance et d'efficience publique dans un contexte institutionnel en constante évolution (A). La mise en œuvre réussie du PAD nécessite des prérequis et s'appuie sur de nombreuses pratiques locales (B).

A. Les enjeux de gouvernance et d'efficience publique d'un PAD dans un contexte institutionnel en constante évolution

a. Un enjeu de gouvernance dans le contexte actuel des changements organisationnels liés à la réforme territoriale (doc. 8, 9 et 10)

Un PAD est d'abord un outil au service de la production de sens autour des compétences territoriales et des métiers des différents services. Il est un moyen de qualifier les acquis des agents en termes d'expertises et d'expériences, mais aussi les besoins de progrès et d'adaptation dans les modes de réalisation des missions de service public. C'est aussi un moyen permettant aux agents de se situer dans une perspective globale et de se rassembler autour d'un projet commun. Un PAD est donc un cadre de mobilisation et de motivation collective pour les agents, qui définit ce qu'élus et agents veulent faire ensemble et prioriser. C'est un outil d'animation des équipes, dans une logique de décloisonnement au service de l'émergence d'une culture commune. C'est la mise en cohérence des services administratifs avec les politiques publiques.

C'est aussi un moyen de réaffirmer les valeurs du service public et de la fonction publique. Un PAD permet de consolider un socle éthique de principes d'action et de comportement qui peut être partagé par tous les agents, indépendamment de leurs métiers, autrement dit une administration exemplaire. C'est aussi le moyen de poser les priorités en termes de politique sociale, de parité et d'évolution des carrières.

b. Un enjeu d'efficience publique vis-à-vis des citoyens

Le PAD vise à l'amélioration de la performance globale de l'administration, au travers de nouvelles manières de travailler. Un PAD est un vecteur de progrès et de modernisation. Le projet d'administration ou de mandat s'inscrit dans une perspective d'écoute des territoires et des citoyens, d'adaptation de l'action publique aux réalités sociales, géographiques et humaines des territoires, grâce à une organisation renouvelant les pratiques professionnelles. Un PAD vise à mieux satisfaire les usagers et à les placer davantage au cœur de l'action publique grâce à des délais de traitement plus rapides, un contact humain plus qualitatif, une communication et une information dynamiques et modernisées par le numérique. Le PAD vient légitimer l'intervention des pouvoirs publics.

B. Les prérequis d'une mise en œuvre réussie du PAD s'appuyant sur de nombreuses pratiques locales

a. Les prérequis de la réussite, les difficultés à surmonter et les écueils à dépasser (doc. 1, 6 et 7)

Pour qu'un PAD soit efficace, en tant qu'outil d'action collective, il importe de l'accompagner de certains moyens, de ressources nécessaires, d'un niveau de compétences, de certains outils techniques et technologiques, ainsi que d'une reconnaissance des agents. Il ne faut surtout pas se contenter d'un discours lénifiant, manichéen, incantatoire, vide de sens, valant effet d'annonce, d'affichage et de simple communication, et ne s'appuyant donc pas sur une réelle volonté politique assortie d'une démarche concrète et réellement opérationnelle. Il ne faut pas prendre le risque de noyer les agents dans un verbiage managérial autour de mots à la mode tels que « coconstruction », « coconception », « innovation managériale », « transversalité », avec, *in fine*, une absence d'activité. Il importe aussi d'être vigilant sur les risques individuels liés à une implication et un engagement excessifs générateurs d'épuisement professionnel, et sur les risques de déstabilisation des identités professionnelles face à une logique de PAD qui considère que l'usager citoyen est un consommateur, un client comme un autre dont les attentes individuelles doivent être satisfaites. De plus, le PAD ne doit pas être considéré comme une fin en soi, mais comme un processus dynamique, coopératif et pragmatique. Il faut prendre le temps d'expliquer cette démarche afin que les agents y adhèrent.

b. Des collectivités impliquées dans cette modalité de gouvernance innovante

Plusieurs collectivités conçoivent leur PAD comme une démarche fédérant leurs agents autour d'une culture commune. Le PAD est aussi conçu par certaines collectivités comme une opportunité d'harmoniser les procédures, d'améliorer les échanges, le dialogue et les pratiques, et le processus décisionnel, au service d'un meilleur fonctionnement ensemble. On peut citer les exemples de la ville et de l'agglomération de Blois et de la communauté urbaine de Bordeaux *(doc. 10)*. On peut également citer l'exemple du département de Seine-et-Marne *(doc. 5)* qui entend notamment faire de son PAD un outil pour développer la transversalité et la concertation entre les équipes et diffuser une culture managériale partagée. Le PAD est également conçu par certaines collectivités comme un outil de pilotage des ressources humaines. Pour la ville et la communauté d'agglomération (CA) de Blois *(doc. 3)*, c'est un moyen de « comprendre les contraintes des uns et des autres, c'est un moyen de réinventer un dialogue qui n'existait que *via* les courriels et le téléphone ».

Suite à la fusion des cinq établissements publics de coopération intercommunale (EPCI) préexistants et à la constitution d'une nouvelle intercommunalité, la mise en place d'un PAD est indispensable pour construire les valeurs et l'action de la nouvelle entité.

II. Mettre en place un PAD : une approche nécessairement très participative articulée autour de plusieurs axes d'action

Annonce des sous-parties Une approche très concertée, pragmatique et très participative est nécessaire pour élaborer un PAD (A). Sa mise en œuvre doit procéder d'une démarche participative au service d'une nouvelle culture managériale (B).

A. Élaborer un PAD : une approche nécessairement très concertée, pragmatique et très participative

a. La structuration du pilotage

Le premier axe consiste à organiser la « ressource », la mobilisation des acteurs en interne, pour piloter le projet et le rendre pérenne. Il est d'abord essentiel que la directrice générale des services (DGS) affiche clairement l'importance que constitue l'élaboration du PAD. Aussi, la DGS désignera un **chef de projet** dont l'une des missions principales sera d'organiser et de piloter, en qualité de référent, la dynamique globale de mise en place du PAD dans la collectivité qui vient de se créer. Compte tenu des compétences requises et du projet à réaliser, le chef de projet pourrait être un chargé de mission « organisation et prospective », rattaché à la DGS. Il sera plus particulièrement chargé de définir le cadre de travail, le planning et les différentes étapes de mise en œuvre. Dans cette fonction d'animation, le chef de projet s'appuiera sur deux instances, un comité technique et un comité de pilotage. Le **comité technique** pourra être constitué des membres suivants : le référent formation du DRH, les directeurs des services, un représentant du service informatique et un représentant du service communication. Le comité technique sera amené à se diviser en ateliers de travail thématiques, afin d'aider le chef de projet dans la mise en œuvre des actions : les enjeux de demain pour la nouvelle collectivité, les modalités de mise en œuvre des actions du PAD, etc. Des agents des différents services seront parties prenantes à ces différents ateliers thématiques. La DGS et le directeur général adjoint (DGA) viendront régulièrement en appui du comité technique et du chef de projet. Le **comité de pilotage**, qui aura pour objectif de valider les principales étapes méthodologiques, pourra être composé notamment de la DGS, des DGA, du président de la nouvelle CA, des vice-présidents de la CA, des représentants des personnels et d'un comité d'usagers.

b. La méthode de travail proposée

Le chef de projet mènera ensuite la démarche selon trois étapes. En transversalité et en concertation très étroite avec l'ensemble des directions de la collectivité, il conviendra d'abord de faire un diagnostic partagé. La nouvelle collectivité venant d'être créée et étant issue de la fusion de cinq intercommunalités préexistantes, cette étape est un préalable indispensable à la mise en place du PAD. Il conviendra d'identifier et de mettre à plat les ressources humaines existantes, les différents métiers, les conditions de travail, les différentes méthodes de travail, les savoir-faire et les modalités de fonctionnement, et les différentes valeurs qui existaient jusque-là dans chacune des intercommunalités ayant fusionné. Il s'agira aussi de recenser et d'analyser les besoins prioritaires de la nouvelle organisation nécessaire en lien avec le projet de territoire et donc le projet politique. Il s'agira d'identifier les chantiers prioritaires. Le chef de projet, avec l'appui du comité technique, réalisera aussi une cartographie des différentes expériences de PAD déjà mises en œuvre dans d'autres collectivités de taille similaire.

L'utilisation de l'Intranet et de questionnaires sera privilégiée, tout comme les sondages en temps réel, à l'instar du conseil département des Vosges (doc. 11), notamment pour recenser les besoins et les attentes des agents. On pourra se donner environ quatre mois pour réaliser ce diagnostic. Il sera d'ailleurs judicieux, pour crédibiliser la démarche, de recourir à un regard extérieur, à l'exemple de la ville d'Anzin *(doc. 3)* ou du département du Gard *(doc. 2)*. On pourra demander l'appui du Centre national de la fonction publique territoriale pour la révision de l'organigramme et celui d'un cabinet extérieur pour l'animation et l'accompagnement à l'élaboration du PAD. Une fois cette phase de diagnostic réalisée et validée par le comité de pilotage, la deuxième étape consistera à définir les **objectifs stratégiques** et les **actions concrètes** qui figureront dans le PAD. On se donnera comme objectif d'élaborer et d'adopter le PAD dans un délai de douze mois au maximum. Enfin, durant la première année de mise en œuvre, le chef de projet devra établir un bilan détaillé et une **évaluation** à présenter au comité de pilotage aux fins de validation. Cette évaluation des différents axes d'action du PAD pourra se faire tous les quadrimestres la première année, puis tous les semestres l'année suivante. Cette évaluation *in itinere* permettra que des ajustements et des correctifs soient apportés par le comité de pilotage.

Transition Mais, au-delà de la structuration nécessaire du projet, réussir la mise en place d'un PAD implique également de recourir à un plan d'action concerté au service d'une nouvelle culture managériale.

B. La mise en œuvre d'un PAD : une démarche participative au service d'une nouvelle culture managériale

Cette démarche progressive pourrait s'articuler autour de trois axes majeurs.

*a. Première proposition : organiser une **dynamique de communication interne** très forte sur la mise en place d'un PAD*

Le premier axe consistera à organiser, en interne, une dynamique de communication interne très forte sur la mise en place d'un PAD. Les retours d'expériences de certaines collectivités attestent de l'impérative nécessité d'accompagner la mise en place d'un PAD d'une communication massive, en prenant exemple sur la ville de Rouen et sur le conseil général du Lot. Le président de la CA d'Alpha et la DGS recourront à différents supports pour mener cette communication. D'abord, de façon individuelle, en appui de la feuille de paye, un courrier conjoint du président et de la DGS sera joint, en vue d'expliquer la volonté politique, les enjeux et les atouts d'un PAD, mais aussi les écueils qu'il convient d'éviter pour en assurer la pleine efficience, dans l'intérêt des agents eux-mêmes mais aussi de la collectivité et des usagers. Une communication collective sera également nécessaire, sous forme de différentes réunions et séminaires : réunions avec les directeurs, réunions au sein de chaque direction et service avec les cadres et les agents, et avec l'appui d'un cabinet extérieur. L'utilisation de l'Intranet et de *newsletters* sera très régulière. Cette large consultation et cette participation des équipes sont indispensables à l'appropriation du PAD par les équipes et accompagneront les changements nécessaires, car les équipes seront ensuite les acteurs de sa mise en œuvre. La consultation prendra environ un mois, au démarrage du portage du PAD, et sera régulière tout au long de l'avancement de son élaboration, notamment auprès des instances du dialogue social telles que le comité technique. Il serait aussi opportun de mettre en place un dispositif spécifique de communication à destination des représentants des personnels, à l'instar du département du Nord *(doc. 9)*. On pourra aussi établir une communication externe afin de présenter la nouvelle organisation et la direction de la CA.

*b. Deuxième proposition : élaborer les principaux **axes du PAD***

Le deuxième axe consistera à élaborer les principaux axes du PAD de la nouvelle CA. Trois axes pourront être privilégiés. Le premier axe sera d'adapter le fonctionnement de la nouvelle CA pour un service public plus qualitatif et plus moderne grâce à une simplification des procédures, à la mise en place de circuits hiérarchiques de décision, au développement de la transversalité et de la culture du travail en mode projet, au développement de nouvelles méthodes de travail, notamment le management par objectifs, à la multiplication des échanges avec les élus et à l'amélioration de la communication entre les services, notamment ceux qui sont distants les uns des autres. Le deuxième axe consistera à diffuser une culture, une identité et des valeurs communes qui pourront trouver leur traduction, d'une part, dans un schéma directeur des ressources humaines (mobilité interne, évolution des carrières, parité, politique sociale, lutte contre les discriminations) et, d'autre part, dans un schéma directeur des systèmes d'information. Le troisième axe sera articulé autour de l'implication et de la qualité du service public rendue aux usagers, pour être « acteur à part entière de la vie de la collectivité » : développement des démarches participatives, amélioration de la reconnaissance de chacun, simplification du repérage dans l'organisation de la CA et développement de l'information et de la communication vers les usagers de la CA.

c. Troisième proposition : élaborer un ***plan de formation***

Le troisième axe consistera à élaborer un plan de formation. Le chef de projet sera chargé d'élaborer un plan de formation, d'abord à l'attention des encadrants. En effet, le changement culturel organisationnel est très important, suite à la fusion des cinq EPCI préexistants, car les managers sont amenés à passer d'une vision unidirectionnelle à celle d'animateurs de communauté, avec des liens se tissant dans des temporalités différentes. Des formations thématiques seront proposées en réponse aux problématiques suivantes : quelle boîte à outils faut-il pour développer la transversalité et pour travailler en mode projet ? Comment parler du PAD aux équipes ? Comment faire vivre un PAD et l'évaluer ? etc. Des formations seront également proposées aux agents afin de leur expliquer, par exemple, ce qu'est un PAD, comment on l'élabore, comment il peut contribuer à l'amélioration de la communication interservice, et comment gagner en autonomie professionnelle.

Conclusion Le PAD est un outil de modernisation de l'action publique, il sert à faire passer l'idée de résultats, d'objectifs et de performance, et à faire évoluer des pratiques managériales. Mais il requiert une très forte mobilisation de la direction générale et une concertation avec les agents.

SUJET N° 35 : Rapport avec solutions

Attaché territorial, concours interne et 3e voie, session 2014, spécialité administration générale

DURÉE : 4 HEURES

Sujet

Vous êtes attaché territorial au sein de la direction des ressources humaines de la commune d'Alpha, qui compte 20 000 habitants et 300 agents.

À ce jour, le dialogue social se déroule *a minima* au sein d'un comité technique (CT) siégeant au sein des instances de la commune ; les commissions administratives paritaires (CAP) sont gérées directement par le centre de gestion et il n'y a pas de comité d'hygiène et de sécurité (CHS).

La ville, aux prises avec des difficultés financières, doit travailler à maîtriser l'évolution de sa masse salariale, ce qui impliquera des réorganisations structurelles. Parallèlement, les organisations syndicales soulignent régulièrement, lors de la tenue des CT, une détérioration des conditions de travail des agents et souhaitent un travail partenarial sur ce sujet.

Conscient de la difficulté de la conduite des changements à venir, la directrice générale des services vous demande de rédiger, à son attention, un rapport sur le dialogue social dans la fonction publique territoriale. Votre rapport devra permettre de dégager des solutions opérationnelles afin d'améliorer le dialogue social dans la commune d'Alpha.

Vous rédigerez ce rapport à l'aide des éléments du dossier et en mobilisant vos connaissances.

Liste des documents

Document 1 : Dialogue social - site Internet ARACT Haute-Normandie - consulté le 19 juin 2014 - 1 page.

Document 2 : Fiches repères pour les CHSCT : l'élaboration d'un plan de travail comme gage d'efficacité de l'action/intervention du CHSCT dans les projets - réseau ANACT - 20 mai 2014 - 4 pages.

Document 3 : « Élections professionnelles 2014, des modifications substantielles » - Gilles Destaerke - *La Lettre du cadre territorial* - avril 2014 - 2 pages.

Document 4 : « Une loi pour déployer largement la négociation » - Jean-Pierre Guillot - *Faire vivre le dialogue social dans la fonction publique territoriale* - 2011 - 7 pages.

Document 5 : Comité technique, comité d'hygiène, de sécurité et des conditions de travail, commission administrative paritaire - *Circulaire CDG90* - décembre 2012 - 5 pages.

Document 6 : « Dialogue social : une rénovation en attente d'un second souffle » - Maud Parnadeau - *La Gazette des communes* - 7 juillet 2014 - 2 pages.

Document 7 : « Conditions de travail : l'administration peut largement mieux faire » - Martine Doriac - *La Gazette des communes* - 19 mai 2014 - 3 pages.

Document 8 : « Le choix du bien-être » - Alain Cyranber - *Id Efficience territoriale* n° 2 -

décembre 2013 - 2 pages.

Document 9 : *Livre Blanc du dialogue social* (extraits) - Jacques Fournier - 22 janvier 2002 - 6 pages.

Document 10 : Dialogue social à Lille - *Wiki territorial* - CNFPT - 13 septembre 2012 - 1 page.

Document 11 : « Collectivités territoriales : comment améliorer les conditions de travail ? » (extraits) - réseau ANACT - *Travail et changement* n° 344 - juillet-août 2012 - 2 pages.

Téléchargez gratuitement les documents sur www.vuibert.fr/site/206463

Proposition de corrigé

Commune d'Alpha Le ...

Rapport à l'attention de Madame la directrice générale des services

Objet : la rénovation du dialogue social dans la fonction publique territoriale.

Références :
- loi du 13 juillet 1983 modifiée, portant droits et obligations des fonctionnaires ;
- loi du 26 janvier 1984 modifiée portant dispositions statutaires relatives à la fonction publique territoriale ;
- loi du 5 juillet 2010 modifiée relative à la rénovation du dialogue social.

Accroche Le dialogue social et la concertation sont des préalables indispensables à tout projet d'amélioration des conditions de travail. Il importe d'optimiser les échanges, de nourrir le dialogue entre les agents et l'administration employeur pour mettre en œuvre des actions de modernisation, dans un intérêt mutuel. Le dialogue social est un outil au service des agents et des employeurs pour la gestion des carrières, l'amélioration des conditions de travail, la prévention des risques psychosociaux et la conduite du changement.

Contextualisation du sujet La fonction publique est confrontée depuis plusieurs années à de nombreuses mutations et évolutions qui ont des répercussions sur l'organisation et la conduite du dialogue social, dont les bases ont été érigées en 1946 : un niveau d'exigence renforcé des citoyens, la modernisation des services publics locaux et la réforme de l'État, la gestion plus dynamique et plus motivante nécessaire des ressources humaines, en lien avec la gestion prévisionnelle des emplois, des effectifs et des compétences (GPEEC). Ceci a amené le législateur à vouloir revitaliser les relations sociales au sein des collectivités, d'où la promulgation de la loi du 5 juillet 2010 sur la rénovation du dialogue social dans la fonction publique. Celle-ci élargit le dialogue social et donne des gages de bonne volonté aux organisations syndicales en vue de déployer largement le champ de la négociation.
La ville d'Alpha, quant à elle, en raison d'un contexte budgétaire contraint, est amenée à opérer des réorganisations structurelles en vue de maîtriser sa masse salariale. Or, on y constate une détérioration des conditions de travail, et les représentants des personnels souhaitent engager un travail partenarial sur ce sujet et améliorer le dialogue social dans la collectivité.

Annonce du plan Le dialogue social dans la fonction publique territoriale (FPT) repose sur des principes généraux anciens qui ont dû être récemment remaniés par la loi de rénovation du dialogue social et complétés par des innovations locales (I). Améliorer le dialogue social dans la commune d'Alpha implique de recourir à une démarche méthodique fortement négociée, au service d'un plan d'action innovant (II).

I. Le dialogue social dans la FPT : des principes généraux inadaptés, récemment remaniés par la loi de rénovation du dialogue social et complétés par des innovations locales

Annonce des sous-parties Les grands principes généraux du dialogue social, fixés en 1946 et progressivement étoffés, se sont avérés inadaptés face aux évolutions sociétales (A). Aussi, la loi du 5 juillet 2010 apporte des changements profonds, en plaçant la négociation au cœur du dialogue social, complétés par des innovations locales (B).

A. Les principes généraux du dialogue social, posés en 1946 et progressivement complétés, se sont avérés inadaptés face aux évolutions sociétales

a. Un système général du dialogue social posé d'abord par la Constitution de 1946 (doc. 2, 9 et 11)

Affirmation des droits sociaux des fonctionnaires, avec la liberté syndicale, le droit à la participation est ainsi défini : « tout travailleur participe, par l'intermédiaire de ses délégués, à la détermination collective des conditions de travail ainsi qu'à la gestion des entreprises ». Ces principes fondateurs ont été élargis en 1984 à la FPT. Le principe de participation se concrétise par la création d'organismes consultatifs où siègent des délégués des fonctionnaires (cf. article 9 de la loi de janvier 1983). Une deuxième étape est franchie dans la construction du dialogue avec l'amendement Perben à la loi de décembre 1996 pour enrayer l'émiettement syndical : la présentation des candidats est réservée aux organisations syndicales représentatives (être affilié à une union de syndicats, et critères de représentativité fixés par l'article L. 133-2 du code du travail). Une troisième étape est passée dans la construction du dialogue avec l'accord du 20 novembre 2009 qui transforme les comités d'hygiène et de sécurité (CHS) de la FP en comités d'hygiène, de sécurité et des conditions de travail (CHSCT). Il témoigne d'une volonté de gagner en cohérence et en visibilité pour aboutir à une gouvernance et à une coconstruction de la santé sécurité. Les CHSCT doivent réaliser des missions d'analyse des risques professionnels, des missions d'analyse des conditions de travail, et des missions d'inspection et d'enquête. Leur action a été améliorée avec le décret du 16 juin 2000 (droit d'accès aux locaux).

b. Un diagnostic mettant en évidence un fonctionnement globalement insatisfaisant des instances consultatives (doc. 9)

Des tendances générales peuvent être identifiées. Certes, le bilan est globalement satisfaisant pour le fonctionnement des commissions administratives paritaires (CAP), instances garantes de la transparence dans la gestion des carrières, même si des critiques sont émises quant à l'instauration de certains mécanismes de véritable cogestion des carrières aboutissant à survaloriser l'ancienneté dans les critères d'avancement. En revanche, les comités techniques paritaires (CTP) font l'objet de critiques significatives. Leur fonctionnement est fortement dominé par un formalisme institutionnel, ils n'apportent pas de valeur ajoutée au dialogue social. Les CTP deviennent des lieux où administration et organisations syndicales pratiquent la langue de bois, des formes de chambres d'enregistrement de décisions déjà arrêtées par l'administration. De plus, de nombreux travaux mettent en avant l'insuffisance des compétences et des méthodes managériales dans les collectivités, ce qui détériore la qualité des relations directes avec les agents, et la gestion des relations formelles et informelles avec les organisations syndicales.

c. Les préconisations du Livre Blanc du dialogue social *(2002) pour un dialogue social rénové (doc. 9)*

Il est nécessaire de tenir compte des évolutions importantes touchant la FP : des citoyens plus exigeants qui souhaitent le meilleur service au moindre coût et qui veulent être associés aux décisions ; des agents qui souhaitent être davantage associés aux décisions et aux projets de réforme. Il est nécessaire d'impliquer également davantage l'encadrement de proximité dans la fonction RH, de mener des réflexions stratégiques sur la GPEEC et la gestion des carrières, en menant un dialogue plus régulier et plus responsable et en donnant une place plus importante à la négociation.

Transition Ces préconisations ont abouti à un cadre juridique rénové.

B. La loi de juillet 2010 : faire de la négociation le cœur du dialogue social, complétée par des innovations locales nécessaires vu la dégradation des conditions de travail

a. La loi du 5 juillet 2010 ainsi que le décret du 27 décembre 2011 (doc. 2, 3, 4, 5 et 6)

La loi du 5 juillet 2010 ainsi que le décret du 27 décembre 2011 visent à déployer largement la négociation, en la plaçant au cœur du dialogue social. Cette loi de rénovation du dialogue social contient six apports majeurs. Le premier apport est l'extension du domaine de la négociation ; les syndicats peuvent participer aux négociations liées aux conditions et à l'organisation du travail et du télétravail, au déroulement des carrières, à la promotion professionnelle, à l'égalité professionnelle entre les hommes et les femmes, etc. Ils ont donc la possibilité de débattre de l'ensemble des conditions de travail des agents. Le deuxième apport est l'accès élargi aux élections professionnelles et la fin de la présomption de représentativité « irréfragable », tout syndicat constitué depuis au moins deux ans pouvant présenter des candidats. La représentativité des syndicats est dorénavant fondée sur le vote direct des agents, vote qui peut se faire par voie électronique. Le troisième apport est l'instauration du principe majoritaire comme critère de validation des accords. En effet, la pratique des accords minoritaires a souvent été critiquée par des organisations syndicales. Dorénavant, pour qu'un accord soit valide, il faut qu'il soit signé par une ou plusieurs organisations syndicales ayant recueilli au moins 50 % des voix lors des élections professionnelles de 2008. De plus, si un texte discuté dans les instances provoque une opposition unanime des organisations syndicales, une deuxième délibération est requise. Le quatrième apport de la loi de 2010 est l'amélioration des garanties de carrière des agents ayant des mandats syndicaux, notamment la valorisation de l'expérience syndicale dans les acquis de l'expérience professionnelle pour la promotion interne, dans les concours. Le cinquième apport est la suppression de l'obligation de paritarisme numérique entre représentants de la collectivité et personnel dans les CT et CHSCT. Enfin, le sixième apport est la réforme des attributions des CT et la création des CHSCT qui deviennent obligatoires dans toutes les structures employant au moins cinquante agents. Leur mandat est dorénavant de quatre ans, à compter des élections professionnelles de décembre 2014.

b. Une rénovation sociale encore limitée (doc. 6 et 7)

Là où la qualité des relations sociales n'était pas bonne, les nouvelles règles fixées par la loi de 2010 n'ont pas permis de faire évoluer les situations. On peut faire état de l'étude de la Fédération générale autonome des fonctionnaires (FGAF) sur les conditions de travail des fonctionnaires et des agents publics, publiée le 16 juin 2014, qui met en lumière un défaut d'écoute des agents, l'inexistence de l'initiative constructive, la violence au travail de la part de la hiérarchie et les outils informatiques inadaptés. Les conditions de bien-être au travail dépendent de la qualité de l'autorité hiérarchique qui doit assumer ses responsabilités et avoir une vision.

c. Les pratiques innovantes des acteurs territoriaux locaux (doc. 6, 8 et 10)

Certaines collectivités, comme Amiens, ont instauré un agenda social, avec des rendez-vous mensuels thématiques et une charte de bonnes relations en cours d'élaboration. D'autres collectivités vont jusqu'à se doter de directions dédiées au dialogue social, comme Lille, afin de rythmer celui-ci, avec l'instauration d'une démarche de protocoles d'accord thématiques. Cette démarche est toutefois assez lourde et nécessite une très forte implication de l'élu délégué aux RH, une grande rigueur organisationnelle, avec un bilan semestriel. Certaines collectivités, comme la ville d'Haubourdin, mettent en place une démarche « qualité de vie au travail » (QVT), conçue comme un facteur de performance et d'innovation, et comme un outil de renforcement du sentiment d'appartenance.

II. Un plan d'action innovant pour améliorer le dialogue social au sein de la commune d'Alpha ainsi que les conditions de travail

Annonce des sous-parties Améliorer le dialogue social dans la commune d'Alpha passe par la mise en place d'une véritable méthodologie de travail à élaborer avec les nouvelles instances de concertation issues des élections de décembre 2014 (A). Un plan d'action pour moderniser le dialogue social et les conditions de travail dans la commune d'Alpha, autour de quatre axes, sera ensuite proposé (B).

A. Améliorer le dialogue social : une démarche méthodique particulièrement négociée avec les nouvelles instances de concertation issues des élections de décembre 2014

a. La structuration du pilotage

Il importe d'avoir une vision partagée de ce que l'on entend par dialogue social serein et mature. Pour ce faire, il va être nécessaire de mettre en place un pilotage transversal d'une politique de dialogue social au service du bien-être des agents.

Dans un premier temps, au vu de l'importance que revêt la problématique pour le maire, la directrice générale des services (DGS) va désigner un **chef de projet** chargé de piloter l'ensemble des actions qui vont être mises en œuvre pour faciliter un dialogue social rénové. Ce chef de projet pourra être le responsable RH de la collectivité. Il va assurer la coordination des actions de terrain avec la hiérarchie et les élus. Il va définir les différents outils de pilotage et de programmation tels que le plan de travail, la répartition des tâches à effectuer, le planning, les moyens nécessaires, le budget éventuellement alloué aux actions et l'échéancier. Le chef de projet va mettre en place les différentes instances internes de conduite de projet, à savoir un comité technique et un comité de pilotage.

Le **comité technique** pourra comprendre, outre le chef de projet, le conseiller de prévention, les représentants des services les plus concernés par la dégradation des conditions de travail, un référent du service communication et le responsable formation. Des groupes de travail pourront être mis en place au sein du comité technique : un groupe de travail sera par exemple chargé d'identifier les pratiques existantes de dialogue social mises en place dans d'autres collectivités, un autre sera chargé d'élaborer des indicateurs de suivi des différentes actions mises en place pour une meilleure QVT. Le comité technique va élaborer des propositions pour le comité de pilotage, qui les validera. Le **comité de pilotage**, instance de validation politique, sera composé notamment, outre les membres du comité technique, de la direction générale, du maire, de l'élu délégué aux ressources humaines, du médecin du travail et des organisations syndicales.

b. La méthode de travail proposée

En second lieu, une nouvelle méthode de travail sera adoptée. Le chef de projet va, avec l'appui du comité technique, établir un **état des lieux** en vue de recueillir les éléments suivants, indispensables pour bâtir ensuite un plan d'action : les types de dégradations constatés, en termes de conditions de travail, l'évolution du taux d'absentéisme sur les trois dernières années et le recensement des métiers les plus pénibles ; les modes d'organisation du travail service par service ; les outils actuellement existants au niveau du dialogue social -sachant qu'il n'y a pas de CHSCT –, le nombre de réunions annuelles avec les représentants des personnels, les thématiques abordées lors de ces réunions ; les modalités de circulation de l'information entre les encadrants et leurs agents ; les modalités d'exécution des actions décidées par les élus ; le sentiment des agents sur l'organisation et leur bien-être au travail. Pour établir ce diagnostic, il sera préconisé de faire appel à un intervenant extérieur spécialisé dans ce type de démarche et qui pourra plus aisément observer les modalités de « production » de l'activité de la collectivité, les conditions de travail et conduire des entretiens individuels ou collectifs à l'appui de questionnaires. Il sera opportun aussi de recenser, au titre de ce diagnostic, les bonnes pratiques de collectivités, en termes de dialogue social et de qualité de vie au travail. Ensuite, des **objectifs stratégiques** seront proposés au comité de pilotage : diminuer l'absentéisme de 15 % la première année, puis de nouveau de 10 % la deuxième année ; tenir tous les deux mois une réunion entre les représentants des personnels, la DGS et les directeurs pour échanger sur différents thèmes ; tenir chaque semaine une réunion entre les directeurs et les chefs de service pour échanger sur les différents projets propres aux services. Un **plan d'action** partagé et

concerté sera ensuite élaboré. Il s'agit de proposer des mesures pour rénover le dialogue social et favoriser la qualité de vie au travail. Le suivi de la mise en œuvre de ce plan d'action global au niveau de la collectivité devra permettre de déterminer les priorités, en termes de calendrier et de budget des actions, devant être réalisées. Les **indicateurs de suivi** seront, par exemple, le nombre réel de réunions, sur une année, entre la DG, les directeurs et les représentants des personnels, et l'évolution du taux d'absentéisme. Un bilan intermédiaire du plan d'action sera proposé au bout d'un an au comité de pilotage à des fins de validation et d'ajustements éventuels. Un bilan plus approfondi sera aussi proposé dans un délai de deux ans afin d'évaluer plus finement l'impact des actions mises en place.
Il importe également, en vue de moderniser le dialogue social, de recourir à un plan d'action s'appuyant sur des outils de négociation innovants et s'inscrivant dans la durée.

B. Un plan d'action pour moderniser le dialogue social et les conditions de travail dans la commune d'Alpha

Ce plan d'action va s'articuler autour de quatre axes principaux.

*a. Premier axe : lancer une **dynamique de communication forte en interne** sur la volonté du maire et de la direction générale de moderniser le dialogue social et d'améliorer les conditions de travail des agents*

Le maire et le DGS pourront recourir à différents supports pour mener cette communication et cette information des agents. D'abord, de façon individuelle, en appui de la feuille de paye, un courrier du maire sera joint, en vue d'expliquer la volonté politique d'améliorer le dialogue social, et l'importance de la performance organisationnelle, en lien avec la qualité de vie au travail avec une meilleure maîtrise de l'absentéisme, dans l'intérêt des agents eux-mêmes et de la collectivité. Une communication collective sera également nécessaire, sous la forme de différentes réunions : réunions avec les directeurs, réunions interservices, avec à l'appui des témoignages d'agents venant d'autres collectivités de taille analogue, ayant expérimenté des actions innovantes favorisant le dialogue social et la qualité de vie au travail. À l'issue de ces réunions d'information, un guide pourra être remis à chaque participant sur les bonnes pratiques du dialogue social et sur les bonnes pratiques managériales, guide qui sera également accessible sur l'Intranet de la collectivité.

*b. Deuxième axe : créer un **CHSCT***

La création d'un CHSCT va s'inscrire dans une démarche visant à développer une nouvelle forme de dialogue social institutionnalisée.
On pourra proposer, pour la création de cette instance, de ne pas pratiquer le paritarisme numérique entre les représentants de la ville d'Alpha et les représentants des personnels, afin de montrer la volonté forte de la ville de dialoguer. On veillera à donner au CHSCT les moyens d'une contribution efficace à la construction partagée de la prévention et des conditions de travail. Cela nécessitera de définir en commun des questions à travailler, des thèmes à investir au sein de l'instance et de les hiérarchiser. Il faudra également définir un plan de travail autour de quatre étapes (s'accorder sur les enjeux, réaliser un diagnostic partagé, proposer des actions, évaluer sur la durée), et donner aux CHSCT les moyens de mener des études de terrain en mobilisant les ressources documentaires et statistiques disponibles dans la collectivité en faisant appel, le cas échéant, à un expert. On considérera le CHSCT comme un acteur « ressource », apportant la parole des agents, et on l'associera le plus en amont possible à la recherche de solutions et à la phase de réflexion sur tel ou tel projet (transformation de poste, introduction de nouvelles technologies, etc.). On mettra donc en place une gouvernance partagée de la santé et de la sécurité.

c. Troisième axe : lancer une ***démarche qualité de vie au travail (QVT)***

On veillera à institutionnaliser des rencontres régulières, tous les deux mois, entre la DG et les représentants du personnel, à mettre en place des groupes de travail thématiques avec des représentants des élus, des personnels, de la DG et de la direction concernée par le thème abordé. Dans ce cadre, il pourra être opportun que le maire désigne un élu délégué au dialogue social. Il sera nécessaire d'identifier, avec le CHSCT, les thématiques à traiter telles que la pénibilité au travail, la lutte contre l'absentéisme et la circulation de l'information, qui seront abordées lors de ces rencontres régulières. On pourra organiser des réunions hebdomadaires entre les directeurs et les chefs de service pour mieux communiquer sur l'avancement des projets, à l'instar de la ville d'Haubourdin. Une *newsletter* mensuelle pourra être élaborée par chaque directeur et mise en ligne sur le site Intranet pour communiquer sur les différents projets. Cela permettra aux nouveaux arrivants de mieux s'intégrer dans leur nouvel environnement de travail, ainsi qu'un livret d'accueil expliquant l'organisation et le rôle des différents services.

d. Quatrième axe : lancer un ***plan de formation***

Il importera de former d'abord les membres du CHSCT ainsi que l'élu délégué au dialogue social aux différentes problématiques liées à la prévention et aux conditions de travail. Ce plan de formation sur trois ans, en partenariat avec le CNFPT, pourra porter notamment sur les thèmes suivants : la compréhension des facteurs de pénibilité, la connaissance et la compréhension des différents risques professionnels, les modalités d'analyse des difficultés existantes en matière de conditions de travail, le savoir construire une démarche, un plan de travail structuré au service d'actions plus efficaces, et le savoir recueillir l'avis des agents sur leurs conditions de travail.
Les agents de la collectivité seront également formés à la connaissance des différents types de risques psychosociaux, à l'importance de la santé au travail et aux composantes de la qualité de vie au travail.

Conclusion Les collectivités sont encore novices dans les *méthode*s qu'elles appliquent pour améliorer les conditions de travail. Les réflexions sur l'organisation du travail sont encore embryonnaires. Mais la prise en compte des conditions de travail peut constituer une opportunité significative pour améliorer le dialogue social et la conduite du changement.

SUJET N° 36 : Rapport avec solutions

Attaché territorial, concours interne et 3e voie, session 2014, spécialité gestion du secteur sanitaire et social

DURÉE : 4 HEURES

Sujet

Attaché territorial, vous êtes chargé de mission auprès du directeur général adjoint en charge de la solidarité pour le département d'Alpha.

Le président du conseil général invite ses services à travailler en transversalité, de manière à faire converger les politiques publiques portées localement par le département, et dont les enjeux peuvent conduire à des réponses innovantes élaborées conjointement.

Il souhaite en ce sens conduire une réflexion concernant le développement et l'adaptation de l'habitat aux modes de vie et aux besoins des personnes âgées ou handicapées, vieillissantes ou potentiellement dépendantes.

Dans cette perspective, le directeur général adjoint vous demande de rédiger à son attention un rapport sur le rôle et la place des départements, en lien avec les autres acteurs publics, en matière d'habitat des personnes âgées et des personnes handicapées.

Ce rapport devra également dégager des pistes de solutions en matière d'habitat adapté permettant de répondre aux attentes actuelles des populations dépendantes ou susceptibles de le devenir, mais aussi aux impératifs économiques qui s'imposent aux politiques publiques, notamment départementales.

Vous rédigerez ce rapport à l'aide des éléments du dossier et en mobilisant vos connaissances.

Liste des documents

Document 1 : « Logement : assurer l'autonomie des personnes âgées » - présentation résumée du rapport de l'Anah et de la Cnav - site de la Vie publique - 13 décembre 2013 - 1 page.

Document 2 : « Rapport de l'Anah et de la Cnav sur l'adaptation des logements pour l'autonomie des personnes âgées » (extrait) - rapport remis par l'Anah et la Cnav - décembre 2013 - 6 pages.

Document 3 : « Les acteurs de la politique de l'habitat et la répartition des compétences » (extraits) - note de la Direction générale des collectivités locales (DGCL) - octobre 2010 - 4 pages.

Document 4 : « Bien vieillir à domicile : enjeux d'habitat, enjeux de territoires » - rapport remis à Benoist Apparu, secrétaire d'État au Logement et à l'Urbanisme (extrait) - Muriel Boulmier - 2 juin 2010 - 5 pages.

Document 5 : « Zoom : le logement au cœur de la loi autonomie » - site du ministère des Affaires sociales et de la Santé, www.social-santé.gouv.fr - 27 mars 2014 - 2 pages.

Document 6 : « Des outils numériques pour bien vieillir » - *La Gazette des communes* - 3 janvier 2011 - 3 pages.

Document 7 : « Adaptation des logements au vieillissement : soyons plus ambitieux dit le Cese » - Adrien Pouthier - Le moniteur.fr - 26 mars 2014 - 2 pages.

Document 8 : « Rhône +, Vivre chez soi » - plaquette de présentation de la charte du logement adapté, conseil général du Rhône - 2010 - 2 pages.

Document 9 : « Appel à projet 2012 - Résidence sénior 67 - 2012-2015 » (extraits) - conseil général du Bas-Rhin - 2012 - 4 pages.

Document 10 : « 10 conseils : mieux adapter l'habitat aux besoins des personnes âgées » - Pierre-Marie Chapon - *Courrier des maires* - 13 juillet 2012 - 4 pages.

Document 11 : « Les programmes d'intérêt général (PIG) et le rôle des OPAH - Rapport de l'Anah et de la Cnav sur l'adaptation des logements pour l'autonomie des personnes âgées » (extrait) - rapport remis par l'Anah et la Cnav - décembre 2013 - 2 pages.

Téléchargez gratuitement les documents sur www.vuibert.fr/site/206463

Proposition de corrigé

Département d'Alpha Le ...

Rapport à l'attention de Monsieur le directeur général adjoint en charge de la solidarité

Objet : l'habitat adapté des personnes âgées et des personnes handicapées.

Références : le rapport de l'Anah et de la Cnav.

En décembre 2013, l'Agence nationale de l'habitat (Anah) et la Caisse nationale de l'assurance vieillesse (Cnav) ont publié un rapport sur l'adaptation des logements à l'autonomie des personnes âgées, qui met en évidence le retard de la France en matière d'adaptation du parc de logement au vieillissement de la population. En effet, seulement 6 % des logements sont adaptés à la perte d'autonomie *(doc. 1)*. Or, depuis vingt ans, la France enregistre un trimestre d'espérance de vie supplémentaire par an ; ainsi, dans moins de vingt ans, vingt millions de Français auront plus de 60 ans *(doc. 4)*. D'ici 2020, la population des personnes âgées de 85 ans et plus va doubler ; on comptera entre 940 000 et 1,23 million de personnes dépendantes en 2030 contre 800 000 actuellement *(doc. 10)*.

La modification structurelle profonde et durable de la démographie nécessite de lancer une réflexion collective et individuelle sur l'habitat le mieux adapté pour les personnes âgées. Une très importante majorité des personnes vieillissantes et de leur famille aspirent à vieillir à leur domicile : actuellement, 85 % des plus de 90 ans vivent à leur domicile. L'adaptation de l'habitat représente donc un enjeu majeur des politiques publiques de l'âge, il est l'élément clé de l'autonomie des personnes âgées ou handicapées, d'autant que 90 % des Français font part de leur volonté de vieillir chez eux. Le département, chef de file de l'action sociale, est donc particulièrement concerné par cette question de l'habitat et de l'autonomie des personnes âgées.

Annonce du plan Après avoir exposé l'importance de cet enjeu et le rôle des collectivités publiques, plus particulièrement celui du département (I), des propositions seront effectuées afin de répondre au mieux aux attentes des populations dépendantes ou susceptibles de le devenir, tout en tenant compte des impératifs économiques actuels (II).

I. L'habitat des personnes âgées et handicapées : une politique publique en construction, partagée entre une pluralité d'acteurs, dont le département, s'appuyant sur des actions innovantes

Annonce des sous-parties L'habitat adapté des personnes âgées ou handicapées est une politique publique encore en construction, qui implique plusieurs acteurs et plus particulièrement le département (A). Toutefois, des préconisations d'amélioration sont faites au niveau national, complétées par des actions locales innovantes pour un habitat mieux adapté (B).

A. L'habitat des personnes âgées ou handicapées : une politique publique en construction, impliquant particulièrement le département

a. La politique de l'habitat : une compétence partagée entre l'État et les acteurs locaux territoriaux, dont le département (doc. 3)

L'État détient un pouvoir normatif et financier (aides fiscales, aides à la personne, aides à la pierre) ; il fixe les orientations générales et les instruments juridiques pour la mise en œuvre de la politique de l'habitat, notamment au travers de deux agences, l'Anah et l'Agence nationale pour la rénovation urbaine (ANRU). Garant de la solidarité nationale, l'État participe à l'élaboration du plan départemental de l'habitat (PDH), il est coresponsable du plan départemental d'action pour le logement des personnes défavorisées (PDALPD). Parallèlement, les collectivités territoriales et leurs groupements ont vu leurs compétences se renforcer avec la loi du 13 août 2004 sur les libertés et responsabilités locales. Ainsi, les établissements publics de coopération intercommunale (EPCI) ont un rôle croissant en termes de politique de l'habitat, de par leur compétence « équilibre social de l'habitat », notamment l'élaboration du programme local de l'habitat (PLH) et l'octroi d'aides financières en faveur du logement social d'intérêt communautaire. Les communes ont un rôle opérationnel de proximité important, comme l'attribution de logements sociaux locatifs et l'octroi de garanties d'emprunt ou cautionnement pour les opérations de construction, d'acquisition ou d'amélioration de logements sociaux. Le département occupe une place importante, car il est chargé d'élaborer, de concert avec l'État, pour une durée de trois ans au minimum, le PDALPD pour les populations défavorisées ; il gère l'outil financier du PDALPD, le fonds de solidarité pour le logement (FSL) ; le département peut se voir déléguer par l'État les aides à la pierre ; depuis la loi de juillet 2006, le département doit élaborer, pour six ans, un plan départemental de l'habitat (PDH). S'agissant de la région, celle-ci a, en revanche, un rôle limité. Elle peut compléter l'aide de l'État par des bonifications d'intérêts, des prêts et des aides pour favoriser la qualité de l'habitat.

b. Les outils d'intervention, le programme d'intérêt général et les opérations programmées d'amélioration de l'habitat (doc. 11)

Les collectivités, et plus particulièrement le département, peuvent établir un programme d'action d'intérêt général, d'une durée de un à cinq ans, pour améliorer les logements des personnes âgées et des personnes handicapées, et pour lutter contre l'habitat indigne et la précarité énergétique. Les programmes d'intérêt général (PIG) sont une déclinaison « locale » des politiques sociales, sur la base d'une contractualisation avec l'État et l'Anah. Il y a aussi les opérations programmées d'amélioration de l'habitat (OPAH), outils principaux d'intervention, notamment dans les centres urbains et les bourgs ruraux, qui définissent une stratégie urbaine globale et économique.

c. La gestion de l'autonomie est une politique publique encore en voie de construction (doc. 5 et 10)

Cette adaptation de l'habitat s'est traduite d'abord dans la loi « handicap » du 11 février 2005. Les bâtiments d'habitation collectifs neufs doivent être accessibles et permettre des adaptations futures plus faciles des logements aux personnes handicapées *(doc. 10)*. De plus, dans le cadre du projet de loi d'adaptation de la société au vieillissement, le maintien à domicile constitue une priorité politique, *via* un plan national d'adaptation des logements privés. L'objectif est d'adapter 80 000 logements supplémentaires d'ici 2017, en mobilisant aussi les bailleurs sociaux. Il est ainsi prévu d'améliorer le crédit d'impôt en l'élargissant aux travaux d'installation domotique ; le développement de solutions d'habitats intermédiaires va être favorisé : plan d'aide à l'investissement ; forfait autonomie pour les foyers logements dorénavant dénommés « résidences autonomie » permettant de financer des dépenses non médicales ; individualisation des charges dans les résidences services *(doc. 5)*.

B. Des préconisations d'amélioration au niveau national, complétées par des actions locales innovantes pour un habitat mieux adapté

a. Les préconisations du rapport Anah et Cnav (doc. 1 et 2)

Ces préconisations s'articulent autour de trois axes principaux. Le premier axe vise à développer des actions de communication et de sensibilisation à destination des personnes âgées, des aidants et des professionnels sur l'importance de réaliser des travaux d'adaptation dans les logements pour favoriser le maintien à domicile, par exemple élaborer un guide sur les moyens techniques et financiers existants pour adapter les logements, inscrire dans le schéma gérontologique départemental un volet « information et sensibilisation », ou encore privilégier une approche positive des travaux d'adaptation. Le deuxième axe serait de faciliter et d'améliorer le parcours du demandeur. Ceci se traduirait, par exemple, par une simplification des circuits de financement et de réalisation des travaux, en créant un dossier unifié de demande d'aide, ou par l'évolution des labels « Handibat » vers une meilleure prise en compte de la perte d'autonomie. Le troisième axe consisterait à favoriser l'égalité de traitement sur le territoire, notamment en inscrivant dans la loi la réalisation, au titre du schéma gérontologique, d'un bilan de l'offre de logements au regard des besoins des personnes âgés et la détermination d'objectifs de développement de cette offre, ou en fléchant un budget « habitat » au sein du budget de la Cnav.

b. Les préconisations du Conseil économique social et environnemental (Cese) (doc. 7)

Tout en saluant les avancées du projet de loi sur l'adaptation de la société au vieillissement, le Cese fait des propositions plus ambitieuses. D'abord, il préconise aux seniors d'anticiper leurs besoins, le montant des adaptations étant généralement inférieur à 10 000 euros. À cet effet, les caisses de retraite devraient généraliser la proposition de réaliser des diagnostics habitat et mobilité, incluant la précarité énergétique. Le Cese incite aussi le secteur bancaire à être plus souple dans les offres de prêt aux personnes âgées. Le Cese préconise également de développer davantage les formes alternatives d'habitat comme les collocations entre seniors et l'habitat intergénérationnel. Dès la conception, la mixité doit être privilégiée dans des zones « favorables » au vieillissement, notamment grâce à des studios pour les étudiants et des appartements aménagés spécialement pour les seniors. Au niveau départemental, l'information sur la localisation des logements adaptés doit être développée pour un meilleur repérage par les personnes âgées.

c. Les pratiques innovantes des collectivités (doc. 9)

Les collectivités visent à développer une offre diversifiée de logements. On peut citer l'exemple de conseil général du Bas-Rhin qui entend, au titre de son PDH, développer plusieurs axes : une offre locative en logements adaptés à des prix accessibles, qui soient situés à proximité des lieux de vie et des commerces ; une offre de logements autonomes adaptés, dans le cadre d'un appel à projet, avec des services à la personne, dans des petites résidences - avec une production de trente résidences seniors sur six ans - ; des partenariats avec les organismes HLM pour adapter 10 % des logements HLM à la perte d'autonomie ; des aides aux personnes âgées dans la réalisation de travaux d'adaptation des domiciles (PIG « Adapt'Logis 67 ») ; une domotique adaptée. D'autres collectivités recourent aux solutions technologiques de l'information et de la communication pour favoriser le maintien à domicile. Le centre communal d'action sociale (CCAS) de Grenoble propose des initiations à domicile sur l'utilisation des outils du type tablettes numériques et sur leurs usages comme l'envoi de photos de famille par voie électronique et les discussions par webcam avec les petits-enfants. La création d'un portail, comme « senior-manche.fr », permet de simplifier l'accès des seniors à ces services.

II. Un plan d'action départemental transversal, économiquement viable, au service d'une anticipation de la perte d'autonomie

Annonce des sous-parties Mieux répondre aux attentes des personnes âgées ou handicapées, en termes d'habitat adapté, implique que le département adopte une démarche structurée et participative, en mode projet (A). Le département élaborera ensuite un plan d'action diversifié devant s'intégrer dans un projet urbain global (B).

A. Une méthodologie de projet à mettre en œuvre au service d'un habitat mieux adapté

a. La structuration du pilotage

Structurer une approche transversale, en mode projet, est indispensable pour garantir la réussite d'une politique volontariste d'habitat adapté. Dans cette perspective, trois instances seront désignées. D'abord le directeur général adjoint (DGA) en charge de la solidarité désignera un **chef de projet**, ayant pour mission de piloter l'ensemble de la démarche, le respect des échéances fixées par les élus et le suivi du programme d'action, et donc de fédérer les différentes ressources internes et externes. Rattaché au DGA, il pourra être l'agent responsable du PDALPD au sein de la direction des solidarités. Le chef de projet proposera la constitution des deux instances. D'abord le **comité technique**, dont la mission sera de réaliser, sous la coordination du chef de projet, le recensement des besoins, et donc d'effectuer l'état des lieux, de définir la programmation des actions à réaliser, de veiller à ce qu'elles soient bien adaptées aux attentes, de décliner la politique de communication, d'assurer le suivi des actions et de réaliser leur évaluation. Des groupes thématiques seront constitués en son sein, par exemple un sur le recensement des types d'habitats adaptés existants. Outre le chef de projet, les membres du comité technique pourront comprendre notamment des travailleurs sociaux du service « solidarité » et de la maison départementale des personnes handicapées (MDPH), des gestionnaires de l'allocation personnalisée d'autonomie (APA) et de la prestation de compensation du handicap (PCH), et un représentant du conseil consultatif des seniors.

Puis, il sera créé un **comité de pilotage**, dont la mission sera de valider le diagnostic des besoins, les objectifs stratégiques, les propositions d'actions ainsi que le bilan annuel des actions réalisées. Pourront faire partie du comité de pilotage, le directeur de la MDPH, les directeurs des unités territoriales, le DGA en charge de la solidarité, le vice-président en charge des solidarités et des questions intergénérationnelles, des représentants de la commission accessibilité, des représentants des EPCI, des représentants des communes les plus concernées par une population âgée, des représentants des associations départementales des personnes handicapées, des acteurs du logement, des bailleurs sociaux, la Fédération nationale des promoteurs constructeurs, un représentant de l'Anah, un représentant de la Cnav et des dirigeants de résidences autonomie.

b. La méthode de travail proposée

La première étape, fondamentale, sera de réaliser un **diagnostic** partagé sur l'habitat et la mobilité, avec l'appui d'un sociologue. Ce diagnostic permettra de recueillir des données indispensables comme : la situation démographique actuelle et future du département à partir des chiffres de l'Insee, avec une cartographie commune par commune, afin d'identifier les territoires où le vieillissement est le plus prononcé ; la capacité des communes du département à accueillir une population vieillissante, en s'appuyant sur les bilans annuels des commissions accessibilité de ces communes ainsi que sur l'analyse des besoins sociaux (ABS) ; les besoins et les attentes des personnes âgées ou handicapées à partir d'enquêtes questionnaires ; les types d'hébergements existants au niveau départemental, les besoins d'aménagement et de rénovation ; le degré d'accessibilité des logements existants relevant du secteur public et privé, en croisant les données sur l'APA, celles de l'Anah et celles des bailleurs sociaux, mais aussi celles de la voirie, des espaces publics et des transports ; les possibilités foncières, les parcelles susceptibles d'être affectées à des logements adaptés, et les constructeurs intéressés.

La deuxième étape sera de définir des **objectifs stratégiques** : adapter 15 à 20 % des logements sociaux et des logements classiques du secteur privé et public ou réaliser une charte de l'habitat adapté dans un délai d'un an ou un an et demi. Ces objectifs et les actions en résultant à court, moyen et long termes seront validés par le comité de pilotage.

Enfin, il conviendra d'élaborer des **indicateurs de suivi** des actions mises en place, afin de mener une **évaluation annuelle** et globale de l'ensemble des actions réalisées, comme le nombre de logements adaptés construits, le nombre de logements effectivement rénovés, le nombre d'actions de sensibilisation à l'usage des technologies de l'information et de la communication, etc. Cette évaluation sera validée par le comité de pilotage et présentée à l'exécutif municipal, dans la perspective de préparer le prochain budget prévisionnel.

B. Une politique d'actions innovantes, créatrices de lien social et de nouvelles solidarités intergénérationnelles portée par le département

a. Première proposition : lancer une ***politique forte de communication, d'information et de sensibilisation en externe et en interne***

En externe, ce plan de communication pourra être élaboré en lien étroit avec l'Anah et les organismes mutualistes, caisses départementales de retraite et assurance vieillesse. Il pourra consister en la réalisation de documents d'information, à destination des seniors, des personnes âgées et des aidants, sur l'intérêt à réaliser, bien en amont, des travaux d'adaptation de l'habitat, sur les différentes aides existantes en matière de financement des travaux - aides de l'Anah, aides des caisses de retraite, aides du département, aides du 1 % logement, etc. - et sur la localisation des logements adaptés déjà existants, afin de faciliter leur repérage par les personnes âgées. Le sujet de l'habitat adapté est en effet une thématique très méconnue. Les coordinations gérontologiques seront les relais de terrain de cette campagne de communication et de sensibilisation. En interne, il sera essentiel de sensibiliser les agents des MDPH et les gestionnaires de l'APA sur l'intérêt de l'habitat adapté et sur les différents types d'aides existants pour les personnes concernées.

b. Deuxième proposition : impulser une ***nouvelle dynamique de prise en compte du vieillissement*** *dans les politiques locales*

Le département pourra avoir un rôle fédérateur des différentes structures d'hébergement existantes, auprès des communes du territoire en les incitant à inclure un volet « vieillissement de la population » dans leur PLH. Il adoptera la même stratégie pour son PDH. En effet, les PLH, tout comme le PDH, permettent de mettre en cohérence les différentes offres d'hébergement, d'accueil et de services en favorisant l'innovation. Ils permettent aussi d'élaborer et de construire une offre complémentaire entre les différents types de structures, EHPAD, résidences seniors, résidences autonomie, et de réserver des espaces fonciers pour la création de logements adaptés en partenariat avec des opérateurs publics ou privés. Il importe aussi que dans son PDH « nouvelle mouture », le département privilégie la mixité générationnelle et diversifie les types de logements : logements banalisés avec une pièce supplémentaire pour un aidant, logements de plain-pied et logements accessibles pour tous quels que soient les types de handicap.

c. Troisième proposition : élaborer une ***charte de l'habitat*** *adapté dans un environnement de qualité*

Face à l'importance des besoins locaux en termes de maintien à domicile, le département pourra prendre exemple sur la démarche adoptée par le département du Rhône.
Il s'agit d'élaborer un cahier des charges définissant les caractéristiques techniques d'adaptation des logements dès leur construction : accessibilité de l'immeuble, adaptation des parties communes, aménagements intérieurs des logements dans une perspective d'adaptation évolutive en fonction de l'augmentation de la dépendance ; mixité sociale, avec par exemple des studios pour des étudiants, des F4 pour des familles et des appartements aménagés pour les seniors et les personnes handicapées, dans des zones favorables au vieillissement ; déploiement de la fibre optique pour accéder rapidement à Internet et avoir du haut débit. Il s'agit aussi de viser l'adaptation de 25 % des logements à la dépendance, dans des immeubles d'habitation situés à proximité des commerces et des services. Cette charte sera élaborée de façon partenariale avec les acteurs départementaux du logement, les acteurs de la prévoyance mutualiste, la Fédération départementale des promoteurs constructeurs, les bailleurs sociaux, la FNAIM et les acteurs du BTP. Les constructeurs s'engageront ainsi à réaliser des logements sur les prescriptions de la charte. Le département aura un rôle de coordination, d'impulsion et d'incitation des maires à faire respecter cette charte, lors de l'attribution des permis de construire.

Conclusion L'habitat adapté doit être un atout pour l'autonomie des personnes âgées ou handicapées, et donc s'intégrer dans un environnement plus global et plus transversal, à hauteur du défi démographique que la France doit impérativement relever. Les départements, chefs de file de l'action sociale, ont un rôle majeur à jouer dans le déploiement de cette politique publique.

SUJET N° 37 : Note avec solutions

Attaché territorial principal, examen professionnel, session 2017

DURÉE : 4 HEURES

Sujet

Attaché principal, vous êtes chargé de mission auprès du Directeur Général des Services (DGS) de la communauté d'agglomération d'Admiville (100 000 habitants).

Une enquête récente a mis en évidence une méfiance croissante des administrés envers leurs élus et leur administration.

Le président de la communauté d'agglomération souhaite restaurer cette confiance et installer une culture déontologique au sein des services de l'EPCI.

À cette fin, votre DGS vous demande, à l'aide du dossier joint et de vos connaissances, une note assortie de solutions opérationnelles argumentées sur la mise en œuvre des lois relatives à la déontologie à l'échelle de l'établissement.

Liste des documents

Document 1 : Loi n° 83-634 du 13 juillet 1983 portant droits et obligations des fonctionnaires (extraits), 7 pages.

Document 2 : Loi n° 2016-483 du 20 avril 2016 relative à la déontologie et aux droits et obligations des fonctionnaires (extraits), 1 page.

Document 3 : Code Pénal, article 432-12 et article 432-13 - 1 page.

Document 4 : Note d'information du directeur général des collectivités locales, datée du 22 juillet 2016, relative à l'application aux collaborateurs de cabinet des autorités territoriales des obligations relatives aux déclarations d'intérêts et de situation patrimoniale, 4 pages.

Document 5 : Delphine Gerbeau, « Sous quelle forme juridique les fonctionnaires peuvent-ils exercer une activité privée à titre accessoire ? », *La Gazette des Communes, 10 janvier 2012*, 1 page.

Document 6 : Charte de déontologie du Directeur Général des collectivités territoriales et de leurs établissements publics proposée par le Syndicat National des Directeurs Généraux des Collectivités Territoriales (SNDGCT), consulté en décembre 2016, 2 pages.

Document 7 : « Pour une nouvelle déontologie de la vie publique ». Conclusion du rapport de la Commission de réflexion pour la prévention des conflits d'intérêts dans la vie publique, remis au Président de la République le 26 janvier 2011, 2 pages.

Document 8 : « Le droit d'alerte : signaler, traiter, protéger ». Étude adoptée le 25 février 2016 par l'assemblée générale plénière du Conseil d'État - *La Documentation française 2016 (extrait)*, 2 pages.

Document 9 : Pascal Weil, « Parmi les élus, le réflexe "déontologue" reste à acquérir », *www.courrierdesmaires.fr*, 1er juin 2016, 2 pages.

Document 10 : Guillaume Valette-Valla, « C'est un bond en avant même si certains dispositifs auraient pu être plus simples », propos recueillis par Agathe Vovard, *La Gazette des communes, n° 2318*, 23 mai 2016, 1 page.

Document 11 : « Charte de déontologie des élus de Voisins », *www.voisins78.fr*, 16 février 2016, 1 page.

Document 12 : Jean-Noël Gros, « Charte de déontologie : les encombrantes invitations des élus », *www.ladepeche.fr*, 16 octobre 2015, 1 page.

Document 13 : Marjolaine Koch, « Élus-citoyens : confiance, le lien brisé », *www.lettreducadre.fr*, 26 septembre 2016, 1 page.

Document 14 : Daniel Lebègue, « Il faut restaurer la confiance entre élus et citoyens », *www.courrierdesmaires.fr*, propos recueilli par X. Brivet, consulté le 30/11/2016, 1 page.

Document 15 : JM. Joannès, « La mise en cause pénale des territoriaux en phase de décrue », *La Gazette des communes*, 12 décembre 2016, 2 pages.

Document 16 : H. Gully, « Loi Sapin II : un statut inédit pour les lanceurs d'alerte », *Les Échos*, 3 novembre 2016, 1 page.

Document 17 : Loi n° 2015-366 du 31 mars 2015 visant à faciliter l'exercice, par les élus locaux, de leur mandat, article 2, 2 pages.

Téléchargez gratuitement les documents sur www.vuibert.fr/site/206463

Proposition de corrigé

Communauté d'agglomération d'Admiville Le ...

Note à l'attention du directeur général des services

Objet : mise en œuvre d'un plan d'action en faveur d'une culture déontologique au sein des services de l'EPCI.

Références :
- loi du 13 juillet 1983 ;
- loi du 20 avril 2016 ;
- loi du 31 mars 2015.

Contextualisation du sujet / problématique (doc. 14 et 15) La dignité, l'impartialité, la probité, l'intégrité sont des valeurs inscrites historiquement (cf. la loi de juillet 1983) dans les obligations des fonctionnaires. Toutefois, la déontologie est une idée assez neuve en France. La démocratie requiert une relation de confiance entre les citoyens et les représentants élus, ceux-ci ont des comptes à rendre aux citoyens. Or, depuis quelques années, plusieurs rapports, dont celui de l'Observatoire Smacl des risques de la vie territoriale du 12 décembre 2016, ont mis en évidence une réelle crise de confiance entre les citoyens, les institutions, les responsables politiques et aussi les responsables administratifs, en raison de comportements contraires aux valeurs d'intérêt général. Il a été constaté une hausse entre 1995 et avril 2019 du nombre d'élus, notamment ceux des communes, mis en cause : 2 980 élus locaux ont été poursuivis pour des infractions liées à l'exercice de leur mandat local ; avec une année « noire » en 2014, 337 élus mis en cause, un chiffre record sur les vingt dernières années. Mais, s'agissant des fonctionnaires territoriaux, la moyenne annuelle est en baisse : 112 fonctionnaires poursuivis sur la période 2008-2014, contre 77 par an entre 2001 et 2008. La question se pose quant aux moyens de redonner du crédit aux institutions publiques et de retisser un « pacte de confiance ». D'où, l'adoption par le législateur de la loi déontologie d'avril 2016 qui entend instaurer une nouvelle culture déontologique.
Le président de la CA d'Admiville a également cette volonté de restaurer la confiance des administrés à l'égard des élus et des services administratifs.

Annonce du plan D'abord, il sera présenté le cadre juridique actuel de la déontologie valant pour les agents et les élus (I) Ensuite, un plan d'action visant à la diffusion d'une réelle culture déontologique dans la communauté d'agglomération d'Admiville sera proposé (II).

I. Un arsenal juridique depuis la loi de juillet 1983 jusqu'à la loi d'avril 2016 au service de la déontologie

Annonce des sous-parties La transparence et l'éthique pour les agents et les élus locaux sont renforcées (A). Ce renforcement des règles déotologiques repose sur la mobilisation d'acteurs institutionnels (B).

A. Un renforcement de la transparence et de l'éthique pour les agents et les élus locaux

a. Le renforcement de la transparence en ce qui concerne les agents

Il y a d'abord la prévention des conflits d'intérêts *(doc. 1, 2, 4 et 10)*. Les articles 25 bis à 25 sexies de la loi de juillet 1983 modifiés par la loi du 20 avril 2016 déterminent des obligations en matière de conflit d'intérêts et de situation patrimoniale. Sont concernés les dirigeants territoriaux et les principaux collaborateurs de cabinet dans les collectivités et EPCI de plus de

20 000 habitants. Il y a obligation de prévenir ou faire cesser immédiatement les situations de conflit d'intérêts, c'est-à-dire d'interférence entre un intérêt public et des intérêts privés ; selon le type d'emploi, il y a deux types d'obligations déclaratives à effectuer auprès de l'autorité hiérarchique ou de Haute Autorité pour la transparence de la vie publique (HATVP) : la déclaration d'intérêts et la déclaration de situation patrimoniale, ceci dans les deux mois suivant la prise et la fin de fonction, en cas de modification importante de la situation patrimoniale. Ces déclarations peuvent s'effectuer de façon dématérialisée.
Il y a ensuite l'encadrement renforcé du cumul d'emplois *(doc. 1, 2 et 5)*. Le principe est de consacrer l'intégralité de l'activité professionnelle aux tâches confiées et d'interdire le cumul avec des activités privées lucratives, sauf dérogations, au titre d'activités accessoires (expertise, enseignement, formation, activités sportives, culturelles, etc.).
Il y a également la protection élargie des lanceurs d'alerte avec la loi Sapin II *(doc. 16)*. La loi octroie un statut inédit à toute personne qui signale, de façon désintéressée, de bonne foi, un délit, une menace grave pour l'intérêt général, dont elle a personnellement connaissance. Celle-ci doit d'abord alerter le référent déontologue, voire un interlocuteur externe (cf. justice, AMF, défenseur des droits, etc.).

b. Le renforcement de la transparence en ce qui concerne les élus locaux (doc. 17)

C'est principalement la loi du 31 mars 2015, en son article 2, qui entend faciliter pour les élus locaux l'exercice éthique et déontologique de leurs mandats locaux. Ils sont soumis aux mêmes valeurs que les agents : la dignité, la probité, l'impartialité, la diligence et l'intégrité. Ils doivent poursuivre le seul intérêt général et donc exclure tout intérêt particulier. Ils doivent aussi prévenir ou faire cesser tout conflit d'intérêts et quand ses intérêts personnels sont liés à des affaires soumises au vote de l'organe délibérant, il doit le faire savoir. Ils doivent utiliser les moyens mis à leur disposition exclusivement à l'exercice de leur mandat et s'abstenir de prendre des mesures leur accordant un avantage personnel futur après la fin de leur mandat. Ils doivent participer avec assiduité aux réunions de l'organe délibérant et des différentes instances dans lesquelles ils ont été désignés. Lors de la première réunion de l'organe délibérant, le président de l'EPCI doit donner lecture de la charte de l'élu local prévue à l'article L. 1111-1-1 et il la remet aux conseillers communautaires.

La mise en œuvre et le respect de ces obligations déontologiques impliquent la mobilisation de plusieurs « acteurs » institutionnels.

B. Des « acteurs » institutionnels mobilisés dans l'application des nouvelles règles déontologiques et des sanctions possibles

Idée 1 : Le rôle de la Haute Autorité pour la transparence de la vie publique (HATVP) (doc. 1, 4, 8)

La HATVP détient d'abord un pouvoir de recommandation et d'appréciation. Pour les fonctionnaires soumis à une déclaration d'intérêt (art. 25 ter), la HATVP dispose d'un délai de deux mois pour apprécier, à réception de la déclaration d'intérêts transmise par l'autorité territoriale, s'il y a pour le fonctionnaire une situation de conflit d'intérêts. Si tel est le cas, la HATVP formule une recommandation à l'autorité territoriale afin de faire cesser cette situation. Dans le cas contraire, la HATVP informe l'autorité hiérarchique qu'elle n'a aucune observation. Cette déclaration d'intérêt est portée dans le dossier du fonctionnaire, en garantissant sa confidentialité. S'il y a modification substantielle des intérêts du fonctionnaire, en cours d'exercice des fonctions, il y a enclenchement de la même procédure. Pour les fonctionnaires exerçant des responsabilités financières ou des emplois de haut niveau hiérarchique (art. 25 quater et quinquies loi juillet 1983), la HATVP apprécie, dans un délai de six mois, la variation de déclaration patrimoniale, en comparant la situation lors de la nomination à celle de la fin des fonctions. Elle peut demander au fonctionnaire communication de ses déclarations fiscales et recueillir toute information utile auprès de l'administration fiscale. La HATVP a aussi un rôle de conseil et d'avis en matière de conflit d'intérêts, et ce à titre confidentiel.

Idée 2 : Le rôle de la commission de déontologie et du référent déontologue (doc. 1 et 9)

La commission de déontologie est placée auprès du Premier ministre et composée notamment d'un DGS d'une collectivité, d'un magistrat de l'ordre judiciaire (art. 25 octies, loi de juillet 1983). Elle rend des avis et émet des recommandations notamment, quant à la compatibilité de la fonction exercée par un fonctionnaire avec le projet de création ou de reprise d'une entreprise, avec le fonctionnement normal du service et les principes déontologiques. Elle est la garante du respect des principes déontologiques liés à l'exercice d'une fonction publique. Il y a également le référent déontologue qui a un rôle d'assistance et de conseil auprès des fonctionnaires, des élus, quant aux risques de conflits d'intérêts, quant au respect des obligations et principes déontologiques tels que fixés par les articles 25 à 28 de la loi de juillet 1983. Il rédige des recommandations à destination des élus. Il peut être saisi par des citoyens.

Idée 3 : Les sanctions encourues (doc. 1, 2, 3 et 16)

Les fonctionnaires encourent différents types de sanctions selon la nature de l'infraction. S'agissant du non-respect des obligations de transmission de la déclaration d'intérêts et/ou de la déclaration de situation patrimoniale, les peines encourues sont respectivement de trois ans de prison et 45 000 euros d'amende et d'un an de prison et 15 000 euros d'amende (art. 6, loi d'avril 2016). S'agissant des manquements au devoir de probité et de la prise illégale d'intérêt commis par les agents dépositaires de certaines missions et les élus, les peines d'emprisonnement vont de trois à cinq ans et les amendes de 200 000 à 500 000 euros (lois des 6 décembre 2013 et 20 janvier 2017). De plus, empêcher le signalement d'une alerte est puni d'un an de prison et de 15 000 euros d'amende.

Il convient que l'ensemble de ces nouvelles règles se diffusent progressivement et durablement dans les services d'Admiville, par un plan d'action volontariste et concerté.

II. Un plan d'action volontariste et concerté, vers une nouvelle culture déontologique dans les services d'Admiville

Annonce des sous-parties La mise en œuvre d'une nouvelle culture déontologique doit faire l'objet d'un pilotage structuré (A). Il sera ensuite proposé un plan d'action favorisant de bonnes pratiques de la laïcité (B).

A. Un pilotage structuré en faveur de bonnes pratiques éthiques et déontologiques

Il importe d'avoir une vision commune de la culture déontologique, des règles à respecter dans la collectivité. D'où, la nécessaire mise en place d'un pilotage transversal en vue d'intégrer cette nouvelle culture déontologique dans les pratiques quotidiennes, après la réalisation d'un diagnostic partagé.

Dans un premier temps, le DGS va désigner **un chef de projet**, chargé de piloter l'ensemble du projet. Ce responsable pourrait être un chargé de mission « déontologie » au sein de la DRH. Il va assurer la coordination du diagnostic, des actions menées avec la hiérarchie et les élus. Il va définir les différents outils de pilotage et de programmation tels que le plan de travail, la répartition des tâches à effectuer, le planning, les moyens nécessaires, le budget alloué aux actions, l'échéancier, etc. Il va s'appuyer sur deux « instances » internes de conduite de projet, à savoir un comité technique et un comité de pilotage. Le **comité technique**, « cheville ouvrière » de la conduite du projet serait composé notamment des membres suivants : des agents de la DRH, des représentants des services les plus « sensibles » (commande publique, service financier, service développement économique, foncier, etc.), des représentants des services juridiques, communication ; il pourra se scinder en groupes thématiques (travailler à l'élaboration d'une charte déontologique, à l'élaboration des actions de formation). Le **comité de pilotage**, instance décisionnelle, de validation politique, serait composé notamment des membres suivants : l'ensemble des directeurs, les membres de la direction générale, le président, le vice-président délégué aux RH, les représentants des personnels et des instances du dialogue social, un représentant de la HATVP.

Ensuite, le chef de projet et le comité technique vont mener le projet en trois étapes. La première, qui est la plus importante va consister en la réalisation d'un **diagnostic**. Il s'agira d'abord de recenser les agents de la collectivité concernés par la réglementation ; il conviendra aussi de recenser les zones, les secteurs à risques (cf. la commande publique, les services financier, foncier et immobilier), les types de contentieux potentiels, avec l'appui du référent déontologue et aussi du centre de gestion. Il faudra identifier les différents manquements au devoir de probité sur les dix dernières années : les conflits d'intérêts, les abus de confiance, les comportements constitutifs de délit de favoritisme, de détournement de biens publics, vol, l'atteinte à la confiance (falsification des marques de l'autorité publique, faux documents administratifs, faux en écriture) ; il sera aussi recensé la typologie des comportements à proscrire. Il sera fait aussi une cartographie des actions mises en place par d'autres collectivités en vue d'instaurer de bonnes pratiques déontologiques. Des questionnaires anonymes sur les connaissances en matière de déontologie, sur des « incidents » vécus, seront réalisés et transmis aux agents et aux élus. Le diagnostic sera validé par le comité de pilotage.
Ensuite, des **objectifs** seront proposés au comité de pilotage, aux fins de validation : dans les deux mois, s'assurer que tous les agents concernés ont respecté leurs obligations déclaratives ; diminuer, dans les six mois, de 50 % le nombre de situations litigieuses liées au « délit de favoritisme », aux conflits d'intérêts, le nombre d'alertes, pour gagner la confiance ; puis d'ici un an, 0 % de lancements d'alerte. Enfin, des **indicateurs de suivi** seront construits, pour élaborer des tableaux de bord, au titre d'une démarche d'évaluation d'ici un an : nombre de saisines du référent déontologue interne, du référent déontologue du Centre de gestion ; nombre de recommandations faites par la HATVP ; nombre d'alertes lancées ; nombre de formulaires déclaratifs obligatoires remplis en six mois. De nouveaux questionnaires seront élaborés pour évaluer les connaissances déontologiques des agents lors de l'entretien annuel professionnel, pour mesurer les difficultés éventuelles rencontrées par les agents à appliquer les règles de déontologie, etc.

B. Un plan d'action pédagogique au service d'une culture déontologique durable

Le plan d'action en faveur d'une culture durable de la déontologie va s'articuler autour de trois axes majeurs :

1er axe : la mise en place d'une politique forte de communication/sensibilisation

La communication interne est « orchestrée » par le chef de projet en lien étroit avec le DGS et la DRH. Réunion de direction générale, avec chaque directeur ; puis réunion de chaque directeur avec chaque chef de service composant sa direction ; réunion de chaque chef de service avec les collaborateurs ; démarche hautement pédagogique pour expliquer la volonté du président de restaurer la confiance entre les citoyens, les élus et l'administration, d'instaurer durablement une culture déontologique. Rédaction par la DRH d'un article dans le journal du personnel, mis sur l'Intranet, rappelant les règles et principes fondamentaux des lois de juillet 1983 et avril 2016, les obligations et les sanctions encourues liées au non-respect de ces obligations. Envoi, à l'appui de la feuille de paye, d'une note du DGS sur les enjeux liés à la transparence, à la mise en place de bonnes pratiques déontologiques. Élaboration de supports simples et pédagogiques expliquant le rôle de la commission de déontologie, du référent déontologue et de la HATVP. Diffuser également sur l'Intranet le guide élaboré par le CNFPT sur les principales dispositions de la loi « déontologie », dans une démarche pédagogique. Cette démarche de sensibilisation sera également portée à la connaissance des administrés, via le journal de l'EPCI, dans un édito du président sur le site Internet de la communauté d'agglomération. Des flyers seront aussi distribués en vue de faire connaître le rôle du référent déontologue, auprès des conseils de quartiers.

2e axe : l'élaboration d'un plan d'action global pour une culture « déontologie » durable

Deux axes concrets pourraient être privilégiés. Premier axe, l'élaboration de deux chartes, de deux codes de déontologie, l'une à l'attention des agents et cadres dirigeants, la 2e à l'attention des élus. Prendre appui respectivement sur la Charte de déontologie du DG élaborée par le SNDGCT (*doc 6*), avec six devoirs : devoir de loyauté, devoir de probité, devoir de discrétion, devoir de clarté, devoir de direction, devoir de service public ; charte à faire signer lors de tout recrutement. La deuxième charte concernant les élus pourrait s'inspirer de celle de la ville de Voisins-le-Bretonneux (*doc 12*), avec cinq principes déontologiques à respecter : la probité et l'intégrité, l'assiduité aux séances du conseil communautaire, la confidentialité et la solidarité, la transparence, l'écoute et le respect. Les invitations y seront proscrites et obligation est faite de remettre à la ville tout cadeau dont la valeur serait supérieure à 100 euros. Cette deuxième charte sera soumise au vote de l'organe délibérant.

Le deuxième axe consisterait à mettre en place un « observatoire interne » des risques de la « vie » de l'EPCI, en lien avec la mutuelle d'assurance de la collectivité. Le référent déontologue de l'EPCI sera chargé de piloter cet « observatoire », il sera directement rattaché au DGS. Il aura un rôle de conseil, un rôle pédagogique ; il incitera notamment les élus à lui transmettre leurs déclarations d'intérêts, à déclarer les cadeaux reçus. Il élaborera un rapport annuel sur la déontologie et l'éthique de la collectivité qui sera rendu public. Il mettra aussi en place des procédures pour prévenir les risques de conflits d'intérêts, les autres risques, tel le cumul et pour protéger les lanceurs d'alerte.

3e axe : mise en place d'un plan de formation

Ce plan de formation aura un double « volet » : un « volet » valant pour les agents et les encadrants, un autre valant pour les élus. Il sera élaboré en partenariat avec le CNFPT (formations pour les agents) et l'AMF (formations pour les élus). Pour les agents et encadrants : formation d'un jour sur les principes déontologiques posés par la loi d'avril 2016 avec accent mis sur les obligations de neutralité, de réserve, de discrétion professionnelle, secret professionnel, sur la question du mode de communication via les réseaux sociaux ; formation d'un jour sur les risques de conflits d'intérêts et les sanctions encourues, sur le rôle du référent déontologue et sur les modalités de remplir les formulaires de déclarations obligatoires. Pour les **élus** : formations de deux jours sur les instruments possibles de régulation et l'organisation à mettre en place pour prévenir les risques, sur la réglementation à respecter et sur le rôle du référent déontologue ; module de formation sur les saisines de la commission de déontologie et de la HATVP.

Conclusion L'ensemble des actions ainsi mises en place, au vu des enjeux qui y sont liés, fera l'objet d'une évaluation annuelle globale approfondie. Des réajustements pourront être apportés par le comité de pilotage avec inscription, s'ils ont des impacts budgétaires, dans le prochain budget.

SUJET N° 38 : **Note avec solutions**

Attaché territorial principal, examen professionnel, session 2015

DURÉE : 4 HEURES

Sujet

Vous êtes chef du service déchets, au sein de la direction de l'environnement de la communauté d'agglomération d'ADMIVILLE. Cet établissement compte 60 000 habitants, rassemble quinze communes dont les deux tiers de la population habitent dans les trois communes constituant le cœur urbanisé de l'agglomération ; ce cœur urbanisé étant composé à 75 % d'un habitat collectif.

La taxe d'enlèvement des ordures ménagères (TEOM), instituée dès la constitution de l'intercommunalité en 2008, a fait l'objet de vifs débats lors de la dernière campagne électorale. Le sujet de la collecte sélective des déchets ayant été relancé, le nouvel exécutif communautaire s'est engagé à mettre en place une fiscalité incitative. Il a fixé comme objectif à la nouvelle directrice générale des services (DGS) l'élaboration d'une politique globale de prévention et gestion des déchets, dont la mise en place d'une part incitative dans la TEOM constitue la première étape.

À l'aide du dossier joint et de vos connaissances, la DGS vous demande d'élaborer une note assortie de propositions opérationnelles argumentées afin de dessiner un plan de mise en œuvre de la part incitative de la TEOM.

Liste des documents

Document 1 : « Impôts BOI-IF-AUT-90-10-20140527 - Taxe d'enlèvement des ordures ménagères - Établissement de la taxe » (extraits) - *Bulletin officiel des Finances publiques* - 27 mai 2014 - 4 pages.

Document 2 : « Enquête 2013 sur la redevance incitative » - Association Consommation Logement et Cadre de vie - www.clcv.org - 18 novembre 2013 - 2 pages.

Document 3 : « Actions sur tous les fronts pour réduire et valoriser les déchets » - C. Lelièvre - www.localtis.info - 25 novembre 2013 - 1 page.

Document 4 : « Convaincre de l'équité de la redevance incitative dans la communauté de communes du Val d'Essonne » - L. Madoui - *La Gazette des communes* - 3 décembre 2012 - 1 page.

Document 5 : « Tarification incitative : conseils et retours d'expérience » - *Guide technique ADEME-AMORCE* - juillet 2014 - 10 pages.

Document 6 : « Tarification incitative, recommandations de mise en œuvre » - Fédération nationale des activités de la dépollution et de l'environnement - décembre 2013 - 7 pages.

Document 7 : « Ma taxe d'enlèvement des ordures ménagères devient incitative (TEOMI) » - www.paysdelunel.fr - novembre 2014 - 3 pages.

Document 8 : « Brochure destinée à accompagner la mise en œuvre de la part incitative de la taxe d'enlèvement des ordures ménagères » - ministère de l'Économie et des Finances - décembre 2012 - 8 pages.

Téléchargez gratuitement les documents sur www.vuibert.fr/site/206463

Proposition de corrigé

Communauté d'agglomération d'ADMIVILLE Le ...

Rapport à l'attention de Madame la directrice générale des services

Objet : modalités de mise en œuvre de la part incitative de la TEOM.

Références :
- lois organiques « Grenelle 1 et 2 » ;
- loi de finances de 2012 et son décret d'application du 17 décembre 2012 ;
- BOI-IF-AUT-90-10-20140527 du 27 mai 2014.

(Doc. 1, 6, 7 et 8) Les collectivités ou établissements publics de coopération intercommunale (EPCI) assurant la collecte et le traitement des déchets ont trois possibilités pour financer ce service public : les recettes du budget général, la taxe d'enlèvement des ordures ménagères (TEOM) et la redevance d'enlèvement des ordures ménagères (REOM). Le mode de financement le plus utilisé est la TEOM (67 % des communes et EPCI en 2011). La TEOM est une taxe facultative, additionnée à la taxe foncière, dont les conditions d'institution ont été fixées par la loi du 12 juillet 1999 et sont inscrites dans le code général des impôts (art. 1520, 1609 et 1379-0 bis). Toute personne propriétaire d'un bien foncier bâti situé dans une commune où fonctionne un service d'enlèvement des ordures ménagères y est assujettie.
Les collectivités ou EPCI concernés, en application de la loi du 12 juillet 2010 dite loi « Grenelle 2 », ont pu instaurer, à titre expérimental, pour cinq ans, une part incitative et donc variable à la TEOM afin de tenir compte de la quantité des déchets produits, cette part variable dite taxe d'enlèvement des ordures ménagères incitative (TEOMi) étant un élément constitutif de la TEOM. Cette mesure phare du Grenelle de l'environnement est devenue une obligation depuis 2015. L'objectif poursuivi est d'encourager la réduction et le tri des déchets des ménages, en prenant en compte la nature et le poids des déchets produits par chaque ménage. Il s'agit de favoriser de nouveaux gestes citoyens, plus responsables, en faveur de l'environnement et de la salubrité publique. Il s'agit aussi de maîtriser les coûts de gestion de ce service public. C'est l'application du principe pollueur payeur.
La communauté d'agglomération (CA) d'Admiville a institué la TEOM en 2008 et le sujet de la collecte des déchets ménagers est une question sensible, ayant donné lieu à de vifs débats lors de la dernière campagne électorale. Le nouvel exécutif a décidé de mettre en place une part incitative à la TEOM, première étape d'une politique globale de prévention et de gestion des déchets.

Annonce du plan La TEOMi est un dispositif assez complexe, fondé sur une bonne coordination avec les services fiscaux, dont les retours d'expérience sont assez positifs (I). Mettre en place la TEOMi au niveau de la CA d'Admiville nécessite une approche de travail en mode projet, très structurée et concertée, dans une optique de gestion maîtrisée (II).

I. La TEOMi : un dispositif complexe impliquant les services de l'État et reposant sur des choix techniques, avec des retours positifs d'expérience

Annonce des sous-parties La TEOMi est un dispositif assez complexe reposant sur un partage de compétences avec les services fiscaux (A). Elle est liée à des choix techniques en termes de collecte, avec des retours d'expérience globalement positifs (B).

A. La TEOMi : un dispositif assez complexe reposant sur un partage de compétences avec les services fiscaux

a. Présentation du cadre réglementaire (doc. 1, 7 et 8)

Ce cadre est précisé par le code général des impôts (CGI) et le *Bulletin officiel des Finances publiques* du 27 mai 2014. Un EPCI qui a instauré la TEOM peut instituer une part incitative, par délibération du conseil communautaire, avant le 15 octobre de l'année, avec prise d'effet l'année suivante. Chaque année, une nouvelle délibération doit fixer le taux de la part incitative de la TEOM et doit être transmise avant le 15 avril de l'année d'imposition aux services fiscaux. Le principe est que ce sont les propriétaires de biens bâtis qui sont imposés, pour la part fixe et la part variable (art. 1523 du CGI). En cas de location d'immeuble, le propriétaire peut récupérer la TEOM auprès du locataire. L'assiette de la part incitative de la TEOM (art. 1521 et 1522 du CGI), pour un habitat individuel, est déterminée en multipliant la quantité des déchets produits, sur l'année N-1, pour chaque local imposable par un ou des tarifs votés par la CA. Il existe trois types indicateurs pour quantifier la production de déchets : le nombre de levées, le volume du bac équipant chaque foyer et le nombre de sacs de collecte distribués à chaque ménage. Il est possible d'instaurer des tarifs différents selon la nature des déchets produits (verres, cartons, déchets organiques, etc.) ou selon le mode de collecte (porte à porte ou apport volontaire). En habitat collectif, la quantité de déchets ne pouvant pas être déterminée par occupant, la répartition de l'assiette se fait au prorata de la valeur locative foncière du logement, retenue pour établir la TEOM. Lors de la première année de mise en œuvre, le produit global de la TEOM, incluant la part fixe et la part incitative, ne doit pas dépasser le produit de l'année précédente. De plus, le produit attendu de la TEOMi doit être compris entre 10 % et 45 % du montant total de la TEOM.

b. Des compétences partagées avec la direction générale des Finances publiques (doc. 1, 6 et 8)

Une coordination étroite entre l'EPCI et la direction générale des Finances publiques (DGFIP) est nécessaire. La loi de finances de 2012 et son décret d'application du 17 décembre 2012 précisent les modalités d'échange des données avec les services fiscaux. Un fichier d'appel, qui recense les locaux imposables au 1er janvier de l'année d'imposition (art. 325 bis annexe III CGI) est fourni par la DGFIP à l'EPCI. Celui-ci complète la liste des locaux, associe à chaque local assujetti à la TEOM une quantité de déchets et indique en euros le montant de la part incitative correspondant à chaque local au titre de l'année N-1. Le fichier complété est à transmettre avant le 15 avril de l'année d'imposition à la DGFIP. Ceci se fait *via* le portail PIGP. Pour les constructions de logements neufs, l'EPCI communique à la DGFIP, avant le 31 janvier, uniquement la quantité totale de déchets produits sur le territoire. La gestion du recouvrement de la part incitative de la TEOM est du ressort des services de la DGFIP. La DGFIP verse mensuellement, par le biais d'avances, à l'EPCI le produit de la TEOMi. C'est la DGFIP qui gère les réclamations et les contentieux liés à la TEOMi.

B. La TEOMi : des choix techniques en termes de collecte, avec des retours d'expérience globalement positifs

a. Les choix techniques en termes de collecte (doc. 5)

Les principaux dispositifs techniques sont au nombre de trois. Il y a d'abord le système de collecte porte à porte, avec une quantification soit à la levée *via* une puce, soit à la pesée *via* une puce, soit selon le volume du bac ; le coût d'une puce est d'environ 2 € HT. La pesée embarquée est le système le plus cohérent avec l'objectif recherché de réduction des déchets, mais c'est un dispositif assez onéreux (35 000 € HT par véhicule de collecte plus certains frais) nécessitant une maintenance rigoureuse. Le nombre de levées présente de nombreux avantages : un coût modéré (15 000 € HT par benne), un dispositif compatible avec tous les lève-conteneurs, une maintenance plus faible et une optimisation de la collecte, car l'habitant est incité à présenter un bac plein. Le volume des bacs implique de proposer aux habitants différents volumes, les gammes allant de 60 litres à 1 100 litres. Le deuxième système est la collecte en points d'apport volontaire, solution intéressante en termes d'organisation et de coûts de collecte, notamment pour l'habitat collectif. Le dépôt des déchets peut se faire dans des containers enterrés ou semi-enterrés équipés d'un tambour de vidage qui s'ouvre avec un badge fourni aux habitants ; la gestion des badges nécessite une maintenance importante et ce dispositif peut générer des dépôts en pied de conteneurs. D'autres solutions peuvent être envisagées : les bacs roulants pour l'habitat collectif, la précollecte en bacs individuels ou collectifs ou la précollecte en colonnes d'apport volontaire. Le troisième système est la facturation des apports en déchetterie, à partir, par exemple, d'un nombre de passages. Mais la quasi-totalité des collectivités ayant mis en place la TEOMi ont décidé de ne pas faire payer l'accès aux déchetteries, d'autant que les populations en habitat collectif utilisent peu des déchetteries.

b. Des éléments de bilan (doc. 2)

En 2013, une enquête a été réalisée sur la redevance incitative et a permis de dégager de grandes tendances. En termes d'information, les personnes sondées ont généralement une assez bonne connaissance théorique du dispositif de la TEOMi : 66 % en donnent une définition assez juste. Si 71 % estiment avoir été bien informées lors de la mise en place du dispositif, les nouveaux habitants d'un territoire où s'applique la redevance déplorent toutefois le manque d'information. L'information se délite dans le temps et les habitants du collectif attendent une meilleure information de la part de leur bailleur. Parmi les personnes interrogées, 77 % estiment que la redevance incitative a un impact positif pour l'environnement et 65 % considèrent que sa mise en place n'a pas entraîné l'augmentation de dépôts sauvages. De plus, on a constaté une augmentation significative du geste de tri. En termes de comportement d'achat, la redevance incitative semblerait favoriser l'achat de produits moins emballés. En termes financiers, 72 % des sondés affirment connaître la grille tarifaire mais sans savoir comment sont fixés les tarifs. Certaines attentes ont été clairement formulées, notamment une tarification plus motivante et une plus grande transparence sur les modalités de calcul.

c. Les retours d'expérience des collectivités territoriales (doc. 4, 5 et 7)

On note également des retours positifs en termes de réduction des déchets produits, comme dans la communauté de communes (CC) du Val d'Essonne avec une diminution du tonnage de déchets résiduels de 20 % entre 2011 et 2012, une progression des apports en déchetterie et des gestes de tri. En termes de grille tarifaire, un certain nombre de collectivités ont choisi une facturation en fonction du nombre de levées (Pays de Lunel, CA de Besançon), avec une partie des levées intégrée dans la part fixe ; la part variable n'est facturée qu'à partir d'un certain nombre de levées (généralement entre douze et quinze par an) ; d'autres commencent plus en douceur, par vingt-six levés (CC du Chardon Lorrain), ceci permettant de limiter les incivilités. Plusieurs collectivités pratiquent des tarifs spécifiques selon la localisation des foyers (CC des Pays d'Alésia).

II. Mettre en place la TEOMi : une démarche de travail en mode projet, très structurée et concertée, visant une gestion maîtrisée des coûts

Annonce des sous-parties La mise en œuvre de la TEOMi doit se faire selon une démarche structurée et concertée (A). Plusieurs propositions opérationnelles au service d'une gestion maîtrisée des coûts peuvent être formulées (B).

A. La mise en œuvre de la TEOMi : une démarche nécessairement structurée et concertée

a. La structuration du pilotage

La mobilisation des acteurs en interne et en externe est cruciale pour réussir la mise en œuvre pacifique de la TEOMi. L'autorité territoriale s'étant engagée à mettre en œuvre une fiscalité incitative, première étape d'une politique globale de prévention et de gestion des déchets, il importe d'organiser un pilotage structuré, garantie de réussite. Le pilotage sera assuré par trois instances : un chef de projet, un comité technique et un comité de pilotage. La directrice générale des services (DGS) désignera un **chef de projet** dont l'une des missions principales sera d'organiser et de piloter la démarche, en qualité de référent. Compte tenu des compétences requises, le chef de projet pourra être le responsable du service déchets de la CA. Il sera plus particulièrement chargé de définir le cadre de travail, le planning, les différentes étapes de mise en œuvre, les supports « juridiques » à élaborer et le montage des dossiers de financement, notamment auprès de l'ADEME. Dans cette fonction d'animation, le chef de projet s'appuiera sur deux instances, un comité technique et un comité de pilotage. Le **comité technique** pourra être constitué des membres suivants : le responsable du service financier, un représentant du service communication, un représentant des services fiscaux (Trésor public départemental) et un représentant de l'opérateur délégataire de la collecte et de la gestion des déchets (on part du postulat que la gestion a été déléguée) ; le comité technique pourra se diviser en groupes de travail thématiques, afin d'aider le chef de projet dans la mise en œuvre du plan d'action. Le **comité de pilotage**, qui aura pour objectif de valider les principales étapes méthodologiques, pourra être composé, notamment, des membres suivants : la DGS, le président de la CA, le vice-président délégué au développement durable et à la qualité de vie, le vice-président délégué aux finances, les représentants des bailleurs, les représentants des syndics, les représentants des comités d'usagers et un représentant de l'État (directeur local des services fiscaux).

b. La méthode de travail proposée

Il conviendra d'abord d'élaborer un **diagnostic** de la situation actuelle *(doc. 5)*. Cette étape est essentielle. Il est possible de la réaliser en interne ou de faire appel à un cabinet spécialisé. Il faudra d'abord identifier l'ensemble des producteurs de déchets sur le territoire de l'EPCI, tout en reliant à chaque local un ou plusieurs producteurs de déchets ; le fichier de TEOMi doit faire le lien avec les propriétaires ; l'élaboration de ce fichier ne pourra se faire qu'en relation étroite avec la DGFIP, à partir de la liste des locaux imposés à la taxe foncière. Il faudra ensuite identifier les différents scénarios techniques envisageables. Puis il faudra également identifier les évolutions en matière de collecte : augmentation du tonnage de déchets collectés sélectivement, augmentation du taux de refus, nombre de présentations moyennes si la facturation s'opère à la levée et nombre d'incivilités. Il faudra cartographier les circuits actuels et les fréquences des collectes, mais aussi le taux de remplissage actuel des poubelles et le nombre moyen de sorties actuelles des bacs. Il faudra chiffrer le coût de mise en place et de gestion de cette future tarification, avec un détail des coûts par service (ordures ménagères résiduelles, verre, recyclage, déchetteries, biodéchets, encombrants) avec les différentes charges (structure, prévention, précollecte, transport, traitement) et les différentes recettes (reventes, aides). Il faudra évaluer les financements attendus et le taux de couverture du coût par les financements. Les moyens humains, et donc budgétaires, nécessaires pour assurer le suivi du dispositif devront être identifiés. Cette étude étant fondamentale et technique, il sera proposé que ce diagnostic soit réalisé par un cabinet d'étude spécialisé, le coût se situant autour de 55 000 € HT et la durée étant d'environ six mois. Ensuite, il conviendra de définir des **objectifs stratégiques** : par exemple, réduire de 15 % à 20 % le tonnage de déchets résiduels la première année de mise en œuvre effective ; augmenter de 10 % les apports en déchetterie et développer la pratique du tri pour sortir moins fréquemment les bacs, par exemple un bac tous les quinze jours la première année et un bac toutes les trois semaines la deuxième année. La troisième étape sera la mise au point de **tableaux de bord** pour réaliser une **évaluation** au bout d'une année : par exemple, le nombre effectif de sorties des bacs, le taux de remplissage, l'évolution des ratios collecte sélective et ordures résiduelles. La mise en place du dispositif doit s'accompagner d'une évaluation régulière, via des enquêtes de satisfaction auprès des usagers.

Transition Mais, au-delà de la nécessaire structuration de la démarche, un plan d'action sera mis en œuvre, de façon progressive.

B. Les propositions opérationnelles de mise en œuvre au service d'une gestion maîtrisée des coûts

a. Première proposition : lancer une importante ***campagne de communication***

Il conviendra de lancer une communication externe. Le portage politique est essentiel pour l'acceptation et la pleine réussite de la tarification incitative. Les élus de l'EPCI, les maires et les conseillers municipaux des communes membres de l'EPCI doivent être en capacité d'expliquer la tarification incitative et de répondre aux questions des usagers : quel est le coût pour la CA ? Quel est le coût pour l'usager ? Comment vont être gérées les incivilités ? Etc. Il conviendra d'organiser des réunions publiques, au niveau de chaque commune membre de l'EPCI, pour mener cette communication de façon la plus pédagogique possible. Il sera opportun également d'utiliser des supports de communication écrits pour démultiplier les voies d'explication : site Internet de la CA, site Internet des villes membres de l'EPCI, réalisation de dépliants d'information déposés dans les mairies et dans les boîtes aux lettres, insertion d'un article dans le journal de la CA, etc. On pourra également organiser une opération élus et témoins à l'occasion de la mise en œuvre de la TEOMi. On pourra aussi envoyer une facture à blanc aux usagers permettant de comparer le montant à payer sans la TEOMi et une fois la TEOMi effective. Cette communication sera à adapter en fonction des publics et selon leur type d'habitat.
Il conviendra aussi de mener une communication interne, principalement à destination des élus de l'EPCI, mais aussi des maires et adjoints au maire des communes membres de l'EPCI et des agents des différent services techniques et services de propreté urbaine : par exemple, éditer un fascicule sous forme des questions-réponses les plus courantes (exemple du SMIRTOM du Saint-Amandois : « savoir répondre aux questions des usagers pendant le lancement de la tarification incitative »).
L'ensemble de cette communication s'inscrira dans une communication plus générale sur la maîtrise des déchets et de l'environnement.

b. Deuxième proposition : élaborer le ***plan de mise en œuvre***

Pour la mise en place opérationnelle, il sera judicieux de prendre appui sur les recommandations de la Fédération nationale des activités de la dépollution et de l'environnement (FNADE). Il sera aussi proposé de déployer progressivement la TEOMi, en passant par une phase de test à blanc d'au moins un an pour accompagner les changements et effectuer les ajustements nécessaires. Trois axes pourront être préconisés. D'abord adopter un système technique fiable et évolutif selon un dispositif mixte : la collecte en porte à porte dans les zones moins urbanisées de l'agglomération avec une quantification à la levée et au volume des bacs, *via* une puce RFID ; l'équipement des camions d'une informatique embarquée pour pouvoir lire les puces et enregistrer le nombre de vidages de bacs dans les camions-bennes (les levées) et leurs dates ; la collecte en points d'apport volontaire pour le cœur urbanisé de la CA (75 % d'habitats collectifs) ; l'utilisation de bacs individuels et/ou collectifs roulants munis d'un sac de vidage. Ensuite, adopter une grille tarifaire simple dans son application et lisible, et maintenir la gratuité pour les apports en déchetterie, avec un contrôle d'accès. On définira le montant de la part incitative, par exemple 20 %, calculée sur le nombre de levées, pour inciter chaque habitant à trier plus et réduire ses déchets résiduels. On intégrera dans la part fixe les coûts de gestion de la déchetterie. Enfin, il faudra définir les seuils de quantités maximales pouvant être prises en charge pour les artisans et les commerçants.

c. Troisième proposition : une ***nouvelle organisation du service des déchets***

Il est en effet indispensable pour la CA d'avoir un service de gestion structuré et une mise à jour en temps réel de la base de données TEOMi. De nombreuses situations modifient en effet chaque jour les caractéristiques des abonnements (nom du propriétaire, taille du bac, numéro du bac, adresse de facturation, etc.). Il conviendra de désigner un référent, au sein du service déchets, chargé de gérer le fichier TEOMi. De plus, il faudra prévoir chaque année un travail de mise en cohérence des informations entre la réception du fichier d'appel du Trésor public

et l'envoi du fichier retour complété des montants à percevoir. Il est indispensable d'avoir un fichier TEOMi tenu en permanence à jour au nom du propriétaire, notamment par des enquêtes en porte à porte. L'actualisation des noms des producteurs peut aussi être utile pour mener des campagnes de communication personnalisées. Le recrutement d'un agent sera nécessaire pour assurer, d'une part, cette gestion courante et, d'autre part, un suivi qualitatif du cadre conventionnel modifié avec le prestataire délégué et la gestion des relations avec les usagers. En effet, le marché actuel - ou le marché futur - devra intégrer de nouveaux objectifs environnementaux, une nouvelle organisation de collecte et de nouveaux savoir-faire.
Un plan de formation sur trois ans sera élaboré à destination de l'ensemble des agents affectés au service déchets, et plus particulièrement pour le référent du fichier TEOMi, permettant ainsi d'assurer un meilleur suivi du délégataire, de pouvoir analyser les données de collecte fournies par ce délégataire et d'assurer également la maintenance des fichiers.
L'ensemble du dispositif qui sera mis en œuvre devra faire l'objet d'une information régulièrement actualisée, d'un portage politique fort, d'une concertation continue et large, et d'une enquête satisfaction auprès des usagers au bout d'une année de test.

SUJET N° 39 : Note avec solutions

Attaché territorial principal, examen professionnel, session 2013

DURÉE : 4 HEURES

Sujet

Vous êtes attaché principal au sein d'une ville touristique de 80 000 habitants, ville centre d'une communauté d'agglomération de 200 000 habitants. Vous êtes en charge de la mission handicap.

Votre commune, qui a signé la Charte Ville Handicap en 2006, se félicite d'employer 8 % de personnes handicapées parmi ses 1 500 agents.

À l'approche de l'échéance de 2015, elle souhaite se mettre en conformité avec la réglementation sur l'accessibilité, tout en respectant le patrimoine et les exigences environnementales.

Elle dispose en effet d'un château médiéval et d'une tour, classés monuments historiques, mais aussi d'un musée réputé, d'un théâtre, de crèches et de gymnases, non conformes aux dispositions en vigueur.

Compte tenu du coût budgétaire des travaux à prévoir, excessif en période de crise financière et de restrictions budgétaires, la ville ne pourra pas réaliser tous les chantiers en deux ans, notamment ceux relatifs aux établissements recevant du public (ERP).

À l'aide du dossier joint et de vos connaissances, le maire vous demande d'élaborer une note assortie de solutions opérationnelles argumentées sur la mise en accessibilité de la ville.

Liste des documents

Document 1 : « Rapport sur les modalités d'application des règles d'accessibilité du cadre bâti pour les personnes handicapées » - réalisé par le conseil général de l'Environnement et du Développement durable, l'Inspection générale des affaires sociales et le Contrôle général économique et financier - octobre 2011 - 6 pages.

Document 2 : « Les chiffres du handicap » - Le Guide pratique Handicap et accessibilité - *La Gazette Santé Social* et l'Association des paralysés de France - mars 2010 - 1 page.

Document 3 : « Concrètement, que dois-je faire ? » - Le Guide pratique Handicap et accessibilité - *La Gazette Santé Social* et l'Association des paralysés de France - mars 2010 - 2 pages.

Document 4 : « Dire la vérité sur les normes » - Bénédicte Rallu - *La Gazette des communes* - 12 novembre 2012 - 6 pages.

Document 5 : « Musées du Nord, des trésors à découvrir » - Marie-Claire Brown - *Être. Handicap Information* n° 119 - juin-juillet 2012 - 3 pages.

Document 6 : « Les progrès encourageants d'Amiens » - Marion Lafond - *Être. Handicap Information* n° 119 - juin-juillet 2012 - 2 pages.

Document 7 : « Handicap : l'accessibilité ne doit pas oublier l'offre culturelle » - Hélène Girard - *La Gazette des communes* - 6 février 2012 - 6 pages.

Document 8 : « La conception universelle : une stratégie incontournable pour la mise en œuvre de l'accessibilité ? » - Florent Orsoni - *Techni.Cités* n° 237 - 23 octobre 2012 - 7 pages.

Document 9 : « Rendre accessibles ses locaux professionnels » - Maud Parnaudeau - *Le Courrier des maires* n° 255 - mars 2012 - 2 pages.

Document 10 : « La mission santé et handicap intervient pour l'intégration et la formation » - Jean-Jacques Talpin - *La Gazette des communes* - 5 mars 2012 - 1 page.

Document 11 : « Handicap : l'accessibilité ne pourra pas être effective au début de 2015 » - Mychèle Daniau - *Le Monde* avec AFP - 12 septembre 2012 - 1 page.

Document 12 : « Accessibilité des lieux publics aux handicapés : un résultat lamentable » - Willy Le Devin - *Libération* - 12 septembre 2012 - 1 page.

Document 13 : « Cinq musées récompensés pour leur accessibilité aux handicapés » - LeJournaldesArts.fr - 25 septembre 2012 - 1 page.

Téléchargez gratuitement les documents sur www.vuibert.fr/site/206463

Proposition de corrigé

NOTE DU FORMATEUR

Le corrigé suivant est présenté sous la forme d'un plan détaillé.

Commune de ... Le ...

Note à l'attention de Monsieur le maire

Objet : la mise en accessibilité de la commune.

Références : loi du 11 février 2005.

Accroche La France compte 8 millions de personnes déficientes motrices, 4 millions de personnes déficientes mentales, 3,1 millions de personnes déficientes auditives et 4 millions de personnes déficientes visuelles *(doc. 2)*. Avec la loi du 11 février 2005 pour l'égalité des droits et des chances, la participation et la citoyenneté des personnes handicapées, l'enjeu de la société est d'intégrer ces différents handicaps et de lutter ainsi contre leur discrimination.

Contextualisation du sujet La législation impose aux collectivités territoriales de nombreuses normes, en matière d'accessibilité, qu'elles doivent appliquer dans tous les domaines d'ici 2015 : cadre bâti, transports, espaces publics, voirie, moyens de communication, sports, culture, etc. Or, face aux coûts des travaux de mise en accessibilité, l'échéance de 2015 est impossible à tenir dans le contexte des restrictions financières auxquelles sont confrontées les collectivités, comme l'a reconnu un rapport de 2011 remis aux pouvoirs publics *(doc. 1)*. En septembre 2012, le Gouvernement a donc admis, concernant les établissements recevant du public (ERP), qu'il fallait, tout en conservant l'échéance de 2015, s'en tenir à une obligation de moyens, et plus de résultats *(doc. 11)*.
La collectivité est « exemplaire » en matière de recrutement, puisqu'elle emploie 8 % de personnes handicapées parmi ses 1 500 agents, chiffre qui dépasse largement le quota légal de 6 %. Cependant, un important retard est à constater dans le domaine de l'accessibilité des bâtiments communaux, des locaux professionnels et de la voirie. Les transports, l'aménagement du territoire et le logement incombant à la communauté d'agglomération, il est important de veiller à la cohérence des décisions communales et intercommunales en matière d'accessibilité.
L'enjeu va être, en tant que ville touristique engagée dans la Charte Ville Handicap, de concilier patrimoine et accessibilité, restrictions budgétaires et investissements, accessibilité et développement durable.

Annonce du plan Dans un premier temps, il importera de mettre en évidence la réglementation issue de la loi du 11 février 2005, révisée à la suite du rapport de 2011 (I). Dans un second temps, nous verrons comment mettre en œuvre l'accessibilité à travers une politique volontariste (II).

I. La réglementation en matière d'accessibilité : un défi pour les collectivités

Annonce des sous-parties La loi oblige toute collectivité à prendre en compte tous les types de handicap pour lutter contre les discriminations (A), mais la mise en œuvre de l'accessibilité s'accompagne de contraintes difficilement surmontables (B).

A. La loi du 11 février 2005 : une obligation de prendre en compte tous les types de handicap au nom de la conception universelle de l'accessibilité

a. La réglementation en vigueur

En 1975 : instauration pour la première fois de l'obligation nationale du principe de l'accessibilité, qui ne prend en compte que le cas des personnes à mobilité réduite. Loi du 11 février 2005 : fixe comme principal objectif de lutter contre la discrimination à l'égard des personnes en situation de handicap. Prise en compte de tous les types d'handicap : moteur, visuel, auditif, mental. Code du travail : rendre accessibles les lieux de travail et adapter les postes de travail *(doc. 9)*. Principe de l'accès à tous *(doc. 8)* qui vaut pour tous les bâtiments, aussi bien neufs qu'anciens *(doc. 12)*, les transports, les établissements recevant du public (ERP), les espaces publics, la voirie, les loisirs, la communication publique, la citoyenneté (accès au vote) et l'offre culturelle. Élaboration de documents obligatoires sur l'accessibilité, devant s'articuler entre eux : le schéma directeur d'accessibilité (SDA) des transports, le diagnostic des établissements recevant du public (ERP), le plan de mise en accessibilité de la voirie et des aménagements des espaces publics (PAVE), le plan de déplacement, etc. *(doc. 8)*. Obligation de constituer une commission communale pour l'accessibilité (CCA) dans les communes de plus de 5 000 habitants *(doc. 3)*.

b. Le fonds pour l'insertion des personnes handicapées dans la fonction publique (doc. 9)

La loi instaure une contribution au fonds pour l'insertion des personnes handicapées dans la fonction publique (FIPHFP) pour les collectivités ne remplissant par leurs obligations d'employer 6 % d'agents handicapés. Mais surtout, des aides financières peuvent être apportées par le FIPHFP en vue d'effectuer des études, de réaliser des travaux et aménagements nécessaires pour permettre aux agents concernés d'accéder aux locaux professionnels, de se maintenir dans leurs postes de travail et d'évoluer dans leur emploi. Ces aides peuvent atteindre 100 % du coût total des travaux, avec toutefois des plafonds variant de 50 000 euros à 2 millions d'euros, en proportion des effectifs de la collectivité.
S'appuyer sur le catalogue élaboré par le FIPHFP, qui recense toutes les aides financières disponibles ainsi que les travaux et aménagements éligibles à ces aides : cf. accès et circulation dans les bâtiments de travail (sanitaires, ascenseurs adaptés, rampes d'accès, places de stationnement adaptées, bandes podotactiles, élargissement des portes des bureaux, etc.), accessibilité à l'information (signalétique adaptée, alarmes lumineuses ou sonores, etc.), aides à la conception et au développement d'un Intranet accessible (montant maximal de 10 000 euros).

B. Des objectifs réglementaires ambitieux difficilement tenables, même si certaines collectivités innovent

a. Le rapport 2011 du conseil général de l'Environnement et du Développement durable (CGEDD) et de l'IGAS

Seuls 15 % des établissements recevant du public (ERP) respectent les normes. L'ampleur des travaux restant à réaliser rend impossible le respect de l'échéance de 2015 en termes d'accessibilité des ERP. Plusieurs contraintes expliquent le retard dans le respect des normes :
- des contraintes juridiques : une inflation des normes, qui sont plus ou moins compatibles avec celles du développement durable *(doc. 4)*. Obligation de déposer avant le 31 décembre 2012 les objectifs d'accessibilité intermédiaires pour 2015, et de déposer auprès de la préfecture avant le 1er janvier 2014 un calendrier exhaustif des réalisations qu'il reste à faire à partir de 2015 ;
- des contraintes financières : période de crise financière et de restrictions budgétaires qui sont sources d'inquiétude pour les élus locaux et qui les amènent à hiérarchiser et prioriser les investissements et travaux à réaliser (coût d'un spectacle en audiodescription s'élevant à environ 5 000 euros). Le coût estimé pour les travaux des ERP à réaliser par les collectivités territoriales est estimé à 17 milliards d'euros *(doc. 7)* ;
- des contraintes techniques : une ville historique doit respecter l'architecture d'époque.

Les rapporteurs proposent ainsi de revoir à la baisse les objectifs, tout en maintenant l'échéance de 2015, pour faire pression sur les acteurs et de ne pas mécontenter les associations *(doc. 2 et 11).*

b. Des collectivités qui innovent pour lutter contre les discriminations d'accessibilité

Des innovations plurielles concernant différents domaines :
- l'accessibilité culturelle. Mettre en évidence les exemples de pratiques de collectivités territoriales qui permettent aux publics handicapés de visiter des musées, comme les musées du Nord de la France *(doc. 5)* en toute ou semi-autonomie : parcours tactiles, installation de boucles magnétiques, textes en braille, parcours commentés d'audioguides ou de visioguides en LSF, lecture labiale, etc. Donner l'exemple de bibliothèques (*doc. 7*) ayant des rayons de livres en braille, des audiolivres, etc. Exemples des musées d'Angoulême et d'Antibes qui prennent en compte les handicaps mental et psychique dans les programmes de médiation culturelle, maîtrisent la langue des signes et utilisent le numérique pour des applications sur les smartphones ;
- les déplacements. Donner l'exemple de la ville d'Amiens et Amiens Métropole : accessibilité de la voirie avec l'abaissement des trottoirs, installation de feux sonores, cheminements accessibles, mise en place d'un système de transport à la demande pour les personnes handicapées *(doc. 6)* ;
- le management des ressources humaines *(doc. 9)*. Donner l'exemple de la mise en accessibilité des locaux professionnels de la ville du Grand-Quevilly : installation d'un ascenseur dans une école pour permettre le recrutement potentiel d'un agent, aménagement de six bâtiments professionnels pour les rendre accessibles aux agents. Donner l'exemple de la ville d'Orléans : constitution d'une mission « santé et handicap », qui fait l'interface entre les agents et les services, qui monte des actions de formation et de sensibilisation des agents pour changer le regard sur le handicap.

II. Mettre en œuvre l'accessibilité à travers une politique volontariste et participative au service d'une conception universelle de l'accessibilité

Annonce des sous-parties Afin de mettre en œuvre une politique volontariste d'accessibilité, tous les moyens doivent être mobilisés, en interne et en externe (A). La mise en œuvre passera par trois étapes : la planification, l'organisation et l'évaluation (C).

A. Une démarche devant mobiliser des moyens en interne et en externe

La politique volontariste s'appuie sur trois éléments fondamentaux : l'implication des élus, la sensibilisation des agents et la concertation des associations et des personnes handicapées.

a. La structuration du pilotage

Les élus impulsent une dynamique, donnent les orientations politiques (définies dans une lettre de cadrage) :
- désignation d'un **chef de projet** : ce pourrait être le chargé de mission « handicap » ; indiquer son rôle comme animation des instances de pilotage, détermination des moyens, du budget estimatif pour la réalisation des travaux, du plan de financement, de la programmation des travaux, etc. ;
- constitution d'un **comité technique** dont la composition pourrait être la suivante : le chef de projet, le directeur des services techniques (DST), le directeur des systèmes d'information (DSI), le directeur des ressources humaines (DRH), des professionnels du bâti, des entrepreneurs et des architectes et des services concernés par l'emploi d'agents handicapés. Le comité technique va formuler des propositions au comité de pilotage qui ensuite les validera. Possibilité de créer des groupes de travail thématiques, par exemple l'amélioration de l'aménagement des locaux et de la circulation des personnes handicapées dans les ERP ;
- constitution d'un **comité de pilotage** pour coordonner l'action, qui pourrait être composé des membres suivants, en sus du comité technique et du chef de projet : la direction générale de la

santé (DGS), la direction des ressources humaines (DRH), la direction des services techniques (DST), les chefs de service, le maire, l'adjoint au maire chargé des travaux, l'adjoint au maire en charge de la cohésion sociale, les associations de personnes handicapées et les partenaires institutionnels.

b. La méthode de travail

Réaliser un **état des lieux** de l'existant : cartographier les ERP déjà accessibles, identifier les travaux déjà réalisés (s'appuyer sur les rapports annuels de la commission communale pour l'accessibilité) et les travaux restants à effectuer avec les chiffrages correspondants.
Définir ensuite des **objectifs stratégiques** (par exemple : rendre les équipements culturels et touristiques accessibles dans les cinq ans à venir) **et opérationnels** ; définir les priorités en matière d'aménagement ; rédiger un cahier des charges comprenant les objectifs, la planification des travaux et les adaptations établies en fonction des priorités fixées par l'équipe municipale ; rédiger un descriptif technique des chantiers.
Assurer le **suivi des actions**, au travers d'indicateurs, avec appui sur le rapport annuel de la commission communale pour l'accessibilité. Exemples d'indicateurs : nature des travaux réalisés sur un an, évolution de la fréquentation des ERP et des sites touristiques par les personnes handicapées. Pratiquez une **évaluation** régulière, chaque année : comparer les rapports annuels des commissions communales pour l'accessibilité de 2015, 2016 et 2017 jusqu'à fin 2024 afin d'analyser la progression des efforts effectués en matière d'accessibilité. Réaliser des enquêtes de satisfaction des différents publics handicapés pour donner plus de crédibilité aux évaluations menées.

B. Planifier, organiser puis évaluer la mise en œuvre de l'accessibilité

*a. Première proposition : création d'un **atelier citoyen sur le handicap**, au titre d'une démarche participative de la mise en accessibilité de la commune*

Travail en étroite collaboration avec la CCA de la ville et la commission intercommunale pour l'accessibilité (CIA). Travail en étroite concertation avec les associations et les personnes en situation de handicap afin de s'appuyer sur leur expertise du terrain. Sensibiliser les acteurs locaux, tels que les établissements scolaires, les institutions culturelles et sportives aux problématiques du handicap. Cet atelier citoyen pourrait ensuite déboucher sur la mise en place, à effectifs constants par redéploiement, d'une mission « handicap » durable au sein des services municipaux.

*b. Deuxième proposition : élaborer un **planning de travaux**, selon une programmation pluriannuelle, au titre d'un programme Adap, par exemple entre trois et neuf ans (2015-2024)*

Hiérarchiser : d'abord les travaux les plus « simples » et les moins coûteux, puis les travaux plus lourds et plus coûteux comme la mise en place d'ascenseurs ou la réfection complète de bâtiments. Ne pas oublier de mettre en accessibilité effective dès que possible la voirie, afin de garantir la continuité entre les bâtiments et l'environnement urbain. Programme Adap à faire valider par le préfet. Passation de marchés publics de travaux et choix de retenir les entreprises qui sont labellisées « HANDIBAT ». Elles doivent respecter des clauses particulières du cahier des charges relatives à la qualité d'usage, au principe de conception universelle et au bâti à haute performance énergétique.

*c. Troisième proposition : **privilégier et prioriser l'accessibilité culturelle**, la ville étant très touristique*

Monter un dossier de demande de subventions auprès de la direction régionale des affaires culturelles (DRAC). Voir également la possibilité d'obtenir des dérogations pour les monuments historiques. Pour les autres équipements, tels que les crèches et les gymnases, privilégier des aménagements simples et moins coûteux : bandes pododactiles, bandes de guidage, rampes d'accès, interphones visiophones, élargissement des portes, etc. Proposer que la ville concoure auprès de la direction des patrimoines du ministère de la Culture au prix « Patrimoine pour tous, patrimoines pour chacun » dans les quatre ans à venir.

d. Quatrième proposition : ***démarche managériale*** *autour de plusieurs actions*

Réalisation de travaux d'aménagement des locaux professionnels : échéancier des travaux à programmer et procédures d'appels d'offres à engager courant 2015 afin que les travaux puissent démarrer à partir de janvier 2016. Objectif de maintenir dans l'emploi les agents porteurs de handicaps et de faciliter leur évolution professionnelle dans la collectivité, leur mobilité, mais aussi leur bien-être au travail. Solliciter le FIPHFP pour l'obtention d'aides financières pour ces travaux.
Former le personnel communal sur les questions de handicap (formation basique en langue des signes, par exemple). Sensibilisation des agents *via* les formations, mais aussi *via* la communication interne (articles dans le journal du personnel communal).

Conclusion Il s'agit donc d'inscrire la collectivité dans une démarche de conception universelle d'accessibilité pour en faire une ville empathique et d'adopter une pratique régulière d'évaluation des actions engagées avec la validation du comité de pilotage.

SUJET N° 40 : Note avec propositions

Attaché territorial principal, examen professionnel, session 2011

DURÉE : 4 HEURES

Sujet

Vous êtes directeur du service achats dans une commune de X de 50 000 habitants.

Le service regroupe tous les marchés de la ville et plus globalement centralise la procédure de la commande publique.

La ville s'est engagée dans une politique de développement durable et souhaite, dans ce cadre, s'inscrire dans une démarche d'achats écoresponsables. Actuellement, il n'existe pas de procédure et les mesures prises au travers des marchés sont peu définies et non mesurables. Dans un contexte budgétaire contraint, le maire souhaite, par le levier de la commande publique, que tous les services prennent en compte dans leurs critères de choix les aspects environnementaux, économiques et sociaux. Il souhaite également promouvoir par ce biais l'image de la ville et faire participer cette dernière à des initiatives innovantes.

À l'aide du dossier joint et de vos connaissances, il vous demande d'élaborer une note assortie de propositions sur le déploiement dans la ville de X d'une politique de commande publique durable.

Liste des documents

Document 1 : Décret n° 2006-975 du 1er août 2006 portant code des marchés publics modifié par le décret n° 2008-1334 du 17 décembre 2008 (art. 1 II, 5, 6, 14, 15, 50 et 53) - 3 pages.

Document 2 : Fiche action et fiche retour d'expérience (extrait) : mise en œuvre d'une politique « achats responsables » - communauté d'agglomération du Grand Roanne - juin 2009 - 5 pages.

Document 3 : « Achats durables : oui, mais à quel prix ? » - Christine Raphaël - *La Lettre du cadre territorial* n° 351 - 15 janvier 2008 - 2 pages.

Document 4 : Extrait du Plan national d'action pour des achats publics durables 2007-2009 - 7 pages.

Document 5 : « La prise en considération du développement durable dans la commande publique » - Nicolas Charrel - *Contrats publics* n° 100 - juin 2010 - 3 pages.

Document 6 : « Comment acheter "socialement responsable" » - Gérard Brunaud - *Contrats publics* n° 100 - juin 2010 - 2 pages.

Document 7 : *Guide de l'achat éthique pour les acheteurs publics du conseil régional du Nord-Pas-de-Calais et de la communauté urbaine de Dunkerque* (extrait) - livret I : collectivités et commerce éthique, principes - 2005 - 3 pages.

Document 8 : Guide de l'achat public durable : qualité environnementale dans la construction et la réhabilitation des bâtiments publics (extrait) - février 2008 - 4 pages.

Document 9 : Arrêt du Conseil d'État du 25 juillet 2001, commune de Gravelines - 2 pages.

Document 10 : Arrêt de la CJCE du 17 septembre 2002 Concordia Bus Finland Oy Ab - *JO des Communautés européennes* - 9 novembre 2002 - 1 page.

Document 11 : CAA Paris 20 juillet 2004 - société SITA Île-de-France - 3 pages.

Document 12 : « L'éthique dans l'achat » (extrait d'un dossier coordonné par N. Braemer) - *La Lettre du cadre territorial* n° 341 - 1er juillet 2007 - 1 page.

Document 13 : « En Seine-Saint-Denis, les agents se sont mis au vert sur fond d'agenda 21 » - Aude Raux - *La Gazette des communes* n° 2032 - 31 mai 2010 - 1 page.

Téléchargez gratuitement les documents sur www.vuibert.fr/site/206463

Proposition de corrigé

Commune de ... Le ...

Rapport à l'attention de Monsieur le maire

Objet : modalités de déploiement d'une politique de commande publique durable au sein de la collectivité.

Références : décret n° 2006-975 du 1er août 2006 portant code des marchés publics modifié par le décret n° 2008-1334 du 17 décembre 2008.

En France, la commande publique s'élève à près de 113 milliards d'euros. Le poids de la contractualisation publique est donc extrêmement important au niveau de l'économie nationale mais aussi des modes de consommation citoyens, tant au niveau de l'État que des collectivités territoriales.

La notion de développement durable, tout en étant assez ancienne, mobilise très fortement depuis quelques années l'ensemble de la société, en raison des bouleversements sociaux et de l'urgence écologique. Cette notion, définie comme « un mode de développement qui répond aux besoins des générations présentes sans compromettre la capacité des générations futures à répondre aux leurs » a été adoptée par les Nations unis lors de la Conférence sur l'environnement et le développement de Rio de Janeiro en 1992. En 2002, un réseau des collectivités locales se constitue en vue d'achats publics éthiques. En 2003, la stratégie nationale de développement durable (SNDD) est adoptée, visant à impliquer l'État dans une démarche d'employeur exemplaire. En 2005 la Charte de l'environnement est intégrée au bloc de constitutionnalité et la loi Grenelle II est adoptée en juillet 2012. À ce jour, bon nombre de collectivités locales ont adopté des Agendas 21.

La ville s'est déjà engagée dans une dynamique de développement durable et entend, dans ce cadre, développer plus avant une politique d'achat écoresponsable, dans un contexte budgétaire toutefois contraint. L'achat public est, par sa dimension transversale, un levier fort pour modifier les comportements internes, mieux faire respecter les droits sociaux fondamentaux et agir sur l'environnement. Un achat public est considéré comme tout marché soumis aux directives communautaires du 31 mars 2004 ; pour être durable, il doit intégrer des exigences et des critères en faveur de la protection de l'environnement, du progrès social et du développement économique.

Annonce de plan Pour déployer une politique d'achats publics durables, la collectivité peut s'appuyer sur les principes et les outils prévus par le code des marchés publics (CMP), marqué récemment par des avancées juridiques ambitieuses, même si certaines limites et contradictions demeurent (I). Ce déploiement implique également de mettre en œuvre une stratégie d'action partagée et concertée, s'appuyant sur des objectifs précis et une ingénierie méthodologique, au service d'une gestion optimisée des ressources (II).

I. Déployer une politique d'achats publics durables : une démarche ambitieuse prenant appui sur les outils prévus par le CMP mais qui connaît certaines limites, voire certaines contradictions

Annonce des sous-parties Le CMP a été modifié en 2006 puis en 2008, précisément pour tenir compte des préoccupations de développement durable. C'est un principe inscrit explicitement et qui repose sur des outils juridiques (A). Toutefois, cette avancée récente connaît quelques limites et contradictions dans sa portée et son application (B).

A. Le développement durable dans l'achat public : un principe inscrit dans le CMP qui s'appuie sur des outils juridiques

Le CMP impose dorénavant la prise en compte du développement durable dans la commande publique, et ce, à plusieurs niveaux.
Le principe du développement durable est dorénavant clairement inscrit dans le décret de 2006, modifié en 2008. Ce principe avait été insufflé précédemment par les réformes de 2004 et 2005. Mais c'est véritablement le décret du 1er août 2006 portant réforme du CMP qui ancre ce principe juridiquement. C'est une réforme fondamentale qui sécurise l'éco-achat. Ainsi, l'article 5 stipule que lors de la détermination des besoins à satisfaire, avant tout appel à la concurrence, la collectivité doit intégrer des objectifs de développement durable. La collectivité doit donc s'interroger, bien en amont, sur la possibilité d'inclure dans tel ou tel marché, ou procédure de passation contractuelle, des exigences en termes de développement durable, à savoir concilier ses attentes avec la protection et la mise en valeur de l'environnement, le développement économique et le progrès social.
De plus, le principe de développement durable s'appuie sur des outils juridiques. Ainsi, l'article 6 du CMP précise que les spécificités techniques d'un marché ou d'un accord-cadre peuvent inclure des caractéristiques environnementales qui peuvent être définies par référence à tout ou partie d'un écolabel. De même, le principe d'allotir, posé par l'article 10 du CMP, doit être appliqué en cohérence avec la prise en compte d'objectifs de développement durable. Ceci permet aux petites et moyennes entreprises qui ont fait preuve d'innovation d'accéder plus aisément à la commande publique. En outre, l'article 14 autorise les acheteurs publics à intégrer, dans les conditions d'exécution des marchés, des considérations sociales ou environnementales prenant en compte des objectifs de développement durable. L'article 30 du CMP autorise les acheteurs publics à passer, selon une procédure adaptée, des marchés dont l'objet même est l'insertion sociale ou professionnelle. Et l'article 45 du CMP permet également d'examiner le savoir-faire des candidats en matière de gestion environnementale, au travers de l'appréciation de leurs capacités techniques. L'acheteur public peut demander des certificats de qualité, des normes et des labels comme les normes de management environnemental NF EN ISO 14001 pour les marchés de travaux et de services. L'article 53 permet, quant à lui, d'utiliser des critères environnementaux d'attribution comme le critère du coût global d'utilisation.

Transition Toutefois, le principe et les outils d'application, malgré leurs atouts, connaissent des limites et des contradictions.

B. Un principe et des outils à la portée ambitieuse, mais connaissant des limites et des contradictions

L'achat durable est certes ambitieux, c'est une stratégie globale qui implique une nouvelle organisation. Il constitue un levier économique et social ; il permet de renforcer le dialogue avec les entreprises ; il permet également de faire travailler les équipes de façon transverse pour leur politique d'achat ; il instaure une logique de consommation éthique et de qualité sociale ; il facilite l'accès des PME aux marchés publics. Mais ses atouts se trouvent atténués dans la pratique, et ce pour deux raisons principales.
D'abord, les dispositions du CMP s'avèrent être davantage des obligations de moyens ou des règles de conduite que de résultats. Le CMP impose certes, en amont de toute procédure, dès la définition des besoins, la prise en compte d'objectifs de développement durable. Toutefois, l'acheteur public n'a pas à justifier, vis-à-vis des opérateurs économiques, de son impossibilité à prendre en compte ces objectifs. Ce n'est que lors d'un contrôle des services préfectoraux que la justification de cette impossibilité devra être faite. Il semble donc assez aisé de s'affranchir de la prise en compte des objectifs de développement durable. Par ailleurs, certains critères sont difficilement applicables. Seulement 15 % des marchés passés intègrent un critère environnemental ; il y a à peine plus de 1 % des marchés signés qui intègrent le critère social comme critère de sélection. Ainsi, l'effectivité du critère du mieux-disant social, reconnu dans

un premier temps par la Cour de justice de la Communauté européenne, puis au niveau national par la loi Borloo, se révèle difficilement applicable. En outre, seulement 50 % des marchés intégrant un critère environnemental ont une pondération supérieure ou égale à 15 %, soit à peine 8 % des marchés publics. De plus, s'agissant de l'application du critère environnemental, le critère de proximité géographique d'une entreprise dans le but de réduire les émissions de CO_2 ne peut être intégré comme tel, car c'est méconnaître le principe d'égalité de traitement entre les candidats dans la commande publique. Un tel critère est considéré comme discriminatoire par rapport aux entreprises les plus éloignées, alors même qu'il entend répondre à « l'urgence écologique ». Par là même, deux priorités s'affrontent et entrent en contradiction : la lutte contre le changement climatique et l'égalité de traitement entre les candidats dans les procédures d'achat public.
De plus, certaines limites émanent des collectivités elles-mêmes. En effet, la question du coût ou du surcoût liés à l'application de certains critères, alors que le contexte budgétaire est particulièrement contraint, se pose. Le témoignage du directeur général adjoint (DGA) de la ville de Lyon en est l'illustration : un surcoût de 7 % à 8 % résulte de l'introduction de produits bio dans la restauration scolaire ; la part du bio dans le marché pourrait aller jusqu'à 25 % mais l'objectif initial de 50 % ne saurait être atteint vu le coût des matières de base. De plus, les collectivités éprouvent de réelles difficultés à pouvoir évaluer les offres et mesurer la performance des entreprises en termes de responsabilité sociétale, dans l'attribution des marchés. La responsabilité sociétale des entreprises (RSE) est un véritable défi pour les collectivités, du fait de l'absence de lien direct entre l'objet du marché et les moyens généraux de l'entreprise. Toutefois, cette difficulté devrait prochainement s'atténuer avec l'arrêt récent rendu par le Conseil d'État. En effet, jusqu'à présent, la jurisprudence n'autorisait pas l'acheteur public à prendre en compte les moyens généraux du candidat dans le jugement d'une offre. Or, l'arrêt du Conseil d'État en date du 25 mars 2013 est d'importance : il estime qu'un critère d'insertion pondéré à 15 %, dans un marché - en l'occurrence un marché de travaux - n'est pas dénué de liens avec l'objet du marché, lequel portait sur des travaux routiers.
Par ailleurs, les collectivités rencontrent des difficultés pour élaborer des indicateurs de performance : comment évaluer le bénéfice réel d'un écoproduit, sa durée de vie, son bénéfice sur l'environnement et mettre ses qualités en parallèle face à son coût ?

Transition Face aux enjeux liés au déploiement d'une politique de développement durable dans la commande publique, il importe de mettre en œuvre une stratégie d'action s'appuyant sur des objectifs précis et une ingénierie méthodologique, en vue d'optimiser les ressources.

II. Le déploiement d'une politique de développement durable dans la commande publique passe par un plan d'action méthodique et innovant, au service d'une gestion optimisée des ressources

Annonce des sous-parties Ce plan d'action, indispensable pour garantir un déploiement réussi du développement durable dans la commande publique, passe par deux étapes majeures incontournables et indissociables : d'une part, la structuration d'une organisation de pilotage et une méthode de travail partagée (A), d'autre part, un plan d'action innovant tenant compte des enjeux environnementaux et d'une optimisation financière (B).

A. La mise en œuvre d'un pilotage structuré au service d'une politique d'achat durable

a. La structuration du pilotage

Le premier axe pourra consister à organiser la « ressource » et la mobilisation des acteurs en interne pour rendre effective une politique d'achat durable. Dans la mesure où pour l'autorité territoriale, cette démarche est essentielle, au vu des enjeux stratégiques qui en résultent, la mise en œuvre d'une organisation structurée est indispensable. Aussi, le pilotage de la démarche pourra être assuré par trois instances : un chef de projet, un comité technique et un comité de pilotage.

Le directeur général des services (DGS) désignera un **chef de projet** dont l'une des missions principales sera d'organiser et de piloter la démarche, en qualité de référent. Le chef de projet pourra être le responsable du service financier ou du service achats. Il sera plus particulièrement chargé de définir le cadre de travail, le planning, les différentes étapes de mise en œuvre et les supports juridiques à élaborer. Dans cette fonction d'animation, il s'appuiera sur deux instances, un comité technique et un comité de pilotage. Le **comité technique** pourra être constitué des membres suivants, outre le chef de projet : le responsable du service juridique, le chargé de mission « développement durable », les référents « acheteurs » des directions les plus consommatrices en termes d'achats et les référents de passation des marchés publics, comme les services techniques, la direction éducation, le service informatique et le service communication ; le comité technique pourra se diviser en groupes de travail thématiques afin d'accompagner le chef de projet. Le **comité de pilotage**, qui aura pour objectif de valider les principales étapes méthodologiques, pourra être composé, en sus des membres du comité technique, du DGS, du maire, de l'élu délégué aux finances et de l'élu délégué au développement durable.

b. La méthode du travail

Ensuite, le chef de projet mènera la démarche en plusieurs étapes. Il sera d'abord procédé à un **état des lieux** et à un recensement des pratiques existantes : recensement des différents marchés publics passés par la ville, identification des marchés s'inscrivant déjà dans des pratiques de développement durable, identification de l'existence ou non de clauses d'insertion sociale et dans quelles proportions. Puis, on effectuera un recensement des pratiques d'autres collectivités, avec une identification des pratiques déjà existantes d'usage de produits éco-labellisés. Pour ce faire, le comité technique et le chef de projet pourront prendre exemple sur les approches méthodologiques de la communauté d'agglomération du Grand Roanne ou du conseil général du Val-de-Marne. Cet état des lieux, une fois réalisé et validé par le comité de pilotage, permettra de hiérarchiser les **priorités**, les **objectifs stratégiques** et les **actions concrètes** qui en résultent.

Ainsi, on pourra se fixer comme objectif, sur la durée du mandat, de ne recourir qu'à des produits d'entretien écologiques, d'introduire systématiquement des clauses d'insertion sociale dans les marchés de travaux et d'augmenter de 15 % en année N+1 le recours aux produits biologiques ou issus des circuits courts dans le marché de la restauration scolaire. Une fois ces objectifs validés par le comité de pilotage, le chef de projet devra établir des **bilans** semestriels intermédiaires du suivi des actions mises en place et un bilan global détaillé, à présenter au comité de pilotage aux fins de validation, à partir des **indicateurs de suivi** et des **tableaux de bord** préalablement élaborés, par exemple le nombre d'heures effectives relevant des clauses d'insertion sociale dans les nouveaux marchés passés.

Transition Mais, au-delà du pilotage nécessaire de la démarche, un plan d'action sera mis en œuvre, de façon collégiale et partagée avec les agents et les élus, permettant d'optimiser la gestion des ressources.

B. Cette conduite du changement de l'achat public doit s'appuyer sur un plan d'action innovant et partagé

a. Première proposition : lancer un ***plan de communication en interne et en externe*** *sur les nouveaux axes stratégiques de la collectivité en termes de procédure d'achat*

En premier lieu, cette volonté politique de déployer une pratique de commande publique responsable implique de lancer un plan de communication et d'information en interne, mais aussi en externe, sur les nouveaux axes stratégiques de la collectivité en termes de procédure d'achat. S'agissant de l'interne, des réunions seront organisées par le DGS et le chef de projet, afin de sensibiliser les agents sur les nouvelles orientations politiques et sur l'intérêt à modifier les pratiques d'achat (rationalisation, réduction du nombre de référencements, etc.). Des réunions thématiques seront également organisées afin de sensibiliser les agents sur les pratiques écocitoyennes et sur les gestes écoresponsables. En externe, il sera opportun, notamment sur les marchés inférieurs aux seuils nationaux et européens, d'inviter les entreprises fournisseurs à une réunion pour les informer des nouveaux attendus et objectifs de la collectivité. De plus, pour élargir les potentialités d'offres en lien avec les besoins locaux, une démarche de « *sourcing* » pourra être lancée, avec l'aide de la chambre de commerce et d'industrie, en vue de connaître et d'impliquer les entreprises locales qui agissent sur le terrain de l'écoresponsabilité.

b. Deuxième proposition : ***centraliser la fonction achat***

En second lieu, la mise en place d'une politique volontariste de commande publique durable implique des changements organisationnels. Il sera ainsi opportun de centraliser la fonction achat afin d'améliorer la connaissance de l'offre et des fournisseurs, mais afin de rationaliser les achats et de diminuer les coûts, dans l'objectif de concilier développement durable, efficacité économique et sécurisation juridique. Ceci pourra se traduire par la désignation d'un référent achat dans chaque direction opérationnelle. De plus, chaque référent achat dans les directions opérationnelles pourra voir son expertise renforcée pour devenir « acheteur durable », en lien étroit avec le service achats.

c. Troisième proposition : ***rédiger des supports de traçabilité*** *permettant de mettre en place un plan qualité*

Pour aller encore plus loin dans le déploiement d'une démarche de commande publique durable, il sera opportun de procéder à la rédaction de supports de traçabilité, permettant de mettre en place un plan qualité. À cet effet, il sera utile que la collectivité se dote d'un guide interne de la commande publique durable, permettant de connaître les outils réglementaires, les modalités essentielles à suivre pour rédiger un cahier des charges écoresponsable, mais aussi les pratiques des autres collectivités. De même, en parallèle, un guide des bonnes pratiques écoresponsables pourra être élaboré, et ce, en prenant appui sur les documents élaborés par les conseils généraux des Hauts-de-Seine et de Seine-Saint-Denis. Ceci s'inscrit dans une dynamique de gestion qualitative des ressources de la collectivité.
Il sera donc nécessaire d'élaborer un plan de formation, en priorité destiné aux acheteurs, mais également aux responsables des différents services, en ciblant sur les secteurs d'activité, afin de mieux diffuser l'intégration du développement durable dans les pratiques. De façon plus globale, il importe d'inciter les agents à changer leurs habitudes afin de réduire leur empreinte écologique. À titre d'exemple, on pourra systématiser le recours à l'expertise de l'Agence de l'environnement et de la maîtrise de l'énergie (ADEME) pour la mise en œuvre efficiente des clauses sociales et/ou environnementales.

Conclusion Le déploiement d'une politique de développement durable dans la commande publique nécessite l'implication et la mobilisation de l'ensemble des acteurs du territoire, vu l'enjeu sociétal qui s'y rattache. C'est une démarche qui s'inscrit dans la durée, qui constitue un levier économique, social et managérial majeur et qui rend l'action municipale encore plus responsable. Elle implique une pratique continue d'évaluation des actions engagées.

Achevé d'imprimer en mars 2019
sur les presses de la SEPEC (France)
Numéro d'impression : 09463190201
Numéro d'éditeur : MAG028185/1
Dépôt légal : mars 2019

IMPRIM'VERT®

PEFC 10-31-1470 / Certifié PEFC / Ce produit est issu de forêts gérées durablement et de sources contrôlées. / pefc-france.org